The Principles of Psychology

威廉·詹姆斯是美国思想史上一座耸立的丰碑——他无疑是美国所产生的最重要的心理学家。他妙笔生花，将人们的精神世界刻画得入木三分、栩栩如生，且惟妙惟肖。就才华而言，无人能出其右。

——哈佛大学心理学教授戈登·W. 奥尔波特（Golden W. Allport）

就算我把一切的收获和成就全部加起来，再乘以希望这个系数，所得的总数还是不足以作为足够丰硕的贡品供奉在詹姆斯的脚下。

——美国心理学家大卫·克莱奇（David Kreech）

这是文学作品，文章写得很美，但这不是心理学。

——近代心理学奠基人、德国心理学家冯特（Wilhelm Wundt，1832—1920）

本书列入"十三五"国家重点图书出版规划

科学元典丛书

The Series of the Great Classics in Science

主　　编　任定成

执行主编　周雁翎

策　　划　周雁翎

丛书主持　陈　静

　　科学元典是科学史和人类文明史上划时代的丰碑，是人类文化的优秀遗产，是历经时间考验的不朽之作。它们不仅是伟大的科学创造的结晶，而且是科学精神、科学思想和科学方法的载体，具有永恒的意义和价值。

科学元典丛书

心理学原理

The Principles of Psychology

[美] 詹姆斯 著　唐钺 译

北京大学出版社

PEKING UNIVERSITY PRESS

图书在版编目(CIP)数据

心理学原理/〔美〕威廉·詹姆斯(James,W.)著;唐钺译. —北京:北京大学出版社,2013.2
(科学元典丛书)
ISBN 978-7-301-21817-4

Ⅰ. ①心… Ⅱ. ①詹… ②唐… Ⅲ. ①科学普及… ②心理学… Ⅳ. ①B84

中国版本图书馆 CIP 数据核字(2012)第 303033 号

THE PRINCIPLES OF PSYCHOLOGY

by William James

New York: H. Holt and Company, 1890

London: Macmillan and Co. Ltd., 1890

书　　　名	心理学原理
	XINLIXUE YUANLI
著作责任者	〔美〕威廉·詹姆斯　著　唐　钺　译
丛 书 策 划	周雁翎
丛 书 主 持	陈　静
责 任 编 辑	李淑方
标 准 书 号	ISBN 978-7-301-21817-4
出 版 发 行	北京大学出版社
地　　　址	北京市海淀区成府路 205 号　100871
网　　　址	http://www. pup. cn
电 子 信 箱	zyl@pup. pku. edu. cn　新浪微博:@北京大学出版社
微信公众号	科学元典
电　　　话	邮购部 62752015　发行部 62750672　编辑部 62767346
印 刷 者	北京中科印刷有限公司
经 销 者	新华书店
	787 毫米×1092 毫米　16 开本　17.75 印张　8 插页　300 千字
	2013 年 2 月第 1 版　2022 年 6 月第 9 次印刷
定　　　价	68.00 元

弁　言

Preface to the Series of the Great Classics in Science

　　这套丛书中收入的著作,是自古希腊以来,主要是自文艺复兴时期现代科学诞生以来,经过足够长的历史检验的科学经典。为了区别于时下被广泛使用的"经典"一词,我们称之为"科学元典"。

　　我们这里所说的"经典",不同于歌迷们所说的"经典",也不同于表演艺术家们朗诵的"科学经典名篇"。受歌迷欢迎的流行歌曲属于"当代经典",实际上是时尚的东西,其含义与我们所说的代表传统的经典恰恰相反。表演艺术家们朗诵的"科学经典名篇"多是表现科学家们的情感和生活态度的散文,甚至反映科学家生活的话剧台词,它们可能脍炙人口,是否属于人文领域里的经典姑且不论,但基本上没有科学内容。并非著名科学大师的一切言论或者是广为流传的作品都是科学经典。

　　这里所谓的科学元典,是指科学经典中最基本、最重要的著作,是在人类智识史和人类文明史上划时代的丰碑,是理性精神的载体,具有永恒的价值。

一

　　科学元典或者是一场深刻的科学革命的丰碑,或者是一个严密的科学体系的构架,或者是一个生机勃勃的科学领域的基石,或者是一座传播科学文明的灯塔。它们既是昔日科学成就的创造性总结，又是未来科学探索的理性依托。

哥白尼的《天体运行论》是人类历史上最具革命性的震撼心灵的著作，它向统治西方思想千余年的地心说发出了挑战，动摇了"正统宗教"学说的天文学基础。伽利略《关于托勒密与哥白尼两大世界体系的对话》以确凿的证据进一步论证了哥白尼学说，更直接地动摇了教会所庇护的托勒密学说。哈维的《心血运动论》以对人类躯体和心灵的双重关怀，满怀真挚的宗教情感，阐述了血液循环理论，推翻了同样统治西方思想千余年、被"正统宗教"所庇护的盖伦学说。笛卡儿的《几何》不仅创立了为后来诞生的微积分提供了工具的解析几何，而且折射出影响万世的思想方法论。牛顿的《自然哲学之数学原理》标志着17世纪科学革命的顶点，为后来的工业革命奠定了科学基础。分别以惠更斯的《光论》与牛顿的《光学》为代表的波动说与微粒说之间展开了长达200余年的论战。拉瓦锡在《化学基础论》中详尽论述了氧化理论，推翻了统治化学百余年之久的燃素理论，这一智识壮举被公认为历史上最自觉的科学革命。道尔顿的《化学哲学新体系》奠定了物质结构理论的基础，开创了科学中的新时代，使19世纪的化学家们有计划地向未知领域前进。傅立叶的《热的解析理论》以其对热传导问题的精湛处理，突破了牛顿的《自然哲学之数学原理》所规定的理论力学范围，开创了数学物理学的崭新领域。达尔文《物种起源》中的进化论思想不仅在生物学发展到分子水平的今天仍然是科学家们阐释的对象，而且100多年来几乎在科学、社会和人文的所有领域都在施展它有形和无形的影响。《基因论》揭示了孟德尔式遗传性状传递机理的物质基础，把生命科学推进到基因水平。爱因斯坦的《狭义与广义相对论浅说》和薛定谔的《关于波动力学的四次演讲》分别阐述了物质世界在高速和微观领域的运动规律，完全改变了自牛顿以来的世界观。魏格纳的《海陆的起源》提出了大陆漂移的猜想，为当代地球科学提供了新的发展基点。维纳的《控制论》揭示了控制系统的反馈过程，普里戈金的《从存在到演化》发现了系统可能从原来无序向新的有序态转化的机制，二者的思想在今天的影响已经远远超越了自然科学领域，影响到经济学、社会学、政治学等领域。

科学元典的永恒魅力令后人特别是后来的思想家为之倾倒。欧几里得的《几何原本》以手抄本形式流传了1800余年，又以印刷本用各种文字出了1000版以上。阿基米德写了大量的科学著作，达·芬奇把他当作偶像崇拜，热切搜求他的手稿。伽利略以他的继承人自居。莱布尼兹则说，了解他的人对后代杰出人物的成就就不会那么赞赏了。为捍卫《天体运行论》中的学说，布鲁诺被教会处以火刑。伽利略因为其《关于托勒密与哥白尼两大世界体系的对话》一书，遭教会的终身监禁，备受折磨。伽利略说吉尔伯特的《论磁》一书伟大得令人嫉妒。拉普拉斯说，牛顿的《自然哲学之数学原理》揭示了宇宙的最伟大定律，它将永远成为深邃智慧的纪念碑。拉瓦锡在他的《化学基础论》出版后5年被法国革命法庭处死，传说拉格朗日悲愤地说，砍掉这颗头颅只要一瞬间，再长出这样的头颅100年也不够。《化学哲学新体系》的作者道尔顿应邀访法，当他走进法国科学院会议厅时,院长和全体院士起立致敬,得到拿破仑未曾享有的殊荣。傅立叶在《热的解析理论》中阐述的强有力的数学工具深深影响了整个现代物理学,推动数学分析的发展达一个多世纪,麦克斯韦称赞该书是"一首美妙的诗"。当人们咒骂《物种起源》是"魔鬼的经典""禽兽的哲学"的时候,赫胥黎甘做"达尔文的斗犬",挺身捍卫进化论,撰写了《进化论与伦理学》和《人类在自然界的位置》,阐发达尔文的学说。经过严复的译述,赫胥黎的著作成为维新领袖、辛亥精英、"五四"斗士改造中国的思想武器。爱因斯坦说法拉第在《电学实验研究》中论证的磁场和电场的思想是自牛顿以来物理学基础所经历的最深刻变化。

在科学元典里,有讲述不完的传奇故事,有颠覆思想的心智波涛,有激动人心的理性思考,有万世不竭的精神甘泉。

二

按照科学计量学先驱普赖斯等人的研究,现代科学文献在多数时间里呈指数增长趋势。现代科学界,相当多的科学文献发表之后,并没有任何人引用。就是一时被引用过的科学文献,很多没过多久就被新的文献所淹没了。科学注重的是创造出新的实在知识。从这个意义上说,科学是向前看的。但是,我们也可以看到,这么多文献被淹没,也表明划时代的科学文献数量是很少的。大多数科学元典不被现代科学文献所引用,那是因为其中的知识早已成为科学中无须证明的常识了。即使这样,科学经典也会因为其中思想的恒久意义,而像人文领域里的经典一样,具有永恒的阅读价值。于是,科学经典就被一编再编、一印再印。

早期诺贝尔奖得主奥斯特瓦尔德编的物理学和化学经典丛书"精密自然科学经典"从 1889 年开始出版,后来以"奥斯特瓦尔德经典著作"为名一直在编辑出版,有资料说目前已经出版了 250 余卷。祖德霍夫编辑的"医学经典"丛书从 1910 年就开始陆续出版了。也是这一年,蒸馏器俱乐部编辑出版了 20 卷"蒸馏器俱乐部再版本"丛书,丛书中全是化学经典,这个版本甚至被化学家在 20 世纪的科学刊物上发表的论文所引用。一般把 1789 年拉瓦锡的化学革命当作现代化学诞生的标志,把 1914 年爆发的第一次世界大战称为化学家之战。奈特把反映这个时期化学的重大进展的文章编成一卷,把这个时期的其他 9 部总结性化学著作各编为一卷,辑为 10 卷"1789—1914 年的化学发展"丛书,于 1998 年出版。像这样的某一科学领域的经典丛书还有很多很多。

科学领域里的经典,与人文领域里的经典一样,是经得起反复咀嚼的。两个领域里的经典一起,就可以勾勒出人类智识的发展轨迹。正因为如此,在发达国家出版的很多经典丛书中,就包含了这两个领域的重要著作。1924 年起,沃尔科特开始主编一套包括人文与科学两个领域的原始文献丛书。这个计划先后得到了美国哲学协会、美国科学促进会、科学史学会、美国人类学协会、美国数学协会、美国数学学会以及美国天文学学会的支持。1925 年，这套丛书中的《天文学原始文献》和《数学原始文献》出版，这两本书出版后的 25 年内市场情况一直很好。1950 年，沃尔科特把这套丛书中的科学经典部分发展成为"科学史原始文献"丛书出版。其中有《希腊科学原始文献》《中世纪科学原始文献》和《20 世纪(1900—1950 年)科学原始文献》，文艺复兴至 19 世纪则按科学学科(天文学、数学、物理学、地质学、动物生物学以及化学诸卷)编辑出版。约翰逊、米利肯和威瑟斯庞三人主编的"大师杰作丛书"中，包括了小尼德勒编的 3 卷"科学大师杰作"，后者于 1947 年初版，后来多次重印。

在综合性的经典丛书中，影响最为广泛的当推哈钦斯和艾德勒 1943 年开始主持编译的"西方世界伟大著作丛书"。这套书耗资 200 万美元，于 1952 年完成。丛书根据独创性、文献价值、历史地位和现存意义等标准，选择出 74 位西方历史文化巨人的 443 部作品，加上丛书导言和综合索引，辑为 54 卷，篇幅 2 500 万单词，共 32 000 页。丛书中收入不少科学著作。购买丛书的不仅有"大款"和学者，而且还有屠夫、面包师和烛台匠。迄 1965 年，丛书已重印 30 次左右，此后还多次重印，任何国家稍微像样的大学图书馆都将其列入必藏图书之列。这套丛书是 20 世纪上半叶在美国大学兴起而后扩展到全社会的经典著作研读运动的产物。这个时期，美国一些大学的寓所、校园和酒吧里都能听到学生讨论古典佳作的声音。有的大学要求学生必须深研 100 多部名著，甚至在教学中不得使用最新的实验设备，而是借助历史上的科学大师所使用的方法和仪器复制品去再现划时代的著名实验。至 20 世纪 40 年代末，美国举办古典名著学习班的城市达 300 个，学员 50 000 余众。

相比之下，国人眼中的经典，往往多指人文而少有科学。一部公元前 300 年左右古希腊人写就的《几何原本》，从 1592 年到 1605 年的 13 年间先后 3 次汉译而未果，经 17 世纪初和 19 世纪 50 年代的两次努力才分别译刊出全书来。近几百年来移译的西学典籍中，成系统者甚多，但皆系人文领域。汉译科学著作，多为应景之需，所见典籍寥若晨星。借 20 世纪 70 年代末举国欢庆"科学春天"到来之良机，有好尚者发出组译出版"自然科学世界名著丛书"的呼声，但最终结果却是好尚者抱憾而终。20 世纪 90 年代初出版的"科学名著文库"，虽使科学元典的汉译初见系统，但以 10 卷之小的容量投放于偌大的中国读书界，与具有悠久文化传统的泱泱大国实不相称。

我们不得不问：一个民族只重视人文经典而忽视科学经典，何以自立于当代世界民族之林呢？

三

科学元典是科学进一步发展的灯塔和坐标。它们标识的重大突破，往往导致的是常规科学的快速发展。在常规科学时期，人们发现的多数现象和提出的多数理论，都要用科学元典中的思想来解释。而在常规科学中发现的旧范型中看似不能得到解释的现象，其重要性往往也要通过与科学元典中的思想的比较显示出来。

在常规科学时期，不仅有专注于狭窄领域常规研究的科学家，也有一些从事着常规研究但又关注着科学基础、科学思想以及科学划时代变化的科学家。随着科学发展中发现的新现象，这些科学家的头脑里自然而然地就会浮现历史上相应的划时代成就。他们会对科学元典中的相应思想，重新加以诠释，以期从中得出对新现象的说明，并有可能产生新的理念。百余年来，达尔文在《物种起源》中提出的思想，被不同的人解读出不同的信息。古脊椎动物学、古人类学、进化生物学、遗传学、动物行为学、社会生物学等领域的几乎所有重大发现，都要拿出来与《物种起源》中的思想进行比较和说明。玻尔在揭示氢光谱的结构时，提出的原子结构就类似于哥白尼等人的太阳系模型。现代量子力学揭示的微观物质的波粒二象性，就是对光的波粒二象性的拓展，而爱因斯坦揭示的光的波粒二象性就是在光的波动说和粒子说的基础上，针对光电效应，提出的全新理论。而正是与光的波动说和粒子说二者的困难的比较，我们才可以看出光的波粒二象性说的意义。可以说，科学元典是时读时新的。

除了具体的科学思想之外，科学元典还以其方法学上的创造性而彪炳史册。这些方法学思想，永远值得后人学习和研究。当代诸多研究人的创造性的前沿领域，如认知心理学、科学哲学、人工智能、认知科学等，都涉及对科学大师的研究方法的研究。一些科学史学家以科学元典为基点，把触角延伸到科学家的信件、实验室记录、所属机构的档案等原始材料中去，揭示出许多新的历史现象。近二十多年兴起的机器发现，首先就是对科学史学家提供的材料，编制程序，在机器中重新做出历史上的伟大发现。借助于人工智能手段，人们已经在机器上重新发现了波义耳定律、开普勒行星运动第三定律，提出了燃素理论。萨伽德甚至用机器研究科学理论的竞争与接受，系统研究了拉瓦锡氧化理论、达尔文进化学说、魏格纳大陆漂移说、哥白尼日心说、牛顿力学、爱因斯坦相对论、量子论以及心理学中的行为主义和认知主义形成的革命过程和接受过程。

除了这些对于科学元典标识的重大科学成就中的创造力的研究之外，人们还曾经大规模地把这些成就的创造过程运用于基础教育之中。美国几十年前兴起的发现法教学，就是在这方面的尝试。近二十多年来，兴起了基础教育改革的全球浪潮，其目标就是提高学生的科学素养，改变片面灌输科学知识的状况。其中的一个重要举措，就是在教学中加强科学探究过程的理解和训练。因为，单就科学本身而言，它不仅外化为工艺、流程、技术及其产物等器物形态，直接表现为概念、定律和理论等知识形态，更深蕴于其特有的思想、观念和方法等精神形态之中。没有人怀疑，我们通过阅读今天的教科书就可以方便地学到科学元典著作中的科学知识，而且由于科学的进步，我们从现代教科书上所学的知识甚至比经典著作中的更完善。但是，教科书所提供的只是结晶状态的凝固知识,而科学本是历史的、创造的、流动的,在这历史、创造和流动过程之中,一些东西蒸发了,另一些东西积淀了,只有科学思想、科学观念和科学方法保持着永恒的活力。

然而,遗憾的是,我们的基础教育课本和不少科普读物中讲的许多科学史故事都是误讹相传的东西。比如,把血液循环的发现归于哈维,指责道尔顿提出二元化合物的元素原子数最简比是当时的错误,讲伽利略在比萨斜塔上做过落体实验,宣称牛顿提出了牛顿定律的诸数学表达式,等等。好像科学史就像网络上传播的八卦那样简单和耸人听闻。为避免这样的误讹,我们不妨读一读科学元典,看看历史上的伟人当时到底是如何思考的。

现在,我们的大学正处在席卷全球的通识教育浪潮之中。就我的理解,通识教育固然要对理工农医专业的学生开设一些人文社会科学的导论性课程,要对人文社会科学专业的学生开设一些理工农医的导论性课程,但是,我们也可以考虑适当跳出专与博、文与理的关系的思考路数,对所有专业的学生开设一些真正通而识之的综合性课程,或者倡导这样的阅读活动、讨论活动、交流活动甚至跨学科的研究活动,发掘文化遗产、分享古典智慧、继承高雅传统,把经典与前沿、传统与现代、创造与继承、现实与永恒等事关全民素质、民族命运和世界使命的问题联合起来进行思索。

我们面对不朽的理性群碑,也就是面对永恒的科学灵魂。在这些灵魂面前,我们不是要顶礼膜拜,而是要认真研习解读,读出历史的价值,读出时代的精神,把握科学的灵魂。我们要不断吸取深蕴其中的科学精神、科学思想和科学方法,并使之成为推动我们前进的伟大精神力量。

任定成

2005 年 8 月 6 日

北京大学承泽园迪吉轩

威廉・詹姆斯（William James, 1842—1910）

▼ 威廉·詹姆斯，1842 年 1 月 11 日生于美国纽约市阿斯特豪思（Astor House），家境富裕。图为阿斯特豪思。

▼ 父亲老亨利·詹姆斯（Henry James Sr.，1811—1882），著名神学家。1830 年，老亨利毕业于纽约州协和神学院，曾在商界和法律界工作。1835—1837年又在普林斯顿神学院学习，从此热情地投身于神学研究和社会改革工作。图为 1880 年时老亨利照片。

▲ 祖父是爱尔兰人，1798 年移居美国，因投资开发伊利运河（Erie Canal）而成富豪。图为 1839 年时的伊利运河纽约纳克波特（Lockport）段的图画。

▶ 母亲玛丽·罗伯逊·沃尔什（Mary Robertson Walsh，1810—1882），同样家境殷实，这为老亨利潜心研究提供了物质保障。图为 1880 年时玛丽照片。

父亲老亨利坚持为子女提供最优越的教育环境，多次聘请优秀的家庭教师。为了子女求学便利，1852—1860 年之间，带着家人频繁往返于欧洲各国与美国之间。老亨利从不墨守陈规，在家中营造轻松自由的氛围，为威廉家族培养了三位天才般的人物。

詹姆斯是家中长子，有三个弟弟和一个妹妹。二弟亨利·詹姆斯和妹妹爱丽丝在文坛享有盛誉。

亨利·詹姆斯 1897 年以后的居所。

亨利·詹姆斯 (Henry James, 1843—1914)，美国著名小说家和文坛巨匠，被誉为西方现代心理分析小说的开拓者。图为亨利·詹姆斯的油画像，John Singer Sargent 画于 1913 年。

爱丽丝·詹姆斯 (Alice James，1848—1892)，终生与父母生活在一起，独身。1889 年开始写日记，反映当时美国社会生活。因其文字对当时批判尖锐，所以直到死后的 1934 年才公开出版了简缩本，1964 年公开出版完整版，获班克罗夫特奖 (Bancroft Prize) 和美国国家图书评论奖 (National Book Critics Circle Award)，从此在文学界也享有盛誉。

詹姆斯幼年入纽约私立学校,后随父亲辗转美国、英国、法国、瑞士和德国,在父亲指导下学习,精通五种语言。

他开始没有如父亲所期望的那样去努力成为一名科学家,而是逐渐对绘画表现出浓厚的兴趣,经过与父亲的激烈抗争之后,1860年,詹姆斯进入亨特画室,师从著名画家亨特。

▲ 1860 年时的詹姆斯

▶ 亨 特(William Holman Hunt,1827—1910),英国前拉斐尔派画家,前拉斐尔派领袖。图为 1879 年的亨特。

▲ 亨特的画室

学画期间,除了星期天,詹姆斯每天都在亨特的画室作画。然而,不到六个月,迫于父亲的压力,詹姆斯离开了画室。

▲ 食人恶魔

从与父亲抗争学画到离开画室,这段时间,詹姆斯信手涂鸦的素描反映了一个共同的主题——暴力。"食人恶魔"就是一个很好的例子,在这幅画中,一个粗壮丑陋的恶魔正在啃食着他的猎物。恶魔凌乱的头发、凶恶的长相和手中的断肢,都给人以不寒而栗的恐惧,表达了詹姆斯内心激烈的冲突和愤怒的情感。

▶ 1861 年，19 岁的詹姆斯按照父亲的规划，进入哈佛大学劳伦斯理科学院（Lawrence Scientific School），在埃利奥特（Charles W. Eliot）指导下学习化学，后改学解剖学和生理学。图为哈佛大学的雕版画，1767 年由 Paul Revere 创作。

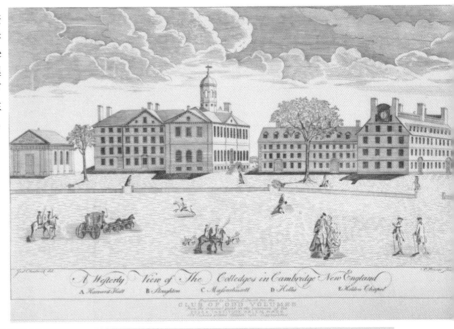

1864 年，威廉家族出现经济危机，詹姆斯改学并无好感的医学。不久遇到了著名博物学家阿加西斯（Louis Agassiz, 1807—1873），他的演讲天赋和个人魅力令詹姆斯欣喜地认为：博物学家体验其职业的方式与一个艺术家的方式"毫无二致"。

1865 年，詹姆斯随阿加西斯到亚马孙流域考察，中途因染假性天花折返。身体的虚弱让他更加清楚地认识到自己适宜于思辨性的工作。图为亚马孙流域航拍图。

◀1865 年，詹姆斯与考察队队员合影。

探险归来，再次投入医学学习后不久，詹姆斯又一次病倒了，体力上的羸弱，精神上的抑郁，医学的枯燥以及来自家庭的压力令他痛苦不堪。这一时期，詹姆斯笔记本上的素描人物以眼睛寒光逼人为特点，反映了他焦虑不安的情绪。图为来自詹姆斯这一时期笔记本上的素描"着道士服的修道士"。

1867 年 4 月，迫于精神重压，詹姆斯突然中断哈佛大学医学院的学习，远赴欧洲修养近 18 个月。期间，他沉浸于大量的文学与哲学著作中，过着令人艳羡的闲暇生活。这段悠闲的时光，帮助詹姆斯找到了除艺术之外的兴趣所在：心理学与哲学。1868 年，詹姆斯从欧洲回到哈佛大学继续攻读医学，次年，詹姆斯获得医学博士学位。

▲ 哈佛大学医学院

毕业后，詹姆斯健康状况进一步恶化，"人没有能动性和创造性，只能被动接受注定的事实"这一机械唯物主义理论令詹姆斯痛苦不堪，深陷抑郁。图为詹姆斯当时的自画像，画的空白处写着"在这里，我和悲哀在一起。"

▶ 法国哲学家查尔斯·雷诺维叶（Charles Renouv），詹姆斯受其论自由意志的文章的影响，开始相信自由意志的存在。个人信仰上的这一转变将詹姆斯从深度抑郁中解救出来，使他的人生和事业上出现重大转折。

1872 年，詹姆斯担任哈佛大学生理学讲师，身体状况也有所好转，开始寄希望于心理学能从更深的层面上探讨生理问题，这个想法促使他转而投向了新兴的心理科学研究。

1906 年由著名画家理查德·拉莫尔(Richard Rummell，1848—1924)创作的哈佛大学(水彩画)。

1875 年，从未接受过正规心理学训练的詹姆斯开设了他的第一门心理学课程，对美国大学来说，这也是第一次开设实验心理学课程。同年，詹姆斯在哈佛大学的劳伦斯礼堂成立了心理学实验室，但只限于教学。这比著名心理学家冯特（W. M. Wundt, 1832—1920）1879 年在莱比锡大学建立心理学实验室要早四年。詹姆斯的心理学实验室虽然并未投入研究之用，但是这一举动堪称美国现代心理学史上的创举，其星星之火最终得以燎原。

▲ 冯特与其同事在心理学实验室，中间坐着的是冯特。

▲ 哈佛大学劳伦斯礼堂

▶ 美国印第安那大学于 1895 年左右建立的心理学实验室，从左往右分别是：Edward M. Ritter, William Lowe Bryan, John A. Bergstrom, Clark David Wissler.

1883 年詹姆斯的学生霍尔（Stanley Hall）在约翰·霍普金斯大学建立了美国第一个用于研究的心理学实验室。到 1893 年，美国有 20 个心理学实验室投入使用，这个数字是当时欧洲的两倍之多。到 1904 年，这个数字再次攀升到 49 个。图为约翰·霍普金斯大学。

1878 年，对于詹姆斯来说，是有着重要意义的一年。这一年詹姆斯遇到了相伴一生的妻子吉宾斯，也在同一年，詹姆斯答应出版商撰写心理学教科书，即后来用 12 年才完成的巨著《心理学原理》。

▲ 吉宾斯（Alice H.Gibbons）。波士顿的一位小学教师，钢琴家。

▲ 1892 年，詹姆斯和 5 岁的二女儿 Magaret Mary 合影

▲ 1905年，詹姆斯与妻子，大女儿Peggy及二弟亨利·詹姆斯合影

▲ 哈佛大学詹姆斯大楼

虽然婚姻对象是老亨利为詹姆斯选定的，但詹姆斯这次却非常欢欣地接受了父亲的安排。他一见到吉宾斯就疯狂地爱上了这位拥有乌黑眼眸和曼妙嗓音的女子。满意的婚姻生活减轻了詹姆斯身心的病症，增强了他的自信。他的工作状态和身体状况越来越好，地位也随之提升。1880 年詹姆斯转任哲学副教授，1885 年升任哲学教授，1889 年成为心理学教授。

目　录

詹姆斯父亲老亨利与二弟小亨利

导 读[①]

Chinese Version Introduction

任东宁 美国普度大学博士

威廉·詹姆斯（William James，1842—1910）是美国心理学会和心灵学会的主要创始人，两次当选为美国心理学会主席，被后人敬仰为"美国心理学之父"。虽然詹姆斯的心理学思想缺乏体系，但其内容之丰富和影响之深远却甚于旗帜鲜明的冯特。詹姆斯同时也是美国哲学创始人、教育学家、实用主义的倡导者、机能主义心理学的先驱。艾尔弗雷德·诺思·怀特海（A. N. Whitehead）将詹姆斯列为与柏拉图、亚里士多德、莱布尼茨齐名的西方历史上四大思想家之一。他耗时 12 年写出《心理学原理》这样的传世巨著，有着流畅风趣的文笔以及无与伦比的活跃魅力，把人们避而远之、枯燥晦涩的知识撰写得十分生动有趣。

---

① 荆其诚,傅小兰. 心·坐标:当代心理学大家(二). 北京:北京大学出版社,2009.

詹姆斯画像,由 20 世纪初美国著名画家埃伦·埃米特·兰德(Ellen Emmet Rand)创作

威廉·詹姆斯（William James，1842—1910）是美国心理学会和心灵学会的主要创始人，两次当选为美国心理学会主席，被后人敬仰为"美国心理学之父"。虽然詹姆斯的心理学思想缺乏体系，但其内容之丰富和影响之深远却甚于旗帜鲜明的冯特。詹姆斯同时也是美国哲学创始人、教育学家、实用主义的倡导者、机能主义心理学的先驱。艾尔弗雷德·诺思·怀特海（A. N. Whitehead）将詹姆斯列为与柏拉图、亚里士多德、莱布尼茨齐名的西方历史上四大思想家之一。

18 岁时，詹姆斯宣称艺术是他命定的职业；一年之后，他进入哈佛大学学习化学和生理学；26 岁的詹姆斯获得的却是医学博士学位；接着他耗时 12 年写出《心理学原理》这样的传世巨著；生命的最后二十年间，他转而潜心哲学，成为享誉国际的哲学领袖。詹姆斯一生兴趣多变，博学多才，著作等身。他广阔的思维、开明的态度以及深刻的远见已使其他科学家望其项背；更难能可贵的是，他有着流畅风趣的文笔以及无与伦比的活跃魅力，把人们避而远之、枯燥晦涩的知识撰写得十分生动有趣。

一、成 长 岁 月

1. 童年詹姆斯

1842 年 1 月 11 日，在美国纽约市的阿斯特豪华酒店里，声名显赫、极其富有的詹姆斯家族的长子威廉·詹姆斯（William James）出生了。詹姆斯下面还有三个弟弟和一个妹妹。除了詹姆斯本人，这个家族还孕育了另外三位天才般的人物：父亲亨利·詹姆斯（Henry James）是一位学识渊博的神学家；与父亲同名的弟弟是著名的小说家和文学巨匠，被誉为西方现代心理分析小说的开拓者；其妹爱丽丝·詹姆斯（Alice James）辞世后，生前的日记被公开发表，从此在文学界也享有盛誉。

老亨利的父亲，也就是詹姆斯的祖父，是一名从爱尔兰来到美国的商人。他勤奋干练，不仅把自己从一个来自穷乡僻壤的孩子变成了一位地位显赫的商人、银行家和地主，也为后代留下了巨额遗产。虽然老亨利自小在一次事故中失去了一条腿，但他却从未消沉，而是热情地投身于神学研究和社会改革，并自诩为"哲学家和追求真理者"。与父亲44 年的从商经历形成鲜明对照的是，老亨利一生衣食无忧，无须为生计奔波。他的妻子玛丽·罗伯逊·沃尔什（Mary Robertson Walsh）也同样家境殷实。这为老亨利潜心于哲学和宗教研究提供了牢靠的物质保障。

老亨利交友广泛，和许多艺术家、作家私交颇深。这些朋友经常聚集到老亨利的家中高谈阔论。这其中就包括鼎鼎大名的沃尔多·爱默生[①]（詹姆斯的教父）和亨利·梭罗[②]。

---

① 沃尔多·爱默生（Ralph Waldo Emerson），美国思想家、文学家，是确立美国文化精神的代表人物，被称为"美国的孔子"、"美国文明之父"。

② 亨利·梭罗（Henry Thoreau，1817—1862），美国作家、哲学家，著名散文集《瓦尔登湖》和论文《论公民的不服从权利》的作者。

此外,作为父亲的老亨利从不墨守成规,他鼓励孩子们在餐桌上随便谈论任何话题[①],在家中营造出轻松自由的氛围。毫不夸张地说,老亨利对于五个孩子的性格和出色的素养都产生了深刻的影响。这一点在詹姆斯身上尤为明显。詹姆斯的思想异常开明,他的博闻强识以及后来在哲学和宗教领域的不凡造诣,似乎在幼年时期就打下了坚实的基础。

除了这些潜移默化的影响,老亨利也的确为孩子们的教育用心良苦。他坚持为孩子们提供最优越的教育环境,却又对美国学校的教育方式颇不放心。这位父亲独特的教育方式令人称奇:他多次聘请优秀的家庭教师;甚至为了孩子们求学的便利,从1852年到1860年间,带着家人频繁往返于欧洲各国和美国之间。他们很少在任何一个国家住够一个完整的学年,甚至在同一个国家,停留在一个住所也成了奢望。例如,詹姆斯家族停留在法国的两年内就搬了五次家;詹姆斯在13岁之前,就已经上过纽约州的十几所学校。尽管举家搬迁和终年游历令全家人牢骚满腹,但也丝毫不能动摇老亨利让孩子们见多识广、接受多种文化熏陶的意志。詹姆斯没有让父亲失望,19岁时,他已经先后在美国、瑞士、法国、德国和英国接受多种专业教育,精通五种语言,并对所有欧洲的大型博物馆了如指掌。

这种丰富多变的童年生活使得詹姆斯拥有广泛兴趣的同时,也使其学习缺乏系统性:几乎所有的学科都是浅尝辄止。而对于老亨利来说,更为担忧的是,詹姆斯没有如他期望的那样愿意成为一名科学家,而是逐渐对绘画表现出浓厚的兴趣。

2. 艺术之梦

詹姆斯早年曾跟随两位颇有名望的家庭教师学习绘画,然而正如他接受的其他教育一样,学习在不久之后就中断了。可以说,詹姆斯接受过的正式绘画训练微不足道。詹姆斯的艺术素养和浓厚的兴趣主要来源于老亨利的"无心之失"——他在詹姆斯的早期成长中营造了良好的艺术氛围。在詹姆斯的家里,客厅前面挂着一幅托马斯·科尔[②]的风景画,客厅的后面是出自朱尔斯-约瑟夫·勒菲弗尔[③]之手的一幅名画。屋里还放着一座经典的酒神巴克斯的女祭司的半身塑像[④]。老亨利也经常带着孩子们出入欧洲各大名城的博物馆、美术馆、画廊和剧院。无论是在美国的艺术中心纽约还是旅居欧洲期间,詹姆斯从不缺乏接触艺术的机会。事实上,在詹姆斯的早年时期,他常常花费很多个夜晚徜徉在绘画和雕塑作品之中,被艺术的魅力深深吸引着。

老亨利无疑是一位和蔼而慈爱的父亲,然而也有固执的一面。当他看到苦心培育的长子无意科学正途时,他坚决地站在了反对的立场上,力劝詹姆斯放弃绘画艺术。

老亨利给詹姆斯买过本杰明·罗伯特·海登(Benjamin Robert Haydon)的传记。据说,他的本意是警告詹姆斯远离艺术。因为在这部传记中,海登展示了他痛苦的艺术生

① 墨顿·亨特. 心理学的故事. 李斯,王月瑞,译. 海口:海南出版社,2002:143.

② 托马斯·科尔(Thomas Cole,1801—1848),美国画家,画风为浪漫主义的哈德逊河画派,以雄伟壮丽的风景画著称。

③ 朱尔斯-约瑟夫·勒菲弗尔(Jules-Joseph Lefebvre,1836—1911),法国著名画家,19世纪学院派的领导人。

④ 霍华德·马文·范斯坦. 就这样,他成了威廉·詹姆斯. 季广茂,译. 北京:东方出版社,2001:129.

涯:"始于冠冕堂皇的自我放纵,终于极其夸张的自杀。他试图为公众服务却遭受公众蔑视,在由此导致的愤怒和失望中,他先是两次用剃刀猛割自己的喉咙,然后又向自己的头部开了致命的一枪。"①然而,詹姆斯非但没有因此对艺术望而却步,却借用海登的观点向父亲发起挑战,并从书中学到了如何抵御家庭阻力的伎俩——巧妙地利用生病。事实证明詹姆斯后来也是这样效仿的:当面临放弃艺术的压力时,他就大病一场。更有趣的巧合是,与海登一样,詹姆斯也患上了眼疾。

1858 年夏季,詹姆斯一家结束了三年的欧洲旅行,回到美国罗得岛州的纽波特定居。在这里,詹姆斯结识了对艺术同样充满热情的志同道合的好友,并幸运地遇到了威廉·莫里斯·亨特(William Morris Hunt)。作为詹姆斯的绘画老师,亨特的多才多艺、对传统刻板教导方式的不屑以及在气质上的不谋而合,令詹姆斯对艺术的热情与日俱增。看到詹姆斯如此迷恋着艺术,老亨利惴惴不安。为了阻止詹姆斯继续沉迷于绘画,詹姆斯一家在 1859 年 10 月匆匆离开纽波特,来到日内瓦。尽管詹姆斯听从父亲的意见暂时远离了亨特和绘画,进入日内瓦学院学习科学,但是他对绘画的热情却丝毫不减。艺术之梦与父亲之命的冲突,更是成为他作画的情感来源。从幸存的詹姆斯的素描来看,大部分是信手涂鸦而来,有的是画来逗小孩玩的,而有些是上课之时画在笔记本纸上的。然而,这些看似不严肃的素描却有一个共同的主题——暴力。"食人恶魔"就是一个很好的例子。在这幅图中,一个粗壮丑陋的恶魔正在啃食着他的猎物。这只恶魔凌乱的头发、凶暴的长相和手中的断肢,都给人以不寒而栗的恐惧。詹姆斯通过画笔表达了他内心的激烈的冲突和愤怒的情感。不久之后,詹姆斯终于无法忍受将这些情感继续埋藏在心里,因而认真严肃地与父亲就艺术生涯进行了沟通。

1860 年夏天,詹姆斯一家前往德国波恩,孩子们一起都被安置在当地人家中学习语言。8 月 15 日,詹姆斯在给纽波特的朋友托马斯·萨金特佩里(Thomas Sergeant Perry)的信中宣称:"我得出了这样的结论:艺术是我命定的职业。"②四天后,他给父亲写了一封信表明立场。"我希望你像你承诺的那样,尽可能清晰地写下你对艺术本质的观点。"③老亨利的回信已经无从查证,但五天后詹姆斯的回信依然充斥着愤怒和不满:"我想问的是……为什么我不应该成为一名艺术家。从你的话里我不能完全明白你对我的决定的失望的原因何在,不明白你怎么看待艺术的本质,也不明白我献身艺术怎么就让你如此厌恶。"④

在这次论争之后,詹姆斯如愿以偿,于 1860 年 10 月回到纽波特,进入亨特的画室。除了星期天,他每天都在那里作画。然而,詹姆斯却不是这场父子之战的最终胜利者。在亨特的画室呆了不到六个月,詹姆斯就离开了画室,进入哈佛攻读科学。尽管对于发生如此突然转变的原因至今尚无定论,但是谁都无法否认这样的事实:在詹姆斯学习绘画期间,老亨利突然莫名其妙地晕倒了一次;之后他警告全家人说,他会很快死去。⑤ 面

---

① 霍华德·马文·范斯坦. 就这样,他成了威廉·詹姆斯. 季广茂,译. 北京:东方出版社,2001:132.

② Robert D. Richardson. William James:In the Maelstrom of American Modernism. New York:Houghton Mifflin, 2006:11.

③ 同上书.

④ 同上书,12.

⑤ 霍华德·马文·范斯坦. 就这样,他成了威廉·詹姆斯. 季广茂,译. 北京:东方出版社,2001:177.

对父亲这种以死相逼的坚决反对态度,詹姆斯的职业选择就显得性命攸关了。

二、哈 佛 时 光

1. 求学哈佛

1861 年夏天,按照父亲规划的职业蓝图,詹姆斯放弃了艺术之梦,转而踏上科学征程。他先进入哈佛的劳伦斯理科学院(Lawrence Scientific School)学习化学,后改学比较解剖学和生理学。詹姆斯刚刚对科学表现出兴趣,威廉家族却在这时出现了经济危机。1864 年 1 月,迫于金钱方面日益增长的压力,詹姆斯放弃了纯粹科学的"美味佳肴",被推入医学的"煮肉锅"。进入医学院后,他指出:"在那里,有许多欺骗行为……除外科有时完成一些有积极意义的事情外,医生所做的主要事情就是在精神方面对病人及其家属施加影响,而不是干些其他有意义的事情。他们也从病人那里榨取钱财。"①

不久,詹姆斯遇到了著名的博物学家阿加西斯(Louis Agassiz)。阿加西斯的演讲天赋和个人魅力令詹姆斯欣喜地认为:博物学家体验其职业的方式与一个艺术家的方式"毫无二致"。与其说对生物学兴趣盎然,不如说为躲避令人厌倦的医学院的学习生活,詹姆斯于 1865 年协助阿加西斯远征南非。然而起初的热情和对浪漫之旅的向往很快便在收集和分类的琐碎工作中消失殆尽:"我全部的工作都是机械性的……全部事物都归入了许多时光之中,而全部时光都花在了体力劳动上面。"在考察过程中他还不幸染上假性天花,身体的虚弱让他更加清楚地认识到:"我适宜于思辨性的工作而不适宜于实际的生活。"

探险归来,詹姆斯再次投入医学学习后不久,就又一次病倒了。体力上的羸弱、精神上的抑郁、医学上的枯燥以及来自家庭的压力令他痛苦不堪。这一时期詹姆斯画在笔记本上的素描以人物眼神的寒光逼人为特点,反映了他焦虑不安的情绪。

迫于精神的重压,詹姆斯在 1867 年 4 月突然中断了医学院的学习,远赴欧洲。他在德国的温泉中修养了近 18 个月。在大部分旅居德国的时光中,詹姆斯并未将学术放在心上,他沉浸于大量的文学和哲学著作中,过着令人艳羡的闲暇生活。疾病似乎成为詹姆斯心安理得地摆脱医学学习的护身符,成为调和自己的艺术之梦与父亲的期许之间矛盾的工具。

然而,后来的事实表明,正是在德国的这一段悠闲时光,帮助詹姆斯找到了除艺术之外的兴趣所在:心理学与哲学。正如詹姆斯在他 60 岁那年写的那样:"我当初学医,为的是成为一名生理学家,却因为某种天命卷进了心理学和哲学之中。"

从学医初期,詹姆斯就对精神病理学和精神病治疗法产生了浓厚的兴趣。精通德文的他,也对实验心理学方面的著作有所涉猎。在柏林修养期间,他参加了三个月的生理

---

① 杜·舒尔茨. 现代心理学史. 杨立能,等,译. 北京:人民教育出版社,1981:146.

学系列讲座,并在给朋友的信中写道:"在我看来,这样的时代或许已经到来了:心理学开始成为一门科学——某些测量已经出现在神经的生理变化与意识的显现这两个相互交叉的领域之中,更多的测量工作可能会接踵而至。"①詹姆斯表达了前往海德堡(Heidelberg)跟随威廉·冯特、亥姆霍兹(Hermann von Helmholtz)学习的意向,但最终却未能如愿成行。

1868 年,詹姆斯从欧洲回到哈佛大学继续攻读医学,次年获得博士学位。毕业之后,他的健康状况进一步恶化。受到德国机械唯物主义哲学②的影响,"人没有能动性和创造性,只能被动接受注定的事实"这一想法令詹姆斯痛苦不堪,深陷抑郁。和老亨利如出一辙,詹姆斯遭遇了一次严重的抑郁发作。詹姆斯诉说他心中出现了一个癫痫症患者的形象:"一个黑头发绿皮肤的年轻人,傻得一塌糊涂。"而这个"看起来绝对不像一个人"的东西,詹姆斯认为就是他自己。在几个月的时间里,詹姆斯都处于极大的恐惧和不安之中。在詹姆斯的笔记本上,有一幅自画像。画中的詹姆斯失魂落魄,垂头丧气。画的空白处写着"在这里,我和悲哀坐在一起。"

出于精神疾病的困扰和对生活的绝望,詹姆斯阅读了大量的哲学著作。从查尔斯·雷诺唯叶(Charles Renouvier)那里,詹姆斯读到了论自由意志的文章。他开始相信自由意志的存在:"现在我将依从我的意志继续前进,不但要根据意志来行动,而且信任意志;并相信我独特的存在和创造力。"③

个人信仰上的这一转变不仅将詹姆斯从深度抑郁中解救出来,更是他人生和事业上的重大转折。

2. 执教哈佛

1872 年,他在哈佛大学接受了一个生理学教职。备课和教学的工作令他的身体健康有所好转,同时詹姆斯以前所未有的热情投入到工作之中。当时神经系统生理学的飞速发展令詹姆斯对于心理相关的生理问题非常着迷。他寄希望于心理学能从更深的层面上探讨生理问题。这个想法促使他转而将目光投向了新兴的心理科学。1875 年,以斯宾塞(Herbert Spencer)撰写的《心理学原理》(1855)为教材,从未接受过正规心理学训练的詹姆斯开设了他的第一门心理学课程——"生理学和心理学的关系"。对詹姆斯本人而言,这是他第一次讲授心理学课程;对美国大学来说,这也是第一次开设新实验心理学课程。正是在这一年,詹姆斯从哈佛申请到 300 美元购置了用于教学的实验室和演示设备。而这比冯特在莱比锡大学建立心理学实验室还要早了四年。虽然他本人对于实验室的研究工作没有什么热情,这个实验室也并未投入研究之用,但这一举动堪称美国现代心理学史上的创举,其星星之火最终得以燎原。1883 年,他的学生霍尔(Stanley Hall)

---

① Donald K. Freedheim. Handbook of Psychology: History of Psychology. New Jersey: John Wiley & Sons, Inc., 2003:6.

② 机械唯物主义虽然也认为物质第一性,精神第二性,但否认物质与精神间的辩证统一关系,否认物质与精神的联系和转化,否认人的精神的能动性、创造性。

③ B.R. 赫根汉. 心理学史导论. 郭本禹,等,译. 上海:华东师范大学出版社,2004:500.

在约翰·霍普金斯大学建立了美国的第一个用于研究的心理学实验室。截至 1893 年,20 个心理学实验室在美国投入使用,这个数字是欧洲的两倍之多。到 1904 年,这个数字再次攀升至 49 个。

1876 年,詹姆斯被任命为哈佛大学生理学副教授。1878 年,在他 36 岁时,他与波士顿的一位小学教师、小有成就的钢琴家艾丽斯·吉宾斯(Alice H. Gibbons)结婚了。虽然婚姻的对象是老亨利为詹姆斯选定的,但詹姆斯这次却非常欢欣地接受了父亲的安排——他一见到艾丽斯就疯狂地爱上了这位拥有乌黑眼眸和曼妙嗓音的女子。满意的婚姻生活减轻了詹姆斯身心的病症,增强了他的自信。他的工作状态和身体状况越来越好,地位也随之提升。1880 年詹姆斯转任哲学副教授;1885 年升任哲学教授;而到了 1889 年,他成为心理学教授。

三、詹姆斯的心理学思想

1878 年,詹姆斯答应出版商亨利·霍尔特(Henry Holt)撰写一本心理学教科书。本来预计两年就完成的书稿,詹姆斯却花费了长达六倍的时间。1890 年,詹姆斯写作历时十二年之久的《心理学原理》(The Principles of Psychology)两卷本终于出版。

詹姆斯凭借其对英文、法文、德文和意大利文等多国语言的精通,对当时心理学的文献和成果进行了最全面和系统的把握和总结,同时主张从意识的目的性和选择性理解人类心灵,体现了他实用主义心理学的思想。这个主张对美国机能主义心理学的发展有直接的影响。哲学式的诘问和生理学家的思考,是该书的一大特色。可以说,詹姆斯主要的心理学思想都是通过这本书表达出来的。此外,詹姆斯独特而迷人的个性在书中展露无遗,其幽默风趣、自然流畅的文风对于这本书的成功来说同样功不可没。1892 年刊出了该书的缩本,作为大学标准教材,定名为《心理学简编》。两卷本被人们称为"詹姆斯",而缩本被亲切地唤作"吉米"。

这部恢宏巨作所传递的思想,是如此令后人敬慕,以致詹姆斯被称为"美国本土第一位心理学家"。在美国心理学会 1967 年的 75 周年纪念日开幕式上,讲演人戴卫·克莱奇(David Krech)宣称,威廉·詹姆斯是"培养我们的父亲"。詹姆斯为什么会享有如此盛誉? 要理解这一点,就需要我们在研读这位心理学大师的思想之前,先来了解一下当时美国的心理学概况以及美国的民族精神。

1. 时代背景

现代心理学发祥于德国,法国、英国等西欧国家的心理学也相继得到发展。19 世纪末期,在心理学起步较晚的美国,赴德留学几乎成了所有心理学者的必修课。他们远涉重洋,投身于莱比锡大学冯特教授门下,学成回国后则致力于将实验主义发扬光大。然而,这些"虔诚的追随者"却在无意之中将美国心理学打造成了另外一副样子,甚至走向了构造主义的对立面。

在美国本土心理学悄然孕育之时,詹姆斯就明确提出并详细阐述了他的实用主义思想。他的许多观点在当时都具有先驱性。他前瞻性的工作和深刻洞见激励并引领了一大批的美国心理学者,从而为美国机能主义心理学的诞生奠定了基础。

到 1900 年,美国心理学的与众不同已显露无遗:尽管心理学院系仍然按照冯特的模式教授各门心理学课程,心理学实验室的数目也与日俱增,但心理学关心的内容却在几无自觉的情况下发生了转变——不再是心理的结构和元素,而是心灵和行为的目的和功能。

美国心理学之所以具有浓重的机能主义的色彩,首先需要提到的就是达尔文(Charles Robert Darwin,1809—1882)的进化论。达尔文是英国博物学家和进化论的奠基人。他于 1859 年出版的《物种起源》一书,是享有盛誉的巨著。书中讲述的进化理论,主张物种是进化的,生存的需要决定了它的身体结构。这个机能主义的观点对美国心理学产生了巨大而深远的影响。杜·舒尔茨这样说道:

> "达尔文的影响使心理学的目标发生了深刻的变化。我们知道,构造主义者的中心问题是对意识内容进行分析。而达尔文影响了某些心理学家,特别是美国心理学家,使他们来考虑意识可能具有的技能。对很多人来说,这似乎是比确定意识的要素重要得多的基本任务。因此,心理学愈来愈关心有机体对它的环境的适应,从而对心理要素的详细研究开始失去了它的吸引力。"①

有效地把进化论引入心理学的,是达尔文的表弟高尔顿(Sir Francis Galton,1822—1911)。他开创了关于个人能力的个体差异和心理遗传问题的研究。事实上,高尔顿涉足的研究领域非常广泛,而且他极富首创精神。他在适应、遗传与环境、物种的比较、儿童的发展、问卷方法、统计技术、个体差异和心理测验等诸多领域均有出色的贡献,并深刻地影响着心理学的发展。

家乡人对这两位英国科学家杰出贡献的热情程度远远比不上大洋彼岸的美国人。这种有趣的现象与美国人的精神气质和当时独特的社会经济政治特征不无关系。在 19 世纪后期,美国仍然是一个开拓中的国家,积极进取的美国人在一片广阔的土地上不断地探索着。在那里,一个人的成功取决于他能否适应环境的要求。自然选择和适者生存的原理在日常生活中得到生动的证明。② 与此同时,一种把获得"效果"当做最高目的、以实际效用和利益为核心导向的哲学流派——实用主义应运而生。因此,美国心理学比欧洲心理学更容易接受进化论。詹姆斯的机能主义心理学的思想在这里具有其他地域无可比拟的稳固基础和无限的生命力。

波林对美国心理学做过精辟的概括:"对美国机能心理学来说,德国冯特的实验主义为'躯壳'或'装置';英国达尔文进化论和高尔顿的个别差异心理学为'精神';实用主义为'哲学';适者生存、追求适应为'美国国情'。"

---

① 杜·舒尔茨. 现代心理学史. 杨立能等,译. 北京:人民教育出版社,1981:122—123.
② 同上书,136.

2. 思想要义

《心理学原理》分为上下两卷,共 28 章,1993 页。在这部大作中,詹姆斯以独特的方式解读了心理学的传统议题,例如神经系统的功能、感觉、时空与物体知觉、想象、概念、推理、记忆、联结、注意、情感和意志;同时,詹姆斯提出了一系列新颖的问题,例如习惯、意识流、自我意识、本能和催眠术。詹姆斯不仅从心理学的视角,更凭借其生理学和临床医学的深厚功底,试图探讨心理的神经生理机制。此外,他的实用主义哲学思想在文中已然崭露头角,对于心灵与身体的关系、自我的连续性、真理的本质等等问题的追问,更是在哲学层面上的深入思考。

《心理学原理》这本巨著即使在今天读来,仍然令人受益匪浅。书中的意识流、情感理论、本能与习惯以及自我和自尊的论述是最为著名的篇章。

(1) 心理学的对象和方法

在第一章"心理学的范围"中,詹姆斯阐述了他关于心理学研究对象的观点。詹姆斯认为,心理学是关于心理生活的现象及其条件的科学。所谓现象,指的是情感、欲望、认知、推理、决定等的东西;所谓条件,指的是大脑的正常运作。正是考虑到大脑机能的重要作用,他指出,心理学家从某种程度上讲必须是"大脑主义者"[①],心理学的研究必须包括脑生理的研究。强调意识等心理现象的生理基础,作为该书的特色贯穿始终。

那么,心理学怎样来研究这些"现象"和"条件"呢? 第七章"心理学的方法与陷阱"是詹姆斯关于心理学方法的论述。詹姆斯认为,内省观察是心理学者首先采用的、主要采用的和始终依赖的研究方法;新兴的实验法通过大规模的操作和统计学的方法在测量的精确性上占优;比较的方法是上述两种方法的补充。这就要求心理学者"既要采用内省法,又要采用实验法,要研究动物、儿童、处在前文字时代的人和变态的人。总之,他鼓励采用任何能够阐明人类生活复杂性的方法;他认为,不应忽略任何有用的方法。"[②]

(2) 意识流

1884 年詹姆斯在《心灵》(Mind)杂志上发表了一篇文章,题名为"论内省心理学的一些遗漏之处"。《心理学原理》中的第九章"意识流"(The stream of thought),正是这篇文章的再版。在这一章中,詹姆斯明确反对冯特把心理现象分解为各种元素的做法。他不客气地将其称为"心理学家的谬误"。詹姆斯认为,意识是一个整体,如同河流健行不息,故而可称之为"思想流"、"意识流"或"主观生活流"。他依次阐述了意识的五个特征。

第一,意识是以个人形式存在的。即思想属于个人私有。他说:"每一个心灵都将它的思想保留给自己。心灵之间不存在给予或交换……思想之间的这种差异是自然界中最绝对的差异。"因此,剥夺思想的个性化的做法在詹姆斯眼中就是"心理学做的最坏的事情"。

第二,意识在不断变化之中。他指出,对同一事物的感受是可以积累的,随着我们感

① 威廉·詹姆斯. 心理学原理. 郭宾,译. 北京:九州出版社,2007:11.
② B.R.赫根汉. 心理学史导论. 郭本禹等,译. 上海:华东师范大学出版社,2004:511.

受能力的变化,我们的感受也会不同,某个特定的心理状态一旦消失就不可能重现。知觉常性在詹姆斯看来是一种根深蒂固的"习惯",即我们倾向于认识事物的一致性,运用了之前的经验而不自知。他甚至说,我们根本"没有能力辨别出分别接受到的两个感觉是否完全相同"。他同时谈到了生理基础:"当我们思考时,大脑也在发生变化……变化的原因很多,可能包括局部营养和供血的偶然状态……完全一模一样的大脑状态绝不可能再现。"詹姆斯此处对元素主义淋漓尽致的批判,预言了格式塔心理学派①的诞生。

第三,意识是连续不断的。詹姆斯认为,意识之流的速度缓慢时,我们以一种平静缓和的方式意识到我们思维的对象,这称为"实体性部分";速度快时,我们意识到一种转变或关系,这称为"过渡部分"。例如,"安静可以被雷鸣打断,并且我们会由于这种震颤而在一段时间里感到非常震惊和困惑,以至于我们自己不能立刻了解到发生了什么事情。但是那种混乱是一种心理状态,一种直接使我们从安静过渡到声响的状态。关于一个对象的思想和关于另一个对象的思想之间的转换,在思想中不是一种中断,就像竹子上的竹节并没有在竹子上产生中断一样。和竹节是竹子的一部分一样,它也是意识的一部分。"然而,这个"过渡状态"又难以通过内省测查。因为在"过渡状态"我们的意识之流是如此之快,使得我们在弄明白它之前就已经到达另一个"实体状态"。一旦我们停下来想要看个清楚,我们就已经不再处于"过渡状态"。这就好像无法"抓住一个旋转的陀螺去把握它的运动"或"打开燃气灯来观察黑暗的样子"。

第四,意识始终在处理独立于它本身的客体。詹姆斯指出,"知道一件事"和"知道我知道这件事"都是意识的内容,二者并没有什么本质上的区别,且后者并无任何与众不同之处。对于一些哲学家所坚持的"反省式的自我意识才是思维认知功能的本质"②的观点,他说:"这是一个很荒唐的假定。"

第五,意识具有选择性。詹姆斯认为,意识通过注意力的强调和抑制作用,选择一些事物,并抑制剩余的事物。这种选择的标准是个人兴趣。因此每个人对外界的认识都是世界的一部分。

詹姆斯在这一章中针对冯特等人的元素主义进行了尖锐而机敏的批驳。他提出的"意识流"的概念引起了其他心理学家的极大重视。然而,对于冯特倡导的内省分析法,他既没有提供取而代之的可行之法,也没有给出改进的意见。因此,对于实验心理学来说,詹姆斯的观点又是具有消极作用的。③

詹姆斯关于意识的观点不仅被心理学者津津乐道,更为文学研究者耳熟能详。20 世纪,一种基于现代心理学的文学流派崭露头角——"意识流文学"。这种流派的作家吸收了詹姆斯关于心理学的观点,以独特的技巧注重描绘人物意识流动状态,更包括无意识、梦幻意识和语言前意识,在文学史上取得了非凡的成就。代表作家有詹姆斯·乔伊斯

---

① 格式塔心理学派,诞生于 1912 年,主张心理学研究现象的经验,也就是非心非物的中立经验。在观察现象的经验时要保持现象的本来面目,不能将它分析为感觉元素,并认为现象的经验是整体的或完形的(格式塔),所以称格式塔心理学。

② 康德首创了这种观点。持相同观点的还有 J. 费里尔,W. 汉密尔顿,L. 曼塞尔,T. H. 格林。他们主张,为了完全认识一个事物,思维必须清楚地区分开那个事物和它的自我。

③ E. G. 波林. 实验心理学史. 高觉敷,译. 北京:商务印书馆,1982:585.

(James Joyce,1882—1941)和威廉·福克纳(William Faulkner,1897—1962)等。

（3）情绪理论

詹姆斯关于情绪的理论颠覆了人们的传统观点。通常，人们认为感知到的兴奋刺激产生情绪，进而引发身体行动。一个经典的例子是：我们看到一头熊，感到害怕，所以逃跑。而詹姆斯认为，我们不是由于害怕而逃跑，而是由于逃跑而害怕。换言之，生理反应先于情绪显露。人遇到某种情境，首先出现身体反应，例如发抖和逃跑；这些反应引起的内导冲动传到大脑皮质时所引起的感觉就是情绪，如恐惧。如果心率加快或肌肉紧张等身体变化没有发生，则情绪就不会出现。詹姆斯作出了如下阐述：

> "我的理论是，有事实在产生刺激时，身体方面先直接发生变化，变化发生时，我们感觉到有这样的变化，就谓之情绪……我们哭泣所以我们感到悲伤，因为我们攻击所以我们感到愤怒，因为我们颤抖所以我们感到害怕，而不是因为我们感到悲伤、愤怒或恐惧所以我们哭泣、攻击或颤抖。没有由知觉而起的躯体状态，知觉就只是一种纯粹的、苍白黯淡的、没有情绪激动的认知。"[①]

这个令人称奇的理论最先是作为一篇题名为"什么是情绪"的论文发表于1884年。次年，丹麦生理学家卡尔·兰格(Carl Lange)发表了类似的见解，并且强调血管运动系统是情绪体验的原因。他说植物性神经系统的支配作用加强，血管扩张，结果便产生愉快的情绪；植物性神经系统活动减弱，血管收缩，器官痉挛，结果便产生恐怖的情绪。

詹姆斯和兰格都强调情绪与机体变化的关系，两个人的观点如此相似，以至于后人将该情绪理论称为"詹姆斯-兰格情绪理论"。五年后，这个理论经过詹姆斯修改和扩充，复又编入《心理学原理》。但该理论招致了激烈的批评。作为回应，詹姆斯在1894年再次撰文，并在文中对该理论作出进一步修订。

该理论引起了大量的讨论和争论，推动了众多探究情绪生理基础的研究。英国生理学家谢灵顿(Charles Scott Sherrington)是用实验检验这个情绪假说的第一人。他观察到，被切断颈部和内脏之间神经联系的动物仍能表现出愤怒和厌恶等情绪。这与詹姆斯理论的预测相悖。著名生理心理学家坎农(Walter Bradford Cannon)在其《疼痛、饥饿、恐惧和愤怒时的身体变化》(1915)一书中指出：丘脑是情绪活动的中枢；控制情绪的是中枢神经而不是周围神经系统。坎农通过实验研究，证明了情绪不能使用生理变化的知觉来解释。一个有力的证据是，将一只猫的交感神经系统摘除后，它仍对狗张牙舞爪并发出威胁性的叫声。这表明没有体验到血管系统、呼吸和其他身体系统变化的动物仍然表现出恐惧的情绪。坎农的情绪论得到巴德(P. Bard)的支持和扩充，因此被后人称为坎农-巴德情绪说。

詹姆斯这个特立独行的情绪理论遭受诸多指摘，并被最终认定在许多方面都是错误的。但它作为现代情绪理论的出发点，几乎在每一本普通心理学教科书中都会被论及。它关于情绪有生理成因的假定是正确的，并且具有应用价值。我们通过控制对刺激的生理反应，也就可以在一定程度上控制我们的情绪。例如，在感到害怕时，可以通过吹口哨

---

① B.R.赫根汉. 心理学史导论. 郭本禹等，译. 上海：华东师范大学出版社，2004：509.

来增加勇气。詹姆斯曾忠告我们："用吹口哨壮胆,绝不只是修辞手段。另一方面,如果整天愁眉苦脸、唉声叹气、对任何事情都用沮丧的声调来回答,你的忧郁就会持续下去。"这一点也得到了现代实验证据的支持:有意做出的表情会影响到心跳和皮肤温度,并诱发出一定的相应情绪。①

（4）本能与习惯

詹姆斯分别用了两章的篇幅来讨论"本能"与"习惯"。詹姆斯将本能定义为具有一定目的性的、自动的、与生俱来的行为能力。这种本能在动物界广泛地存在着:鸟儿天生就知道如何分泌油脂并将之涂抹在羽翼上;响尾蛇不学自会地利用利牙和毒腺来抵御敌人;蚕儿不经训练就可以在适合的时间吐丝作茧;老鹰有效地使用锐爪捕猎是出于本能。詹姆斯认为,从生理学角度可以更清楚地解释这些行为:它们都遵守普通的反射类型,即感觉刺激引发了行为的发生。猫追逐老鼠,看到狗逃跑或争斗,避免从树和墙上掉下来,躲避水和火……这不是因为猫有任何关于生命或死亡的概念,而是因为它无法控制地就这样做了。它的神经系统在很大程度上是一个预先组织好的反应集。

但是詹姆斯并不认为本能是盲目和不可改变的。他认为,本能冲动会由于后天重复而形成的行为模式而发生改变;个体也会形成新的类似于本能的行为,这种行为被称之为"习惯"。

詹姆斯认为习惯的形成得益于大脑的可塑性。这种可塑性可以用一句话概括:"从感觉器官流入大脑的神经流开辟出极为便捷且不易消失的路径。"②在神经流首次穿过一条路径后,再次通过就显得更为容易,并且这种易化在每次的重复中得到不断加强。

那么习惯对于人类生活有什么实用的价值吗?詹姆斯指出了两点。第一,习惯使得动作更加精确并减少了疲劳;第二,习惯减少了个体执行动作所需的有意识的注意力。对于整个社会而言,詹姆斯将习惯比作巨大的社会调速轮和社会最宝贵的守旧工具。他指出:"大部分的人到了30岁,性格都会固定得像一块石膏,将永远不会变软了。"③习惯促使我们所有人遵守风俗传统,让每个人在特定的阶层和范围内活动。

詹姆斯认为,在教育中,重要的事情是让神经系统成为我们的盟友而不是敌人,即尽可能早地将有利于自身的行为变成自动的习惯。他忠告我们,在获得习惯的开始要有强硬而明确的动机;在习惯尚未根植于生活之中时,绝不容忍任何一次的意外发生,"每一次的错误就像丢掉一个正在仔细缠绕的线团;一次滑落所放松的线,比缠绕好几次才能缠绕上的线还要多"④。此外,还要有强大的执行能力,因为习惯的形成不是在于决心和希望,而是在每一次的行动过程中得到强化。

詹姆斯在"习惯"这一章的结尾处写道,从严格的科学意义上讲,我们所做的任何事情都会留下不灭的印记。他奉劝年轻人认真对待工作中的每个小时,这些细节可以帮助他建立积累一笔永不消失的财产。但凡在工作中尽心忙碌的人,"他可以完全肯定地期待,在某个晴朗的早晨醒来时,他发现,在他所挑选出来的不论哪一种追求中,他是他那

---

① 墨顿·亨特. 心理学的故事. 李斯,王月瑞,译. 海口:海南出版社, 2002:161.
② 威廉·詹姆斯. 心理学原理. 郭宾,译. 北京:九州出版社, 2007:235.
③ 同上书,269.
④ 同上书,273.

一代人里最有能力的一位"①。

（5）自我

自我是心理学的古老课题。詹姆斯是关注自我研究的最坚定的早期倡导者。在著作第十章中，他指出，自我区分为主我与客我。前者是"认知的主体"，是主动的我；后者是"被认知的客体"或称"经验的我"，它包括个体对自己的认识和信念。詹姆斯认为，凡是与自我有关的东西都是自我的一部分。

"对于我们每个人来说，经验的自我就是我们试图称之为'我'的东西。但是，'我'和'我的'又是难以区分的。我们对我们拥有的事物的感受和行为与对待我们自己的方式非常相似。我们的名声，我们的子女，我们创造的作品，对于我们来说就像我们的身体一样珍贵。如果它们受到攻击，同样激发我们报复的心理和行为。而我们的身体，它是'我们的'，或者就是'我们'？在特定的情况下，人们认为身体不过是一具可以丢弃的皮囊，甚至认为它是牢狱——有朝一日得以逃离，是多么快乐。

"由此看来，我们试图探讨的概念具有不稳定的属性。对于同样一个事物，我们有时把它看做我们自己，有时认为它是从属于我们的东西，而另一些时候我们认为它和我们毫不相关。从最广泛的意义上来说，一个人的自我就是一切他可以称为'他的'的东西：不仅是他的身体和他的心理能力，还有他的衣服和住所，他的妻子和孩子，他的祖先和朋友，他的名声和作品，他的土地和马群，他的游艇和银行账户。上述一切都给予他同样的情感。当这些东西繁荣发展时，他有胜利的喜悦；如果这些东西萎缩或消逝，他感到沮丧——不必对于每件东西都抱有相同程度的感情，但是感情的本质是大致相同的。"②

詹姆斯把经验的我又划分为三种形式：物质的自我、社会的自我、精神的自我。

物质的自我指个体的身体、衣着、家人、居所和财产等。我们都有一种不为自知的冲动去保护我们的身体，挑选衣服和装饰品来打扮自己，珍爱我们的父母、妻子和孩子，找寻属于自己的住所并努力改善它。这一切都被看做是自我的一部分。

社会的自我来自于同伴认可，有多少同伴就有多少个社会的自我。这些自我有些是和谐一致的，而有些则存在着冲突。例如，许多年轻人在父母和长辈面前都表现得严肃认真，和同龄朋友在一起时却骂骂咧咧、大摇大摆。任何一个社会的自我受到了伤害，就相当于伤害本人。

精神的自我是监控内在思想和情感的自我，指一个人对自身意识状态、态度、气质、个人兴趣等内在精神生活的意识。

（6）自尊

詹姆斯谈到自我感觉时，指出"没有尝试就没有失败；没有失败便没有耻辱。所以自我感觉完全取决于我们想要自己成为怎样的人以及做了什么。它取决于我们的实际情况与我们假想的潜力之比，即以抱负为分母，成就为分子；因此，自尊＝成就/抱负。"③

①　威廉·詹姆斯. 心理学原理. 郭宾，译. 北京：九州出版社，2007：283.

②　William James (1890). Retrieved from：www. Abika. com. ［PDF］. 183.

③　Ibid. ，193.

詹姆斯用自己作了比方。他说，作为一名不遗余力的心理学家，如果其他人比他更了解心理学，他会感到羞愧；但是对于自己对希腊语一无所知却会心安理得。然而，假若他对自己的期待是一名语言学家，那么情况就会恰恰相反了。

因此，要提高自尊，增大成就和减小抱负都是可行之道。而詹姆斯本人似乎更赞成后一种办法。

> "当我们不再努力保持年轻和苗条，那该多么快乐啊！谢天谢地！那些妄想统统消失了。加于自我之上的一切，既是荣耀，也是负担。在内战时有一个人失去了他所有的财产，他反而在地上打滚并宣称，他自出生以来就没有如此自由和快乐过。"①

《心理学原理》出版后，多次重印，被译成法文、德文、意大利文、俄文和中文。该书取得了始料未及的巨大成功，被广泛认可为现代心理学历史上最重要的文献。在它出版 80 年后，一位心理学家写道："无疑，詹姆斯的《心理学原理》是英语或其他任何语言中最清晰流畅、最令人兴奋，同时也是最富有知识性的心理学著作。"②它不仅在心理学界享有盛誉，还有很多非心理学专业的读者也对这本书产生了浓厚的兴趣。法学家小奥利·弗温德尔·詹姆斯③曾写道："亲爱的威廉：我逐字逐句读完了你的大作，欣喜有加，更要击节称赞。"④

然而，这本书也得到了一些批评意见。其中一条就来自实验心理学创始人威廉·冯特。他不客气地指出："这是文学作品。文章写得很美，但这不是心理学。"

大概最严厉的指责来自于詹姆斯自己。他在将手稿寄给出版商时，附上了一封信："在看到这本书时，没有人会比我更感到厌恶的了。没有什么问题值得 1000 页来论述。如果我再有 10 年，我就能把它改写为 500 页。它的状况或是如下面所说的那样——一堆令人厌恶的、膨胀的、臃肿的、浮泛的资料，或是微不足道。它不过证明了两件事：第一，没有所谓的心理科学；第二，威廉·詹姆斯是个无能之辈。"⑤

当《心理学原理》问世时，詹姆斯已经在心理学领域工作了 17 个春秋。詹姆斯再一次对自己的专业产生了厌倦和不满：他称心理学为"令人作呕的小科学"和"显而易见的精致化"⑥。

在给哈佛校长的信中，他指责"心理学身为一门年轻的科学，却乏善可陈，尤其在创新方面更令人沮丧，毫无建树"⑦。晚年，他逐渐转向哲学研究。

事实上，詹姆斯始终没有完全脱离心理学。1899 年标志教育心理学开端的《给教师的谈话》(Talks to Teachers)一书得以刊行，书中詹姆斯阐述了心理学在课堂学习中的应用。《宗教体验种种》(Varieties of Religious Experience)出版于 1902 年，是詹姆斯宗教心理学思想的代表作。詹姆斯还对超心理学(Parapsychology)颇感兴趣，曾作过关于

---

① William James (1890). Retrieved from：www. Abika. com. [PDF]. 193.
② 杜·舒尔茨. 现代心理学史. 叶浩生，译. 南京：江苏教育出版社，2005：149.
③ 美国法官，曾任美国高级法院法官。
④ 黛布拉·布鲁姆. 猎魂者. 于是，译. 北京：人民文学出版社，2008：157.
⑤ B. R. 赫根汉. 心理学史导论. 郭本禹，等，译. 上海：华东师范大学出版社，2004：501.
⑥ 杜·舒尔茨. 现代心理学史. 叶浩生，译. 南京：江苏教育出版社，2005：145.
⑦ 黛布拉·布鲁姆. 猎魂者. 于是，译. 北京：人民文学出版社，2008：195.

灵媒及超意识的自动书写方面的研究。然而最后这一点是不被心理学界许多同行们接受的。

四、海纳百川

在给雨果·闵斯特伯格的信中,詹姆斯如是写道:"并非是我的信念冥顽不化,世界如此广博,足以包容并滋养各种思想,并互不伤扰,我相信,在我的理念和您那套顽固哲学之间存在的巨大分歧会让我深感痛惜,绝望……我满足于自由狂野的大自然;而您好像偏爱一方精致的意大利花园,并不懈追求之,万事万物在您那边都保持在孤立分格中,行走于其间的人也必需规规矩矩走直线。"[①]

这一段话是在闵斯特伯格撰文表达对詹姆斯这类德高望重的心理学家支持灵异研究自甘堕落的怜悯之情之后,詹姆斯的回复。正如詹姆斯所言,他对大自然具有自由的狂野的由衷的热爱。他的思想如同草原上奔驰的骏马,没有束缚,又绝非恣意妄为。

詹姆斯思想的广袤与前瞻性令人叹为观止。他是对宗教心理学进行系统研究的第一人。1896 年,在他所作的一次演讲中,我们可以惊奇的发现他与现代学者对科学理性主义进行的研究如出一辙。詹姆斯在论述情绪时说道,情绪可以轻而易举的被回忆、幻想激起,恰如当初被那件事刺激一样。这个观点在几十年之后才被正式发展并定义为"创伤后应激障碍"。[②]詹姆斯还对冥想颇感兴趣,他认为静坐能够增加人的活力和生命力。而在新近的心理学研究中,冥想对人们情感、认知方面的调节和改善作用已得到心理学界的肯定。如今,放松疗法和心理疗法已经为不少患者送去福音,而在詹姆斯生活的年代,这些还属于另类方法,不被医学界所接受。詹姆斯不仅支持使用这些非传统的方法,并且亲身实践,接受治疗。

这样的例子不胜枚举。他的异乎寻常的创新性、预见性和包容度,将随着时间的流逝,由历史提供更多的明证。本节所述,无非是管窥蠡测罢了。

1. 进化心理学

进化心理学是心理学的最新取向。它把人类的心理属性看做是进化的结果。也就是说,人类所拥有的许多心理属性是在漫长的岁月中被选择出来的,而最早形成的一些心理行为还会继续发挥着影响。根据达尔文的理论,人类祖先中具有适于生存特点的那一部分人拥有更多的可能性繁衍后代。久而久之,大部分的人类都具有了特定的行为倾向。

虽然大部分的人以为进化心理学只是 20 世纪末才出现的心理学名词,詹姆斯却在一个世纪之前,就在他的巨著中使用了这个术语。进化论对心理学的影响之深远,詹姆

---

① 黛布拉·布鲁姆. 猎魂者. 于是,译. 北京:人民文学出版社,2008:278.

② 同上书,157.

斯早已作出了断言。在《物种起源》出版 31 年后,当众多学者对进化论仍持怀疑甚至拒绝的态度时,詹姆斯就预言道:"终有一天,心理学会建立在进化论的基础上。"①

詹姆斯思想的核心是由一系列本能所构建的系统。较之西格蒙德·弗洛伊德(Sigmund Freud,1856—1939)的理论,詹姆斯的本能论在很多方面都要复杂得多。② 如前文所述,詹姆斯认为本能是具有一定目的性的、自动的、与生俱来的行为能力。本能并不是盲目的。一种本能可以通过经验知识得以修正,也可能被另外一种本能所战胜。事实上,本能之间往往存在着冲突,所以并不是所有本能都可以表达出来。例如,我们有情欲,同样会怕羞;我们有好奇心,也有怯懦;我们具有攻击性,同时也有合作性。

詹姆斯理论中最具争议的部分莫过于本能的数量。在当时,许多心理学家包括弗洛伊德,认为本能的数量是非常有限的。然而,詹姆斯却主张除了通常谈到的性本能外,人类还有许多种本能。举例来说,2 岁的幼儿就已经表现出大量的本能:从诞生起的哭泣、打喷嚏、抽动鼻子、打鼾、咳嗽、叹气、呜咽、呕吐、吞咽、打嗝、凝视、肢体被碰触时的移动、吮吸,以及稍后出现的啃咬与紧握物体、将物体送入口中、坐下、站立、爬行和走路。当孩子再大一些,另外一些本能继而发展出来:模仿、发声、效法、好斗、对特定物体的恐惧、害羞、社交性、喜欢玩耍、好奇心和占有欲。成人又表现出其他一些本能,例如狩猎、谦虚、爱和养育。在每种本能之下,又有更为细致的划分,例如恐惧本能包括对陌生人、陌生动物、噪声、蜘蛛、蛇、孤独、诸如洞穴的黑暗的地方、类似悬崖的高处。③

詹姆斯指出,这些本能的关键之处在于,本能是通过自然选择进化而来的,是为解决特定问题而出现的适应性,即它们的存在具有明显的生存价值。

2. 在功能磁共振成像技术问世百年前的探索

功能磁共振成像技术(functional Magnetic Resonance Imaging,fMRI)是一种非常有效的研究脑功能的非介入技术。美国麻省总医院(Massachusetts General Hospital)的磁共振研究中心于 1991 年春天首次利用磁共振成像反映脑血流变化的图像。尽管该技术成为脑功能研究手段之一的时日尚浅,但通过测量脑血流变化来推测脑活动的思想由来已久。

早在一百多年前,詹姆斯就指出,血液循环的变化伴随着大脑活动。他引用了意大利生理学家莫索(Angelo Mosso)的实验来支持他的观点。在莫索的实验中,被试平躺在一张平衡的桌子上。这张桌子是经过精细调节过的,一旦被试的头部端或脚部端的重量有轻微的增加,桌子的相应端便向下偏离一个小的角度。他发现,当被试的情感发生变化或进行思考时,被试头部端的桌子就向下移动一点。詹姆斯认为,这是血液重新分布的结果——脑部活动时,血液更多的流向头部,身体其他部位的血液量相应减少。

更为直接的证据来自莫索对三位开颅被试的观察。对被试说话时或被试积极思考

---

① 杜·舒尔茨. 现代心理学史. 叶浩生,译. 南京:江苏教育出版社,2005:417.
② David M. Buss. Evolutionary Psychology. Boston:Pearson Education, Inc., 2004:27.
③ Ibid., 28.

时，被试的颅内血压迅速升高。导致血压变化的原因可能是外部的，例如接收声音信息；也有可能是内部的，例如思考一个数学问题。此外，内部的心理活动可以是智力活动，也可以是情感的变化。莫索曾发现一个女性被试在没有明显外部和内部原因时，颅内血压突然升高。随后这位被试坦白说，她在那一刻突然看到房间里家具上放着一颗头骨模型，这令她有些害怕。

詹姆斯解释说，血液循环可以根据大脑活动的需求进行细微的调节。血液非常可能流向大脑皮层中最活跃的区域，但"对此我们一无所知"。詹姆斯强调人类神经活动和局部脑血流量的关系："我几乎不能肯定地说，在大脑活动中，神经物质变化的现象是最为重要的，血液的流动只是次级结果。"①

然而，詹姆斯的开创性的见解却没有得到同时代人的重视和认同。脑血流代谢生理方面的研究甚至在近半个世纪里无人问津。尽管后来罗易（Roy）和谢灵顿（Sherrington）也发现了相似的现象，但由于缺乏足够的实验技术以及其他思想观念方面的原因，真正探测脑血流变化的技术到 20 世纪后期才充分发展起来。

3. 弗洛伊德思想的宣讲者

精神分析大师西格蒙德·弗洛伊德在创立学说的初期还只是一位名不见经传的精神科医生。整个德国，乃至欧洲，对弗洛伊德的学说，罕有人重视，但又不乏攻击之词。然而，在那个时候，詹姆斯就已经敏锐地意识到这位德国医生工作的价值所在。1894 年，慧眼独具的詹姆斯在首期《心理学综述》上发表了一篇摘要。这篇摘要概括性地介绍了弗洛伊德和约瑟夫·布洛伊尔②共同完成的一项工作——"对歇斯底里现象本质的初步探讨"（Preliminary communication on the nature of hysterical phenomena）。此后，詹姆斯在哈佛任教期间讲授精神病理学这门研究生课程时，经常提到弗洛伊德和布洛伊尔，并将他们报告的案例作为教学内容。在《宗教经验种种》一书中，詹姆斯给予弗洛伊德和布洛伊尔的工作以高度评价，认为他们取得了显著的成就。③

詹姆斯不仅是唤起人们对弗洛伊德注意的第一个美国人，而且他在弗洛伊德建立国际学术声誉方面功不可没。

1905 年，弗洛伊德发表了他的著作《性学三论》。在这本书中，弗洛伊德大胆挑战传统，表达了关于婴儿期性欲以及其与性倒错和神经症之间关系的观点。这篇"异端邪说"使得弗洛伊德饱受学术界和普通大众的冷嘲热讽。医学机构联合起来抵制弗洛伊德的观点，弗洛伊德本人也成了当时德国科学界最不受欢迎的人。然而，弗洛伊德却得到了远在美国的詹姆斯的声援。1909 年，当弗洛伊德应邀访美时，詹姆斯带病去克拉克大学看望了他。他们和一些著名的心理学家进行了友好的会晤。弗洛伊德在回忆这次会面

---

① William James (1890). Retrived from: www. Abika. com. [PDF]. 57.

② 约瑟夫·布洛伊尔(Josef Breuer，1842—1925)，奥地利医生，曾与弗洛伊德合作。他曾给一个女病人安娜·欧(O. Anna)治疗歇斯底里症。后来，在医学史上，这成为了划时代的著名病例。

③ Eugene Taylor. William James and Sigmund Freud: The Future of Psychology Belongs to Your Work. *Psychological Science*，1999(10)：466.

时写道:"在欧洲,我感觉自己就像是过街老鼠;但在那里(克拉克大学),我发现自己受到了一群重要人物的平等对待。"①在会面的第二天,弗洛伊德还将詹姆斯送到了火车站。

1910 年 3 月,詹姆斯专程前往维也纳会见弗洛伊德。这是他们最后一次见面。几个月之后,詹姆斯就与世长辞了。

4. 女性科学家的支持者

如果说詹姆斯在为心理学接受进化论的过程中起到了不可磨灭的积极作用,那他与达尔文在性别地位上的观点真可谓是背道而驰。

达尔文认为,从生物学上讲,女性不如男性;男性在智力上具有优越性。因此,他反对女性接受高等教育。达尔文发现,在许多种系中,雄性在生理特征和能力上都比雌性有更大的发展;相反,女性的生理特性和能力都趋向于平均水平。他推测说,男性可以适应多变的环境,并从中受益,而女性的大脑在进化上不如男性,她们不可能从教育中获益。

在 19 世纪,类似的观点大行其道,在欧洲和美国的大多数学术领域,女性都是被歧视和拒绝的对象。更有甚者宣称对女性实施教育会损害她们生物学方面的规律,因为过多的教育会扰乱她们的月经周期,遏制她们的女性冲动。②

在男女差异的问题上,詹姆斯再一次站到了与大多数人对立的立场上:性别从来不是他评判一个人能力的标准。他对男性优越论不以为然,并赞成女性接受高等教育。事实上,在他的所有学生之中,他认为最聪明的一个恰恰是一名女学生。③他曾经热心帮助这名学生接受心理学教育,写信鼓励她冲破性别障碍,并在劝说校方接纳女学生上作出了很多努力。尽管哈佛大学从不承认正式接纳这位学生,詹姆斯仍然欢迎她参加他的学术研讨会并指导她完成博士论文。这位女学生正是后来受聘于韦尔斯利学院,创建该校心理学实验室,并成为美国心理学会第一位女性理事长的心理学家玛丽·惠顿·卡尔金斯(Mary Whiton Calkins)。

5. 幽灵猎人

19 世纪末期,灵异研究在欧美日益风行。1882 年 2 月 20 日,英国"心灵研究协会"(Society for Psychical Research,SPR)正式成立。同年深秋,哈佛大学批准了詹姆斯的带薪休假。他来到伦敦,并在一次哲学家俱乐部上,遇到了工作于 SPR 的埃德蒙·盖尼(Edmund Gurney)。盖尼是一位样貌英俊、修养出众的学者。更难得的是,他与詹姆斯有着对濒死体验、自动书写、亡灵沟通、心灵感应这类灵异事件进行实证研究的热望。这位志同道合、惺惺相惜的朋友令詹姆斯对灵异研究的兴趣日益增长。他认为,人的精神

---

① Ferris,P.. Dr. Freud:A life. London:Sinclair-Stevenson,1998:260.
② 杜·舒尔茨. 现代心理学史. 叶浩生,译. 南京:江苏教育出版社,2005:157.
③ Spencer A. Rathus. Psychology:Concepts and Connections. Belmont:Wadsworth,2004:20.

生活有传统科学不能解答的谜题。

1884 年 9 月,詹姆斯邀请 SPR 主导"意念传送分会"的威廉·巴雷特(William Fletcher Barrett)来到美国讲学,号召美国加入灵异研究。次年,"美国心灵学会"(American Society for Psychical Research,ASPR)在纽约成立。作为奠基人之一的詹姆斯强调,灵异研究手段必须纯科学化,以获得确凿而充沛的证据。

詹姆斯多次参加降神会和灵媒座谈。此外,在学会开展的大规模关于死前幻影的幻觉调查中,詹姆斯担任美国方面普查工作的官方协调员。经过缓慢而庞杂的普查工作,他们共搜集到 7123 个案例。这个成绩在 6 个参与国(英国、法国、德国、俄国、巴西和美国)中位居第二。詹姆斯还对一个类似的案例进行过详细的调研。那则案例讲的是一个女人在桥上离奇失踪后,同一个镇上的一位妇女在梦中看到失踪过程和落水地点,并协助找到了失踪女人的尸体。詹姆斯详细审核了细节,如实记载了访谈结果,排除了欺骗与谎言的可能。文章取名"超自然视力一例"发表在《ASPR 辑刊》上。在詹姆斯从哈佛退休之后,他还抑制着对琐细工作的厌烦之情,拖着病体继承同事理查德·霍奇森的未竟事业,阅读对灵媒派普(Leonora Piper)通灵状态时的座谈记录,撰写分析报告呈交学会。

与其说詹姆斯是灵学研究的一员,不如说他是导航者、支持者与捍卫者。詹姆斯的哈佛大学知名教授的身份是支持灵学研究的高级平台。在内讧不断、危机四伏的关头,他曾出面力保学会的组织架构。1893 年詹姆斯还从繁忙的工作中抽身,答应担任 ASPR 的主席,促进了灵异研究的国际交流与合作。

詹姆斯从不愿意把自己局限于狭小的领域中。对于灵魂一说的包容与热衷,正是又一个鲜明的例证。詹姆斯又绝非是盲目乐观的。他作为科学家的判断力并不因为开放的态度而打上折扣。他清楚地知道灵学研究推进的艰难以及可靠证据的严重不足,并反复劝诫同事要"冷静地探寻解谜的通途"①,莫要急于求成。关于死后灵魂或心灵感应的看法,詹姆斯也一向谨慎,并期待更多实证。在晚年,他遗憾地总结说:"我发现自己相信在这些接连不断的灵魂现象报告中的'某种东西',尽管我从未曾掌握到任何确切的证据……理论上讲,我跟开始的时候相比没有什么进步。"②他感知到在有生之年他无法等到真正的答案,甚至他的孩子们也不能。

然而,詹姆斯对于灵魂研究的兴趣并没有赢得同行和朋友的理解与赞赏。相反,漠视、鄙夷、含沙射影与直白的攻击之词纷至沓来。科学界曾成立一个"思伯特委员会"。委员会打着戳穿灵异现象骗术的旗帜,实际上是代表主流科学打击灵异研究。他们讥讽詹姆斯应当去灵媒那里,向死去的富豪们请教生财之道。克拉克大学心理系主任斯坦利·霍尔曾是 ASPR 的会员,后因种种不满退出学会,多年里一直公开批判灵学研究。在灵媒派普进入通灵态后,他曾使用樟脑药剂涂满她的双唇和舌头,用触觉测量仪在派普身上留下累累伤痕。在这些冷酷的实验之后,他傲慢地宣称:所谓通灵根本是无稽之谈,派普需要的是一名精神治疗师;威廉·詹姆斯则是一个彻头彻尾的空想家。甚至与

---

① 黛布拉·布鲁姆. 猎魂者. 于是,译. 北京:人民文学出版社,2008:183.
② 墨顿·亨特. 心理学的故事. 李斯,王月瑞,译. 海口:海南出版社,2002:150.

詹姆斯齐名的心理学翘楚铁钦纳（E. B. Titchener），也表达了对灵异研究的不屑一顾。他指责 ASPR 的成员总是摆出一副殉道者姿态；并指出智慧和才情理应被用于心理物理学研究。

詹姆斯也不是完全孤独的。一些对灵魂研究同样感兴趣的学者和詹姆斯站在了一起。在灵异研究的同事中，甚至还有两名诺贝尔奖获得者：汤普森（J. J. Thompson）与瑞利（Rayleigh Baron）。著名的美国作家马克·吐温（Mark Twain）也曾公开撰文赞扬 ASPR 为灵异研究所做的工作和开创性精神。但是支持的力量在反对的浪潮之中微不足道。詹姆斯的处境尴尬，名誉岌岌可危。对此，他却从容写道："在后代的眼中，我可能是自毁一生，因为他们将拥有更出色的判断力；但也有可能，我会博得他们所认可的尊荣；我很乐意冒这个风险，由是，我写下的正是我信的，且已看到的真相。"①

在詹姆斯逝世后 18 年，美国杜克大学的莱恩博士（B. Rhine）成立了超心理学研究所，研究超自然现象。根据 ASPR 在 1987 年提出的统计资料，全世界共有美国、英国、法国、德国、澳大利亚、荷兰及日本等国的 35 所大学开设有超心理学课程。② 然而，关于灵魂的真相，现在依然没有定论。

五、哲学大师詹姆斯

詹姆斯在哲学上可谓大器晚成。他完成《心理学原理》之后，声称自己已经说完了他所知道的关于心理学的一切，从此逐渐转向哲学领域，潜心研究实用主义哲学。1897 年，他请德国弗赖堡大学的闵斯特伯格（Hugo Münsterberg）主持哈佛的心理学实验室工作，而他自己转任哲学教授。1907 年，詹姆斯辞去哈佛教职。他的哲学著作基本是在这一时期孕育并刊行出来的：《信仰的意志》(The Will to Believe)(1897)、《宗教经验种种》(The Varieties of Religious Experience)(1902)、《实用主义》(Pragmatism)(1907)、《多元的宇宙》(A Pluralistic Universe)(1909)、《真理的意义》(The Meaning of Truth)(1909)。这些成果奠定了他在美国哲学界的领袖地位。

19 世纪 70 年代，詹姆斯曾参加"形而上学俱乐部"，结识了皮尔斯（Charles Sander Peirce，1838—1914）。詹姆斯继承皮尔斯的实用主义哲学，并把他的抽象的实用主义方法论原则发展为系统的实用主义理论体系。这种反映美国精神和时代趋势的哲学是美国本土孕育的第一个哲学。在此之前，美国的哲学和文化还只是寄居于欧洲文化羽翼下的寄生性哲学和文化。③ 因此，詹姆斯也被称为美国哲学的创始人和美国的"哲学爱国者"。

詹姆斯认为，哲学史上经验主义与理性主义之争在很大程度上是人类气质冲突造成的。历史上有成就的哲学家分为两类："柔性"气质与"刚性"气质。前者根据原则而行，

---

① 黛布拉·布鲁姆. 猎魂者. 于是，译. 北京：人民文学出版社，2008：282.
② 百度百科，http://baike.baidu.com/view/345898.htm
③ 威廉·詹姆斯. 詹姆斯文选. 万俊人，陈亚军，译. 北京：社会科学文献出版社，2007：编者前言.

主张理智主义、唯心主义、乐观主义，有宗教信仰，是意志自由论、一元论和武断论的；后者根据事实而行，主张感觉主义、唯物主义、悲观主义，没有宗教信仰，是宿命论、多元论和怀疑论的。哲学家使用与他自身气质相适合的观点来解释宇宙，而这种气质所造成的偏见往往并不自知。詹姆斯把自己的哲学定位为"中间的，调和的路线"，他试图超越气质的束缚，将理性主义和经验主义兼收并蓄。他在《实用主义》一书中表达了美好的愿望："我希望我下次开始讲的实用主义哲学，对于事实要保持一种同样亲密的关系，而对于积极的宗教建设也要能亲切地对待。"①

詹姆斯哲学的核心是实用主义。他写道："实用主义方法并不表示任何特别的结论，而只表示一种确立方向的态度。这种态度不理会第一事物、原则、'范畴'、想象的必然；而是看重最后的事物、结果、后果、事实。……观念（其本身正是我们经验的一部分），只要它能帮助我们和我们经验的其他部分之间建立其一种令人满意的关系，帮助我们借助于概念的捷径而不是特殊现象的无休止的连续去概括并处理那些经验，那么它就是真的。"②显然，从实用主义出发，一切的信念、行为、方法，是否被相信和被保留，标准只有一个，那就是它是否有助于创造"更有效的，更令人满意的生活"③。无论是逻辑的，还是经验的，只要能够带来令人愉悦的结果，那么实用主义就不会忽略它。接着，詹姆斯指出，真理就是那些有效的、起作用的观念。简言之，有用即真理。绝对的静止的真理是不存在的，因为"真"不过是人们思维方式中的一种方便，正如"对"不过是行动方式中的一种方便一样④。

正是基于这样的哲学思想，詹姆斯认为人类经验的全部内容都是值得研究的。甚至神秘的超自然现象也不应排除在外。他主张的心理学的多元方法论也同样具有哲学根源。

詹姆斯所倡导的实用主义在美国影响之深远，没有其他任何一个哲学流派可与之相提并论。在其之后的杜威（John Dewey，1859—1952）对詹姆斯的观点进行修正，继续发扬了实用主义哲学，并将其应用于教育领域，在国际上广为宣传。他的教育思想对现代中国教育的改革也有深刻影响。

六、结 束 语

晚年的詹姆斯健康状况不断恶化，疾病缠身。某次他去纽约州北部著名风景区阿狄龙达克登山，之后便渐渐出现了心脏病的症状。他向哈佛告假，去德国疗养了一阵，后来又在弟弟亨利家卧床休养。但病情依然不见起色。1907年，他从哈佛退休。经历常年病痛的折磨，65岁的詹姆斯形容消瘦而疲惫。然而，在这样身心痛苦的三年里，詹姆斯仍笔耕不辍，坚持完成了两本哲学著作。

① 威廉·詹姆斯. 詹姆斯文选. 万俊人，陈亚军，译. 北京：社会科学文献出版社，2007：19.
② 同上书，224—225.
③ B.R.赫根汉. 心理学史导论. 郭本禹，等，译. 上海：华东师范大学出版社，2004：511.
④ 威廉·詹姆斯. 詹姆斯文选. 万俊人，陈亚军，译. 北京：社会科学文献出版社，2007：247.

1910 年,詹姆斯的病情进一步恶化。他几乎不能行走,就连呼吸也变得困难。8 月 26 日午后,他的妻子艾丽斯走进詹姆斯的病房,发现他已经失去意识。艾丽斯爬上床去,紧紧抱着他,听着他痛苦不堪的喘息声,直到万籁俱寂。[①]

詹姆斯过世后,美国和欧洲的媒体都以大篇幅报道了詹姆斯的死讯,哀叹"美国当代最有影响力的杰出哲学家"仙去了。

亲友和同事纷纷撰文,以寄托哀思。亨利在给朋友的信中写道:"他以惊人的慷慨,将其伟大的灵魂和美妙的才情奉献给人们,为人们带来光明。"[②]弗洛伊德在回忆詹姆斯的时候说:"我永远忘不了当我们一起散步时发生的一段小插曲:他突然停下来,把他携带的一个小包交给我,让我在前面先走,说他心绞痛又发作了,等这阵子发作一过去,他马上就会赶上来。一年以后,他死于那种病。我常常想,我如果面对死亡来临之际也能够像他那样面无惧色,那该多好啊。"

回顾詹姆斯的一生,充满了常人难以理解的矛盾。他怀揣艺术之梦,却踏上了科学的征程;他获得医学博士学位,却从未悬壶济世;他用小说式的语言,却写出轰动世界的科学巨著;他亲手置办了第一个心理学实验室,却从不掩饰对实验室工作天生的厌恶……他兴趣多变,睿智而开明。似乎没有任何事物能够得到詹姆斯永久的青睐或独占他毕生的才华与热情。他以无与伦比的活力,不知疲倦、从不满足、持续探索着。无论是心理学,还是哲学、宗教研究、教育学、文学,他每涉足一个领域,便在其中留下深刻的烙印。

尽管詹姆斯没有建立起心理学的体系或形成自己的学派,在实验室研究方面也鲜有贡献,而且他从未致力于成为一名心理学家,甚至在晚年对心理学不以为然,但是任何一个人都无法否认他在心理学历史上举足轻重的地位。他是美国心理学会的创始人之一,并曾于 1894 年和 1904 年两度当选为该学会主席。作为美国心理学之父,他不仅促进了本国的心理学进展,更重要的是,他的许多观点对心理学思潮的发展起着不可估量的影响。他逝世 80 年后,对美国心理学史家的一次调查表明,在心理学的重要人物中,他仅次于冯特而排在第二位,并且被认为是美国最主要的心理学家之一[③]。

这个博学、智慧、多才多艺、兴趣广泛、不为偏见或成见所束缚的科学前辈以他传奇的人生和独特的人格魅力引领着一代又一代的青年学者在寻求真理的路上勇往直前。

---

① 黛布拉·布鲁姆. 猎魂者. 于是,译. 北京:人民文学出版社,2008:285.

② Robert D. Richardson. William James: In the Maelstrom of American Modernism. New York: Houghton Mifflin, 2006:521.

③ 杜·舒尔茨. 现代心理学史. 叶浩生,译. 南京:江苏教育出版社,2005:145.

小亨利·詹姆斯与威廉·詹姆斯（大约摄于 1905 年）

习　惯

· Habit ·

　　青年人，无论学哪一门，对于他受教育的结果都绝不用愁虑。假如他在工作日子内每小时都尽心忙碌，他可以安安稳稳地不问最后的结果。无论他选定哪一种事业，完全保得住他会有一朝醒来的时候，忽然发现他自己已经成了他这一代的一个能人了。在他辛苦的一切节目中间，对那一类事情的全部的判断力默默地养成，而且成了他的产业，始终不会丢掉了。青年应该预先知道这个道理。开头学艰苦事业的青年失掉锐气而馁志，由于不知道这个道理的，大概比由于所有其他原因合起来的还要多。

著名画家亨特的油画《尼亚加拉(Niagare)瀑布》

假如我们观察动物的外部表现，开始就引起我们注意的一件事情就是：这些动物可以说每个简直是一捆习惯（bundles of habits）凑合成的。野生的动物，每日一样的照例活动，好像那是它生下来就注定不得不做的**事情**；家养的动物，尤其是人，日日如是的行为好像大部是教育的结果。由生成的倾向而来的习惯，叫做本能；由教育而来的习惯，其中有一些，大多数人会把它叫做理性的行为。这样，似乎习惯包括生活的很大部分。研究心的客观表现的人必须一开头就明白说定习惯的正确范围。

由于神经质的可变性

一想把习惯下个定义，就立刻要说到物质的本性了。所谓自然律，只是各种单纯物质互相感应时候所遵循不变的习惯。不过，有机物类的习惯比这个要有些变化。就是本能，在同一种的各个动物间也有不同。在同一个动物，本能也适应它所遇的变故而有改变（这是我们以后要见到的）。据原子论派哲学的原理，一粒单纯物质的习惯不会变，因为一粒单纯物质是个不变的东西。但复合的物质集团的习惯会变，因为这些习惯到底只是由于复合集团的结构；或是外界势力，或是内部紧张，能使那个结构变成了与从前不同的新结构。这是说：假如在这个物体受改变时候，它的可变性够大，可以使它还完好，还不破裂，那么，它的习惯就会变，这里所谓结构的变化不一定是外面形状的变化。结构的变化也许是看不见，是分子的（molecular）变化，例如，铁条因为某些外来原因的作用，变成带磁性，或是结晶体，又如橡皮变脆，或是石膏固定。一切这些变化颇慢，会变的物质对于要改变它的外因起相当的反抗。这种反抗要有些时候才能克服，不过这个物质的渐渐让步，往往使它免得被完全破坏。结构变了之后，同种惰性使它的新形式比较永久，又使这个物体表现新习惯。所以广义的**可变性**（Plasticity）是指具有弱到会受外力影响，但强到不会整个对外力同时让步的结构。这种结构的每个比较稳定的平衡阶段，可以叫做一组新习惯。有机物质，尤其是神经组织，具有这种可变性的程度似乎非常之高；所以我们毫不迟疑，写下这句话作为我们第一个命题，就是：**生物的习惯现象是由于构成它们的身体的有机物质的可变性导致的**。[①]

因此，在最初，习惯的理论与其说是生理学或心理学内的一章，不如说是物理学内的一章。习惯原理，根本是物质的原理，一切好的近年讨论习惯的著作家都承认这件事实。他们都提出无生物质有与养成习惯相似的作用。例如，杜蒙（Léon Dumont）（他论习惯的文章也许是此刻已出版的这种文章中最富哲理的）说：

"人人知道衣服穿过些时候之后，比新的时候更跟身体的样子贴合；布的组织起了一种变化，它得了新的结合习惯了。锁用过了些时候之后，更好开；才用的时候，锁的机构上有些太粗的地方，要用比较大些的力才开得过去。这些粗地方的抵抗渐渐排除，就是一种习惯作用。纸折过了之后，再折就比较容易。这种省事，是由于习惯的本质——习惯作用，就是再要得同样结果的时候，可以用比从前少些分量的外

---

① 可变性的意义，照上文所说明的；这个意义适用于外面形式，也一样适用于内部结构。

界原因。提琴经过提琴能手用过之后,声音更好,因为木头的纤维最后都养成依和谐关系而振动的习惯了。这就是大音乐师所用的乐器所以是无价之宝的理由。水流冲成的一条水道,会渐渐加宽,渐渐加深;水不流了,过些时候再流,他还是循这条故道。恰恰同样,外界事物的印象在神经系统上走成了它们的道路,这些道路越走越好走;这些生理现象停顿些时候之后,遇着同类的外来刺激,又会重现的。"[①]

不仅神经系统这样,身上任何地方的瘢痕也是抵抗力最少的地点,比邻近地方更容易擦伤,更容易发炎,更容易发痛,更容易受冻。扭伤过的踝骨节,脱臼过的臂膀,有再扭伤再脱臼的危险。患过风湿症(rheumatism)或风湿的关节,发炎过的黏膜,每再患一回,就越会再患,往往成了慢性病,始终好不了。假如我们再推而上,说到神经系统,那么,就见到许多所谓功能病(funotional diseases),好像只是因为偶然一次起头,以后就拖延好久,并且几回发作,用药硬压止了它之后,往往就够使生理的力量占优势,使器官恢复健全的功能。羊痫疯,神经痛,各种抽搐的毛病,失眠症,都有这样的情形。再举个更分明是习惯的例子,那些放纵情欲到妨害健康的人,或只是性情常出怨言或容易生气的人,往往可以用"戒断"(weaning)方法治疗成功。这就证明病态表现,很大部分只是因为神经系统一经误入歧途以后,就有使它难改的惰性。

我们此刻对于这样成立新习惯的器官的内部物质变化是什么样子,能够有点观念吗?换言之,"习惯改变"这个词应用到神经系统的时候,确实包括什么样的物质事变,我们能说出来吗?当然,我们绝不能说得详细,说得确定。可是,我们"把隐晦的,分子内的变化,用可见的,整体上的变化类推"这个科学常例,使我们对于这种物质变化**可能**与之相像的作用,很容易形成一个抽象的,概括的观念。而且,一经承认总可能**有一种机械的**解释,那么,机械的科学,依它此刻的态度,一定不迟疑地把习惯这种现象收归它的版图;因为它觉得找出习惯的精确机械的解释,断然只是早晚的问题。

假如习惯是由于物质会受外界因素影响的改变性,我们就可以立刻见到脑质会受什么外力的改变(如果有任何外力可以改变它)。会改变它的,不是机械的压力,不是温度的变化,不是我们身体上一切器官所同受的种种外力之中的任何一种;因为"自然"已经很小心地把我们的脑和脊髓藏在骨头匣子里,这种种势力达不到它的。"自然"把脑和脊髓浮泛在流质内,所以只有极猛烈的打击才能够震荡它,"自然"又用非常特别的方法把它荐借包裹起来。只有两条路会使它受印象,一条路是由血液,另一条是由传感觉的神经根(sensory nerve-roots);那些由这种神经根"灌"进来无限冲淡了的冲流,是脑半球的皮质特别易于感受的。这些神经流进去了之后,一定要找条路出去。正在出去的时候,它们在所走的路径上留下了它们的痕迹。简言之,它们能做的只有两件事:不是弄深旧路,就是开辟新路。假如我们把脑说成是这样一个器官:由感官进去的神经流极容易在其中弄成不容易磨灭的路径,那么,这句话就把脑的可变性全部说完了。为的是:一个简单习惯,例如吸鼻子,手老插在衣袋里,咬指甲,当然跟个个其他神经作用一样,从机械的方面看,只是反射(reflex)的发泄;它在人体构造上的根据,一定是神经系统内的一条路径。更复杂的习惯(过一会就可以更明白的),从同一种观点看,只是彼此**联锁着**多数神

---

① 《哲学批评》(*Revue Philosophique*)第1卷,第324页。

经中枢的放射；这是由于神经中枢有一组反射路径，组织得这些路径可以彼此次第互相引发——一个肌肉收缩所生的印象，就作为唤起第二个肌肉收缩的刺激，一直到了最后一个印象禁制这种过程，把这个联锁关起来。机械解释的难题，只在于如何解释一个已存在的神经系统可以从新产生一个新的简单反射（或说径路）。这件事同许多别的事一样，只是第一步费力。何以这样呢？因为整个神经系统只是许多由感官起点到肌肉，泌腺，或其他终点的路径构成的一个组织。神经流通过一条路径之后，可以预期这条路会依照我们所知道的大多数路径的公例，渐渐"挖深"，弄得比从前更容易通过；①这种作用每经神经流一回新通过，应该就重现一回。最初使它走不通的任何阻碍，一点一点地，越扫除越干净，最后就成了一条天然的放射路径。固体或是液体通过一条路径的时候是这样情形，似乎没有理由说，假如通过的只是一种在物质内改换排布的波澜——这种波澜位置不改移，只是起化学变化，或打一个转头，或是横越中线往复摆动——情形就不一样。据对于神经流最近理的假设，神经流就是一种像刚才说的这样改换排布的波澜。假如路径内的物质只有一部分重新排布，邻近部分都不动，那么，不难见到这些邻近部分的惰性可以起一种阻力，必须有很多个改换排布的波澜才能扫除。倘若把这个路径叫做"器官"，把改换排布的波澜叫做"功能"，那么，这明明是证实了那句出于法国人的著名公式："功能造成器官"（La fonction fait l'organe）。

所以，要设想神经流一次通过一条路径之后，第二次就更容易通过：这样想象，是没有比它再容易的了。可是，最初一次，为什么流过这条路径呢？② 要答复这个问题，我们只能依靠对于神经系统的一般见解，就是认神经系统为一集团的物质，其中各部分紧张的状态常是不同，因之也常有使各部分状态复归均等的趋势。任何两点间的均等化作用，循着那时刻最通达的任何条路径进行。但因为这个系统的某一定点，从实际或可能方面说，是属于好多不同的路线，并且因为营养作用会起偶然的变化，阻塞（blocks）常常会发生，使神经流穿过异常路线；这种异常路线就是新创造的路径。假如屡次通过，就成为新的反射弧的开端。一切这些话都极端空泛，差不多等于说，有一条新路线会因为在神经质料内容易发生的那种偶然机会而成立。可是，这话虽然空泛，实际是我们对这件事的见解的最后一句话。③

我们必须注意：活的物质内构造上改变的进展，会比在任何种无生物质内更迅速；因为活物质内不断的营养更新作用，往往会使这个物质所受的改变更巩固，更确定；并且这种作用不会反抗这个改变而把已受改变的体质的原状恢复起来。例如，我们使我们肌肉

---

① 当然也有些路径，因为通过的物体压挤得太厉害，弄得塞起来，通不过了。但这些特别情形，我们暂且不论。

② 我们不能说是由于**意志**，因为虽然多数（也许大多数）的人类习惯从前有一度是有意的行为，没有一件行为会**最初**就是有意的行为（我们在此后一章内将见到这个）。习惯的行为也许曾经一度是有意的行为，而有意的行为却一定在更前的时候一度是冲动的（impulsive）或反射的行为。我们在本文所说的是这个真正最初的行为。

③ 读者要看更切实的说法的，可以参考菲斯克（J. Fiske）：《宇宙哲学》（*Cosmic Philosophy*）第 2 卷，第 142 页至第 146 页，和斯宾塞：《生物学原理》（*Principles of Biology*），第 302 段和第 303 段，以及他的《心理学原理》内标题"物质的综合"（Physical Synthesis）的那一段。斯宾塞在那里不仅指出神经系统中如何会发生新的作用，这种新作用在神经系统内成立新的反射径，而且指出新的度量均等的变化波澜通过本来中性的一团神经质料的时候，如何可以当真产生新的神经组织（tissue）。我免不了以为斯宾塞的资料，表面似乎很精确，其实是空泛而且大概不会实际如此的，甚至其中有自相矛盾之处。

或脑部做新式活动,当时不能再做下去了;但休息一两天,再来练习,不少时候我们的技巧会忽然进步,会使我们自己也诧异。我屡次观察到新学一个曲调的时候会这样。这种情形使一个德国著作家甚至说,我们学会游泳是在冬天,学会滑冰是在夏天。

卡朋特(Carpenter)医士说:[①]

"对于特别能力的一切种类的训练,施于**正在生长的**生物,比施于已成熟的生物更有效得多;而且练成的能力也比较永久;这是人人经验到的事情。这种训练的效力,由器官会顺应它惯用的方式而生长这个趋势,可以看出来。幼年经过体操训练的器官,如特组肌肉增大,特别有劲儿,关节特别灵活,都是这种趋势的证据。……在人的毕生中,他身体任何部分的**改造活动**,没有在脑部神经节的质料那么大。脑部血液供给特别丰富,就指示这个关系。……并且,神经质的**修复**能力特别大,这件事实也有重大意义。其他有**特种**构造和能力的体内组织(例如肌肉),假如受伤,都是由比较低级的,不那么特殊化的生质来完全修复。但神经质受损伤,却是由常态神经质的完全再生来修补。这事的证明如下:伤口长合以后,新生皮肤一样有感觉;一块'移植的'皮,因为它的神经完全割断,暂时不能感觉,但后来感觉会恢复。这种再生常态神经质的最显著的例子,是蒲朗·瑟加(Brown-Séquard)那些实验的结果。[②]他把脊髓完全割断,但它的功能又渐渐恢复,恢复的样子指示不只是割断的两面**再联**(reunion)起来,乃是整个**再生**,就是说,脊髓的下部分和由它出来的神经通通再生。这种再生,只是神经系统内**不断**发生的改造作用的一个特例。不仅我们眼睛明明见到这种修复把因疾病或损伤而实际丧失的体质补足了,而且我们理性也同样分明地见到神经系统起作用时期所发生的残缺,也必须不断由再生新组织(tissue)来修补。

"由神经系统的这种不断的,活跃的改造,可以见到神经系统极明显地遵依身体全部营养的普通法则。为的是:一来,显然,生物有长成一种**定型**构造的趋势;这个定型往往不只是种的定型,而且是代表两亲,或代表父或代表母的特项改变的种型。这个特型在幼年特别容易改变;因为在幼年,神经系统(特别是脑)的活动非常剧烈,改造作用更活动。这样易变趋势的结果,就是成立了机构,以养成**次起的,自动的**动作,和特种感官知觉——这些动作与知觉,在人,就是代替那些在大多数低级动物是**生成的**(congenital),明明是**本能的**活动。在动作与知觉两方面,人在这种自己教育自己的过程中,**发展了**一个神经机构,它相当于低级动物由其父母遗传下来的机构:这是没有理由怀疑的事情。这个改造作用,为维持全体健全所必需,而且在神经系统内特别活跃,这个**改造作用的规划**这样不断受改变。并且处理人与动物界全体共有的对外感觉和运动生活的神经系统全部,依这个样子,在成年时代就表现这个人在生长发育时期所学得的习惯。这些习惯之中,有些是全种共有的,有些是个人特有的。前一种习惯(例如直立行走),除了身体上有缺陷的人之外,人人都会。后一种习惯需要特种训练,通常是越早开始训练,越有效——这个,在那种需要知觉的和

---

①　《心理的生理》(*Mental Physiology*),1874 年版,第 339 页至第 345 页。

②　请看后来马萨斯(Masius)在 *Van Benedens' and Van Bambeke's 'Archives de Bioiogie'* 第 1 卷[列日(Liége),1880 年]的文章。

运动的能力联合训练的手腕灵巧,可以看得非常明白。这种机构,在生长期养成,然后成为成人体质的一部分,从此以后,营养作用的日常过程就会保持这个机构;就是好久不用,任何时候需要,都立刻可以动用。

"对于处理动物生活的神经机构,明明可以适用的道理,对于处理心的机械作用的神经机构大概不会不适用。为什么呢? 因为,如我们所已指出的,心理学研究的结果没有比下列事实更确实的,那就是:心理作用的一律性与身体作用的一律性那么完全相符,简直表示它们两者间的密切关系,犹如思想和情感的机构在相同的条件下,其动作与感觉和运动的机构相符合一样。任何一组先后的心理作用,曾经屡屡重现的,有长久保存的趋势。所以我们看到我们自己像机械地,没有自己知道的**目的**,也没有预期结果,而**想**、**感**、**做**那些跟从前在同类情形下所想,所感,所做的事情;这是公认的事实。**联想**的心理原理和**营养**的生理原理一样表示这件事实——不过前者用心的方式,后者用脑的方式表示罢了。为的是:生物体的每个部分都有顺应它惯用的方式**长成**的趋势;由于神经系统施展功能所必需的那种**不断更生**,神经系统内的这种趋势尤其强烈;对于这个普通原理,我们没有理由可以把大脑作为例外。我们大概不能不相信凡是**很强烈**的或**惯于重现**的观念作用,都在大脑上留个改变构造的印象,因为有这种印象,在将来任何时期遇着宜于引起这个作用的暗示,这个作用就会再现。……'先入为主''幼年联想的强烈'这件事被承认得那么普遍,以至于成了俗语;这件事实与'在生长发育时期,脑的长成作用最易受领导势力的影响'——这个生理的原理恰恰符合。所以幼年背诵的东西,好像用火印烙在大脑上似的;就是完全记不起来,它的痕迹也永远不消灭。因为,构造上的改变一经**固定**在正在生长的脑里之后,这个改变就成了常态组织内的一部分,营养的代谢作用还照例**维持**它,因此它像个伤后的瘢痕一样,会毕生存在着。"

卡朋特说,**我们的神经系统顺应着它练习的模式而长成**——这句话对于习惯的哲理,可谓片言居要。现在我们可以寻求这个原理对于人类生活上的实际应用。

习惯使动作容易产生

这个原理的第一个应用就是:**习惯使达到某个结果所需要的动作简单化,使这些动作更准确,并且减少疲乏。**

"初学弹钢琴的人按琴键的时候,不仅把他的手指上下动,而且整个手,前臂,甚至于浑身都动,特别是身上最易动的部分——头——也动,好像他也要使头用力把音键按下的样子。往往腹部肌肉也起收缩。可是,冲动主要的是为手和那单个指头的动作而起的。这个,一来是因为**想着**的动作是指头的动作;二来是因为指头的动和琴键的动,是我们要与琴键动的声音同时**知觉**到的动。这种过程越常做,动作就越容易出现,这是因为所用的神经更容易让神经冲动通过。

"动作越容易出现,所需以引起这个动作的刺激就越微弱;刺激越微弱,它的效力就越限于指头。

"这样本来把效力散布于全身,至少散布于许多身上易动部分的冲动,渐渐缩小范围,只限于单个一定的器官。在这个器官内,冲动只使有限的几个肌肉收缩。由这种变化,引起这个冲动的思想和知觉,与特组运动神经的因果关系,越来越密切。

"现在可以提到一个至少一部分切合的比喻:设想神经系统是一组排水沟,整个是导向某些肌肉的,但是通到那里的出水口有点阻塞了。这样,大体说,水流还是顶会冲满那些通到这些肌肉的沟道,把出水口冲通。不过,假如忽然倾注来很多的水,那么,全数排水沟都要灌满了,水就泛滥到四处,过一时才会流完。但是假如注进来的水量不太多,水就会只从那个应走的出水口流出去。

"弹钢琴的人也恰恰一样。他的冲动已经渐渐练到只限于几个肌肉了,但遇到冲动极厉害,它就泛滥到更大范围的肌肉了。平常,他用指头弹,身体不动。但他一兴奋,浑身就都活跃起来了,特别是他的头和躯干也动了,好像他要把头和身用力按琴键的样子。"[1]

人类生来有个倾向,就是:他想做的事情比他神经中枢已有现成准备的事情还多。其他动物的行为,大多数是机械的,自动的。但人的行为数目太大,所以大多数都必须从艰苦的学习而来。因此,假如练习不会弄到完善,假如习惯也不能节省神经的和肌肉的能力的耗费,那么,他不免陷到苦楚可怜的境况了。莫斯黎(Maudsley)医师说得好:[2]

"假如一件事情做了几回之后,并不变成更容易,假如每回再做还要本人的意识细心指挥,那么,一生的活动全部可以只限于一两件行为;人虽然长大,却毫不能有进步:这是显而易见的。一个人也许整天总在穿衣脱衣,他身体的姿态就要消耗他的注意和能力的全部;每回洗手,每回扣纽扣,在他都要像在第一次尝试的小孩子那么困难,而且这些小事情就会把他弄得筋疲力尽。试想想,教小孩站立多么费力,小孩自己要努力多少次才学得会,再想想他最后会站以后,毫不觉得费力,多么容易。为什么呢,因为习得的机械的动作比较不疲劳(在这一点,它近似脏腑的运动,或原始的反射动作);本人明显觉发于意志的努力,不久就会使人精疲力竭。脊髓没有……记忆力,将要只成了冥顽不灵的脊髓。……不到疾病把脊髓的功能妨害了的时候,要一个人觉悟他受赐于脊髓的自动作用很多,那是不可能的。"

习惯减少注意

第二个应用就是:**习惯使我们动作所需要的自觉的注意减少。**

可以先把这个道理抽象地说明如下:假如要执行一件事情,必须有一串先后的神经变化,甲、乙、丙、丁、戊、己、庚等,那么,头几回做这件事的时候,本人自觉的意志必须从好些自动出现的错误的变化中挑选出每个(如甲、乙、丙等)适用的变化。但不久习惯就

---

① 施耐德:《人的意志》(*Der menschliche Wille*),1882 年版,第 417 至第 419 页(只译大意)。关于排水沟的比喻,也可以参看斯宾塞:《心理学原理》(Spencer: *Principles of Psychology*),第 5 篇第 8 章。
② 《心的生理学》(*Physiology of Mind*),第 155 页。

会使每个变化唤起恰好的继它而起的变化,不会有别的变化出现,也用不着自觉的意志。到了最后,只要甲变化一来,整串甲、乙、丙、丁、戊、己、庚就接二连三地转出来,好像甲与其余变化融会成了不断的河流一样。我们才学走路、骑马、游泳、滑冰、击剑、写字、演戏、唱歌的时候,步步都有不必要的动作和错误的发音使我们中止。反之,到了我们成了好手的时候,不仅只需极小的肌肉作用,结果就出来,而且只需有一个单独的立刻的"记号",就整串连接着出来。会放枪的人看见鸟,他自己还没觉得的时候,已经瞄准,已经放枪了。敌手眼睛一闪,自己手中的长剑一瞬间的压力,就会使击剑人立刻好好躲避而且又回手了。只要对乐谱瞥一眼,钢琴家的指头已经"流出一片瀑布似的琴音了"。并且,我们这样不自主地做出的,不止恰好时候的恰好事情,而且不恰好的事情也是这样,只要这件事情已成了习惯。谁不是从来没有在白天脱背心时候戴上表,或是在走到朋友家的门口时候拿出门钥匙来呢?忘其所以很厉害的人,本是到卧室穿衣预备晚餐,有时竟把衣服一件一件脱去,最后爬到床上去睡,只因为在夜晚做头几下动作,惯有的后果总是脱衣睡觉。笔者自己记得很清楚:离开巴黎十年之后,重到那里,走到他从前上了一冬天学的街道,他在一阵恍惚的冥想中忘其所以,忽然发现他自己在一段台阶上——这个台阶是走到过去好几条街的一所房子内一个房间,这房间就是他从前住过的,当时他放学后就走到那里,走得非常习惯的。我们人人对于某些日常的,关于打扮,开常用的橱柜,关这些橱柜等事情,都有一定的例行方式。我们的低级神经中枢知道这些动作的次序。假如东西忽然变样子,因而动作不得不变,就觉得奇怪:这就证明这些中枢是知道这些事的。可是,我们高级的思想中枢差不多完全不知道这些事情。很少人能立刻说出来他们先穿哪边的袜子、鞋子或裤腿。要说出,他们必须先在心上把这些事排演一下,往往这样还不行——必须把这些事**实行**一回。同样,我的双扇门,哪一扇先开?我的门往哪边开?诸如此类,我不能**说出**来,但我的手始终不会弄错。没有人能够**描写**他梳头发、刷牙齿的次序;但大概我们人人对于这些事,都有相当固定的次序。

这些结果可以说明如下:

在已成习惯的动作,使每个新起的肌肉收缩按预定的次序发生的,不是思想或知觉,**而是刚才终了的肌肉收缩所引起的感觉**。确实是有意的行为,在全部过程必须有观念、知觉与意志引导。习惯的行为,只有感觉就够了,脑与心的高级部分比较可以不管事。用一个图式可以把这个道理表得更明白:

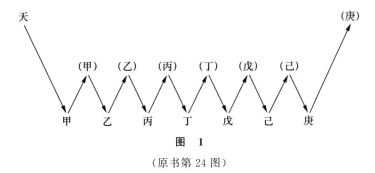

图 1

(原书第24图)

甲、乙、丙、丁、戊、己、庚代表一串习惯的肌肉收缩,(甲)(乙)(丙)(丁)(戊)(己)代表这些收缩先后发生的时候各个所引起的感觉。这种感觉通常是来自那些牵连部分的肌肉、皮肤或关节,但有时候动作对于眼耳的结果也在内。由这些感觉,并且只是由它,我们就知道肌肉有没有收缩过。当这一串甲、乙、丙、丁、戊、己、庚,正在学习的时候,这些感觉每个都在心上分别觉到。我们利用这种感觉检查每下动作,看看动作对不对,然后再做第二步动作。我们迟疑、比较、拣选、调回、放弃,以及做其他等等,都由于理智作用;使第二步动作出现的命令,是观念作用中枢(ideational centers)经过这种考虑之后所发出来的命令。

习惯是联锁的动作

反之,在习惯的动作,观念或知觉中枢只需发出第一个冲动,就是要动作开始的命令。在上列图式上用"天"字代表,这也许是对于第一步动作,或最后结果的想头,也许只是这一串动作惯有的条件中某一个事物的知觉,例如手边有个音键盘可以按动。在眼前的例子,本人觉得的思想和意志一唤起动作甲,甲就由它自身引起感觉(甲),这(甲)又依反射作用引起动作乙;再次,乙就由(乙)引起丙,余仿此,一直到这一串完了为止,通常到那时候理智就看到最后结果。其实,这个过程很像肠子里从上到下的蠕动('peristal-tic' motion)波澜。最后的理智的觉察在图上由(庚)代表,(庚)是庚的结果,是观念中枢的作用,所以,(庚)搁在代表感觉的层级之上。(甲)(乙)(丙)(丁)(戊)(己)各感觉印象的作用区域,都假定是在观念层级之下。纵然(甲)(乙)(丙)(丁)(戊)(己)牵动观念中枢,但总是极轻微;这由我们可以完全注意别的事情这件事实就可见。我们心里想着很远的事情,但还可以背祈祷文,背字母表。

"奏乐师对于屡经演奏,弄到烂熟的乐调,可以一边演奏,一边与人进行兴奋的谈话,或是心里继续注意一串趣味深切的思想。音符的**视觉**,或是(假如是不看谱,由记忆演奏)所得的**声音**的次第,加以由肌肉来的感觉引导,直接引起惯有的动作顺序。不仅如此,同种训练,再进一步,施于有特别相宜的材性的人,可以练成钢琴能手。这种人对于繁难的乐调第一次看谱就能演奏。手和指头的动作跟音符的视觉来得那么神速,要相信引起这些动作的神经通路不是最短最直接的路径,似乎不可能。这一类**学来的能力**与本能的分别只在于它是由意志发动的。下引关于同类能力的奇例是出于候打(Robert Houdin):

"无论哪一种要戏法,要成功,都要视觉触觉敏捷,反应这些知觉的动作准确。为练习这些能力,候打很幼年就练习把球扔在空中打转。练了一个月之后,他能使**四个**球同时都在空中,扔得极熟,至于球在空中的时候,他能够阅读置在面前的书,没有迟疑停顿。他说:'这个大概读者看来好像很特别。但我说我此刻刚做这个奇怪的试验消遣,读者一定会更诧异。虽然从我写的时候至今已过 30 年,在这中间我差不多没有碰过球,我现在还能够使**三个**球始终在空中转,同时看书看得好好的。'

（甲）（乙）（丙）（丁）（戊）（己）等，这些引起先后的肌肉收缩的前因，我们把它叫做感觉。有些著作家似乎不承认这个话。假如连感觉都说不到，那么，它一定只是离中枢向外的神经流，力量不够引起感觉，但够引起运动的反应。② 我们可以立即承认它并不是清楚的**立意**作用。纵然有意志参加，也不过是**准许**这些前因发生它在运动上的结果罢了。卡朋特说：

> "也许还有些哲学家主张：本来由意志明白唤起的，并且还完全受意志节制的行为，始终不能变成不是有意志的作用，实际上，或是行为一经发动了，只需有无限小量的意志维持它，或是意志好像钟摆似的在下列两件事之间摆动，一会支持**思想**前进，一会支持**运动**进行。然而，假如要维持它，只需有无限小量的意志，那可不是等于说它自己会继续下去吗？并且，在习惯的动作进行之际，我们觉得思想流**完全不断**这件事实，难道不完全把意志'**摆动**'的假设加以否定吗？还有，纵然实有这种摆动，那么，总有些**期间**，每个动作**自己**进行，这也就等于承认它根本是自动的了。假如只因为我们不知道人们复杂性格的一方面，而设想任何种假定，这种假定的必然性，不能把下述这个生理解释驳倒的，就是：行走的机构，如其他习惯的动作的机构一样，**顺应**它早年练习的模式**长成**，并此后这种机构只需意志大概地控制指挥，就能自动进行。"③

可是，这串动作的每个直接前因，假如不是明白的意志作用，无论如何，也总是有一种意识陪伴着。这些前因乃是我们平常不注意的感觉。但假如它错了，我们就立刻注意到。施耐德对于这些感觉的叙说值得引述。他说，在行走的时候，不是我们完全不注意，

> "也不断觉得某些肌肉感觉；并且我们对于那些要维持平衡而先后放下左右腿的冲动也觉得。说没有关于我们身体姿势的感觉，我们还能够保持平衡，并说没有腿刚动的感觉，也丝毫不觉得对于放下腿的冲动，我们就会把腿前进：这都是可以怀疑的。编织绒线品好像完全机械的，编织的人就是看书或谈得很高兴，还能够手不停地织。但假如我们问她何以能如此，她大概不会说编织自动会进行。她大概会说，她对于编织工作有种感觉，她手里觉得她在编织，并且觉得应该怎样编织，所以就是不注意的时候，编织动作也是由与这些动作相连的感觉引起，并且由它节制。

> "做练得很熟的手工的人，好像机械地自动进行，其实他们人人也都是这种情形。铁匠恰在要打铁的时候把钳铁的钳子翻过去，木匠刨木头，织花边的人对于她的线轴，织布的人对于她的织机，都会一样说他们手里对于应该怎样运用工具有一种感觉。

> "在这些事例，引起适当的动作的感觉是很微弱的，然而这感觉虽然微弱，却必

---

① 卡朋特：《心理的生理》，1847 年版，第 217 页、第 218 页。

② 哈特门(Von Hartmann)的《无意识哲学》(*Philosophy of the Unconscious*)有一章企图证明这些前因一定同时是**观念**(ideas)，又是无意识的(unconscious 不自觉的)（见英译本第 1 卷，第 72 页）。

③ 《心理的生理》，第 20 页。

定要有。设想你的手不觉得，那么，你的动作只能由意念发动；假如你意念不在这种工作上，动作应该会停止；这种结果是少见的。"①

复次：

"例如，意念使你用左手拿提琴。但并无须你的意念总钉在要收缩左手和左手指的肌肉上头，提琴才会拿稳，不掉下去。拿提琴的工作所引起的手里的感觉，因为它与把定提琴动作的**冲动**联结着，就可以发生这种冲动。那种感觉不断，这种冲动也不断；这种冲动继续到它被一个相反的动作的意念禁制了为止。"

并且右手拿琴弓的情形也是一样：

"有时才开始同时做这好多动作的时候，假如单独注意这个动作，另一个动作或冲动就会停止，因为在开头的时候，指导的感觉必须**通通觉得**很明显。也许结果琴弓在手指头上要溜掉，因为有些肌肉松弛了。但这个溜滑，会使手里发生新感觉，因此注意一会又回到把握琴弓的动作了。

"这由下述的试验就看得明白：在初学拉提琴的时候，要使学生拉奏而右肘不翘起来，拿一本书放在他腋窝下，叫他把右臂上节紧贴身上，使书不掉下来。由夹书而来的肌肉感觉和接触感觉引起了把书夹紧的冲动。但往往初学者因为完全注意拉出乐音，把书松掉了。可是后来就总不会如此，那些极微弱的接触感觉就够引起把书夹紧的冲动，他注意可以完全转到乐音和左手的按指动作。**所以各动作同时并行，首要是由于不注意到的感觉作用在人们很容易与理智作用同时进行。**"②

习惯律的道德含义与教育格言

这个就使我们很自然地转到习惯律的道德含义了。这些含义很多而且极重要。卡朋特（他的《心理的生理》我们已经引过）把我们器官顺应它们练习的模式而长成这个原理说得那么透彻，并且细论这个原理的效果；所以他的书只就这一点说，差不多就可以称做富有教训价值的著作。因此，我们自己把这些效果探讨些，并不必先求读者原谅。

"习惯岂特是第二天性！习惯是十倍的天性。"相传惠灵顿公爵说过这句话。大概没有任何人会像他这样的老军人领略到这句话是多么确实。每天操演，多年训练，最后结果，把一个人大多数的可能行为，完全改造了。

"有一个故事，虽然可以相信，但不一定真有其事。这故事说：有个恶作剧的人看见一个退伍的老兵端着大餐的殽品回家，他忽然向这个老兵喊'立正'！老兵立刻把两手放下，因此把羊肉白薯都倒掉到路沟里头了。从前操练很彻底，操练的影响深入这个人的神经构造里了。"③

① 《人的意志》，第447页、第448页。
② 《人的意志》，第439页。末一句译得很自由，但意义没有改动。
③ 赫胥黎：《生理学浅说》（Huxley: *Elementary Lessons in Physiology*），第12课。

曾经百战的骑兵队的马就是没人乘骑，听见号角，也会自己集队，做从前常做的排队操演。大多数训练过的家畜，狗、牛、拉车的马，几乎等于只是机器，时时刻刻做它所学的职务，毫不迟疑游移，完全不像它心里会想到可以做另一件事。有些坐牢监坐到老的人，释放之后，又请求再回到牢监里去。1884 年，美国有一队游行展览的动物碰着铁路出事，相传有一只老虎笼子破了，它走出来；但好像它出来觉得责任太繁重，不知道怎么办，立刻就又爬进去，因此它很容易又被关住了。

所以习惯是社会的庞大稳定节动轮，是社会的最可贵的保守势力。只有习惯能使我们人人安分守己，能使富有的人免得被穷窘的人妒忌反抗。只有它会使从小就学做人生那些最艰苦最可厌的职业的人不改途变业。习惯使渔人、水手冬天还在海上工作，使矿工老在黑暗里开矿，使农人在雪季总是盯住他的茅屋和寂寞的田园，使我们的地盘不致有住在沙漠和冰天雪地的人民来侵占。习惯把我们人人注定，要在我们受过教育的或早年选择的途径上奋斗到底，就是不适意的事业也要尽力求上进，因为我们已经不宜于做别的事，再从新学起又太晚了。习惯使社会各阶级彼此不相混合。你可以看出，到了 25 岁，年轻的商人、医生、教士、律师已经表现他们本行的习气，不能改掉了。你可以看出他的性格，他的思想方法，他的偏见，简言之，他的本行习气整个有细细的痕迹。这个人过了一会就不能摆脱这些痕迹，就像他的衣袖不能忽然来一套新的折纹一样。统算起来，最好他不摆脱。大多数人到 30 岁的时候，性格已经像石膏一样凝定了，始终不会再软了；这种情形，其实是于世界有益的。

假如 20 岁到 30 岁的期间是养成理智和专业习惯的紧要时期，那么，20 岁以前的期间，对于固定所谓**个人**的习惯（personal habits 这个名词很恰当），例如发音和读字音，姿势、走动、妆饰等，还要重要些。20 岁以后开始学说外国语，极难没有本国语的口音；在小时候青年由同伴学到不好的语言习惯，日后就是与说得好的人往来，也极难改变。而且，无论他袋里有多少钱，也极难学到像贵族子弟那样会**打扮**。商人卖给他东西，同卖给翩翩少年一样殷勤，可是他就是不能够买到合适的东西。有个看不见的定律，力量像万有引力似的，使他年年总在他自己轨道上打转；受到的熏陶比他好的人如何会弄到他们的好服装，在他看来，是一辈子找不出的神秘。

这样说，一切教育大事，在于**使我们神经系统成为我们的友军，绝不与我们为仇敌**。比方说，教育的大事在于把我们习惯作为基金，以后安闲自在地靠这基金的利息过活。**为达到这个目的，我们必须将好多有用的动作弄成机械的、习惯的。这种动作要尽量学得多，而且学得越早越好**；还要必须预防养成将来会不利于我们的习惯，像预防瘟疫那样认真。日常生活小节，归给不用力的机械作用去管理的越多，我们较高级的精神能力就可以放手做它本分的工作。有种人没有任何习惯，只有迟疑不决的习惯，每点一枝雪茄烟，每喝一杯酒，每天什么时候起床，什么时候睡觉，每动手做点小事，都要心里明明白白地有意考虑；天下没有比这种人再可怜了。这种人整整一半时间都花费于考虑决定许多小事情，或是懊悔这些事做错——但是照理，这些事应该弄得很惯，等于他不知道有这些事一样。假如读者之中任何人还有这种日常事情未养成机械的习惯，从此刻起，应该就开始改正这个错误。

在贝因教授论"道德的习惯"那一章内，有些很好的实用教训。由他的讨论，结果得了两句重要的格言。第一个格言是：要学新习惯，或要改旧习惯，我们必须设法**使我们开头的力量尽量强烈，尽量坚决**。集合一切可能的环境，为正当的动机增援，勉力把你自己放到会鼓励新习惯的情境之内，答应人家做与旧习惯不相容的事情。假如这件事的性质容许，当众立个约言。总结一句话，给你的决心以一切你所知道的援助。这样使你的起头来势很凶，引诱你破戒的事情就不像缺乏这种援助的时候那么快发生；破戒每迟一天，完全不破戒的机会就增加了。

第二个格言就是：**始终不要有个例外，一直到新习惯在你生活内根深蒂固了的时候为止**。每一回破例，就像让你辛辛苦苦绕起来的一团线掉下地一样；一回滑手所放松的，比好多回才能缠绕上去的还多。训练的**连续不断**是使神经系统行动万无一失的重要法子。贝因教授说得好：

> "道德习惯与理智习惯所以不同的特点，在于前者牵涉两种互相敌视的势力，其中有一种势力要弄得渐渐优胜，压倒其他一种势力。在这种情形下，最重要的事就是始终不要打败一回合。坏的那一边每打胜一回，就要把好的这一边好多回胜仗的结果打消了。因此，主要应注意的事，是要把这两种互相敌对的势力设法控制，弄得好的一边可以接连不断胜利，一直到反复练习能使这一边非常强固，无论在任何种情形之下，都可以对付对方为止。在理论上，这是精神上进步的最好课程。"

开头要成功，这是个非常迫切的需要。最初失败很会把一切将来企图的能力都阻塞住了；反之，以往成功的经验会鼓舞人，使他后来更气足神旺。有一个人要从事一件事业，不自信他力量做得到，请教歌德；歌德告诉他说："啊嗄！你只要对你手上吹口气就行了！"并且这句话就表示歌德自己惯于成功的生涯对他兴致的影响。包满（Baumann）教授①（歌德这个故事，就是出于他的书）说欧洲人与半开化民族接触的时候，这些民族所以崩溃，是因为他们相信总不能像新来的欧洲人那样能成功人生大事业，因而绝望。他们的老法子破产了，新法子还没产生。

要戒绝像酗酒、抽鸦片烟这一类的习惯，是否应该用渐次减少的戒法这个问题，与这个讨论有关系。对于这个问题，在某限度内，关于某人用某法最有效这方面，专家的意见有不同。可是，大体上说，一切专家都同意：**假如真有突然学得新习惯的可能，那么，突然戒绝的方法就是最好的方法**。固然，我们必须小心，不要把太难的事情派给意志去做，弄到它一开头就一定失败。但是，**假如一个人能受得了**，那么，一些期间的痛苦，随后就来了自由的时期，是应该追求的最好结果，无论是戒绝鸦片瘾，或只是改变起床或工作的时间，都是一样。假如一种欲望始终没有**"给养"**，它就会很快地**"饿死"**，简直快得使人惊异。班森（J. Bahnsen）说得好：

> "人必须学会坚决地循着笔直的、狭窄的路径走，绝不斜转，绝不看左看右，才能够开头自新。那种每天要重新再下决心的人，好像一个人要跳过坑沟，每回走到沟边，就停下，再回头去，再开头跑过来。没有**不断的**前进，要**积蓄**起道德力量是不可能的，使这样积蓄成为可能，锻炼我们，使我们惯于做这种积蓄，是有规律的**工作所**

---

① 他的《道德手册》（*Handbuch der Moral*）1878 年版，第 38 至第 43 页，有很好的关于开头应该成功的话。

赐予的最大福利。"①

上述两个格言之外,可以再加上第三个,就是:**每下一回决心,每受情绪激发你向你希望养成的习惯那方向表现,你要趁最早第一个找得到的机会就实行**。决心和志愿使脑筋得到新模式,不在于立下决心志愿那时刻,乃在于决心志愿发生**动作的效果**那时刻。恰如班森所说:

> "道德的意志要加倍它的力量,要提高,也像条杠杆,必须有个支点;只有实行机会的实际到来,能做这种支点。没有坚固的根据地做支点的人,一定始终只在装腔作势的阶段,不能更进一步。"

无论一个人所积蓄的**格言**多么丰富,无论他的**情操**多么高尚,假如他不利用回回具体的机会见于**实行**,那么,他的品格会完全没有变化,丝毫不变好。俗语说得好,单纯好意,正是砌成地狱的材料。这明明是上文所说的原理的应有结果。约翰·穆勒说:"'品格'是个陶铸完成的意志";他所谓意志是那些对人生一切大节坚决地、迅速地、确定地实行的倾向的总和。行为不断实现,脑部不断顺应实行的运用而长成到什么程度,只有这样,实行的倾向才能切实深印于我们身上到那个程度。假如一个决心或美善的热情,毫无实行上结果,就发散了,那么,每这样一回,比失掉一个机会还坏;因为这样一来,反而积极地阻碍将来的决心与情绪,使它也不向正常的宣泄路径表现了。有一种无气的滥感家(sentimentalist)和梦想家,一生只在伤感与情绪的波涛上飘荡,始终不曾实行一件豪侠的事——世上的人品,没有比这种人更可鄙了。卢梭就是我所指的最著名的例子:他凭借他的笔锋激动法国的每个母亲,叫她们模仿自然界,自己母乳喂养孩子,而他却把他自己的许多孩子送到孤儿院里去。可是,我们任何人,凡是为一种说得抽象的善事发了热情之后,在行动上对于那些污秽的"其他枝节问题"里头所含的一个实行这件善事的机会置之不理,不做一点事,他就是一直跟卢梭走。在这个劳劳碌碌的世界,一切善事因为与它并起的事件太平凡,都变了样子;然而只能在想到这些善事的单纯的、抽象的形式时,才认得他们是善事的人,真是"该死"了!看小说,看戏看得太多的习惯,会弄成这一类的真正怪物。有个俄国贵夫人在车上替才看过的剧本中的幻想人物痛哭流涕,但她的车夫在车厢外头冻死了,却不理会。这种事情是到处有的,不过没有这么厉害罢了。既不是奏乐师,也不是有音乐天才而能够以纯粹理智方式领略音乐的人,却有过度好听音乐的习惯,大概对于他的品格,也会有使他松懈的影响。这种人充满着热情,惯让热情发散,绝不见于行事,因此始终维持着懒散的感情泛滥的状态。补救的方法在于每遇在音乐会上感到一种情绪,总要用**某一种**实行去表现。② 无论表现多么微细,都可以;假如没有更豪侠的事可做,那么,对你的姑母说话温和些,在马车上让位给别人也可以;但无论如何,一定要有个表现。

最后这些例子,使我们觉得习惯好像是在脑部划成的,他不只是许多**特殊的**发射**路线**,而且是许多**普汛的**发射**模式**,假如我们让情绪发散,它就好像弄得发散的习惯;同样,

---

① 班森:《品格学一得》(*Beiträge zu Charakterologie*),1867 年第 1 卷,第 209 页。
② 斯喀德女士(Miss V. Scudder),在 1887 年正月的《安兜阜评论》(*Andover Review*)内发表一篇值得一看的文章,《好音乐者与道德》(*Musical Devotees and Morals*)曾讨论这个题目。

我们有理由假定，假如我们屡屡遇到应努力就退缩，在我们还不觉得的时候，我们已经是遇到任何事都不能再努力了；假如我们让我们注意分散，过了一会，我们注意就总在分散了。注意与努力只是代表同一种心理事实的两个名词（这是以后要见到的）。注意和努力相当于什么样的脑部作用，我们现在不知道。我们所以相信："注意与努力总是由于脑部作用，不是所谓纯粹的精神作用，"正是因为注意和努力似乎相当依遵习惯律，而习惯律乃是一个物质的定律。因此，关于养成意志的好习惯，我们可以贡献以下的话，就是："**每天做一点似乎无故的练习，使得你的努力的本领总是活泼的，**"作为最后的实际格言。这是说，在不必做的小事上，偏要系统的苦行或豪爽。假如你有不情愿做的事情，只因为这个，偏要每一两天就做一回，使得非常事变来到的时候，你不至气馁，不至毫无准备，因而不能够对付这个考验。这一种苦行好像是一个人对他的房屋货物所纳的保险费。这种保险费当时没有给他什么好处，也许始终得不回来什么利益。可是，万一火灾真来，他的纳费就免得他破产了。天天磨炼自己，养成在不必如此的事情上注意集中，意志坚强，并且能够克己的人也是这样。他四围的东西件件在震荡的时候，他还安如山岳，屹立不动；在这种时节，比他懦弱的人像糠似地给猛风簸掉了。

所以，心理状态的生理研究，是道德训论最有力的援助。神学所宣称的死后地狱，比起我们因为惯于依错误的方针，陶冶我们的品性，而自己在现世布设的地狱，并不更可怕。只要年轻人彻悟到，多么早，他就变成只是能行走的一捆习惯（walking bundles of habits），他就会在他还容易改造的年龄，对他一己的行为更留心。我们的命运，是好是坏，都是自己缠上的，始终解不开。无论做过多么小的好事或多么小的坏事，每件都留下他的一点瘢痕。杰弗逊（Jefferson）的戏剧内所说酗酒的立芬温果（Rip Van Winkle），每回再破戒，都说"这回不算"以自解。固然，他自己可以不算，仁慈的上天也可以不算，然而结果还是要算的。一直连他的神经细胞，神经纤维，里头的物质的分子却正在算这个，把它记起来，藏起来，到第二回引诱来的时候，就要算他的账了。说一句严格的，科学的老实话，我们所做的事情，没有会磨灭的。当然，这个有坏处，也有好处。就像许多次的喝酒，使我们成了永久的"酒鬼"一样，许多次实行，许多小时的工作，使我们在道德上成了圣人，在实用事业界和科学界成了宗师和专家。青年人，无论学哪一门，对于他受教育的结果都绝不用愁虑。假如他在工作日子内每小时都尽心忙碌，他可以安安稳稳地不问最后的结果。无论他选定哪一种事业，完全保得住他会有一朝醒来的时候，忽然发现他自己已经成了他这一代的一个能人了。在他辛苦的一切节目中间，对那一类事情的全部的**判断力**默默地养成，而且成了他的产业，始终不会丢掉。青年应该预先知道这个道理。开头学艰苦事业的青年失掉锐气而馁志，由于不知道这个道理的，大概比由于所有其他原因合起来的还要多。

心理学的方法与陷阱

·*The Methods and Snares of Psychology*·

心理学的方法是内省，实验和比较。可是，内省并不是能引到关于我们的心理状态的真理之极可靠的向导；特别是心理学名词的贫乏使我们忽视某些状态，不加考虑，又误认其他状态，以为它们也像心理学者知道它们以及它们的对象那样知道它们自身与它们的对象。这是心理学内的一项极不幸的谬误。

心理学独立发展以后最初 50 年间，重要的专家学者大多都出自冯特门下，其中美国就有好几位。这些虔诚的追随者回到美国致力于发展实验主义，但无意中将美国心理学打造成了另外一副样子，甚至走向了构造主义的对立面。

▲ 卡特尔 (James McKeen Cattell, 1860—1944)：美国第一位心理学教授，首先提出心理测验的概念，医学心理学的研究和临床应用热点转向了心理测验。

▲ 霍尔 (G. Stanley Hall, 1844—1924)：美国儿童心理学运动之父、青春期发展理论家、美国心理学会的创立者。他是詹姆斯的第一个博士生，也是美国第一个心理学博士生。

▲ 维特莫 (Lightner Witmer, 1867—1956)：1923 年创建了美国第一个心理诊所。

▲ 基德 (Charles Hubbard Judd, 1873—1946)：曾任芝加哥大学教育学院院长。

现在我们已经把心理学之生理方面的初步讨论结束了。在此刻以前,我们讨论心理状态之大脑的条件与并起作用;在此后各章,我们必须将心理状态自身加以研究。可是,在脑部之外,还有一个为脑部状态所"对当"(correspond to)的外部世界。所以,在我们更进一步之前,最好对于心与这个规模较大的物质事实的关系说一些话。

心理学是一门自然科学

这就是说,心理学者所研究的心是占据一个实在空间的确定部分并在一个实在时间的确定部分的个别的个人的心。对于任何别种的心,绝对性灵(absolute Intelligence),不附于特个身体的心,不受时间进展的影响的心,纯粹心理学者与这些不生关系。心理学者口中的"心"只是一个代表**多数的心**的类名。假如他的比较小心的研究会发生任何项能为专究纯粹的绝对性灵的哲学家所利用的通则,那就是幸有的事了。

由是,从心理学者的观点说,他所研究的心是在一个含有其他对象的世界内的对象。就是在他以内省法分析他自己的心而说出他在心内所发现的之时,他也是将它作为对象看的(in an objective way)[通译,客观地]。例如,他说在某些情形之下,灰色在他看来显似绿的,并且他把这个显似叫做错觉。这个含着如下意义:他将在某些条件之下所看见的一个实在色彩,与他相信是代表这个色彩的一个心理知觉这两项对象比较,并且他宣称这两者之间的关系是某一种的关系。心理学者作这个审慎的判断之时,他立于他所审查的知觉之外,就像他立于实在色彩之外一样,两者都是他的对象。假如在他反省他自己的意识状态之时是如此,那么,在他研究别人的意识状态之时当然更是如此呢!在德国自康德以后的哲学内,"认识论",即对于知识能力的评判,曾"扮演过重要的角色"。心理学者必然地变成这种一个认识理论家。可是他所理论的知识不是康德所评判的那种光是知识作用——他不研究一般知识的可能性。他假定知识是可能的;在他说话之顷,他不怀疑他自己有知识。他所评判的知识是特殊的人对于他们周围的特殊事物的知识。这个知识,他有时会根据他**自己**的毫无疑问的知识说它是真或是妄,并且追求这个所以变成真或妄的理由。

这个自然科学的观点应该在开始就弄明白:这是极重要的事。不然,人家对心理学者所要求的也许会超出他们理应预期他能做的之外。

一个表解会把心理学所假定的表示得更明白:

一	二	三	四
心理学者	所研究的思想	这个思想的对象	心理学者的实在

这四个格子包含心理学不能再简约的基料。第一,即心理学者,相信一起构成**他的**全部对象的。第二、第三、第四是实在,并且尽量忠实地报告这些实在以及它们间的相互关系,而不理会他怎么能够报告这些事这个难题。对于这种**最后**的难题,他大部无须烦

心,恰如同他作刚刚一样的假定的几何学者,化学家,或植物学家一样。[①]

心理学者的观点是报告主观的以及客观的事实的访员的观点:因为他的这种特殊观点,他会陷于某些谬误;这些谬误,我们必须一会就说到。可是,在未说到之前,我们要先讨论他所用以探知所相关的事实之方法。

研究的方法

内省

内省的观察是我们要首先且又不断地倚靠的。内省这个名词几乎不用定义——当然,它是说观察我们的心里而报告在那里所发现的。**人人都同意:在那里,我们发现意识状态**。就我们所知道的说,任何批评家,无论他在其他方面如何怀疑,从来没有怀疑意识状态的存在。在这一个世界,其他事实中的大多数,都有时候被哲学的怀疑的风气所动摇,但我们有某一种的**思想**(cogitations),这件事是这个世界内"颠扑不破的"(*inconcussum*)事实。一切人都毫不迟疑地相信他们觉得自己在思想,并且他们能把其内部活动或激动性质的心理状态与一切这个心态所认识的对象区别开。

我认这个信条是心理学的一切假定中最基本的,并且我要摈除一切好奇的对于这个信条确否的穷究,认为就本书的范围而论,这种穷究是太属形而上学的。

一个关于命名的问题。我们应该有个一般的名词,用以指示一切意识状态自身(只要它是意识状态就可以,不问它的特别性质或识知的功能)。不幸流行的大多数名词都有严重的缺点。"心理状态","意识状态","意识变化"(mental state,state of consciousness,conscious modification)这些名词很累赘,并且没有相当的动词。"主观状态"(subjective condition)这个名词也一样。"斐领"(feeling,译云"觉态")这个字有动词,"斐勒"(to feel,译云"觉得")可以作他动词或中性动词用,并且还有引申的字,如'feelingly,(锐觉地),'felt'(被觉的)'feltness'(被觉性),等等,所以极方便。可是,从别方面说,它不仅有普通的意义,还有特别的意义,有时代表快感与痛苦,有时作为与**"感觉"**(sensation)同义的字,以与**思想**(thought)区别;而我们所希望的,是要有一个字可以包括感觉与思想,随便指哪个都可以的。并且,"斐领"这个字在依柏拉图方式的思想家的心中,已经沾了一套很带辱骂的含义;因为在哲学内,对于相互了解的一件大障碍,是用带有褒扬或贬抑的名词,因之假如可能,应该采用无色彩的名词。赫胥黎(Huxley)君曾提议用"筛柯息司"(psychosis,译为"心理作用")这个字。它有可以与"纽罗息司"(neurosis 他用以指相当的神经作用的名词)相关应的好处,并且是专门的术语,毫无褒贬的含义。可是,这个字没有动词,也没有其他文法上的变式与之相连。"灵魂所受的影响","自我的变化"(af-

---

① 关于心理学与一般哲学的关系,请看罗伯生(G. C. Robertson),在《心》杂志第 8 卷,第 1 页和沃德(J. Ward)在同卷第 153 页;又杜威在同杂志第 9 卷第 1 页各文。

fection of the soul,modification of the ego),也像"意识状态"一样累赘,并且隐含承认某些学说的意思——在这些学说没有公开地讨论而被采取之先,就把它包含在名词内是不妥善的。"观念"(idea)是个良好的广泛的中性的名词,并且洛克曾经用以指极广的一般的意义;可是,虽然有他的权威,在英文中的用法,还没有用以包括身体的感觉,并且它没有动词。"思想"是绝对最适用的名词;假如可以使它包括感觉,它没有如"斐领"那样贬斥的含义,并且直接暗示识知作用(即指对心理状态自身以外的对象)的无所不在——我们不久可以见到识知是心理生活的精髓。可是,"牙痛的思想"这个话,会使读者觉得是说实际的现在的痛吗?这是几乎不可能;所以假如我们要包括全部,似乎不得不回到一对的名词,如休谟的"印象与观念"(impression and idea),或汉密尔顿(William Hamilton)的"呈象与表象"(presentation and representaion),或通用的"感态与思想"(feeling and thought)。*

在这个窘境之中,我们不能作最后的决定,必须看上下文的方便,有时用所说过的同义名词之中的这个,有时用其中的那个。**我自己是偏好"觉态"或"思想"。**大概我会屡次用这两个名词,指比通常较广的意义,因而轮流地使两类的读者对于它的奇怪的声音惊异;可是,假如上下文义使读者明白是指一般心理状态,不问它的种类,那么,这也无害,甚至还有好处。①

内省的观察之不准确是久经争辩的题目。所以在我们再讨论下去之前,必须对这一点得到一些确定的观念;这是很重要的。

最常见的唯灵论的意见就是:灵魂,即心理生活的主体,是一个形而上的实物,不能被直接知道,并且我们由反省而觉得的各种心理状态和作用是一种内部觉识之对象——这一个内觉不能把捉到真正行动者自身,正如视觉或听觉不能给予我们以对于物质自身的直接知识一样。由这个观点而论,内省当然不能够把捉到灵魂的**现象**以外的任何事物。并且,就是承认这个,还有"内省能把这些现象妥善了解到什么程度"这个问题。

有些作者在这一件上高自位置,主张内省有一种必无过误的性质。例如宇伯威格说:

"在心理意象自身是我的觉知的对象之时,要想将它在我的意识内(在我内)之存在与它在我的意识之外的(它自身的)存在分别开,这是毫无意义的;因为在这例,所觉知的对象是并不像外部知觉之对象那样其自身存在于我的意识之外。它只存在于我内②。"

布伦坦诺也说:

"内心觉知的现象,就其自身论,就是真实的。就如这些现象所显似的。对于这个,它们所由而被觉知的根据就是保证,它们实际就是如此。这样,谁能否认在这件上,显得心理学比物质科学优胜得多了呢?"

---

* Feeling 如是广义的,指一般意识状态的,译作"觉态";如意义稍狭,指感觉与感情,就译作"感态"以示区别。至于最狭义的,就是触觉,不必另有译名。

① 参较穆勒《名学》第 1 卷第 3 章,第 2、第 3 段。

② 《逻辑》(Logic),第 40 段。

他又说:

　　"谁也不可怀疑在他自己方面所觉知的心态是否存在,并且是否如他所觉得的方式存在。谁怀疑这个,谁就陷到那种**尽头的**(finished)怀疑。这个怀疑把人们所凭借以穷究知识的各个定点都毁灭了,因而也把它自己毁灭了。"①

　　有些别的人又走到相反的极端而主张我们绝不能由内省认识我们自己的心。孔德(Auguste Comte)作如是观的高论极常受人称引,几乎成了名言;因此这里似乎不得不提到它。

　　孔德②说,哲学家"近日想象他们能够以一种很特别的深妙分别出两种同等重要的观察,一种外部的,另一种,内部的,内部的只用于研究理智的现象。……我只想指出能明白证明'这个自命能以心直接观心'是纯然错觉之主要理由。其实,由于极强有力的必要,人心能直接观察除了它自己本有的状态以外的一切现象:这是显而易见的。因为由谁观察这些呢?我们可以了解一个人也许可以观察激动他自己的**情欲**,因为情欲的身体器官与职掌观察的器官不同。虽然我们都曾对自己作这种观察,但这些观察总不能有很大的科学价值;而要知道情欲的最好方法始终是从外面观察它;因为个个强烈的情欲状态……都必定与观察的心态不相容。至于以同一方式要在**理智**的现象真正存在之顷观察它,那是明明不可能。思想者不能把自己分成两个,就是,这一个推理而同时那一个观察他推理。在这个事例,所观察的器官与要去观察的器官既是同一的,观察怎么能发生呢?所以这个自命能行的心理学方法根本是虚妄无效的。在一方面,他们教你尽量使你自己与各个外部感觉,尤其与各个理智的作用相隔离,因为只要你从事极简单的运算,**内部的**观察会成什么样子呢?在另一方面,在你用尽心力,做到这种理智的昏睡状态之后,你必须着手观察在你心中空无所有之时在心内进行的作用!无疑,我们的后代会看见有一天舞台上取笑这种自负。这么奇怪的做法的结果与它的原理完全相和合。哲学家这样治心理学,治了足足两千年,他们还没有共同承认一个明白可能的并已成立了的命题。所谓内部观察所得的歧异结果,几乎同以为自己实施内省的人一样多。"

　　孔德对于英国的经验的心理学,几乎毫无所知;对于德国的,绝不知道。他临文时所想到的"结果",大概是经院派的结果,如内部活动的原理,能力,自我,以及随便不拘之自由意志(*liberum arbitrium indifferentice*)等类。约翰·穆勒答复孔德这种议论③说:

　　"孔德君也许会想到一件事实可以由记忆来研究,不是刚刚在我们觉知它之顷观察,而在随后那顷刻;并且这个正是一般得到我们对于我们的理智活动的最好知识之方法。我们在我们刚做的事过去,但他在记忆上的印象还新之时反省我们刚才所做的。假如不是用这一类方法,我们无从得到关于我们的心内事之知识——没有人否认我们有这种知识。孔德君大概不至断言我们不知道我们自己的理智作用。我们知道我们的观察与我们的推理,或是在当时,或是由于一刹那以后的回忆;无论如何,是由直接知识,不是(像我们在梦游状态中所做的事那样)只由结果推知。这

---

　　① 《心理学》(*Psychologie*)第2卷第3章,第1段,第2段。
　　② 《实证哲学讲论》(*Cours de Philosophie Positive*),第1卷,第34至38页。
　　③ 《孔德与实证主义》(*Auguste Comte and Positivism*),第3版,1882年,第64页。

件简单的事实把孔德君的全部辩证推翻了。凡是我们直接觉得的,我们都能够直接
观察。"

到底真理何在呢?分明,我们所引穆勒的话表示关于此事的**实际**真理的最大部分,
就是坚持我们对意识状态的直接内部觉知是绝对真确的作者,也要把我们一刹那后对这
个心态的**记忆**或**观察**之或误与之相对称。没有任何人比布伦坦诺本人还更强调一个觉
态的直接**被觉得的性质**(the immediate feltness),与它的被一个后来反省作用的觉知两
者间之不同。可是,心理学者必须倚靠的,是对于这个觉态的哪一种意识呢?假如**有了**
直接的情感或意想就够了,那么,摇篮内的婴孩就是心理学者,而且是绝无错误的心理学
者。可是心理学者必须不仅**有**他的绝对名副其实的心理状态,而且他必须报告这些心
态,对它著述,称呼它,把它们分类并比较,并且追究它们与其他事物的关系。这些心态
在生活中是它们自己的所有;只是在"死后",才变成心理学者的所获。① 并且,对于一般
事物之命名,分类和知识,我们是会以错误见称的;为什么对于心态,不也是一样呢?孔
德注重一个觉态要被命名,被判断或被觉知,必定是已经过去;这是十分对的。主观的状
态在它现存之顷,都不是它自己的对象;它的对象总是另一件事物。固然,有些时候,我们
显似是举出我们现有觉态的名目,因而好像同时经验并观察同一件内心事实,例如我们
说"我觉得疲倦","我在生气"等等。可是这些是误会;稍微注意就可以发觉这种错觉。
在我说"我觉得疲倦"之顷的当时意识状态不是直接的疲倦状态;在我说"我觉得生气"之
顷的当时心态并不是直接的生气状态。它是**说我觉得疲倦**的状态,**说我觉得生气**的状
态——是完全不同的事;不同很厉害,它们似乎包含的疲倦与生气是前一刹那直接觉得
的疲倦与生气之相当大的改变。说出这些心态的行为暂时减少它们的力量了。②

断定内省的判断具有必无误的真实性之唯一稳健的理由是经验的。假如我们有理
由以为内省从来没有欺骗我们,我们或许可以继续相信它。这是莫尔实际所持的理由。
他说:

> "我们感官的错觉使我们对于外界是实在之信心动摇;可是在内部观察之范围
> 内,我们的信心是完整无缺的,因为我们从来不曾发现'我们相信一件思想或情感作
> 用之实在'这件事曾有错误。在怀疑或愤怒真是我们的意识状态之时,我们从来没
> 有被内省迷误,以为我们**不在**怀疑或愤怒。"③

可是,假如前提是对的,那么,这段话的理路是健全的,但我怕前提不对。无论关于

---

① 冯特说:"利用内部观察(内省)的第一条规则在于,尽量取偶然的,不期而遇的而非有意引起的经验……第
一,最好尽量依赖记忆,不依赖直接觉知。……第二,内部观察更适宜于领会明白地觉得的状态,特别是有意的心理
作用:模糊地觉得的状态和无心的这一类内心过程会几乎完全内省不到,因为观察的努力会干涉这种过程,并且因为
这些过程很少可以记住"(《逻辑》第 2 卷,第 432 页)。

② 在像这样的例子,心理状态在举出它名字之后还存在,并且在举名之前已存在,在举名之后又出现,假如我
们说话的口气,好像这个心态知道它自身,大概不致有重大的实际危险。觉得这个觉觉之状态与指名它的状态连续
不断;所以这种即刻的内省判断之无误性大概很大。可是,就是在这例,我们不应该根据觉知与存在(percipi and es-
se)在心理学内是同一的这个先验的(A priori)理由来断定我们知识的确实;所说的状态实际是两个;举名的状态与被
举名的状态是分开的;"觉知即存在"(percipi is esse,)在此不是适用的原理。

③ 莫尔:《经验的心理学之基础》(J. Mohr:*Grundlage der Empirischen Psychologie*)莱比锡,1882 年版,第 47 页。

如怀疑或愤怒这种强度的情感之情形如何,关于比较微弱的觉态,以及一切觉态间的彼此的关系,我们发现我们一到不仅觉到,而且要举名并分类之时,我们就常常弄错并觉得不一定。在一个人的觉态来得非常之快之时,谁能说定他这些觉态的确定次第呢? 在感知一把椅子之时,谁能说定多少部分是他眼见的,多少是由心上已有的知识所补充的呢? 就是隔开的觉态很相似之时,谁能把它们的**度量**(quantities)比较得很准确呢? 例如,一个东西一会在背上觉得,一会在颊上觉得,哪一个觉态更广大? 谁能断定两个指定的觉态是不是刚刚一样? 假如两个觉态都只经过一点点时间,谁能说哪一个历时较短或较长? 许多动作,谁知道起于什么动机,或是究竟有没有动机? 谁能把如**愤怒**(anger)这么繁复的情感的一切不同成分列举出来? 谁能立刻说出**远近**知觉是复合的,还是简单的心态? 假如我们能用内省法确切不移地断定我们觉得似是元素的觉态真是元素而非复合的,那么,关于心尘(mind-stuff)的争论就会全部停止了。

萨立君在他《论错觉》的书中,有一章论内省的错觉,我们此刻可以引它。可是,因为本书的其余部分几乎不过只是一集团的关于用直接内省去确定我们觉态并觉态间的关系这件如何困难之例证,所以我们无须预先说到我们自己的将来要说的书目,只需提出我们的一般结论,即:**内省是困难的并易误的,并且困难只是一切任何种观察的困难。** 有事物当前;我们尽心力要说出它是什么,但是不管我们如何诚意,我们还是要迷误,会做一种更适用于另一种事物之描写。唯一的保障在于我们对于所要知道的事象的更进一步的知识之最后的**意见一致**(consensus),后来见解改正较早的见解,一直到最后达到一个贯串的系统的谐和为止。这种渐渐完成的系统是心理学者证明"他所报告的任何项特殊心理学观察是无误的"之最好保障。我们自己必须尽量达到这种系统。

英国一些心理学的作者以及德国的赫尔巴特派大体都以各个人的直接内省所供给的结果为满足,并且指明这种内省可以弄成什么样的学说系统。洛克、休谟、黎德、哈德烈、斯条亚、布朗(Thomas Brown),以及两位穆勒的著作永远是这种做法的名著;并且贝因教授的专论大概是主要单用这个方法能做到的最好结果——它是心理学少年期的最后纪念碑,还是不专门的并且一般人可以了解的,就像拉瓦锡的化学,或是未用显微镜以前的解剖学一样。

实验

可是,心理学正进入一个不这么简单的阶段。在这几年之内,也许人们可以叫做一种显微式的心理学(microscopic psychology)出现于德国的,利用实验方法进行,当然时时刻刻寻求内省的资料,但以大规模的工作并求取统计的平均数这种法子去排除这种资料的不确实性。这个方法极端需要忍耐力,大约在人民会**厌烦**的国家内不能产生。如韦柏、费希奈尔、费洛特和冯特的这样的德国人分明不会厌烦;并且他们的成功吸引了一大批的少壮实验心理学者,专心研究心理生活的**元素**(elements),将它从"镶嵌"着它的粗糙的结合体内解剖出来,并尽量化它为数量。简单的,公开的对付方法已经尽力之后,忍耐的,"饿死它,困死它"的方法接着试用;心必须受一种有计划的**围攻**,包围它的力量不分昼夜争取的些微利益必定会积合起来,使心最后被攻陷。这些新的三棱镜,摆子和计时器的哲学者（prism，pendulum，and chronograph-philosophers）很少大排场。他们意在办事，并不在豪侠。慷慨的猜测以及西塞罗以为能使人对自然界得到最好的洞悟的那种高德所做不到的，他们的"偷窥与细磨"，他们的要命的坚忍和几乎狠毒的狡诈，无疑有朝一日会做到。

对于不熟悉实验心理学方法的应用实例的人，一般的关于这种方法的叙述并不能增进知识，所以我们不愿辞费。到此刻为止，**主要的实验部门**如下：（一）意识状态与它们的物质条件之关系，包括脑生理学全部，并近年仔细推究的感官生理学，以及专门术语所谓"心物学"（psycho-physics），即感觉与引起它的外界刺激的相关律；（二）将空间知觉化为它的感觉元素之分析；（三）对于最简单的心理作用的**历时**（duration）长短之计量；（四）对于回忆感觉以及空间上并时间上的间隔而把它再现**之准确度**之测量；（五）对于简单的心理状态**彼此互相影响**，互相唤起，或互相抑制的情况之分析；（六）对于意识在同时能识别出的**事实之数**目之测量；最后（七）对于遗忘与记忆的基本定律之分析。我们必须明说：在这些部门之中，有些所得的结果还只有很少可以与因求得它而消耗的大量气力相当的理论上的功效。可是，事实是事实，只要我们有了够数的事实，它们必定自相结合。一年一年，将都有新地被开辟，并且会增多理论上的结果。在此时，就心理学是纯乎已成工作的记录而论，实验方法已经把这一科的面目全变了。

最后，**比较方法**补充内省和实验方法。要用比较方法，要先有在各主要特点已成立了的一种基于内省的常态心理学。可是，在要研究这些特点的来源，或是它们的相互关系之场合，将所讨论的现象之一切可能的在种类上并配合上的变异通通穷究，这是极重要的。因此，研究心理学的人曾有这一类情形：搜索动物的本能，想可以由是得到对于人类的本能的解释；蜂蚁的推理能力，野蛮人、婴孩、狂人、白痴、聋人与盲人、罪犯和怪僻的人的心性，都被抬出来，以辩护这个或那个关于我们自己的心理生活的某部分之特殊学说。各科学的历史，道德的与政治的制度，以及各种语言，被认为心理产品的代表，也被取来充同样的用途。达尔文和额尔登两君创始将几百封含着好多问题的信件送给被认为能答复的人，请他们答复。这种做法已在传播；在下一代，假如这种通信不被认为在人生的常见的骚扰之列，那就是幸事。同时，知识增长，结果随之出现。比较方法有重要的可生错误的地方。对于动物，野蛮人和婴孩的心理作用的解释必然是鲁莽的工作，于是，研究者的个人偏见很有机会使事态随顺他的意向。假如一个野蛮人的行为使观察者非常惊异，他会被报告为绝无道德的或宗教的感情。因为一个儿童说到自己用第三人称，他就被假定为没有自我意识，诸如此类。我们不能够事先立下规条。通常，比较的观察，要确定，必须使它是意在试验某个已有的假设是否恰当；所以，唯一大事在于尽量用你所有的机敏，并尽量排除偏见。

心理学内错误的来源

这些来源的第一种起于语言的误人能力。语言本来是不研究心理学的人所创作；并且大多数人现在还几乎只是利用代表外物的词汇。只有人生的基本情感，如愤怒，亲爱，恐怖,憎恶,希望,与我们理智活动的最广包的部门,如记忆,预期,思维,知识,入梦,以及细腻情感的最广种类,喜乐,悲哀,愉快,痛苦是这个词汇肯用特别字词表示的主观的事实。固然,感觉的基本性质,明亮,大声,红,蓝,热,冷,可以用来指客观的意义,也可以指主观的意义。这些代表外界性质,也代表这些性质所引起的感觉。可是客观意义是原来的意义;并且现在我们还要用最常引起这种感觉的物体的名字去形容一大批的感觉。橙色,堇菜香,乳酪味,雷似的声,火灼似的刺痛等等词语可以表示我的意思所指的。缺少表示主观的事实之特别词汇这种情形,障碍对于它们的研究,只有其中最粗糙者除外。经验派的作者很喜欢强调语言使人心陷溺的一大批执迷。他们说,每遇我们已创立一个名词表示某一批现象,我们就易于设想这些现象背后有个实质的东西,这个名词应作为这个实物的名字。可是**缺少名词**也一样常常引起刚刚相反的错误。因为没有名字,我们就容易以为没有这个东西;所以我们弄到忽视某些现象——只要我们从小听见语言中常常承认这些现象的存在,我们人人都会以为明明有这些。① 我们很难注意到无名的东西,所以大多数心理学的叙述部分都觉得有一种空洞样子。

可是,因为心理学倚赖普通语言,就发生一种比空洞还要坏的缺点。由于用思想的对象来称呼思想自身,几乎人人就都假定对象如此,相当的思想也必定如此:关于几个不同的东西的思想只能是几个不同的思想零片,即所谓"观念";关于一个抽象的或普遍的对象的思想只能是一个抽象的或普遍的观念。因为每个对象可以一会来,一会又去,一会忘了,一会又记起来,就有人以为关于这个对象的思想也有一种恰恰相似的独立性,自身同一性,并流动性。关于对象之再现的同一性之思想被认为关于这个对象的再现思想之同一性,并且对于繁复性的对于同时并存性的,对于先后继起性的,知觉个个被认为只能由知觉之一种繁复,一种并存,一种相继,才可以发生。心流之不断流行被牺牲了,取而代之的是所宣传的原子式,一种碎砖砌成的结构;并没有良好的内省根据能够拿出来,以辩护这种原子式结构之存在,并且由这种结构,不久就产生了各种各样的怪论与矛盾,成了研究心理学者的倒霉的遗产。

这些话意在指摘由洛克与休谟出来的整个英国心理学以及导源于赫尔巴特的德国心理学全部,就这两种心理学把"观念"认为忽来忽去的个别主观的实体这一点而论是如此。不久会有例证使这件事更明白。此刻可以说,还有其他陷阱损害我们对于心理学的见识。

心理学者的谬误

心理学者的**重大陷阱在于将他自己的立场与他正在报告的心理事实的立场相混。**此后我要把这个叫做"心理学者的特有谬误"(psyohologist's fallacy *par excellence*)。在这场合,有些麻烦也要归罪于语言。如我们在上文(见章首)所说的,心理学者站在他所说的心理状态之外。心态自身和心态的对象两者都是心理学者的对象。假如这个心态

---

① 英文甚至没有对于所思想的事物与思想它的思想之间的一般分别;这在德文,用 Gedachtes 与 Gedanke 的对称来表示,在拉丁文,用 cogitatum 与 cogitatio 的对称来表示。

是一个**识知的**(cognitive)状态(知觉，思想，概念，等等)，通常，他只有把它叫做那个对象的知觉，思想，等等这个方法。同时，因为他自己依他的方式知道这同一对象，他很容易被引而设想**关于这个对象**(of that object)的思想也像他自己那样知道这个对象，可是往往实际并不如此[1]。因为这样，极虚妄的难题曾经弄进心理学中来。所谓呈象的或表象的知觉之问题(即从思唯一个对象的思想看，这个对象是以一个仿佛像它的意象而现身，还是直接呈现，毫无任何居间的意象呢?)；以及唯名主义与概念主义之问题(即在只有一个关于诸多事物之一般概念在心上之时，这些事物是以什么方式呈现呢?)：只需在讨论这些问题时这个心理学者的谬误一经排除，就比较容易解决。这个，我们不久可以见到(本书第十二章论概念作用)。

还有另一种心理学者的谬误在于假定所研究的心态必定像心理学者觉得这个心态那样觉得它自身。心理状态只从内部觉得它自身；它领会我们所谓它自己的内容，此外无他。反之，心理学者从外部觉得这个心态，并且知道它与一切种类的其他事物的关系。思想所见的只是它自己的对象；心理学者所见的乃是这个思想的对象，加上这个思想自身，可能再加上世上的一切其余事物。因此，在以心理学者的观点讨论一个心态之时，我们必须很小心，不要把只是我们自己的对象私行插入这个心态的对象之内。我们必须避免把我们自己所知道的这个觉态**是**什么，认为这个觉态就是一个这个什么的觉态，并且把这个觉态的外部的(也可以说，物质的)关系以及世上的其他事实也算在这个觉态所觉得的对象之内。这一种关于立场的混淆，抽象地看来，似乎很粗大易见；但是这个陷阱，没有心理学者能永远避开，并且这种谬误是某些学派的几乎全部的货色。对于它的精微的破坏势力，我们不会太小心监视的。

提要。总结这一章，我们可以说，心理学假定思想先后相继发生，并且这些思想知道心理学者也知道的在一个世界内的对象。**这些思想是心理学者所研究的主观资料；并且这些思想对于它们的对象，对于脑部，以及对于这个世界的其余部分之关系就是心理学的题材。**心理学的方法是内省，实验和比较。可是，内省并不是能引到关于我们的心理状态的真理之极可靠的向导；特别是心理学名词的贫乏使我们忽视某些状态，不加考虑，又误认其他状态，以为它们也像心理学者知道它们以及它们的对象那样知道它们自身与它们的对象。这是心理学内的一项极不幸的谬误。

---

[1] 参较薄纳：《形而上学》(B. P. Bowne：*Metaphysics*)，1882年版，第408页。

詹姆斯父亲老亨利与二弟小亨利

心对于其他事物的关系

The Relations of Minds to Other Things

> 　　一个心对于它自己的脑的关系是一种独特的并且完全神秘的；心对于脑以外的其他东西的关系只是识知上的和情绪上的关系。心知道它们，并且在内部欢迎或排拒它们，但此外，心与它们并无别种交涉。只是对其他东西知道得对或不对，或不理会这些东西，并且发现这些东西这样地或那样地使它自己感兴趣。

亨利·詹姆斯最后住所

因为，在心理学，心是一个含着其他事物的世界内的一物，我们第二步必须检阅它对于那些其他事物的关系。第一，要说到心的

时　间　关　系

如我们所知道的方式的心是暂时的存在。到底我的心在我身体下生之前有没有一种存在，以及在我身死后会不会存在，是要让我的一般哲学或神学来决定的问题，不能由我们所谓"科学的事实"来解决。我撇开所谓鬼魂现象（spiritualism）的事实，因其犹在争论中。具一门自然科学的性质之心理学，只研究现世生活。在这个生活中，每个心都显是与一个身体联系着，它的表现经由身体显露出来。由是，在现世内，各个心或彼在此先，或彼在此后，或彼此并存，都在公共的时间这个盛受器之内，并且关于它们对于时间的**集团**的（collective）关系，不能再说什么了。可是，**个人的**意识在时间上的生活似乎是间断的生活，因而

我们曾否完全无意识

这个问题就成为必须讨论的题目了。睡眠，晕倒，昏迷，羊痫疯，以及其他"无意识的"（unconscious）状态很会横插进我们仍然认为是单一个人的心理历史之中而霸占这个历史的大段时间。并且，既然承认了意识有间断的事实，难道不会在我们不疑心有间断之场合也有间断，也许甚至有经常的并细密的间断吗？

这种情形可能发生，而本人可能始终不知道它。往往我们吸了醚，动了手术，而绝不疑心我们的意识起了断缺。这个意识缺口的两头彼此粘接得很完密；只有看见了我们的伤痕，才相信我们必定曾经活过一段我们的直接意识无存的时间。就是在睡眠，有时也有这种情形：我们以为我们并没有瞌睡，看了时钟，才确知自己弄错了。[①] 这样，我们可能活过一段实在的外界时间（这段时间是研究我们的心理学者知道的），然而不**觉得**这个时间，也不能凭借内部符号推测到它。问题在于：这种事情多么常见，从心理学者的观点看，意识真是不连，真是常时间断而重新开始吗？它所以在它自身看来好像连续不断，是不是只由于一种类似走马灯（zoetrope 或译活象筒）那样的错觉呢？或是，它是不是在大多数时期在外部如同它在内部显似的那样连续的呢？

洛克的见解与笛卡儿相反

我们必须承认对于这个问题，我们不能作严格的答复。笛卡儿派，主张灵魂的本质是思维，当然能够先验地解决这个问题而以我们通常记忆的失检，或意识降到最低限度（也许它所觉得的只是仅仅存在，毫不遗留任何节目可供回忆）来说明无思想期间之现

---

① 斯盆斯（Payton Spence）在《理论哲学杂志》（*Journal of Spec. Phil.*）第十卷，第 338 页和第十四卷，第 286 页，依据理论的理由，与加委（M. M. Garver）在《美国科学杂志》（*Amer. Jour. of Science*）第 3 组第 20 卷，第 189 页，依据实验的理由，都主张：因为意识的物质条件是神经振动；意识必定不断被无意识隔断——照加委的意见，每秒钟大约五十次。

象。可是假如一个人对于灵魂或它的本质没有任何学说，那么，他可以自由地认这些现象就是它们所显示的，而承认心可以睡去，像身体一样。

洛克是第一个显著地拥护这后种见解的人、并且他攻击笛卡儿的主张的文字是在他的《人类悟性论》中最有生气的文字之内的。"每次垂头半睡都把宣传他们的'灵魂不断在思想'的人的学说摇动。"他不相信人会那么容易忘记。朱伏瓦（Jouffroy）和汉密尔顿爵士（Sir W. Hamilton）以同样经验的方式对付这个问题，但达到相反的结论。他们的理由，简短地说，是如下：

在自然的或由诱导而起的梦游状态之中，人往往大显理智的活动，而随后却把一切经过忘掉了。①

无论睡得多么熟，假如忽然被惊醒，我们总是发觉我们正在做梦。通常的梦往往在醒后几分钟内记得，此后就永远忘却了。

常常在清醒而"心不在焉"之时，我们心上来了些思想与意象，这些过了一忽儿就记不得了。

我们当清醒之时会对于惯有的声音无感觉，这证明我们能够不注意我们仍然觉得的刺激。同样，在睡眠之时，对于最初使我们不能完全安歇的声音，寒冷，接触等等的感觉可以习惯，而不管这些感觉之存在依然酣睡。我们学到在入睡之时忽视这些，就像我们在清醒之时理应忽视它一样。在睡熟之时，**感官印象**自身，同在睡浅之时是一样的；所不同的，必定在于貌似昏睡的心有个**判断**，决定这些印象不值得注意。

这种辨别，同样见于看护病人的护士和照顾婴孩的母亲，她们对于无关系的声音就是很大，也可以睡着，但只要病人或小孩稍微转动，就醒来。最后这件事实证明**感官**还能接受声音。

好多人有奇特的能力，可以在睡眠之时记住时间的经过。他们一天一天都照例在同一分钟醒来，或是能够在前一夜所决定的不常醒的时间准时醒来。这种对于钟点的知识往往比醒时意识所做得到还更准确；假如在入睡与醒来中间的时候没有心理活动，怎能够有这种知识呢？

这些是我们可以称为"古典的"承认"就是本人事后不知道心曾活动，心实是有活动"这件事实之理由。② 最近几年，或是可以说、最近数月，这种理由又得了一大批对协识脱离病者（hysteric）与受催眠者的奇怪的观察之援助而加强。这些观察证明在我们到此刻为止绝不猜测有很发展的意识的地方却有一种发展很高度的意识。这些观察对于人性射进得未曾有的光明，因之我必须将它说得相当详细。至少有四个不同的并且（在某意

---

① 在这种场合，心理活动的表现是实在的，这可以由下列法子证明：对被催眠的梦游者暗示他醒来之后会记得；那么，常常他就记得。

② 其详见麦尔伯兰基：《真理的探讨》（Malebranche; *Rech. de la Verité*）第3卷第1章；洛克：《人类悟性论》（*Essay concerning Human Understanding*）第2卷第1章；华尔富：《理论心理学》（C. Wolff, *Psychol. rationalis*）第59段，汉密尔顿爵士：《形而上学演讲》（*Lectures on Metaph.*）第17讲；巴斯康：《心的科学》（J. Bascom, *Science of Mind*）第12段；朱伏瓦：《哲学杂文》，"论睡眠"（Th. Jouffroy, *Mélanges Philos., du Sommeil*）；荷兰：《论心理生理学》（H. Holland, *Chapters on Mental Physiol.*）第80页；布洛狄：《心理学的研究》（B. Brodie, *Psychol. Researches*）第147页；拆斯黎：《理论哲学杂志》（E. M. Chesley, *Journ of Spec. Phil.*）第11卷第72页；李播：《人格诸病》（Th. Ribot, *Maladies, de la Personnalité*）第8至10页；洛采：《形而上学》，（H. Lotze, *Metaphysics*）第583段。

义上说)是敌对的观察者都同意于一样的结论,这使我们有理由接受这个结论为真实。

协识脱离病者的"无意识状态"不是真确的

患极端的协识脱离病者的最常有的症状之一,就是身上各部分和各器官的自然感觉力之变更。通常,变更是倾向于残缺,或失感觉这方面。一只或两只眼睛瞎了,或是色盲了,或是患半野盲(hemianopsia 视野的半边看不见),或是视野缩小。听觉,味觉,嗅觉会同样地部分或完全丧失。更引人注意的,是皮肤的失感。旧时代侦查魅术女(witch)的人寻求所谓"魔印"(devil's seals)之时很清楚知道他们所查出的魅术女皮肤上有这种无感觉的小区域;近年医学的精细的身体检查新近又引人注意到这种症状。这些区域可以散见于身上任何部分,但很会只牵涉身体的一边。不少时候,一边的半身由头到脚完全无感觉;例如,人会发现有些患者左半身的无感觉的皮肤与右边的灵敏如故的皮肤之间有极明划的界线分开,从身前与身后的当中划下去。最奇怪的,有时全部皮肤,两手,两脚,脸面,一切部分,以及可以检查到的黏膜,肌肉和关节**完全**无感觉,但其他生命的作用并没有大扰乱。

这些协识脱离病的失感症可以用各种奇怪的方法使它多少恢复。近来曾发现磁石,金属板,或电池放在皮肤上,有这种特别的能力。并且,往往一边用这种法子治好之后,失感症又移到那相反的一边,那一边前此是感觉正常的。到底磁石和金属的这种奇怪的影响是由于它的直接的生理作用,还是由于对于患者心上的从前影响("预期的注意"或"暗示"expectant attention,suggestion),还是一个争论的问题。一种更好的恢复感觉力的法子是催眠状态(这种患者好多很容易被催眠);在这种状态之中,他们已失的感觉力常常可以完全恢复。这种感觉力的复原在失感的时期之后,并且与它互相轮替。可是,彼得·庄纳[①]与比纳[②]两君曾证明:当失感的时期,并且与失感症同时并行,**失感各部分的感觉力还以一种次起意识**(secondary consciousness)**的方式存在**,这个次起意识与原有的,即正常的,意识完全分隔,[*]但可以**被接取**(tapped)而使之依各种奇怪的方式证明它的存在。

这些方法之中主要的,是庄纳所谓**"分心法"**(the method of distraction)。这些协识脱离病者很会只有很狭小的注意领域,不能够同时想到一件以上的事。他们一与任何人说话,就把一切别的事全忘了。庄纳说:"柳西在与任何人直接说话之时,就听不见任何别人说话。你可以站在她背后,叫她的名字。对着她的耳朵大声骂她,都不能使她回过头来;或是,你可以站在她前面,把东西给她看,碰她,等等,也不能使她注意。假如最后她见到你了,她以为你刚刚又来到这个房间,因之又同你寒暄起来。这种奇特的健忘使她会把她的一切秘密大声说出来,不管有不应该听见的人在场。"

庄纳通过观察几个像这样的患者发现:假如在他们与第三者说话正酣之时,他走到他们背后,很低声地对他们说话,叫他们举手或做其他简单动作,那么,他们就会服从所

---

① 《心理的自动现象》(L'Automatisme Psychologique),巴黎,1889年版,散见书中。

② 请看他在1889年7月、8月、9月的芝加哥《公开讨论》(Chicago Open Court)内的论文;又见1889年及1890年的《哲学批评》。

* 原有意识,詹姆斯下文或说"正常意识""上层意识";次起意识,或说"潜意识","下层意识"。这些词语中的"意识",他或说"人格",或是"自我",如"原有自我","次起人格"之类。

发的命令;但是他们的说话的性灵完全不知道他们接受这种命令。庄纳诱导他们做一件又一件的事,使他们用手势回答他低语问他们的问题。最后,假如搁一支铅笔在他们手里,可以使他们写字回答。在这时候,原有的意识继续谈话,完全不觉得手在写答案。管领写答案的意识似乎也一样不受上层意识的作为的干涉。这个以**"自动"书写证明**次起意识之存在,是最有力并最显著的证明;可是还有一大堆别的事实证明同一事实。假如我很快地列举它,读者大概会相信。

第一件:这些患者的**显然无感觉的手往往会**对于任何项放在手里的东西**作有辨别的适应**。放一支铅笔,它就做写字的动作;放一把剪子,它会把手指放进去而开合它,诸如此类。同时,所谓原有意识不能说到底有没有**任何东西**在手里,假如这个东西是不被看见的话。"我把一副眼镜放在雷阿尼(Lèonie)的无感觉的手里,这只手把它开起来,举到鼻子上,可是才举到一半,进到雷阿尼的视野了,她看见就停手,吓呆了:她说'喔,我左手里有副眼镜!'"比纳君发现在萨貌特黎医院的有些患者,显然麻木的皮肤,与心之间有一种很奇异的关系。本人对于放在手里的东西不觉得,但**想到**(thought of 似乎是由视觉想见);并且本人绝不知道起点在于手上的感觉。一把钥匙,一把小刀放在手里引起钥匙或小刀的**观念**(idea),但手并不觉得什么东西。同样,假如试验者把受验者的手或手指弯屈三或六下,或是他摸它三或六下,患者就会**想到**三和六这些数目。

在某些人,曾发现一种更奇怪的现象。这种现象好像那种奇怪的个人特点,叫做"色听觉"(colored hearing)的(近来美国之外的作者曾对几例的色听加以精细的叙述)。这些人**看见**手所受的印象,但不能觉得这个印象,并且所看见的东西绝不像与手有关系,而更像一种独立的视象——通常,它使患者感兴趣而且诧异。假如把患者的手用一扇围屏遮盖住,然后叫她对另一扇围屏上看,说出会出现在这围屏上的任何项视象:麻木的手被举起,被碰,被如何几下,那个数目就出现。与描在掌上的线与图形相似的有色的线和形也会出现;假如手或手指被把弄,手或手指自身也会出现;最后,放在手里的东西也会出现;但手上决不觉得任何东西。当然,在这种情形之下,假装并不难;但是比纳不相信这个(通常是很肤浅的)解释在所讨论的实例中是个近真的解释。①

医师测量我们触觉的灵敏度的通常方法是用规脚尖(the compass-points)。凡是两点太相近,不能分辨出来,普通就觉得是一点,可是在皮肤的一个地方"太近"的,在别个地方,也许似乎相离太远。在背上的中部或大腿上,不到三英寸也许太近,在手指尖上,一英寸十分之一,就够远。用这个方法试验,假如是试那个用嘴说的并且似乎独霸全局的原有意识,那么,某一个人的皮肤也许是完全麻木的,决不觉得规脚尖;然而,假如是试那个其他以自动书写或手势自表的次起意识,或说潜意识,那么,这同一的皮肤实验会有完全正常的感觉力。比纳,彼得·庄纳和朱理·庄纳三君通通发现这个。患者,凡是被碰,就说"一点"或"两点",好像她是正常人那样准确。她只是手的动作表示这事;并且她的原有自我不知道这些动作,就像它不觉得这些动作所表示的事实一样,因为潜意识使手自动做出的,用嘴表示的意识不知道。

---

① 这整个现象证明在一个意识的自我的阈下的观念可以在那个意识的自我内引起联想的结果,患者的第一意识不觉得的皮肤感觉依然能在这个意识内唤起它们的通常的视觉的联想。

本痕和皮特两君也曾证明协识脱离病的眼盲并不是真正眼盲;他们所根据的观察太复杂,这里不能引述。一个协识脱离病者的一只眼睛盲了,假如那一只能看见的眼睛闭起来,这一只就完全看不见。但假如**两只**眼睛全开着,那么,这一只显然全盲的眼睛会把它那份儿的看见职务完全履行。可是,就是两眼都由于协识脱离病而半盲,自动书写的方法也能证明这两只眼睛的知觉还在,只是不能与上层意识通消息罢了。比纳君发现他试验的患者不知不觉地把他们眼睛企图"看见"(那就是说,企图报告与上层意识)而不成功的字写下来。他们的潜意识当然看见了这些字,否则手不能够把它当真写出来。同样,由于协识脱离病而色盲的眼睛不能报告于正常意识的色彩,潜意识的自我也能看见。麻木的皮肤所受的刺,烫,捻,上层自我通通不知道的,一到下层自我由于患者进入催眠状态而得到自表的机会之时,它就记得受过这些痛楚而且因为这件事埋怨。

心可以分裂成为不相连的部分

因此必须承认至少**在有些人**,整个可能的意识可以分裂成各个部分,这些部分同时**并存**,但彼此不相知,并且彼此分占知识的对象。更可以注意的是:这些部分是**相为补足的**(complementary)。给予这些意识之一以一个对象,只要这样就把一个或几个别的意识的这个对象剥夺了。除了某一种公共的知识资源,如运用语言等类之外,上层自我知道的,下层自我就不知道,反过来也一样。庄纳在他的患者柳西把这种情形证明得很美满。下述实验可以代表其余。在她的催眠状态中,他把卡片放在她的衣兜上,每个卡片有个号码。随后他告诉她在她醒来之后,凡是号码是三的倍数的卡片,她都**看不见**。这就是普通所谓"继续暗示"(post-hypnotic suggestion),这个现象,现在已为人所熟知;对于这件,柳西是很会表演的被验者。由是,在她被唤醒而被考问她衣兜上的卡片之时,她数它,并且说她只看见那些号码不是三的倍数的卡片。对于十二、十八、九等类卡片,她看不见。可是,以通常的使上层自我注意于另一件谈话的法子考问下层自我之时,她的**手**写道,她衣兜上只有载十二、十八、九等号码的卡片;叫她捡出衣兜上的一切卡片,她就捡出这些,不捡起其他卡片。同样,假如暗示潜意识的柳西看见某些东西,正常的柳西就忽然变成部分或完全盲目了。在庄纳低声叫柳西的次起自我利用她的两眼之时,正常人格在她谈话当中忽然叫起来,"怎么回事! 我看不见了!"所以,协识脱离病者所患的失感症,瘫痪,肌肉久缩与其他错乱似乎因为他们的次起人格劫夺原有人格应该保留的功能以为己有这件事实。所指点的医治法是显而易见的:用催眠或任何别种方法找到次起人格,使她**让出**(give up)眼睛、皮肤、臂膊,或任何其他失感的器官。由是正常的自我恢复这些器官,会再看见,会再觉得,会再动作。朱理·庄纳用这个法子很容易把萨贝特黎院的出名患者,韦德的各种各样的病治好;在他未发现她的较深的催眠状态的秘密之前,这些病是很难对付的。他对次起自我说,"不要再这样恶作剧"(Cessez cette mauvaise plaisanterie),这个自我就听命。各不同的人格彼此间分占全盘的可能感觉之情形,似乎由这个年轻女人得到好玩的例证。在她醒时,他的皮肤除了臂上常带金镯子的那一环之外,处处都是麻木的。这一环有感觉;可是,在更深的催眠状态,那时她身体的一切其他部分都有感觉,只有这个特别一环却绝对麻木。

有时,这些自我的彼此不相知这种情形,引起很奇怪的事件。潜意识的自我所做的行为与动作从意识的自我抽去,因此患者会做各种各样的自相矛盾的事情而他对于这些事仍然完全不知道。"我'以**分心法**'命令柳西指鼻端,她的手立刻指到她的鼻端。我问她正在做什么,她回答她没做什么,并且继续谈话很久,显示绝不疑心到她的手指在她鼻子前面上下动。我使她在房间里走来走去;她仍在说话并且相信她自己还是坐下在那里。"

庄纳君在一个由醉酒而发狂的人观察到相似行为。当医生正在查问他之时,庄纳以低声暗示法使他走动,坐下,跪下,甚至五体投地,但在这全部时间,他相信他自己始终是站在他的床边。这种怪事好像不可信,但到了人见过与它相类的事就会相信。好久以前,我自己看见了一个人的知识如何可以由两个自我分占之一小例,不过当时我不了解它。一个年轻女人进行自动书写,手里拿着铅笔坐着,我请她回忆她从前见过的一位男子的名字。她只能记起第一音缀。但同时她的手写出后头两音缀,她自己不知道。有个完全健康的青年男子,能够用乩板(planchette)写字,我新近发现他的手在写字之时完全麻木;我可以很重地刺这只手,而本人还不知道。可是,**乩板上所写的以很厉害的话斥责我伤这只手。**同时,刺那一只(不写字的)手引起这位青年的口舌上的很强烈的抗议,但写乩板的自我却否认被刺痛。[①]

在所谓继续暗示,我们得到与此同类的结果。有些受催眠者,假如在催眠状态中,叫他醒来后做一件事或起一个幻觉,那么,到那时候,他会遵行这个命令。这个命令怎么登记在心上呢? 命令的执行怎么能这样准时呢? 这些问题好久是个神秘,因为原有人格一点不记得那个催眠状态或那个暗示,并且往往对于遵循这个忽然控制本人而且他不能抵抗的无理冲动这件事捏造一个理由。格纳(Edmund Gurney)最先用自动书写法发现次起自我是清醒的,不断注意这个命令并且提心等待执行它的暗号。有些被催眠的受术者也能够自动书写,当他们脱离催眠状态而使他写乩板(在这时候,他们不知道自己写些什么,并且他们的上层意识完全注意于朗诵,谈话,或解答心算的问题)之时,他们会把他们所受的命令写出来,并且写下关于经过的时间以及在执行之前还有多少时间的说明。[②]所以,这种动作并不是由于机械的"自动作用":是有个自我管理这些动作,这个自我是分裂开的,有限的并沉埋在下的,但还是一个完全有意识的自我。不止如是,这个沉埋的自我往往在执行那些动作之时闯到上面来,把那别一个自我赶出去。换言之,到了执行的时刻,受术者又陷入催眠状态,事后不记得他才做过的事情。格纳和波尼(Beaunis)证实了这件事实,从那时以后又得了大量的证明;并且格纳也证明受术者在执行命令的短时间内又变成**易于感受暗示。**庄纳君的观察也是这个现象的好例证。

> 我叫柳西在她醒了之后把两只胳膊老举起。她一到达正常状态,她的胳膊就举到头上,可是她对它并不注意。她胳膊高举在空中,走来,走去,说这个,说那个,假如问她她的胳膊在做什么,她对于这个诘问很诧异,很诚心地回答:"我的两手没做什么;跟你的手完全一样。"……我叫她哭;醒时,她真哭泣,可是一面垂涕泣,一面继

---

① 请看《美国灵学会纪录》(*Probeedings of Amerccan Soc. for Psych. Research*)第1卷,第548页。
② (伦敦)灵学会纪录(*Proceedings of the (London) Soc. for Psych. Research*),1887年5月号,第268页以下。

续说很高兴的事情。哭泣过去以后,这个悲哀毫无痕迹,显然是完全下意识的。

原有自我往往必须创造一个幻觉去掩饰别一个自我所表演的行为,使它自己见不到。在雷阿尼第一①相信她自己在织绒线衣之时,雷阿尼第三在写真的信;或是,雷阿尼第一相信她自己在家之时,雷阿尼第三实际来到医生的诊所里来。这好像谵狂。字母表,或是一组数字,叫次起人格注意,可能当时正常自我就见不到了。受验者的手遵循命令写字母,但本人发现她记不出这些字母而大大惊异,诸如此类的事,很少事情比这些彼此互相排除的关系更奇怪——这种各个部分的意识之彼此互排有各种各样的轻重程度。

心这样分裂为彼此隔断的意识,在我们每个人,可能存在到什么程度?这是个问题。庄纳以为只在心力变态地薄弱的,因而有一种在统一的或部勒的能力上的缺点的人,才会这样。一个协识脱离病的女人放弃她的意识之一部分;因为她神经力太弱,不能统一她的意识。同时,被放弃的部分可能固结成了一个次起的或潜意识的自我。反之,在一个十分健全的人,此刻放于心外的,过一刻总会又回来。经验和知识的全部储蓄总是完整的;它的分开的部分不能够组织到那么稳固,可以成为次等的自我。这些次等自我的稳固,单调,并蠢笨往往很厉害,催眠后的潜意识似乎只能想到它最后所受的命令;木僵状态的潜意识,只能记得肢体最后所被操纵而成的姿势。庄纳能够由在他的两个受验者的催眠状态中暗示任何式样的芥泥膏的幻觉而使他们的皮肤发生有确定界线的红肿。当在暗示已发生效力之后,再把受验者催眠之时他说,"我全部时间都在想你的芥泥膏"。庄纳对一个人,叫做恩某的,隔了很久才又施术一次,其间这个人被另一个人妄加催眠;在庄纳又把他催眠之时他说,"他现在在阿尔及耳,太远了,不能遵行命令"。那一个催眠术士暗示了那个幻觉以后,忘记在把受术者弄醒之前解除这个幻觉,因此这个可怜的催眠的人格胶着在呆滞的梦境经过几星期之久。雷阿尼的潜意识的人格受命在谈话中间用左手指鼻端,因为要对一个来客就她的潜意识动作示例。一年以后,他又遇见这个人,同一只手又举到她的鼻子上,她的正常自我一点不知道这件事。

无疑,一切这些事实,合起来,是一种重要研究的开端,这种研究必定会对于人性的极深微处放射新光明。是因为这个理由,我才在本书中这么早就详细引述这些事实。这些事实确切不移地证明一件事,就是:**我们必须永远不接收一个人说"我不觉得什么"这个供证(无论多么诚恳),认为是当真没有这种感觉的确证。**这种感觉也许存在,但它是一个次起人格的意识之一部分,我们诘问的原有人格当然不能报告这次起人格的经验。(见本书②后面一章)在催眠术的受验者,要用简单暗示使他们的一种动作或一手一足瘫痪,是世上最容易的事情,要用口令发生一种系统化的失感症也一样容易。系统化的失感症不是不觉得东西的单个要素,乃是不觉得一个具体的东西或一类的东西。例如,使受验者对于同房间内单单某一个人看不见他,听不见他,但却看得见,听得见其余的人,因之他不承认那个人在场或曾说话,诸如此类。上文所说的庄纳的患者柳西看不见她衣兜上的某些带号码的卡片,就是这样的例子。假如东西是简单的,像红的圆纸片或黑的十字形,虽然受验者否认他正视之时看见这个东西,然而他再看别处之时却有一个"消极

---

① 庄纳把患者所显现的不同人格用号头识别。
② 指原英文版书,全书同,以下不再标注。——编者注

余象"（negative after-image）：这证明他曾接受了这个东西的**视觉印象**。并且细加思考的结果指明这种受验者必须**将这个东西由其他像它的东西分别开，才可以看不见它**。告诉他看不见房间内的某一个人，然后叫房内所有的人站成一排，叫他数这一排人。他除了那个人之外，人人都数到。可是，假如他不先认出那个人是谁，他怎么**知道那一个人不算**呢？同样，在纸上或黑板上画一笔，告诉他那上头没有这一笔，他就看不见，只看见空白的纸或干净的黑板。随后（不让他看见）在原笔周围画下刚刚同这一笔一样的笔画，问他看见什么。他会把一切新的笔画一笔一笔地指出，每回都撇开了最初一笔，无论新笔画多么多，并无论这些笔画排成什么次序。同样，假如放一个大约十六度的三棱镜在他的一只眼睛前面（两只眼睛都张着），使他看不见的最初一笔**成为两笔**；他会说他现在看见**一笔**，并且指出由三棱镜看见的视象是他看见的，还不知有最初那一笔。

所以，分明他绝不是看不见那**一种**（kind）笔画。他只是看不见在黑板或纸上那特个地点的那种的唯一笔画。就是说，只看不见一个特殊的复杂的对象；并且，无论说来似乎多么怪，他必须把这一笔与其他相似的笔画分别得极准确，然后才可以在这些其他笔画靠近之时依然看不见这一笔。他先辨别出它，以作不看见它的准备。

还有：假如由于一只眼睛前面有个三棱镜，前此看不见的一条线现在给这一只眼看见了，同时再把另一只眼睛闭起来或盖起来，**这另一只**的闭盖没有关系；这条线还看得见。可是，假如随后把三棱镜拿开，那么，就是一会儿以前看见这条线的眼睛也看不见它，两只眼睛都回复它们原来的盲瞎状态。

所以，在这些场合，我们必须考究的不是眼睛盲了这本件事，也不是单单不注意，乃是一件更复杂得多的事，即存心把某些对象不算而积极地排除它。这好像人与一个熟人"绝交"，将一个要求"不理"，或对一个理由不考虑。（cuts an acquaintance, ignores a claim, refuses to be influenced by a consideration）。但是，弄到这个结果的知觉活动与对于受验者可称为私人的（personal）意识不相连，并且把暗示所针对的对象作为它自己的物产与俘获。①

除了她的小孩的响动之外的一切声音，都算睡着不听见的母亲，她听觉的小孩部分明明是有计划地警醒的。与这个部分对比，她心的其余部分是在系统化的失感状态中。可是，那个与睡着的部分分裂不连的部域，在必要之时能够把睡眠部分唤醒。因此，大体说，笛卡儿与洛克对于心是否有睡着之时的争论现在并不比从前更近于解决。从先验的理论的理由看，洛克以为"思想和感情会有时完全消灭"的主张，似乎是比较近真的见解。就像腺会停止分泌，肌肉会停止收缩，脑也理应会有时不起冲流；并且很可能有一种最低度的意识与这个最低度的脑部活动同时并存。反之，我们见到外貌多么靠不住，不得不承认意识的一部分可以与其他部分断绝关系，而自己还继续存在。大体说，最好不要下结论。无疑，不久将来的心理学将会比我们现在把这个问题解答得更明通。

---

① 设想这种心态是什么样子是不容易的。假如加上新笔画会使第一画看得见，那么，了解这个过程就是更简单得多的事。那样，就是有两个被领会为整体的对象——有一笔的纸，有多笔的纸；并且他看不见前者，然而会看见后者上的一切笔画，因为他在起初把它领会为一个不同的整体。

假如新的笔画不只是原有笔画的复写而是与原有笔画结合成个整体（例如一个人面）的线条，那么，这种作用有时（不是恒常）发生。这样，在催眠状态的人会看见他前此看不见的线条，由于他把这条线看成这个人面的一部分。

意识对于空间的关系

让我们现在转而讨论意识对于空间的关系。

这就是在哲学史内所谓**灵魂的位置**之问题。这个问题牵扯很广,但我们只能作简短的讨论。一切都要看我们以为灵魂是怎样的,是个扩延的(extended),或是个不扩延的东西。假如是扩延的,它可以占位置。假如不扩延,它就不必定这样;虽然有人以为就是不扩延的,它还可以有个地位。关于一个无扩延的东西还可以**存在**于某度量的扩延中这个可能,曾发生好多琐屑的争辩。我们必须分别不同类的存在。我们的意识依某个方式是"存在"于一切它对之有关系的事物的。每回我看见猎户星座,**就识知作用而论**(cognitively),我是在于这个星座;但是,**就效力方面论**(dynamically),我不在于它,我并不对它产生任何效果。可是,就效力论,我是在于我的脑,因为我的思想与感情似乎对于脑的作用有反响。由是,假如所谓心的位置只是说心与之位于直接效力的关系的地位,那么,我们说,心(mind)的位置是在脑皮质的某地方,一定是对的。如人所熟知的,笛卡儿以为无扩延的灵魂直接在于松子腺。别的人,如洛采在他的早年著作中,以及福克曼(W. Volkmann)以为心的地位必定是在于含着脑的各构造单位之不具结构的质地(matrix)之某一地点,他们以为在那一点,一切神经流可以交加而结合。经院派的学说是:灵魂无论是就身体全部或每一部分说,都是整个存在的。这种的存在,他们说是因为灵魂是无扩延的并单一的。两个有扩延的东西,在空间内,只能一部对一部相应;可是灵魂不能与身体这样相应,因为灵魂没有部分。汉密尔顿爵士和玻恩教授就是拥护大约如此的见解。费希特(I. H. Fichte),乌利际(Ulrici),以及美国哲学者中的窝尔兹[①]都主张灵魂是一个占有空间的精素。费希特把它叫做内身(the inner body),乌利际把它比做一种具非分子式的结构的流质。这些学说很像现时的"通神术的"(theosophic)学说,并且回到旧时代那种还不会像现在这样把认为意识的媒介的灵魂与管领身体的形成之生命原理区别之见解。柏拉图以头,胸,腹各个作为不灭的理性,勇气和体欲的位置。亚里士多德辩护心脏是[灵魂的]唯一的位置。别人有把血,把脑,把肺,把肝,甚至把肾,认为灵魂的全部或一部分的位置的。[②]

其实,假如思想的精素是有扩延的,我们不知道它的形式,也不知道它的位置:假如它是无扩延的,那么,说它有任何种空间关系,就是荒谬了。你们此后将要见到空间关系是可感觉的事件,能有地位的相互关系的对象,都是被感知为在同一被觉得的空间内并存的对象。无扩延的灵魂必定是个不被感知的东西;不被感知的东西不能与任何在空间内感知的东西并存。人不能够觉得有任何线从这不被感知的东西延伸到其他东西上头去。这种东西不能成为任何空间间隔的终点。所以它不能依任何可能的意义具有地

---

① 《空间与物质的知觉》(*Perception of Space and Matter*),1879 年版,第 2 篇第 3 章。

② 关于各种意见的很好的简史,见于福克曼《心理学教科书》(Lehrbuch. d. *Psychologie*)第十六段注文。对于汉密尔顿的完全的参考细目见于窝尔兹的《空间与物质的知觉》,第 65 至第 66 页。

位。它的关系不能是空间的,而必定只是识知的,或效力的,如我们所已见到的。就这些关系是效力上的而论,说灵魂"在于",只是一个譬喻。汉密尔顿的"灵魂在于身体全部"之说,无论如何,是不对的:因为就识知上说,灵魂的存在扩延到远出身体之外,而就效力上说,它不能扩到脑部以外。[①]

心对于其他事物的关系

是对于**别的心**,或是对于**物质的东西**的关系。物质的东西或是这个心**自己的脑**,或是**任何别的东西**。一个心对于它自己的脑的关系是一种独特的并且完全神秘的;我们在前两章已经讨论过,现在不能再说什么了。

就我们所知道的说,心对于脑以外的其他东西的关系只是**识知上的和情绪上的关系**。心知道它们,并且在内部欢迎或排拒它们,但此外,心与它们并无别种交涉。当心似乎对它们起作用之时,它只是经过它自己的身体做媒介才能作用,所以并不是心,只是身体对它们作用,并且脑必须先对身体起作用。在其他东西似乎对心起作用之时也一样,——这些东西只是对身体起作用,而经由身体,对它的脑起作用。[②] 心所**能直接**做的,只是对其他东西知道得对或不对,或不理会这些东西,并且发现这些东西这样地或那样地使它自己感兴趣。

识知的关系

说到**识知的关系**,它是世上最神秘的事情。假如我们问一个东西怎么能够知道别一个东西,我们就要走到认识论和形而上学的核心了。心理学者,就他自己一方面说,并不对这件事作如此好奇的考虑。发现在当前有个他只能相信他知道的世界,并且立意要研究他自己的或别个人的对于他所信为那同一世界的过去思想;他只能断说那些其他思想以它们的方式知道这个世界,就像他以他的方式知道它一样。在他,知识成了一个必须承认的基本关系(无论这个关系可以不可以解释),就像没有人要想解释的相异与相似这些关系一样。

假如我们的题目不是处于这个自然世界的各个人的具体的心而是"绝对的心",那么,我们就不能说就普通所谓知识作用而论,绝对的心有没有知识作用。我们也许可能发现这个心的思想的式样;可是,因为我们没有这个心以外的任何实在可以拿来与它的思想相比(因为假如有,这个心就不是绝对的了),我们不能够批评这些思想而发现它们

---

① 大多数当代的作者不理会灵魂的位置这个问题。只有洛采似乎很关心这个问题,但他的见解变动不定。请参较《医学的心理学》(*Medicinische Psychol.*)第 10 段;《小宇宙》(*Microcosmus*)第 3 卷第 2 章;《形而上学》第 3 卷第 5 章;《心理学大纲》(*Outlines of Psychol.*)第 2 篇第 3 章。也看费希纳《心物学》(G. T. Fechner, *Psychophysik*)第 37 章。

② 我有意不提"天眼通"(clairvoyance)以及"灵媒"(mediums)对于远距离的物体的作用,认为还不是公认的事实。

的对不对,并且我们必定只能把它们叫做绝对的心的思想,不能叫做它的**知识**。可是,有限性的心可以受不同方式的判断,因为心理学者能够保证他们所想的对象有独立的实在性。他知道这些对象在所讨论的心之内,也在其外;这样,他知道心是思想并**知道**,或只是思想;并且,虽然他的知识当然只是一个会错误的凡人的知识,但在知识的条件之中并没有什么可以使他在这一事上比在任何别的事上更会错。

到底心理学者用什么试验法断定他所正在研究的心态是一项知识,或只是不指任何在这个心态以外的对象的一项主观的事实呢?

他用的试验法就是我们人人实际使用的。假如这个心态**像**他自己的对于某一个实在之观念;或是假如它虽然不像他对这个实在之观念,但似乎意思隐含那个实在,并且因为由身体的器官对这个实在起作用而针对这个实在;或是,假如它像隐含,引到,并终于那第一个实在的另一个实在,并且对这另一个起作用,——在这些的任何一例或一切例子,心理学者都承认这个心态,直接地或间接地,清晰地或模糊地,真实地或虚妄地,知道这个实在的性质并它在世界上的地位。假如,反之,所检查的心态不像心理学者所知道的任何项实在,也不对任何项实在起作用,他就命它为一个纯乎主观的状态,没有识知的效力。又假如这个心态像他所知道的一项实在或一组实在,但完全不能够发生心理学者可见的身体上动作对这个实在起作用或改变它的行径,那么,心理学者像我们人人一样,也会怀疑。例如,在睡眠时的心态,假定这个人梦见某人死去,而同时某人真死了,那么,这个梦只是偶合的呢,还是名副其实的对于这个死的识知呢。这种难题的事例就是"灵学"会在收集而企图加以最近理的解释的事情。

假如这个梦是这个梦者一生所有的唯一的这一类的梦,假如梦境中关于死的情形与实际的死的情形在好多节目上不同,并且假如这场梦并不引起对于这件死亡的任何行动,那么,无疑,我们会通通把它认为一件奇怪的偶合,此外非他。可是,假如梦中的这件死亡有个很长的曲折,并且与伴随真死的每方面都一点对一点地相同;假如梦者常常有这一类的梦,通通一样完备;并且,假如在醒来之时,他总是立刻地行动,好像这些梦就是真事,因此,比起得消息较迟的邻人,他的动作是"快一步";那么,我们就大概会通通承认他有一种神秘的"天眼通",他的这些梦以一种不可思议的方式知道它所表演的那些实在,并且"偶合"这个名词不能够说出这件事的根由。假如显然他从梦境中间能够**干涉**实事的进向,并能使事情照他梦中所示而转向这样或那样,那么,无论任何人怀抱的任何种疑心都会完全消释,至少在这样情形之下,他和心理学者必然是应付**同一**的实在。是像这些的试验使我们确信我们的同伴醒时的心同我们自己的心是知道同一的外部世界。

心理学者的观点

心理学者对于识知作用的态度在下文的讨论中很重要,所以我们必须把它弄得十分明白之后,才可以把它放下。**这个态度是一种彻底的二元论**。它假定两个元素——知道的心与被知的对象;并且认为这两个元素是不可简化的。这两者之中,没有任何一项离开它自己或是入于那另一项中,任何一项无论如何**不是**那另一项,任何一项不能**做成**(makes)那另一项。它们只是在一个公共世界中对立,并且一项只是知道与它对立的那一项,或是为那一项所知。这个独特的关系不得以任何更简单的方式表示,也不能翻成任何更易解的名目。物必须对于这个心的脑给予某一种**信号**,不然,就不会发生知的作用。其实,我们发现仅仅**有**一件在脑之外的物并不是我们知道此物之一个充足理由:什么东西要被知道,这个东西就必须除了存在之外还要依某一方式"打动"这个脑。可是,脑被打动了,要有完全**在心内**发生的一个新构造,才构成知识。无论被知不被知,这个物总是一样的。① 并且,这个知识一经在那里,就总在那里,无论这个物会变成怎么样。

古代人以及也许现在不假思索的人说明知识是因为有个什么由外界**进到**(passage)心内;至少就心的感觉过程而论,心是被动的,顺受的。可是,就是纯乎感官印象,也必须有一种内心的构造把这个物重构一下。请参考薄纳教授讨论两个人交谈而相知彼此的心之时是怎么一回事。

"思想并不离开一个人的心,越到另一个人的心内。在我们说'交换思想'之时,就是极朴陋的人也知道这只是一种比喻。……要知道别人的思想,我们必须在我们内心重构他的思想……这个思想是我们自己的,并且严格地说,是我们的创造。同时,我们的这个思想也由于别人而起;假如这个思想不创始于他,大概也不会创始于我们。可是那个别人到底做了什么呢……做了这个:说话者由于一种完全神秘的世界结构光能够造出一串完全不像[这]思想的记号;这些记号,由于同一种神秘的世界结构,对于听者起一串的激动,使他在他心内构成相当的心态。说话者的作为,在于利用适宜的激动。听者的作为,从直接方面说,只是心灵对于这种激动的反应。……有限性的心彼此间之一切交通,都是属于这一种。……大概没有会思考的人会否认这个结论;可是,假如我们说,这样适用于对别人的思想之识知,也一样适用于对一般外部世界的知觉,那么,好多人要怀疑,并且不少人会断然不承认。然而没有别的可说,必须断言要知道世界,我们必定要在思想内构成这个世界,并且我们对于世界的知识只是心的内在性质之扩展。……把心形容做蜡版,把事物认为是铭刻印象于蜡版上的,这样,我们似乎得到很大的了悟;但到了我们想问这个扩延的板片在什么地方,事物怎么样印在上面,以及假如事物印了,知觉作用又如何解释,这种了悟就无能为力了。……感觉与知觉的直接前因,是脑内一串的神经上变化。我们对外界的无论什么知识,只有由这些神经的变化披露。可是这些变化完全不像我们假定是它们的原因的事物。假如我们可以把心认为是在光中,并且与它的对象直接相触,至少想象还可以有安慰;可是,我们想象心只在脑袋的暗室中与外部世界接触,并且并不与所知觉的对象接触,只与它毫无所知的一串神经变化接触,那么,这个对象是离得很远;这是很明白的。说什么图像啦,印象啦等,都是无用的;因为并没有使这些比喻有任何意义的条件。甚至我们会不会找出从黑暗到光明和实在的世界的路,也不明白。我们在起头完全信赖物理学和感官,立刻离开物体,引到一种神经的迷室,在这里,物体完全被一串除了它自身以外,绝不像任何事物的神经变化取而代之。最后,我们走到脑壳内的暗室。物体完全没有了,而知识还没来到。依照最彻底的实在论,神经的记号是对外部世界的一切知识之原料。可是,要由这些记号过

---

① 我不考虑由于这件东西被知道而后来会起于它的**后果**(consequences)。知道作用**自身**绝不影响这件东西。

渡到一种对于外部世界的知识，我们必须假定有个翻译者能把这些记号翻回到它们的客观意义。但是，那个翻译者又必须隐含世界的意义在它自己之内；而且这些记号实际只是使心灵显露在它自身内的刺激。因为大家同意以为心灵只经由这些记号与外界交通，始终不能达到比这些记号所能带到的更接近外物之地点，所以这些翻译的原理必定也在心里头，并且所得的构造主要只是心的自己本性的表现。一切反应都是这一种的反应，表现反应者的性质；并且知识也是这一种反应。这件事实使我们必须承认思想的定律和性质与事物的性质和定律之间有一种预定的调和，否则必须承认知觉的对象，即就其外貌而论的世界，是纯乎现象的，只是心对于它的感觉的基地作反应之方式。"①

就心理学者个人而论，他也有做形而上学者的权利；无论他个人保留何种最后的一元的哲学，就他是纯乎心理学者而论，他必须假定**对象**与**主体**相对待的二元论以及二者的预定调和。我希望这个一般观点现在弄明白了，使得我们可以把它放开，去讨论一些细目上的区别。

两种知识："认得"与"晓得"

有两种在大体上并实际上可以分别的**知识**：我们可以将它们分别叫做"认得之知识"（knowledge of acquaintance 亦译"见过"）与"**晓得之知识**"（knowledge-about 亦译"知晓"）。大多数语言都作这种分别；如希腊文的 γνῶναι，与 αἰδίναι，拉丁文的 noscere 与 scire，德文的 kennen 与 wissen，法文的 connaître，与 savoir。② 我认得很多人和很多东西，对于这些，除了他们曾在我看见他们的地方之外，我晓得很少。我看见蓝色之时认得它，尝到梨味之时知道它，我把手指移动一寸之时知道是一寸，我觉得时间过了一秒钟之时知道是一秒；我努力注意时知道是在注意；我见到两件东西不同之时知道是个不同；然而**关于**（about）这些事实的内在本性，即这些事实之所以为这些事实，我绝无所知。对于任何不曾认识过它们的人，我不能使他认识。我不能形容（describe）它们，使盲人猜想蓝色是什么样子，我不能对一个小孩说逻辑上的三段式是什么，不能告诉一位哲学者就什么方面论，远近就只是远近，与其他关系不同。至多，我只能对我朋友说，到某地方去，作某些方式的行动，那么，你大概会见到这些对象。世界的一切基本性质，它的最大类，物与心的简单属性，以及它们间的种种关系，必定是不能**知道**，或是只依这种不含"晓得"的哑巴似的认识而知道。固然，在能说话的人，对于件件事物，总有**一些**（some）知识。至少可以把事物分类，把它们出现的时间说出来。可是，一般地说，我们把一件事物分析得越少，对于它的关系知觉得越少，我们就对它晓得越少，并且我们对它的熟悉就更是"认得"之类。因此，就人心实际发生这两种知识而论，这两种是相对的名词。那就是说，对于一件事的同一思想，与一个更简单的思想相比，可以叫做"晓得"，但与一个更说得出，更明白

① 薄纳：《形而上学》，第 407 至第 410 页。参较洛采：《逻辑》第 308 段，又 326 至 327 段。

② 参较格罗脱：《哲学的探测》（John Grote：*Exploratio Philosophica*）第 60 页；亥姆霍兹：《通俗科学演讲》（H. Helmholtz：*Popular Scientific Lectures*），伦敦版，第 308 至第 309 页。

的对这件事的思想相比，又可以叫做对它"认得"。

文法上的句就表示这件事，句的"主词"是代表一项认得的事物，加了说明语，就得到晓得的关于这件事物的什么了。当我们听说到这个主词之时，我们也许已经知道很多——它的名字也许有很丰富的内涵。可是，无论那时我们知道或多或少，到句子说完之时，我们就知道更多了。我们假如分散注意力，心中空洞地昏昏地凝视这个东西，就能够随意又降到只是认得它的状态。我们假如聚精会神，进而对这件东西注意，分析，思考，就能够升到晓得它的状态。我们只是认得的，仅仅**在于**（present to）我们的心；我们有它，或是有对于它的观念，但是，假如我们晓得它，我们就不止有它；当我思考它的关系之时，我们似乎使它受一种**处理**（treatment），似乎以我们的思想对它**起作用**。**感态**与**思想**这两名词表示这种对称。我们由感态认得事物，但只由思想才晓得它。感态是识知的萌芽与起点，思想是长成的树。文法上主体的，客观存在的，所知道的实在体的最小量，知识的仅仅起头，必须用说出最少方面的字称呼。感叹词如"看罢！那里！"或是引起全句的冠词或指示代名词，如"这"（the），"它"（it），"那"（that），就是这一种字词。这种只是心里有一个对象或感到它与思想之间的区别所指点的，我们在第十二章将要明白得更透彻。

通常分别出来叫做感态的心态是：**情绪**与我们由皮肤、肌肉、脏腑、眼睛、耳朵、鼻子和口内腭所得的感觉。在通俗语言所承认的思想是：**概念**与**判断**。到我们特别讨论这些心态之时，我们必须对于知识作用和概念与判断的价值说一点。现在也许最好注意：我们的感官只使我们认识身体的事实，而对于别人的心态，我们只有概念的知识。对于我们自己的过去心态，我们以一种特别方式知道。这些是"记忆的对象"，并且似乎具有一种温热与亲密之性——这种性质使它们更像一种感觉作用，不像思想。

思　想　流

· The Stream of Thought ·

> 意识，在它自己看，并不像切成碎片的。像"锁链"（chain），或是"贯串"（train）这些名词，在意识才现的当儿，并不能够形容得适当。因为意识并不是衔接的东西，它是流的。形容意识的最自然的比喻是"河"（river）或是"流"（stream）。此后我们说到意识的时候，让我们把它叫做思想流（the stream of thought），或是意识流，或是主观生活之流。

詹姆斯夫妇与女儿佩吉(Peggy),二弟亨利

现在我们开始由内面研究我们的心。大多数的书都认感觉为最简单的心理现象,就由感觉说起,然后才进到综合,都将每个高一等的现象由低一等的现象结构而成。但是,这种办法等于把根据经验的研究法放弃了。为的是:没有任何人曾经有过一个孤立的简单感觉。意识,由我们出生的日子起,就饱含许许多多的对象和关系;我们所谓简单的感觉,其实是辨别的注意(discriminative attention)的产品,而且往往是这种辨别发挥到很高度的结果。在心理学内,一开头就承认似乎无害而实际含有缺点的假定,因为这样而闹出的乱子那么大,简直要使人骇愕。承认这种假定的坏结果,后来慢慢开展出来;而且因为这些坏结果与全书的组织纠结在一起,就弄到不可补救。以为"感觉是最简单的东西,所以心理学应该最先说到它"这个观念,正是这一类假定中的一个。心理学有权利在开头就假定的事物只有思想这个现象。所以思想一定要先说到,先加以分析。假如此后事实证明感觉是思想的元素之一,我们也不会比最初就认感觉为当然事实那个办法对于感觉更要不了解。

所以,在我们心理学者看来,第一件事实就是:有种思想作用(thinking)进行着。我照原书第七章所说,用思想这个名词来指各种各样的意识,不加分别。假如在英语里,我们可以说"思想了"(It thinks),像我们说"下雨了"(It rains),"刮风了"(It blows)一样,那么,我们就是把这个事实用最简单的话而且附带最少的假定表示出来。因为我们不能够这样说,我们只能说"思想进行着"(thought goes on)。

思想的五个特性

思想照什么样子进行呢?我们立即看到思想过程有五个重要特性。本章的任务就在于把这些特性作个概括的讨论:

(一)每个思想都具有成为一个私人意识的一部分这种趋势。

(二)在每个人的意识之内,思想永远是变化的。

(三)在每个人的意识之内,思想觉得是连续的。

(四)思想永远显示是应付独立于思想之外的对象的。

(五)思想对这些对象之中的有些部分具有兴趣,对其余部分不理会,并且时时刻刻加以欢迎或是加以排弃。简言之,就这些对象加以选择。

要次第讨论这五点,我们就要大用特用我们所有的名词;而且要用的心理学名词只是在本书的后来各章才能够充分地加以定义。可是,人人都知道这些名词大概是什么意思;而且我们现在正是只要用它的大概意义。所以这一章好像是画家在画帧上所作最初的木炭画稿,其中并没有工细之笔。

(一)思想有成为个人所有之趋势

在我们说"每个思想都是一个个人的意识的一部分"的时候,"个人的意识"就是我们刚才所说的那些名词中的一个。假如没有人叫我们把这个名词加以定义,那么,我们总知道它的意义；但是，要把这个意义作个准确的界定，那就是最困难的哲学的工作了。这个工作，我们在下一章一定要着手；在这里，只要做初步的说明就够了。

在这个房间里——这个讲堂里——有许多个思想，你的和我的，其中有些思想互相黏合，有些不然。这些思想并不是彼此毫不相关，各干各的，也不是全数连在一起。它们也不是完全各自独立，也不是通通联成一气：思想之中，没有一个是孤立的；每个思想都与有些别个思想在一起，与此外的思想完全分离。我的这个思想与我的别个思想连在一起；同样，你的这个思想也与你的其他思想连成一气。到底在这个房间里任何地方，有没有一个只是思想而不是任何个人的思想这么一个思想，我们没有法子知道；因为我们对于这一类的思想丝毫没有经验。我们所研究的意识状态，只有从个人的意识里，各个心里，各个自我里，各个具体的特殊的我和你里才可以见到。

这许多心，个个都把它自己的思想藏起来。它们彼此中间并没有什么授受，并没有什么交易。并且简直没有一个人的意识里的思想，会直接与别一个人的意识里的思想"见面"。彼此绝对的绝缘，不可简约的多元状态——这是定律。显示是基本的心理事实的，不是**思想**，不是**这个**或**那个**思想，只是**我的思想**，个个思想都是特个人的**所有**。这样被"属于各别的个人的心"这个鸿沟所隔离的思想，无论是同时，是空间上的接近，是性质和内容的类似，都不能把它们融合在一起。这样隔离的思想间的裂隙是自然界中最大的裂隙。要是我们只坚持有个与"个人的心"（personal mind）相当的东西，不含着对于这个心的性质的任何特种见解，那么，人人都会承认上一句话是对的。在这些条件之下，理应认为心理学的直接基料（datum），不是思想，是个人的自我。普遍的意识事实不是"觉态和思想存在"，而是"我思想"，"我觉得"。① 无论如何，任何种心理学不能怀疑各个人的自我的存在。心理学所能做的事，最坏的就是把这些自我的性质那样解释，弄得它们毫无价值。有一个法国著作家，讨论我们的观念，他在反对唯心论的狂热发作的时候，在一个地方说，我们受这些观念的某些特点所迷误，结局把观念排成的系列"人格化"了。他以为这种"人格化"是我们一个重大的哲学上谬误。但是，假如人格这个概念仅是指着根本与这个观念系列内的任何东西不同的一个事物，这个人格化才算谬误。如果这个系列本身正是人格这个概念的原本，那么，把这个系列弄成人格，绝不会错；因为它早已经人格化了。思想系列以内找不到的人格标记，不会反而从思想系列以外可以搜集到。思想系列已经具有一切这些标记了。所以，无论我们把思想表现所具的个人自我的方式作什么样更深的分析，心理学所研究的思想实是永远有表现为各人自我的一部分的趋势。这种说法现在是对的，将来也一定是对的。

我说"有表现……的趋势"（tend to appear），不就说"表现"（appear）；因为还有潜意识的人格（sub-conscious personality），自动书写（automatic writing）等类的事实。这些事实，我们在上一章曾经讨论过几件。现在已经得到证实：患协识脱离病的感觉缺失者，以及受有继续催眠暗示（post-hypnotic suggestion）者等类的人有埋伏的情感和思想，这些情感思想本是次起人格的自我（secondary personal selves）的一部分。这些次起的自我大多数都是很蠢笨，规模很狭小，平常时候与本人的正规的常态自我是没有关联的。

---

① 薄纳：《形而上学》，第 362 页。

可是,这些自我也成了意识的统一体,具有连续的记忆,会说,会写,并且替自己起特殊的名字,或是采用别人提出的名字;简言之,这自我完全配称为次起人格(这就是现在通常对他们所起的名称)。据庄纳的意见,这些次起人格总是变态的,它都理应是单个完整自我人格分裂成两个部分的结果:一部分藏在背后,另一部分出现于表面,作为这个男或女的唯一自我。为我们现在讨论计,这个对于次起人格来源的解释,可以不可以应用于一切次起人格,是无关紧要的;因为其中多数例子必定可以这样解释。虽则这样成立的一个次起自我的**规模**大小,要随着由主要意识分出来的思想数目多少而变;但是这种自我的**形式**总有成为人格的趋势,并且它的后期的思想会记得前期的思想,认识前期思想是它所有的。庄纳从他的一个病人——失感觉并梦游者柳西,见到一个这种人格正要凝结成功的那个真实顷间。他发现这个年轻女子完全注意在与一个第三者的谈话的时候,她的失感觉的手对于庄纳低声问她的问题会写出简单的答话。例如他问"你听见吗?"她不知不觉地写出的答话是"不"。"但是你一定要先听见才能答应"。她写"是的,当然这样。""那么,你怎么能设法答话呢?"她写"我不知道。""一定有个人听见我的话",她写"是的"。"谁呢?"她写"另一个人,不是柳西"。"啊!另一个人。我们要不要给她起个名字呢?"她写"不"。"要的,有名字更方便"。她写"那么,叫她阿都扬罢"。庄纳又说:"潜意识的人物,一经赐名之后,她的轮廓就渐渐更清楚;她的心理上的特质也表现得更明白。特别是:她指示我们,被排摈于本来的或常态的人格之外的那些感觉,她是觉得的。能够告诉我们,我捻那柳西好久没有触觉的臂膀,或碰着柳西久无触觉的手指的人,也就是这个次起人格。"[1]

在其他的例子,次起人格比较自动地采用名字。我曾见一些才萌芽还没有完全"养成"的自动书写者和灵媒,直接出乎自己的主意以鬼的名义写文字或说话。这些鬼也许是莫扎特,法拉第,或是灵媒以前认识的真有的人,或是完全幻想出来的人物。在那些比较高度发展的入定状态(trance)内所说所写的,到底有没有真的"神差鬼使"这个问题,我不持成见。但我倾向于相信,这些极简陋的说话(往往不通得可怜)都是灵媒自己本来的心内低微断片,不受其余部分的节制,依照社会环境的偏见所划定的现成模型,而表现作用。所以,在相信有鬼的社会里,灵媒所说写的就是乐观的消息;而在无知识的信仰天主教的乡村里,那些次起人格就自称为天魔,说出污蔑神圣和邪秽不堪的话,并不告诉我们在极乐世界内是多么快乐。[2]

这些片段的思想,虽则简陋,还是有组织的人格,有记忆,有习惯,认得自己。庄纳以为在这些思想之下,还有完全无组织无人格的思想,他以为协识脱离病者所表现的全身僵硬症状态(catalepsy),使我们不得不假定有这么样的思想。有些被催眠者,可以用人工使他们发生全身僵硬症状态;有全身僵硬症的入定状态的人,出定后记不起来;在全身僵硬症的期间,似乎没有感觉,也没有意识。可是,假如有人把他的臂膀举起来,这臂膀

---

① 《心理的自动现象》,第318页。

② 可参看下列三部关于"鬼迷病"的记载:

A. Constans:Relation sur une Epidémie d'hystéro-démonopathie en 1861. 2me ed. Paris, 1863.

Chiap e Franzolini:L'Epidemia d'isterodemonopatie in Verzegnis. Reggio, 1879.

J. Kerner:Nachrichte Von dem Vorkommen des Besessenseins, 1836.

就老维持在这个位置；并且施术者可以把他的整个身体随意屈伸像蜡做的一样；无论使他做什么姿态，他都维持很多时间。在协识脱离病者，假如他的臂膀是失了感觉的，那么，也有同样的情形。这个失感觉的臂膀，叫它做什么姿态，就会被动地老维持这种姿态；或是，假如使他的手拿一支铅笔，描一个字母，它就老在纸上描这个字母，描到无数遍。这些行为，在最近以前，人以为是毫无意识的，只是生理的反射。庄纳以为这些行为伴有感觉；这说法更近情理。感觉大概只是关于肢体的位置或运动的；这种感觉传达到维持这个位置或不断重复这种动作的运动中枢的时候，只是发生它的当然的结果。[①] 庄纳说，这种思想"并**没有任何人**知道它，因为它们是散碎的感觉，成了心理的灰尘，并没有被综合在任何人格内。"[②]但是，他承认就是这些笨拙到不可言状的思想也有发展为记忆的趋势——呈全身僵硬症状者，不久以后，只要稍微提到，就会动她的臂膀。所以，对于"一切思想都倾向于具个人意识的方式"这个公例，这些散碎思想并不是重大的例外。

（二）思想是不断变化的

我的意思不是一定说，绝没有一个心理状态能稍微持久——就是事实真正如此，也很难证实。我比较特别注意的变化，乃是可以觉得是经过相当时间的变化。我要注重的事实是：没有任何一个状态，一经过去，能够再现，能够与以前的这个状态合一。让我们由霍奇森（Shadworth Hodgson）的描写入手。他说：

"我不说我从知觉，或感觉，或思想，或任何特种的心理作用方面研究，我一直从事实里寻求。只要我随便看一看我的意识，我所看见的就是这个情形：只要我有一点点意识，我意识内不能不有的，是一串各个不同的觉态；我不能摆脱的，是这样一串的觉态。我可以把我的眼睛闭上，完全不动，想法子不由我自动参加什么；但是无论我想，或是不想，无论我觉得外物或是不觉得，我总是有先后继续的一串不同的觉态。任何其他我也许有的，具比较特殊性质的，都是这一串的一部分。没有这一串不同的觉态，就是没有意识。……意识的链锁就是先后继承的一串的**不同现象**（differents）"[③]

像这种描写，绝不会引起任何人的反对。我们都承认我们意识状态的大类是不同的。一会儿我们在看见，一会儿在听见；一会儿在推理，一会儿在立意；一会儿在追忆，一会儿在期待；一会儿在爱，一会儿在恨；我们知道我们的心轮流从事于千百种其他的活动。可是，一切这些都是复杂的状态。科学的目的总是要把复杂化为简单。在心理学里，我们就有著名的"**观念说**"。这个学说承认，所谓心的具体状态是彼此大有不同之后，想法证明这种不同，都是某些始终不变的简单的意识元素配合不同的结果。这些心理的原子或分子就是洛克所谓"简单观念"。有些洛克的后继者相信，只有严格可称为感觉的，才是简单观念。但是，简单观念是那些观念，与我们现在的讨论无关。现在只知道有

---

① 要明白这个现象的生理，请参看本书"意志"章。
② 《心理的自动现象》，第 316 页。
③ 《省思的哲学》（*The Philosophy of Reflection*）第 1 册，第 248 页及第 290 页。

些哲学家曾经以为,在把心渐渐溶解之际,能够从流变中见到永远不变的**任何种类的**简单事实,就够了。

并且这些哲学家的见解,很少受人考问,因为我们通常经验,才看,似乎完全证明这个意见。例如,难道我们从同一个东西所得到的感觉不是始终同一的感觉吗? 难道用同一样力量按钢琴上同一个音键,不是使我们听见同一的音吗? 难道同一根草不是使我们得到同一的绿的感觉,同一的天空使我们得到同一的蓝的感觉吗? 我们把鼻子碰到同一瓶香水的口上,无论多少回,难道不是得到同一的嗅觉吗? 要说我们不是得到同一的感觉,好像是一种哲学上的诡辩。 可是,假如对这事严密地注意一下,就知道**"我们会两次得到同一的感觉"这句话,并没有证明**。

我们两回所得到的只是同一对象。 我们一再听过同一的乐音;我们看见**同一**的线性,或是嗅到同一的客观的香气,或是感到**同一种**的痛。 各种"实在",具体的和抽象的,物质的和意想的,这些我们相信它永久存在的对象,似乎不断出现于我们思想之前;因为我们不小心,就以为我们对这些对象的"观念"也是同一的观念。 过一会儿我们到了论知觉那一章〔原书第十九章,论对"东西"的知觉〕的时候,我们要见到我们这一种习惯是多么深固,这习惯是不注意主观的感觉,只用它作为过渡,以便认识它所指示的实在。 窗外的草,此刻在我看来,好像在太阳里和在阴影里呈现同一样绿色;可是画家一定要把这草的一部分画作暗橙色,一部分画作明亮的黄色,才能够产生它实际所引起的感觉。 通常,同一东西假如在不同的距离,不同的环境,我们就看来不同,听来不同,嗅来不同;我们对于这些不同的方式都不理会。 我们要知道确实的,只是**东西**是同一个的;任何感觉,凡是能担保实是同一个东西的,大概我们要认这些感觉为彼此大体相同。 所以随手断定不同的感觉在主观方面是同一的,要是把这个来证明这些感觉实是同一,是一个实际等于毫无价值的论证。 感觉研究的全部历史,都指明我们不能够说定,两个分离开而接受的感觉是否的的确确相同。 比一个感觉的绝对性质或绝对分量引我们注意的力量更大得许多的,是这个感觉对于我们同时得到的任何其他感觉的**比率**(ratio)。 比方一切都是黑的,那么,一个稍微比较不黑的感觉就使我们把它看做白颜色。 据亥姆霍兹的推算,一幅以月光下的建筑物为题的画图中所描绘的白大理石,在白天看来,比真真在月光下的大理石有一两万倍那么白。[①]

这种差异,我们始终不能够**感觉**到;要由陆续一串的间接推想才知道。 有些事实,使我们相信我们的感觉性不断在变化,所以同一对象不容易能够再给我们同一的感觉。 眼睛对光的感觉性,在眼睛最初受光时候最灵敏,此后就越变越钝,变得很迅速,可以使人惊异。 经过长夜睡眠而醒来,刚醒的时候,眼睛所看见的东西会比睡前明亮两倍之多。 就像起来以后,在白天时候,只要闭上眼休息一下,就会把东西看得更明亮一样。[②] 我们睡的时候跟醒的时候觉得外物不同,饿的时候跟饱的时候,精力弥满时候跟疲倦时候也都觉得不同;夜里跟早上觉得不同,夏天跟冬天觉得不同。 但最厉害的是:小时候,成年时候,跟老年时候觉得不同。 然而我们始终没有疑心,以为我们的感觉所披露的不是同

---

① 《通俗科学演讲》第3部,第72页。
② 菲克(Fick)。见赫尔曼:《生理学手册》(L. Hermann:Handb. d. *Physiol.*)第3卷第1段,第225页。

一个世界,含着相同的感觉性质并相同的东西的世界。我们在不同的年龄,跟在不同的心境的时候,对于外物的情绪的差异最能够表示我们感性的变化。以前觉得活泼使人兴奋的东西变成可厌,平淡,无价值;鸟的歌声现在觉得厌烦了,风声觉得凄凉了,天色觉得惨淡了。

在"我们的感觉,因为我们感受力的变化,不断起重要的变化"这种推断之上,还要加别的一个假定就是根据脑中一定有的变化。每个感觉都有个大脑作用与它相当。要再得同一的感觉,那么,这一个感觉一定要**在一个没经改变的脑髓中**出现第二次。可是,这种没经改变的脑髓,严格说,在生理上是不可能的,所以没经改变的感觉也是不可能的;因为每个脑髓改变,无论多么微细,一定有脑髓所供给的感觉上同量的变化与之相应。

就是我们所得的感觉是纯净的孤立的,没有结合成了"东西",这些话也是对的。就是那样,我们也得要承认:无论在普通谈话内,我们怎么样可以说再得到同一感觉,但为严格的理论上准确见见,我们永远不能这样说;并且无论生活之流,简单感觉之流是什么样子的,我们像赫拉克利特那样说,我们永远不能够两次投足于同一的水流,总必定是对的。

"感觉这种简单观念能够以完全不变的方式再现"这个假定,我们既能这样容易就证明是无根据的,那么,"我们的思想内那些比较大的结合体是不变的"这个假定的更加无根据,就更容易证明了。

因为,我们心理状态永远不会刚刚同一的,这是显而易见的。严格说:我们对于一件事实的每一个思想总是独一无二的;它与我们对于同一件事实的其他思想,只有在种类上的相似。遇到同一事实再现的时候,我们**一定**要按新样子想它,从多少不同的观点看它,从与它最后所在的关系不同的关系领会它。而且我们所用以认识它的思想,是对于"与这些有关系的它"的思想——这个思想还有对于那整个模糊的周围的意识灌注着。往往我们自己对于我们对同一事情的前后见解的不同,觉得奇怪。我们奇怪,不知道何以我们上个月对某一件事情会抱那种意见。我们已经不能再有那种心理状态了,我们不知道怎么回事会这样转变。一年过了一年,我们都换了新眼光看事。以前不实在的,变成实在;以前刺激我们的,变成索然无味。我们平常极在乎他们情谊的朋友,现在化为淡影了;曾经觉得天仙似的女人,那些天星,那些树林,那些溪流,现在是多么干燥,多么平凡!从前引起无涯之思的少女,现在差不多不存在了!那些画图,现在这么枯窘;至于书籍,歌德作品里**到底**有什么使我们从前觉得有意义到那么神妙的地位?或在约翰·穆勒的著作里有什么觉得那么重要呢?取一切这些而代之的,只是:眼前的工作,这个工作越来越起劲;并且平常的本分,平常的好事,这些事情的意味越觉得丰富,越觉得深远。

可是,在这些地方,大规模使我们觉得这样深切的,其实在大大小小的规模上也都存在;就是这一个钟头的眼光转到第二个钟头的眼光的过渡好像看不出来,其实也有变化。经验每刹那都在改变我们;我们对每一事物的心理反应,实在都是我们到那个刹那止,对于全世界的经验的总结果。要证明这个见解,一定又得要用脑髓生理的比论。

我们上几章已经教得我们相信,当我们思想的时候,我们脑髓起变化,并且脑髓的整个内部的平衡随着每个节拍的变化而变动。在某一刹那,内部变动恰恰是怎么样,是许多因素的结果。当时局部营养或血液供给的偶然情形,也许也在这些因素之内。但是,在这刹那间外物对于感官的影响一定是一个因素;这个感官由此刻以前,一切经过所做成的此刻独有的特种感受性,一定也是一个因素。个个脑髓状态,都是一部分随着这整个以前经过事情的性质而变。把以前经过所成的任何部分改变,脑髓状态一定也要多少不同。每个现在的脑髓状态都是一个纪录。假如有个无所不知者,就可以由这个纪录看出这个脑髓的主人的全部以往生活史。所以,任何整个脑髓状态会重现而完全相同,是绝无此事的。类似这个脑髓状态的状态可以再现;但以为这个状态本身会再现,那么,就等于说,一切在这两次中间发生的状态,简直就没有,并且器官经过这些中间状态之后还是刚刚跟从前一样。这就荒谬了。再讲到短些的期间,在感官方面,现在的印象随以前印象的不同,也就不同,一种颜色跟着另一种颜色之后就受对比的影响而改变;喧闹之后,肃静觉得特别可喜;一个乐音,在顺音阶越唱越高之时,和越唱越低之时,听起来觉得不同;一个图形上加上一些线,就把其他一些线的样子改变;在音乐内,整个美感的作用就由于这一组音改变我们对于别一组音的感想方式;同理,在思想上,我们一定要承认,刚刚受最高度刺激的脑髓部分,保存着一种"创痕"。这"创痕"就是我们此刻意识的一个条件,就是协同决定我们此刻怎么样觉得并觉得什么的一个因素。[①]

　　无论什么时候,总是有些神经道(traots)的紧张渐减,有些的紧张渐加,而其余神经道正在冲动得很厉害。这些紧张状态,对于决定整个情势和**心理作用**(psychosis)的性质,也像任何其他因素那样的的确确有影响。我们对于"不到最高度的神经激动"和"显然无效的刺激因素累积作用(summation)而生效"这两事的所有知识,都归向于指明脑里的变化没有会在生理上不生效力的,而且可以预定这种变化也没有毫无心理的结果的。可是,脑髓紧张由这一个比较平衡的状态转到别一个状态,像万花镜的旋转一样,一会儿很快,一会儿很慢;在这种情形之下,难道与脑髓紧张息息相关的心理作用会落伍在后,不能够将它内部一个变幻反映着脑髓的每个变幻吗? 如果心理作用能够一一与脑髓作用相应,那么,它的内部变幻一定是无量数的,因为脑髓内的重行分布是千变万化的。假如像电话机的振片那样粗的东西可以震颤多年,始终不重复它的内部状态,那么,极端灵巧的脑髓,不知道要多少倍更会这样呢?

　　这种从具体的和整个的方面对于心的变化的看法,要应用于枝节细目上也许很困难,但我敢断定只有这种看法是正当的看法。假如这里头有什么好像不明白的地方,那么,我们讨论下去的时候,就会慢慢更明白了。如果这个看法是对的,那么,我们当然可以说没有两个"观念"会刚刚相同。这正是我们要证明的命题。这个命题,才看,似乎不怎么样了不得,但在理论上是很重要的。因为它已经使我们万不能恭顺地步着洛克学派或赫巴特学派的后尘。这两派在德国和我们这里都是有几乎无量的势力的。无疑,以原子论的方式描写心理的事实,假定高级的意识状态都是不变的简单观念所构成,往往很**方便**。把曲线认为是许多短的直线合成的,把电和神经能力当做流质,往往也很方便。可是,在前例跟在后例一样,我们切不要忘记了我们是用符号(symbol)说话,自然界里实际并没有与我们的话相符的东西。**一个永久存在的"观念",按周期地一会一会出现于意**

---

　　① 一个整个脑髓状态不能重现,这当然并不一定要因此而推论说脑中没有一个小地点能够两次有同一情形。那就同说:在海里,一个浪头始终不会两次到同一地点——那句话一样是不会有的事。不能发生两次的,只是:许多波浪,它们的浪峰浪谷都再占同一地点的这样一个波浪的**配合体**。因为像这样的一个全部配合体,正是与唤起我们任何刹那的整个意识的脑髓状态相当。

识的舞台上面的,那只是神话里才会有的东西。

前头刚说过,语言的全部组织,并不是心理学家创立的,乃是大抵只注意他们心理状态所披露的事物的人弄成的。所以用这种神话的公式很方便,就是由于这整个语言组织。这一帮人只把他们的心理状态叫做"这个事物的,或那个事物的观念"。因此,我们极容易以思想所指的事物所循的法则,来应用于思想自身上,这事毫不足怪。假如这个东西是各部分合成的,那么,我们设想对于这个东西的思想,一定是对于这个东西的各部分的思想合成的。假如这个东西的某一部分从前曾在这同一个东西或其他东西见过,那么,我们此刻对这部分的观念正是对于从前在那儿的一部分的"观念"。假如东西是简单的,那么,对这个东西的思想也是简单的。假如东西是繁复的,那么,一定要有繁多的思想才能想它。假如东西是继续一串的,那么,只有一串的思想才能知道它。假如东西是长在的,那么,对它的思想也是长在的。如此类推,可以随便说不完。总而言之,假定一个对象,用一个名目称呼的,我们由一个心理作用知道它,这是多么自然而然的假定!可是,假如我们一定要这样受语言的影响,那么,胶着类语言(agglutinative languages)是比较好的指导;就是有随用语变(declensions)的希腊语,拉丁语也好些。在这些语言里,名字并不是不变的;名字随所在的上下文而改变它的式样。在希腊罗马时代,比起现在,一定比较容易觉得,同一个东西在不同的时候,是以不同的意识状态想它。

这个道理,我们越讲下去,会越明白。此刻,我们先说一个以为"有永远不变的而一会走开,一会又来的心理作用"这个信条必有的结果;这结果就是休谟派所相信的,以为我们思想是好些分开的独立的部分所合成,不是一个觉得连续的流。我第二步就要证明这个学说完全与事实的本来面目不符。

(三)在每一个人的意识之内,思想觉得是连续的

我只能说"连续的"意思是指没有间断,没有裂痕,没有分离的状态。我已经说过,心与心彼此间的间断也许是自然界最大的间断。我们可以设想的在单一个心内面的间断只有:(一)意识完全丧失了,过了一会又发生的那些**中断**,那些**时间上的断缺**。或者是:(二)思想的**性质**或内容的断裂,断裂得那么急剧,弄得后一段与前一段丝毫没有关系。在每一个人的意识之内,思想觉得是连续的。这个命题有两个意义:

第一,就是有个时间上的断缺,断缺后的意识觉得与断缺前的意识是连成一气的,觉得是同一自我的别一部分;

第二,意识的性质在各刹那间的变化,永远不是绝对突然的。

时间上的断缺,这个现象最简单,要先讨论。最先要讲几句的,就是:意识也许自己不觉得的那些时间上的断缺。

在第八章章首,我们已经见到有这种时间上断缺;并且这种断缺也许比普通所设想的数目还要多些。假如意识不觉得这些断缺,那么,它就不会认它中断。在笑气和其他迷药所发生的无意识状态,在羊痫疯和昏倒时候的无意识状态,意识生活的两断头可以碰合起来,把那缺口盖住,很像眼中盲点的两边的空间感觉碰合起来,把那客观的视觉中断盖住了一样。像这种的意识,无论旁观的心理学家如何看法,在这意识自己看来,是完

全不断的。这个意识**觉得**没有断缺；清醒一天的意识，在这一天内，觉得是一个单位。这跟说"各个钟头是单位，它的各部分都前后衔接，没有任何外来的东西挤进这些部分的中间去"这句话的意义是一样的。要意识觉得对于它客观的中断是断缺，好像要眼睛因为听不见觉得静寂是断缺，或是耳朵因为看不见觉得黑暗是中断一样。关于觉不出的断缺，这样就算说完了。

至于觉得出来的断缺，那就不同了。我们睡醒之后，通常知道我们曾经失了意识，而且往往对于我们失了意识多少时候有个准确的判断。这种判断一定是根据觉得到的标记的推论；我们所以容易下判断是由于对这桩事经过好久的练习。① 可是，意识，从**它自身看**，不是像前例那样，而乃是中断不连，照这些字的本义说。但是，按连续性的别的意义看，各部分的意蕴实是内部贯串而且打成一片，因为这些部分都是一个公共整体的一部分，所以意识还觉得是连续一体的。但是到底这个公共整体是什么呢？它的自然名字是**我自己**，或是**我**（myself, I, me）。

当保罗和彼得在同一张床上醒过来，觉得他们曾经睡着了的时候，他们每人在心理上都追溯回去，但只与两个被睡眠截断的思想流中之一个连续起来。就像一个埋在地下的电极的电流，无论隔了多厚的土地，总会通到埋在地下与它相对的电极，不会差错那样子，彼得的现在立刻找到彼得的过去，永远不会弄错而与保罗的过去连续起来。保罗的思想也同样不会走错路。彼得以往的思想，只有现在的彼得可以动用。彼得也许对保罗临睡时候的昏困欲睡的心境有**知识**（knowlege），并且有正确的知识；但这种知识与他对于自己临睡心境的知识完全不同类。他**记得**（remembers）他自己的心理状态，但他只能**设想**（conceives）保罗的心理状态。记忆就像直接觉得一样；记忆的对象渍透了一种温热和亲密（warmth and intimacy）；仅仅设想的对象绝不会有这种温热和亲密。彼得的**现在思想**，在它自己看，也有这一种温热，亲密和直接的特性。这个现在思想说：就像这个现在确实是我，是我的，任何其他具有同样的温热，亲密和直接性的，也实实在在是我，是我的。所谓温热和亲密这些特性本身到底是什么，要等将来讨论。可是，任何挟着这些特性而来的，一定要受现在心理状态的欢迎，受它的享有，被它认为与它同属于一个公有的自我。这个对于自我的公有性是时间上断缺所不能分成两橛的；一个现在的思想，虽则觉得到时间上断缺，还能够认它自己与过去思想的某些特别部分连成一气，就是因为这个道理。

所以，意识，在它自己看，并不像切成碎片的。像"锁链"（chain），或是"贯串"（train）这些名词，在意识才现的当儿，并不能够形容得适当。因为意识并不是衔接的东西，它是流的。形容意识的最自然的比喻是"河"（river）或是"流"（stream）。**此后我们说到意识的时候，让我们把它叫做思想流**（the stream of thought），**或是意识流，或是主观生活之流。**

可是，就是在同一自我之内，在通通具有连成一气的特性的思想中间，似乎在各部分中间有一种衔接和分立。思想流这个话似乎没有顾到这些性质。我意思是指思想流的前后节的**性质呈突兀的对称**时候所生的断裂。假如"锁链"，"贯串"这些名词不相宜，人为什么会用它呢？难道一个爆炸的响声不是把它突然袭入的意识切成两橛吗？难道忽

---

① 何以我们能把睡了多少时候记得准确，还不免是个奥妙。

然的打击,像一个新东西的出现或一个感觉上的变化,不是个个都发生一个当真的中断,把意识横切开而且本人觉得是中断的吗?难道我们不是时时碰着这种中断,既然有这好些中断,难道我们还有权利把我们的意识叫做不断之流吗?

这个驳论,一部分是由于把两件事混为一谈,一部分是由于肤浅的内省。

前者是由于把应认为主观事实的思想自身与思想所知道的事物混淆了。这样混淆是很自然的;但一经留神之后,也就容易避免。事物是分散的,不连的;它出现于我们之前,是一串的或像一个链,往往突如其来,把彼此互相切成两段。可是事物的来来去去以及对称,并不把想它的思想之流截断,就像它并不会把它所在的时间空间截断一样。静寂也许会给雷响打断;我们也许一时给这个打击弄得那么昏乱,以至于不能说是怎样一回事。但这个昏乱也是个心理状态,把我们由静寂过渡到响声的一个状态。竹的节并不是竹竿上的断裂;同理,对这个对象的思想过渡到那个对象的思想,并不是**思想**上的断裂。这种过渡是**意识**的一部分,就像竹节是**竹**的一部分一样。

肤浅的内省在于忽视了一个事实;这个事实就是:纵然东西彼此互相反衬得极剧烈,但认识这些东西的思想间还有很大的联系关系。以前的静寂之觉暗暗钻进雷声之觉里头,而且在雷声之觉内继续下去;因为在雷响时候,我们听见的不是纯粹雷声,而是打破静寂而与静寂对称的雷响。① 我们对于这样来的雷声的感觉,与接着以前雷响的雷声的感觉,就是这两个雷声是客观上同一的,这两个感觉也是不同的。我们以为雷声把静寂消灭了,排除了;但雷声的**觉态**也就是对于刚刚过去的静寂的觉念;并且从人的实际具体意识之中,要找完全限于现在,丝毫不含过去的任何作用的觉态,一定是很难的。在这一点,语言又来障碍我们,使我们不容易认识真相。在语言里,我们把每个思想简单地照它所指的东西起名字,好像每个思想只知道它自身的东西,此外什么都不觉得。其实,每个思想不仅明白地知道它名字所由来的东西,并且也模糊地知道也许一千个其他的东西。每个思想应该照一切这许多东西起名字,但我们始终没有这样做。这些名字,有些总是一刹那前比较明白知道的东西;有些是一刹那后比较明白知道的东西。② 我们自己的身体位置,姿态,状况就是这类东西中的一个;无论多么不注意,对于我们所知道任何其他

---

① 参看布伦坦诺:《心理学》(Brentano:*Psychologie*)第1册,第219至第220页。布伦坦诺这一章,论意识的单一性,在我所见到的之中,确然属于最好一类的讨论。

② 荣誉归应得荣誉者! 我所找到的对于一切这些道理的最清楚的认识,是见于威理斯的一篇文章,《论偶然的联想》的。[Rev. Jas. Wills, On "*Accidental Association*" in the *Transactions of the Royal Irish Academy*, vol. XXI, part I(1846)]。这篇论文,埋没在那里,早已给人忘记了。他在那里说:

"有意识的思想,在各个刹那中,都有某个数目的知觉,或反省,或两种都有;这些合成了一整个领会(apprehension)状态。在这个状态,许有个一定部分比一切其余部分清楚得多;结果,其余部分比例地模糊,甚至到了磨灭的地步。然而,在这个限度之内,就是最模糊的知觉也参加在整个现状中,而且改变这整个状态,不过也许这改变只到无限小的程度。任何感觉或情绪,或特别注意的作用,能使这整个状态的任何部分特别显著的,都会这样或那样改变这个状态。因此,实际结果可以随着个人,随着时间而发生极端的变化。……对于这里所说的整个范围的任何一部分,注意许会特别向着它,这个特向就是刚刚是我们所认(recognized)为心上所有的观念。这个观念明明不与整个意识状态同其范围;因为没有注意这个事实,就弄出了许多纠纷。无论我们怎么样专心致志于任何思想,环境中现象如有任何相当大小的变化,我们还能够觉得。在这个房间里的顶深妙的讲解,无论听者怎么样专心,也不能使他对于灯光的忽然暗灭,全不觉得。我们的心理状态始终有根本的单一性——每个意识状态,无论成分怎么样复杂,总是一个整体。因此,(只要成分被觉得)个个成分总是严格地以一部分的资格而被觉得。一切我们理智作用所由开始的根基就是这个样子的。"

事物的知识，总有**一些**对于身体位置等等的识觉伴着它。我们想；而且我们想的时候，我们觉得我们肉体的自我是思想的枢纽。假如这个思想作用是我们的，那么，它全部一定充满着使我们认它为我们所有的那种特别温热和亲密。到底这种温热和亲密是否只是对于始终总有的这同一个身体的感觉，要等到第十章，再论定。**无论自我的内容怎么样**，我们人类习惯于把这个内容**与一切其他事物一起**觉到，而且这内容一定要作为一切我们前后陆续觉得的事物的**联锁**①。

对于我们心理内容的变化的这个渐进性，神经作用的原理能够使我们更了然。我们在第三章(论脑髓活动的某些普通条件)讨论神经活动的累积作用的时候，已经见到我们不能假定脑髓的任何状态会立刻消失。假如有个新状态出现，旧状态的惰性总会还在那里，而结果也就随之变动。当然，因为我们知识缺乏，我们不能够说每次应该有什么变动。在感官知觉中，最常见的变动叫做对比(contrast)现象。在美学上，最常见的变动，就是一串印象的某些特别顺序所引起的愉快与不快的情感。在严格的并狭义的所谓思想里，最常见的，无疑是始终跟着思想流动的那个对于思想**从何而来从何而去**的意识。假如脑髓道"甲"新近被强烈地刺激过，随后脑髓道"乙"，再后脑髓道"丙"也被强烈刺激，那么，现在整个意识不是单由"丙"的刺激的结果，而同时也是渐减的"甲""乙"刺激的结果。假如我们要表示这个脑髓作用，我们一定要这样写：甲乙丙——三个不同的作用同时存在，与这个相应的是个结合的思想——假如"甲""乙""丙"之中任何一个单独发生，结果可以单独发生三个思想；但上说的结合思想并不是这三个中的任何一个。然而，无论这个第四个思想严格说是什么？要它不跟神经道与产生这个思想有关(不过这些神经道的作用减退很快)的"甲""乙""丙"三个思想的每个都有点**相似**，显然是不可能的。

这又完全回到我们上文讨论其他事情的时候所说过的话了。整个神经作用一变化，整个心理作用也就同时变化。但是，神经作用的变化永远不是绝对不连的，所以先后的心理作用一定也是彼此间渐渐推移，互相融会，不过这些作用的变化**速度**有时候慢些，有时候比较快得很多罢了。

这个在变化速度上的不同是主观状态上的一种不同的根源。后一种不同，我们应该立刻就说到的。在速度慢的时候，我们在比较安闲并稳定的情境之下觉到我们思想的对象。在速度快的时候，我们觉到一种过程，一种关系，一种**由**这个对象出发的过渡，或它与另一个对象**中间**的过渡。其实，我们把这个奇异的意识流全局观察一下，最初引起注意的，正是它各部分的速度不同。这个意识流，好像一只鸟的生活，似乎只是飞翔与栖止的更迭。语言的节奏也表示这种不同。每个思想用一句表示，而每句用一停作结。栖止的地方通常是一种感觉的想象。这种想象的特性，是：我们可以把它放在心上，经过无定限的时间，而且可以存想它，不至使它变化。飞翔的地方是对于静的或动的关系的思想。这些关系大多数是比较静止时期所存想的事物中间的关系。

让我们把思想流的静止的地方叫做"实体部分"(substantive parts)，**它的飞翔的地方叫做"过渡部分"**(transitive parts)。这样说，似乎我们思想的主要目的始终是达到我们刚刚脱离的实体部分以外的另一个实体部分。并且我们可以说：过渡部分的主要用

---

① 参看泰纳：《论智力》中的那段好文章。(Taine, *On Intelligence*, N. Y. ed, I, 83—84)

途,就在于引我们由这个实体的终结到那个实体的终结。

可是,在内省方面,要认得过渡部分的真面目,是很困难的。假如过渡部分只是向着终结的飞行,那么,在终结之先把它停止了去看它,等于把它消灭了。反之,假如我们等到终结**到达了**,那么,这个终结因为比过渡部分有力并稳定得许多,就完全盖住它,把它吞没了。让随便什么人尝试把一个思想当中切断,看它的横切面,那么,他就知道要内省这些过渡部分是多么困难的事情。思想的冲进那么急猛,所以我们差不多总是在还没有捉住过渡部分的时候已经到了终结了。或是,假如我们够敏捷,真把思想停止了,那么,这个思想就立刻变了,不是我们所要内省的思想了。盛在热手上的雪花并不是雪花了,只是一滴水;同样,我们要捉住正要飞到它的终结的关系之感的时候,我们并没有捉住它,所捉到的只是一个实体部分,通常只是我们正说的最后一个字,硬板板的,它的功用,趋势和在句内的特别意义通通烟消火灭了。在这些地方,要想作内省分析,事实上等于捏住正在旋转的陀螺,想捉到它的运动,或是等于想快快开亮煤气灯,看黑暗的样子。怀疑的心理学家一定会向任何主张有这些过渡的心理状态的人挑战,请他"**呈出**"(produce)这些状态来。但这种挑战,同芝诺对付主张有动的人的法子一样不合理。芝诺请主张有"动"者指出箭矢动的时候是在什么地方,因为他们不能立刻答复这个怪诞的诘问,芝诺就根据这个,说他们的主张是错误的。

这种内省的困难的结果是很可悲的。假如捉住思想流的过渡部分而观察它这么困难,那么,一切学派容易犯的大错,一定是没有看到思想流的过渡部分而把它的实体部分过分重视了。难道我们前一会不是几乎忽视静寂与雷响间的过渡,认两个中间的边际是一种心理上的断裂吗?像这样的忽视,在历史上弄出两种结果。有一派思想家因为忽视这个,就相信**感觉主义**。他们因为不能够抓到任何与世上事物间的无数关系和联系方式相当的概略觉态,没有见到有**名字的**反映这种关系的主观作用,大多数就否认有关系之感;并且他们很多,像休谟那样子,居然否认心内并心外的大多数关系,以为这些都不是实有的。这个见解的结局,就是:只有实体的心理状态,只有感觉和它的仿造品转变品(像骨牌似的排成一排,但其实是分立的),一切其他都是空名。① 还有一派是**理智主义者**。他们不能够否认心外实有关系存在,但也不能指出任何认识这些关系的特种实体的觉态,因此他们也承认关系之感是没有的。可是,他们却得到相反的结论。他们说,这些关系一定由不是感性的作用认识,凡是与感觉和其他实体部分所由成的主观材料相连并同质的心理作用,一定不能认识这些关系。这些关系是由居于完全另一阶级的作用认识,这种作用是思想,理智,或理性的纯粹活动(思想,理智,理性通通特加符号,表示它是比任何感觉作用高得不可思议地那么多的)。

可是,从我们的观点看,理智主义者和感觉主义者都错了。如果是有觉态这种东西,**那么,在自然事物中确有物与物间的关系,我们也确实,并且更确实,有认识这些关系的觉态**。在人类语言里,没有一个接续词或前置词,并且差不多没有一个副词性短语,或句法,或语言的变化不是表示这一色样或那一色样的关系;而这些关系都是我们曾经实际

---

① 例如说"思想之流不是个不断的流,只是一串分立的观念,或快或慢地继续着的;快慢可以用在某期间内通过心上的观念的数目测量。"见贝因:《情绪与意志》(Bain, *Emotions and Will*),第 29 页。

觉得我们思想内的比较大的对象间存在的关系。假如从客观方面说，那么，所披露的是真的关系；假如我们从主观方面说，那么，所认识的是以意识自身的内部色彩与每个关系相当的意识流。无论是哪一方面，关系是无数的；现在的语言没有能够把一切各色各样的关系都表示出来的。

我们应该说"并且"（and）之感，"假如"（if）之感，"然而"（but）之感，以及"被"（如被人欺）（by）之感，也像我们说蓝色之感，寒冷之感那么顺嘴容易说。可是，我们并不这样。我们承认只有实体部分的习惯那么根深蒂固，弄得语言差不多除此以外不能说别的。经验主义者老说起语言有种力量，使我们设想"有一个独立的名字，就有一个与它相当的独立东西"；那一大堆抽象的对象，原理，势力，除有个名字以外毫无其他根据。经验主义否认有这一堆东西，是对的。可是，他们对于与这个相对的谬误，丝毫没有提到；这个谬误就是设想没有这个名字，就没有这个东西（这个谬误，我在第七章曾说一点）。因为这个谬误，一切"哑巴的"，无名字的心理状态都被冷酷地取消了；或是，万一承认这些状态，也是按它所到达的知觉把它叫做"关于"（about）这个对象或"关于"那个对象的思想。"关于"这个笨话的单调声音，把这些状态的一切微妙的特色都埋没了。实体部分不断地越来越注重，越来越孤立，就是这样来的。

再看看脑髓的作用。我们相信脑髓的内部平衡总是在变化的，这个变化影响一切部分。无疑，变化的冲动在各区域内强弱不同，它的节奏在各时期快慢不同。在一个按不变速度旋转的万花筒中，虽则花样不断改变，但在有些刹那，改变似乎是细微的，间隙的，几乎等于没有的，而随后又改变得不可言状地快，因此稳定的花样与我们再看见也认不得的花样轮流出现。在脑中，不断地变化结果，一定是有些紧张方式比较历久，有些只是一来即去。可是，假如意识与这个变化相当，那么，假如变化不停，难道意识会停吗？并且假如迟缓的变化引起一种意识，为什么急遽的变化不会引起与这个变化同样特别的另一种意识呢？迟缓的意识，如其是关于简单对象的，显著的，我们叫做"感觉"（sensations），微淡的，叫做"意象"（images）；如其是关于复杂对象的，显著的叫做"知觉"（percepts），微淡的叫做"概念"（concepts）。对于急遽的意识，我们只有我们已经用过的"过渡状态"和"关系之感"这些名词。[①] 脑髓变化是连续不断的，同样，一切这些意识也像渐隐

[①] 很少著作家承认我们以觉态认识关系。理智主义明白地否认这件事的可能，例如格林教授（见《心》杂志第7卷第28页）说："没有一个觉态自身或真正觉得的觉态是［属于？］关系的。……就是觉态间的关系也不是我们觉得的"。在另一方面，感觉主义者偷偷承认关系之感而不加以任何说明，或则否认我们会认识关系，甚至完全否认关系的存在。但觉觉主义者有几个可贵的例外，值得提到的。德图拉西，拉洛米格，卡底遏，布朗，以及斯宾塞明白主张有关系之感，这种感与我们对具有这个关系的事项的思想是同质的。德图拉西（《观念说纲要》*Eléments d'Idéologie* 第1卷第4章）说："判断的能力自身就是一种感受能力，因为它是觉到我们观念间的关系的能力；而觉到关系就是感受作用"。拉洛米格说（《哲学讲说》*Leçons de Philosophie* 第2部第3讲）："没有任何人，他的心思不是同时包藏很多或清晰或混浊的观念。在我们同时有许多观念的时候，我们有种特别觉态；我们觉到这些观念间的相似，相异，及关系。让我们把这种我们共有的觉态叫做'关系之感'（sentiment rapport）。我们立刻见到这些由观念互相接近而起的关系感一定比官定之感（sentiments-sensations），或我们对我们官能作用的感觉多得无数倍。只要知道一点数学上配合（combinations）论，就会证明这个……关系的观念是从关系之感发生。关系观念是我们把关系之感比较推论的结果。"

卡底遏也说相似的话（《哲学的初步研究》*Étude Élémentaires de Philosophie* 第1篇第7章）：

"我们由个自然的结果，假定在我们心上有几个感觉或几个观念的时候，我们同时觉得这些感觉的关系并这些观念间的关系。……假如我们有关系之感……那么，它一定是一切人类觉态中最富变化的，最富结果的。（转下页）

与潮现的景象彼此融会，并无间断。正确地说，这些意识只是一个延长的意识，只是一个不断的流。

（接上页）一来，为什么最富变化呢？因为关系既然比事物多，关系之感也一定比发生关系的感觉比例多。二来，为什么最富结果呢？因为关系感所产的相对观念……比绝对观念（假如真有这种观念）更重要。……假如我们查查平常说话，就知道语言有许许多多的方式表现关系之觉。假如我们很容易看到一个关系，我们就说这个关系是显然的（sensible），以与不能够这么快看到（因为相关的事项差异太远）的关系分别。一个显然的差异，或类似……在美术里，在理智产品里的所谓赏识（taste）是什么呢？赏识不是对于产生它的好处的那些各部分间的关系的觉态还是什么呢？……假如我们不觉关系，我们始终不会得到真知识……因这几乎一切知识都是对于关系的。……我们永远不会得到一个孤立的知识；……所以我们永远不会没有关系之觉。……一个物体刺激我们的感官；我们在其中只看到一个感觉。……相对的与绝对的那么接近，关系觉与感觉那么接近，这两个在构成对象上那么密切地融合，所以在我们看来，关系似乎是感觉的一部分。哲学家对于关系觉没提到，无疑的是由于感觉与关系觉的这种互相融合；他们固执要从感觉自身求得感觉无力供给的关系观念，也是因为这个。"

布朗说（第45讲篇首）：

"我们觉态有一大类是涉及关系这个观念；这一类觉态只是对于某种关系的知觉。……无论这个关系是位于两个或较多的外物间的，或是在两个或更多的心理过程间的，这种关系之觉……就是我所谓相对的暗示（relative suggestion）。这个名词是可以用来单单表示在某些其他觉态之后发生某些关系觉这个事实的最简单的名词。这个名词并不含有任何特别学说在内，只是表示一件无可疑的事实。……关系觉是根本上与我们对外物的简单知觉，或概念不同。……关系并不是孔狄亚克所谓转变的感觉（transformed sensations）；我在以前的演讲中已证明了（在那里，我反对这位慧巧的，且不很准确的哲学家的过度简单化）。我们的心有种本然的趋势或感性，使我们在外物存在而引起我们感官的某一种变化的时候，我们立刻起第一步的简单的知觉；这是事实。我们还有种本然趋势或感性，使我们在同时知觉几个不同的外物的时候，没有任何其他心理作用的参加，立刻觉得这些外物在某些方面的关系；这也一样是事实。并且，关系是各种各样的，就像感觉或知觉是各种各样的一样；——就是涉及外物的关系，它的数目也是几乎无限的，并不像知觉的数目那样必定为能引起我们感官变化的物体的数目所限制。假如我们没有这种觉到关系的感性，那么，我们意识就会限于一点，好像假如我们身体拘于一个原子，就也是只限于一点一样。"

斯宾塞说得更明白。他似乎以为我们只在过渡状态中知道外界关系，在这一点，他的哲学未免简陋，因为事实上空间的关系，对比的关系等等是与有关系的事项同时觉到，不特在过渡状态中觉到，也在实体状态内觉到——这个，我们以后要见到很多。可是，斯宾塞的文章很明白值得全引（《心理学原理》第65段）：

"由最初分析而得的心的成分是大体互相对称的两大类——觉态和觉态间的关系。在每一类的各分子间有许许多多的不同，这些不同很多是极大的；且比起把这一类的分子与那一类的分子分别开的那些不同，这些不同都是很小的了。让我们先说一切觉态共有的特性是什么，并一切在觉态间的关系的特性是什么。

"我们这里所谓觉态：（一）每个都是意识的任何部分，所占的位置的大小，够使它具有我们可以觉得的个性；（二）它的个性由性质上对称它与意识中邻接部分可以分开；（三）而且从内省看显然是具一致性质的部分。这种特性是主要的。假如从内省看，一个意识状态是可以分成同时的或先后的不同部分，那么，这个状态不是一个觉态，是两个或更多，这是明明白白的。假如这个意识状态与邻接部分不能分别，它与那部分只成一个状态——它不是一特个觉态，只是同一个状态的一部分，这也是明白的。并且，假如它在意识内不占有可以看得出的区域，或看得出的时间，那么，它不会被认为一个觉态。

"反之，觉态间关系的特性是：不占据意识内的一个看得出的部位。把一个关系所牵连的事项除掉，这个关系也就没有了。固然，分析到最后一步，我们所谓关系本来也就是一种觉态——随伴着这个显著觉态到另一个邻接的显著觉态的过渡作用而只历一瞬间的觉态。这个关系觉，虽则极端短促，它的性质还是看得出的；因为关系只能以伴着瞬间的过渡的觉态的不同，彼此互相区别（这是我们以后会见到的）。其实，每个关系觉可以认为那些我们猜想是构成觉态的单位的神经震荡之一；并且关系觉虽是瞬间的，我们知道它是或强或弱，或容易发生或难发生的。可是，这些关系觉与我们通常所谓觉态彼此相对称那样厉害，所以我们一定要把它们分成两类。关系觉是极端短促的，是很少变化的，依靠它们所牵连的事项；这些性质使它们自成一类，绝不会错认与其他觉态同类。

"这种分别不会是绝对的；也许我们应该把这个道理认得更清楚。承认了'关系从它是意识的原素说，是个瞬间的觉态'之外，我们也得要承认就像关系不能脱离它所牵连的事项而存在一样，一个觉态也只能在与从空间上，或时间上，或时间空间上限制它的其他觉态的关系下存在。严格说，觉态也好，关系也好，都不是意识的独立原素。意识全局有一种互相依赖，使觉态所占据的意识内的，看得出的区域离开围绕合它的关系就不能有个性，也像这些关系离开它所牵合的觉态也不能有个性一样。所以，这两类的主要分别似乎在于这个：关系是不能再分成小部的意识部分，普通所谓觉态是可以在想象上分成先后的或并存的，互相关系而相类的小部的意识部分。狭义的觉态是由占据空间的相类部分构成，或是由占据时间的相类部分构成，或是由这两种相类部分构成。无论如何，狭义的觉态是一团的互有关系的相类部分，而关系则是不可分的。假如觉态是由觉态单位（或震荡）合成，如我们说过的，那么，这个正是两类间应有的对称。"

趋 势 之 觉

过渡状态说过了。可是，还有其他没有名字的状态或状态的性质，同那些过渡状态一样重要，一样具**识知的功用**，而且一样被传统的感觉派和理智派的关于心的学说所忽视。感觉主义者没有看到它，理智主义者看到它的识知功用，但否认这个功用导源于任何**觉态**。举些例子，就可以明白这些无名的心理作用，由于脑髓的渐长渐消的激荡的，是什么样子。[①]

设想有三个人先后对我们说"等！""听！""看！"虽然在听见三者之中任何一个的时候，我们心上并没有一定对象，我们意识却发生三种完全不同的期望态度。撇开各种实际的身体姿势，撇开当然不同的响应这三个字的意象不论，大概没有人要否认我们心上还有个剩余的意识变动，对于一个印象要来（虽则还没有确定印象）的方向的一种感觉。同时，我们对于这些心理作用，除了"听""看""等"这些名字之外没有其他名称。

设想我们追忆一个忘了的姓。我们意识的状况是很特别的。我们意识里有个缺口；但却不只是缺口。这缺口是个极端活动的缺口。这缺口里好像有个姓的魂魄，指挥我们朝某方向去，使我们在有些瞬间觉得快要记起，而所要记的姓结果又没来，使我们沮丧。假如想起来的姓是错的，这个非常特别的缺口就立刻排斥它；因为这些姓与这个缺口的模型不相配。两个缺口，只作为缺口讲，当然好像都是空无所有；可是这一个字的缺口跟另一个字的缺口，我们觉得不相似。在我想起斯颇丁（Spalding）而记不起来的时候，我的意识与我要记起波勒斯（Bowles）而记不起来时候的意识状态差得很远。到这里，有心思的人会这样说："可以使两个意识不同的两个名字既然不在心上，这两个意识怎么样**能够**不同呢？在追记的努力没有成功的期间，我们所有的只是努力而已。单是努力，怎么样在两例中会不同呢？你把这些努力弄得似乎不同，是因为你先期把两个不同的姓偷塞进去，而照我们所假定，这些姓是还没到意识内呢。抱定这两个努力本身，不要把还没存在的事实称呼它，那么，你就决不能够指出它两个有任何不同之点了。"要指出，当然只能如此；我们只能借用还没在心上的对象的名字指出这种不同。这就是说，我们心理学的词汇，要用来列举所有的差异，是完全不够的；就是要列举像这么大的不同，也不够。然而没有名字并不是不存在。空的意识不可胜数，其中没有一个本身有名字，而却个个彼此不同。通常都假定这些意识都是意识的空隙，因而都是一个状态。可是，不存在的觉

---

① 保朗《哲学批评》第20卷，第455—456页）讨论微弱的对于外物的意象和情绪以后，说，"我们还见到其他更模糊的状态——除了因为生性或职务关系惯于内省的人之外，很少有人注意到这些状态。就是要准确地提到它，也是困难；因为人不大知道它而没有把它作为一类。可是，我们可以举一件事做例子。在我们有件重大的心事，而却忙于与这桩心事毫无关系的事情，而且差不多一心一意注意于那些事情的时候，我们觉得有种特别的印象。在这种时候，我们并不是真在想我们的心事；我们的心事并不是分明地在我们心上；可是我们心境与我们没有这件心事的时候究竟不同。这件心事的对象，虽则不在意识之内，却有个特别的不会错认的印象代表它——这个印象，虽则很晦昧不明，往往历久不灭而且是个强烈的觉态。""这一类的心理符号的一个例子是如此。我们对于一个人以前有过痛苦的经验，现在也许忘记了，但我们心上对于他，还有一种不好的影像。这种不好的符号还在；且它的意义，我们不了解；它的正确意义已经忘掉了。"（第458页）。

态与觉态的不存在完全不同。不存在的觉态是个强烈的觉态。一个忘掉的字的节奏会挂在心上，虽则没有包含这个节奏的声音；或是，对于似乎是一个字的字头的元音或辅音的模糊感觉会往来飘忽地作弄我们，而始终不变成更分明。有时候，有一句诗忘记了，只剩下空的音节，这音节在心上跳来跳去，想找字补上，这种空音节会缭乱心思，一定是人人都知道的。

再举一个例子。一个第一次得到的经验，和一个虽则我们不能说出名目，或在什么地方，什么时候经历过，而认得是熟悉的从前享受过的同样经验，这两个经验间有很奇异的不同；这不同到底是什么呢？一个乐调，一种香气，一种味道，有时这个觉得与它熟悉的无名感想那么深切，弄到我们简直被它的激动情绪的神秘能力所摇荡。可是，这个心理作用虽是强烈而特别，它大概是由于广大联络的（associational）脑区内还不到极度的激动。这种心理状态千差万别，我们只有一个名字，就是"熟识感"（sense of familiarity）。

在我们读到"绝无仅有"（naught but），"或是这一个，或是那一个"（either one or the other），"甲是乙，但是"（a is b，but），"虽然这是，然而"（although it is，nevertheless）"这是一个排中律格式，没有第三个可能"（it is an excluded middle，there is no *tertium quid*），以及许多其他逻辑的关系之语式的时候，难道除了读过的字句以外，我们心上绝没有别的内容吗？假如这样，那么，我们以为我们读的时候所领会的字句的意义到底是什么呢？什么东西使这一个词语的意义与那一个词语的意义不同呢？"谁？""什么时候？""什么地方？"难道在这些疑问词内所觉得的意义的差异，除了它三个语音的不同以外，没有别的吗？并且，难道这个意义的不同，不是（正像语言的不同）由与它相应的意识变化（虽则这个变化很难直接检察）知道并领悟吗？难道像"不！"（no）"始终不"（never）"还没有"（not yet）这样的否定词，不也是一样情形吗？

其实，人类语言中有很大的部分只是思想内**方向的符号**（signs of direction）。对于这种方向，我们有精细的辨别，不过绝没有确定的感官意象参加任何种作用在内罢了。感官的意象是稳定的心理现象；我们能够把它抓住，要观察多久就观察多久。反之，这些仅是逻辑的动向的影子，是心理的过渡，好像总在翱翔，除在它飞的时候，是不能瞥见的。这些影子的功用在于从这一组意象领到另一组意象。在这些"影子"来临时候，我们觉得那些渐长和渐消的意象。这种"觉得"是很特别的，与这些意象整个在心上的时候完全不同。假如我们想要抓着这个方向之觉，结果意象整个来了，而方向之觉反而消灭了。逻辑动向的语言空格能够在我们念诵它的时候，使我们"稍纵即逝"地感到动向，就像合理的语句能够由它所含的字引起确定的意象一样。

在我们说我们懂某人的意思的时候，那个最初对于这种意思的瞥见到底是什么呢？当然是个完全特殊的心理变化。难道读者没有自问过，他说话之先那**要说一件事的立意**是什么样子的心理现象吗？这个立意作用是个完全确定的立意，与一切其他立意作用不同，所以它是个绝对特别的意识状态；可是它的成分有多少是确定的语言或事物的感官意象呢？几乎没有任何意象。稍迟一会儿，语言和事物都到心上来了；那预期的立意，那先兆就没有了。然而，取而代之的语言来到的时候，假如与这个立意相合，它就陆续欢迎这些语言，认为它们是对的；假如不合，它就摒弃这些语言，认为它们是错的。所以这个立意作用有极坚确的特性。可是，我们假如不用属于后来取而代之的心理作用的名词，还有什么话可以指说它呢？它只能有"说某件事"的立意这个名目。我们可以承认我们心理生活中，足有三分之一是这些神速预见的对于还没有成为语言的思想纲领的透视。一个人第一次朗诵一篇文字，假如他不是最初就至少觉得快要念到的那一句的形式，这种感觉与他对当前这一个字的意识融合起来，而且影响他心上对于这个字的意义轻重，使他能够读得语气轻重都对，那么，他怎么能够才念就把一切字的轻重都念得不错呢？这种轻重差不多全是文法上结构的关系。假如我们念到"与其"，我们就预期一会就有"宁可"字样；假如在句首有"虽然"，我们就预料底下有"但是"或"可是"或"然而"字样。一个在某地位的名词要有个某形式的动词配它；在别个地位，又是要一个代名词。形容词后要有名词，动词后要有副词。这种对于与每个先后念到的字相连的未来的文法结构的预料，实际上可以做到相当准确，以至于读者对于他朗诵的书一点不懂，也可以念得跟懂的人的极微妙的抑扬顿挫一样。

这些事实，有些人要这样解释：他们以为在一切这些例子，都是因为某些意象按联想律（law of association）引起其他意象那么快，弄得我们事后以为，我们未真有意象之先，觉得正在萌芽的意象的**趋势**已经出现。从这一派的眼光看，意识的可能原料只是性质完全确定的意象。趋势固然是有的，但它是旁观的心理学家方面的事实，不是直接观察者本人的事实。这样说，趋势是**心理上**的零点；只有趋势的**结果**，我们才觉得。

可是，我所坚持的，并且屡屡举例以证明的，乃是："趋势"不只是从外面看来的描写，趋势也是思想流中的**对象**——思想流由内面觉到这些现象，并且思想流一定要被认为大部分是**趋势之觉**所构成（这些觉态往往很模糊，弄到我们几乎不能命名）。简言之，我切望读者注意的，就是要把这些模糊状态回复到它在我们心理生活内应占的位置。休谟和贝克莱的可笑的主张，以为我们除了性质完全确定的意象以外，不能有任何意象。额尔登和赫胥黎对于打倒这个主张已经前进一步，这在本书（原书）第十八章"论想象"要谈到。还有一个可笑的观念，就是以为由我们主观觉态，我们知道简单的客观性质，但我们不是由主观觉态知道关系；这个主张打倒了，我们就又进了一步。我们一定要承认传统心理学所说的确定意象，在我们实际心理生活中只是个极小的部分。传统心理学的看法，好像说河流只是一盆一盆的，一瓢一瓢的，一壶一壶的，一桶一桶的，以及其他方式的水合成的。事实上就是这些盆壶等项都真放在河流中，也还有自由的水不断从它们的空隙中流动。心理学家硬要忽视的，正是这种自由的意识流。心上的确定意象，个个都是在这种在它四围流动的自由水里浸渍着，濡染着。我们对于这个意象的近的远的关系，关于这意象来处的余觉（dying echo），关于它的去处的初感（dawning sense），都与这个自由的水连带着。这个意象的意义和价值整个都在这环绕护卫它的圆光或淡影里头——或许应该说，那光影与这意象融合为一而变成它的精髓；固然，这意象还是如前此一样是同一**东西**的意象，但这光影却把它弄成受重新看待重新了解的那个东西的意象了。

我们看过一场歌剧，一出戏，或是一部书之后，遗留于我们心上，而我们加以批判的那个戏剧或书的"形式"（form）——那种模模糊糊影子似的形式到底是什么呢？我们对于一个科学的或哲学的系统的观念是什么呢？大思想家对于项目（terms）间的关系的方式具有广大的预见——这些方式，几乎心上连它的语言的表象都没有，整个过程是那么快的。[①] 对于我们思想所朝的方向,我们都有这种恒有的觉态。这种像任何种觉态一样,是个觉态,是在思想未起之先,觉得什么思想将要到来的一种觉态。这个意识的视野的大小,变化得很厉害,大部随着精神旺盛或疲倦的程度而伸缩。精神旺盛的时候,我们心思能够看到很广大的地界。现在的意象向前开展它的局势到很远去,预先照耀到那含蓄着未发生的思想的领域。在通常情况之下,所觉到的关系的光晕就缩小得多了。遇到脑部极端困倦时期,心思的地界几乎缩小到现前一个字——可是,联想的机枢使第二个字循序出现,到了疲倦的思想者最后达到某一种的结论为止。在某些顷间,他也许要疑心,以为他的思想完全停顿;但他模糊觉得"此外还有"的感想使他不断努力,求得对于这个"此外"的一个更确定的表示。同时,他说话的迟缓表示在这种情形之下,思想工作一定是极困难的。

觉得我们**确定的**思想停顿了,与觉得我们的思想是确定地完成了,是完全不同的事情。后者心境的表现是个降低的语调,表明这句话完了,并静默。前者的表现是嗳嗫吞吐,或是如"等等""其余"这类话头。但是我们要注意的是:这句话内每个待续完的部分,在它当前时候,都觉得与前后部分不同,因为我们预料我们不能够停止它。"等等"这个话影响在它前头的思想,它也像最清楚的意象一样,是思想对象的根本成分。

还有,在我们用个普通名词——例如"人"——的普遍意义,去代表一切可能的人的时候,我们完全知道我们这种用意,把它与在我们指示某一群的人或某一个人的时候的用意仔细开分。在[第十二章]论概念作用那一章,我们会见到这种用意的不同是多么重要的。这个用意影响这句话的全部,无论是在用这个"人"字那一处之前或其后。

用脑作用的方式表示一切这些事实,是极容易的事情。对于我们思想的出发点的觉态,那个"何从而来"的余韵,大概是由于那个在一刹那前活跃的作用的余波;同理,对于终点的预觉,那个"何道而去"的先声,也一定是由于那个在一刹后活跃的作用的滥觞——这后种作用就是一刹那后明显出现于心上的那个事物在大脑方面的相当现象。假如用曲线代表,那么,与意识相应的神经作用在任何刹那一定是如图2。

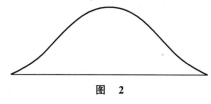

图 2

(原书第 27 图)

图中横平线的每点都代表某一个脑道或脑作用。曲线离平线的高度表示这个作用的强度。一切作用都**现在**,它们的强度如曲线所表示,但在曲线顶点以前的作用,在一刹那前是**已经**强些的;在顶点后的作用,在一刹那后,是**要**强些的。假如我背诵 a,b,c,d,e,

---

① 莫扎特形容他作乐曲的样子如次:其初,这套曲的零碎的一点一片来到心上,渐渐地连接在一起;过后心灵的劲儿来了,乐曲就越长越大,"我就把它开展得越广大越明晰,最后,就是乐曲很长,它在心里差不多完成了,所以在我心目中可以一眼看到全曲,好像这曲是个美画或美人似的。在这个状况之下,在我想象中,我并不把这套曲照先后次第地听见(后来当然要这样听见),而是一刹那间全部听到,如其可以这样说。这真是一个稀有的享受。在我,一切创造,制作,都像在一个美丽的壮伟的梦中进行着。但最好的,就是全部同时听到。"

f,g,在说 d 的项间,a,b,或是 e,f,g,都没有完全离开我的意识以外,这两组各依它的方式将它的微光与 d 的亮光混合起来,因为它们的神经作用也是有某程度的活动的。

有一类普通的错误,表明脑作用在与它联系的思想**来到**(就是说已成了实体的活跃的思想)之先已开始激动。我们指那些语言上或文字的错误,如卡朋特医士所形容的——他说:"我们说一个字的时候,把快要来的别一个字的一个字母或音缀误插进去,因而把头一个字念错了或拼错了;或是,也许把所预想的字整个替换现在应该用的字。"①在这些时候,或是因为有种局部的偶然的营养状况,把应该**来到**的作用**阻塞**了,因而其他应该只是萌芽的作用就先期整个出现了;或是相反的偶然的局部状况**促进**这种作用,使它不到期就爆发了。在论联想那一章[原书第十四章]中,我们会见到许多关于还未极度发动的神经作用对于意识的实际影响的例证。

这个正像音乐中的泛音(overtones)。不同的乐器发出同一个乐音,但色彩各有不同,因为每个乐器除了那个乐音之外,还发出它的许多不同的上列倍音(upper harmonics)——这些泛音是随乐器而不同的。耳朵并不是个别地听见它们;它们与基音(fundamental)混合起来,灌注它,改变它;也像这样,每刹那的渐长渐消的脑作用,都与正达最高点的脑作用的心理结果混合起来,灌注它,改变它。

一个微弱的脑作用使我们觉得仅仅模糊知道的关系和对象——这种脑作用对于我们思想的影响,让我们叫做"**心灵的泛音,灌液,或说边缘**"(psychic overtone, suffusion. fringe)。②

假如我们考究各种不同心态的识知功用,那么,我们觉得可以断定仅仅"见过"(Acquaintance)的心态与"知道"(knowledge about)(参看上文第八章"心对其他事物的关系",原书第 221 页)的心态的不同,差不多完全可以说是有或没有心理泛音的不同。知道一个东西就是知道它的关系。见过一个东西只限于它对我们的印象。对于它的关系之大多数,我们只是隐约地觉到,只是觉到关于这个东西的联锁(affinities)所成的边缘——这些联锁是说不出的。在未论到照次序应论到的题目之先,我必须说一点关于这种联锁之感的话,因为这个感是主观思想流的最富趣味的特色之一。

在一切我们着意的思想,总有一个为思想的一切分子所环拱的题目。在一半的时候,这个题目是个问题,是个我们还不能用个确定的图像,单字,或短语补满的空隙。可是,这个空隙却在心理上以很活动很确定的方式左右我们。无论眼前的意象和词语是什么,我们总觉得它们与这个恼人的空隙的关系。把这个空隙补满,就是我们思想的归宿。

---

① 《心理的生理》第 236 段,卡朋特的解释与本文所说的有重要的不同。

② 参看斯徒烈克:《普通及实验病理学演讲》(S. Stricker: *Vorlesunge übet allg. u. exp. Pathologie*,1879),第 462 至第 463,第 501,第 547 页等;罗曼尼斯:《人类才能的起源》(Romanes: *Origin of Human Faculty*)第 82 页。把自己的意思表示得明白是很难的,所以我可以提到达菩林(Dublin)的马基尔教授(Thos. Maguire: *Lectures on Philosophy*,1885)对于我的见解的误会。这位作家以为我所谓"边缘"是指某一种心理质料,能把本来分开的感觉黏附在一起的,并且他很冷隽地说,我应该"见到把感觉用它们的'边缘'连起来比拿牡蛎,将它们的胡须编起来想要造成世界,是还要糊涂的(第 211 页)"。可是,边缘这个名词,照我的用法,并没有这种意思;边缘是所识觉的对象的一部分——实体的性质和东西在关系的边缘之内出现于心上。我们思想流的某部分——过渡部分——不认识东西,只认识关系;但过渡部分与实体部分一起连成一个不断的流,其中并没有如马基尔教授所设想的,并且他以为我设想的,那种分立的"感觉"。

有些思想使我们更靠近那个归结。有些思想，被这个空隙认为完全无涉而拒绝它。每个思想都在我们觉得的关系边缘中流动——上说空隙就是这些关系所牵连的项目。或是，我们并没有个一定的空隙，只有个发生兴趣的情怀。那么，无论这情怀是怎么晦昧的，它的作用总一样——对那些心上想起的表象与这情怀相合的，就觉得有联锁，对一切那些与这情怀无涉的表象，就觉得厌烦或不和。

这样说，在这边缘上，我们常久觉到对于我们题目或兴趣的关系，尤其是对于这题目调和或乖戾，促进或阻碍的关系。在觉得促进的时候，我们是"不错"；觉得阻碍的时候，我们就不满意，恼乱，四面寻找其他思想。要知道，**任何**一个思想，它边缘的品质使我们觉得自己"不错"的，无论它在其他方面是何种思想，总是我们思维作用的一个可以收纳的分子。只要我们觉得它在这具有趣味的题目所属的关系系统内有个地位，就十分足够使它成为我们观念流中的一个有关的并相宜的部分。

因为一串思想的最重要的事情就是它的结论。结论是思想的**意义**，或是，如我们上文说的，是它的题目。结论也就是在思想的一切其他分子都忘却了的时候所遗留下的部分。无论是来解答一个问题、或是补满前此使我们不安的空隙，或是在随便遐想时候偶然碰到的，这个结论通常是个字，或短语，或特殊意象，或是实行上的态度或决心。无论如何，这个结论因为它具有特殊兴趣，是从思想流的其他片段之中卓然显出的。这个趣味把这结论**把捉住**；当它来的时候，这趣味使它成为一种吃紧关头，使我们注意它，使我们认它为思想的实体部分。

思想流中在这些实体的结论之前的各部分，不过是达到结论的手段。而且，只要得到同一结论，手段可以随我们的便，千变万化，因为思想流的"意义"是一样的。用什么手段有什么关系呢？"只要有醉，瓶子有什么关系"（*Qu'importe le flacon, pourvu qu'on ait l'ivresse*）。我们有了结论，就总是把达到结论以前的步骤大多数忘记了；从这件事实可以看到手段比较无关紧要。我们说过一个命题之后，虽则我们能够很容易用别个说法表达它，但过了一会以后，我们很少很少能够把我们本来用过的词语记得准确。对于看过的书，我们虽然也许不记得书中的一句话，但是这部书的要紧结局是不会忘掉的。

说"两组性质不同的意象，所含的我们觉到的'联锁'并'乖戾'的边缘会是一样的，"还像是个诡怪的话。比方一方面是一串词语经过心上，引到某一个结论，另一方面是一组差不多毫无语言的，而是触觉的和视觉的，以及其他的想象也引到同一个结论。到底我们觉得那些语言所属的光晕（边缘，或间架）同我们觉得这些意象所属的光晕，会不会同一样呢？难道所用项目的差异不连带着所觉得的项目间关系的不同吗？

假如项目认为只是感觉，那么，项目的不同确实连带着关系的不同。例如，字词和字词也许会彼此成韵，但视觉意象不会有那样的联锁。可是，在字词认为思想，认为被理解的感觉的情形之下，由长久联想的作用，曾经带上彼此间并与结论间相拒或相连的边缘——这边缘与在视觉的，触觉的，及其他观念的同类边缘完全并行的。我要重说，这些边缘的最重要成分只是那调和与乖戾，思想方向对或错的觉感。就我所知道的，堪贝勒博士对于这件事曾作过极好的分析。他的话曾经屡屡被引用，这里还要再引用一回。他的那一章的题目是"无意义的语言，何以作者并读者往往不觉察到呢？"他解答这个疑问

的时候（除别的话之外）说明理由如下：①

　　"在用一种语言的人的心中，这种语言的各个字词间渐渐得来的联络或关系……不过是因为那些字词被用为彼此相连或相关的事物的符号。在几何学内有个公理说：等于同一东西的东西彼此也相等。同样，在心理学内可以承认'由同一观念联引的观念，彼此也会互相联引'为公理。因此，假如由于经验到两件事物的联系而结果发生（是必定发生的）那附属于这两件的观念或概念的联引，那么，关于这些符号的观念也同样会互相联系。所以，我们以为认为符号的声音也有一种与符号所代表的事物间的联系相类似的联系。我说，认为符号的声音，因为我们在说话，作文，听人说话，和读书时候常是这样认声音为符号。假如我们有意抽象，把声音只认为声音，那么，我们就立刻觉得这些声音是完全不相关的，除开由音调或抑扬相似而起的关系之外，是彼此毫无关系的。可是，这样对语音的看法，通常是由于预先立意，是很费劲的——普通用语言，是不会这样用劲的。在普通用语言时候，语言只认做符号，或是，应该说，语音与它所代表的事物混淆起来。因此，如上文所解说的样子，我们不知不觉地弄到认语音间有种与语音本来有的关系很不同的关系。

　　"并且，人心的这种想法，习惯，或倾向，无论你叫它哪一个名称，由于语言的常用和语言的构造，又变本加厉得很多。我们要把我们知识和发现告诉人，别人要将他的告诉我们，语言是唯一的媒介。因为屡屡用到这个媒介，必定弄到假如事物是彼此相关的，代表那些事物的字词，在讨论的时候，尤其常常连在一起。所以，因为常常互相接近，这些名词和名称本身，在我们意想中，除了它单由作为相关事物之符号而起的关系之外，又沾染上一种关系。而且，语言的构造又把这个倾向的势力加强。就现在所已经发现的，无论什么语言，就是最粗陋的，都具有一种有规则的类推的（analogical）结构。结果，事物上的相似关系就用相似的语言表现，就是说，依照这特种语言的特质或文法上的形式，用相类的形变，引申，组合，字词的排布，或虚字的衔接表现。就是这种语言很不规则，但由于常用，每遇到所说的事物在自然界是相联系的时候，代表这些事物的符号也不知不觉地在我们想象中变成互相联系；同理，由于语言的有规则的结构，弄到我们以为这些符号间的这种联系，是与符号所指的原来事物之间所具有的联系相类似。"

假如我们能说英语连法语，开头说一句法语，那么，后来的字就都是法语，很少会忽然换说英语。并且，法语字彼此间的这种联锁，不是仅仅机械地发生作用的脑部定律，而是我们当时实在觉得的事情。我们对于听到的一句法语的了解，不会微弱到我们不觉得这一句中的字是属于同一种语言。我们注意不会散漫到假如说话者忽然插进一个英字进来而不觉得来得突兀。只要这些字有一点点是我们"想出"的，这种觉得各个字属于一起的模糊感觉，是这些字所能夹带的最小限度的边缘。通常，假如模模糊糊地觉到我们所听到的字都属于同一种语言，都属于那语言内的同一种特殊词汇，并且文法的次第是熟悉的，那么，这差不多就等于承认我们所听到的话是有意义的了。但是，假如忽然插进

---

① 见他的《修辞的哲学》(George Campbell, *Philosophy of Rhetoric*)第2篇，第7章。

一个奇异的外国字，或是忽然来了一个文法的失误，或夹进一个属于一个不相符的词汇的名词，例如在哲学上的讨论内忽然提到"捉鼠笼"或"装水管的账单"，那么，这句话就把我们震动了一番，我们受这个矛盾打击一下，那种迷迷糊糊的认可心态就消灭了。在这些时候，合理之觉似乎只是消极的而非积极的，只是"思想的各项目间没有冲突，或是没有乖戾"之感。

字与字彼此理应连在一起说，我们心思对于这一个关系认得那么灵敏，那么"一息不懈"，所以就是听的人注意松懈到不知道这句话的**意义**，但对于一点点的误读，如读"因"为"困"，读"怛"为"恒"之类，*他会把它改正的。

在相反方面，假如所用的字都属于同一词汇，并且文法上的结构也没有错误，那么，绝对无意义的话，说者可以真心实意地说出来，听者也会不加以挑剔。那些在祈祷会的演说，不过把同一串的"口头禅"排来排去的，以及一大堆的"一行卖一铜元"的文字，和新闻访员的油腔滑调都是这件事的例证。有个报告仄洛姆公园的运动会的新闻，我记得有这么一句："群鸟把它们的晨歌弥漫了树梢，把空气弄得湿润，清凉，而且爽快。"这大概是匆忙的访员无意之中写出来的，而许多读者也随便看过，并不加以评疵。最近，在波士顿出了一部书，共有784页；这整部书都是这些无意义而好像连贯的语句合成的。①

每年都出过一些书，其内容只足以证明作者真是疯子。即如上节所指波士顿出版的书，在读者眼中，显然从头到尾只是无意义的话。在这种的例子中，要想窥测在作者心中对于各字词间的推理的关系，会有什么种的觉态，是不可能的事情。客观意义与无意义，其间的界线，很难划清。要划清主观意义与无意义中间的界线是不可能的。从主观方面看，只要一个人对排在一起的字，相信这些字是理应连成一气的，那么，随便什么样的字的排法——就是梦境中的最荒谬的话——也会发生意义。例如黑格尔著作中的比较晦昧难明的段落；假如我们要问，到底这些段落所含的合理性，除了"那些字语都属于同一种词汇，照惯于重出的说明作用（Predication）和关系作用——直接，自己关系，等等——的间架连成一串"这个事实以外还有什么，这疑问是理应有的。然而，在作者写这些句子的时候，他主观感觉这些句子的合理性是很强的，并且有些读者因为用尽气力，矫揉造作，也许也会觉得这些话的合理性——对这些事实，似乎没有怀疑的理由。

总而言之，我们觉得一个句子有意义并且代表一个思想的单一性，这种印象的好大部分只是由于某些种类的字词互相连带，某些预期的文法上构造果然实现。无意义的话，假如具有文法的形式，听来就像一半合理；有意义的话，假如文法的次第颠倒，就变成

---

　　* 原文作读 causality 为 casualty，读 perceptual 为 perpetual. 兹略改。
　　① 这部书叫做《实质主义，或知识的哲学》（*Substantialism or Philosophy of Knowledge*，by 'Jean Story'，1879）[译者按：作者曾在本文引了这部书的一段作例，兹从略不译]。塔德（在德博甫《睡和梦》Delboeuf: *Le Sommeil et les Rêves*，1885，第226页）引了有些在梦中得来的无意义的"诗"之后，说，这些诗句证明"在逻辑规则抹消了的心上，韵律的形式还可以存在。……在梦里，我仍然能够找到两个成韵的字，仍然认识韵，还能够把最初来到的句子，用别的加上去，可以得到所需要的音缀数目的字补上去，然而完全不知道各字的意义。……这样，我们得到一件异常的事实，就是：字与字彼此互相引起，然而不唤起它的意义。……就是在醒的时候，'爬到'一个字的意义也比由这个字'走到'那个字更困难；或是，用别的说法，**做思想家比做修辞学家更困难**，并且统算起来，没有任何东西比一串意义不明白的字**更常见**"。

无意义；例如，"爱尔巴拿破仑英国人诺言曾经放流违反到他圣因为希伦那在"*。最后，每个字都有心理上"泛音"——就是"觉得这个字使我们更接近预先觉到的结论"那个感想。把一句话的全数的字，在它说出之顷，都濡染着上述三种暗示关系的边缘和光晕，把结论弄得显似值得求到的，那么，大家都要以为这句话是表现完全连续的，统一的，合理的思想了。①

在这么一个句子，我们不仅觉得每个字是个字，而且有个**意义**。一句中一个字的"意义"这样从动的方面看，跟从静的方面看或除开上下文时候的这个字的意义，会十分不同。通常，动的意义可以减约到只剩下如我们所说的边缘——与上下文和结论相合或不相合的觉态。一个字的静的意义，在这个字是具体的时候，例如"桌子"、"波士顿"，就是所引起的感官的意象；在这个字是抽象的时候，例如，"刑事的立法"、"谬论"，意义就是所引起其他字词，即所谓"定义"的。

黑格尔受人传诵的主张——纯粹的有与纯粹的无是同一的——乃是由于他把"有"与"无"这两个词只取它的静的意义，换言之，不管它在文中应有的边缘。这两个词，孤立地看，都不引起感官的意象；只在这一点上，它两个是相同的。可是，从动的方面看，或是，从有意蕴方面说，即认为**思想**看，那么，我们就觉得它俩的关系边缘，它俩所接近的，所排拒的都绝对相反，并且我们明白知道是这样。

像这种的看法，把那些视觉意象极端缺乏的人弄得完全不像奇怪的了——这种例子是额尔登先生指出的（参看本章下文）。一位非常明白的朋友告诉我他对于他早餐桌上的样子，一点没有意象。当问他那么他何以能记得的时候，他说，他只是"**知道**"桌上坐四个人，铺了一块白布，布上有碟黄油、一壶咖啡、萝卜，等等。构成这个"知道"的心理质料似乎完全是语言的意象。可是，假如"咖啡"，"熏肉"，"松饼"，"鸡蛋"这些话使一个人能够吩咐厨夫，理还他的菜钱，准备他明天的膳食，跟视觉的和味觉的记忆像一模一样，那么，从一切实用方面说，为什么它不是一样有效的思想媒介呢？其实，我们可以猜测在大多数用途上，它比具有更丰富的意象的符号还好。关系的格局及结论既然是思想作用中的主要东西，那么，心理质料中最简便的，也就是最合于思想之用的。说到语言，无论它是说出的或含蓄的，总是我们所有的最简便的心理元素。语言不仅可以很快地再发，并且它比我们经验中任何其他项目都更容易再发为实际感觉。假如语言没有像这一类的优点，那么，就不应该有下列事实，就是：通常，人越老，或越是有效率的思想家，他就越丧失掉他的视觉想象的能力，越依靠着语言。额尔登发现英国皇家学会的会员大都是视象很弱，专靠语言思想。作者极清楚地观察到自己也是这样的。

从另一方面看，聋哑的人也能够将他的触觉和视觉的意象，构成一个完全与用语言

---

* 原句当是："英国人放流拿破仑到圣希伦那，因为他曾经在爱尔巴违反诺言"。

① 幼儿听人读故事，即使有一半的字是他们不懂的，也不追问这些字的意义，而且往往聚精会神听下去；我们成年人以为这是很奇怪的。但是，幼儿的思想，恰恰跟我们思想很快时候的思想形式相同。在这种时候，我们同幼儿一样，都是把那些说出的句子的大部分飞快地跳过去，只注意到中间的实体部分——出发点、承转点和结论。其余的一切，虽则从**可能性**上说，也是实体部分，也是可以独立成意义的，实际只是作为过渡的材料。这个**节与节间**的意义，使我们觉得思想是连续的；但除了补满空隙的功用以外，是没有意义的。在幼儿听过一大串不了解的字之后，很快地碰到一个他们认识并了解的终点时候，他们大概不觉得有什么间断。

者一样有效一样合理的思想系统。**到底没有语言，会不会有思想这个问题**，在哲学家中，是个大家爱讨论的题目。华盛顿的国家学院的一个聋哑教师，巴拉德君，有些有趣味的对于儿时的回忆，证明无语言的思想完全可能。兹将他的话引几段于下：

"因为我在婴孩时期就失掉听觉，我就不能够享受其他儿童（感官完好无缺的）所得到的好处，由于普通小学校的功课，由于他们同学和游戏伴侣的逐日谈话，由于他们父母和别的成年人的接谈所得到的。

"那时候，我能够把我的思想和情感用自然的符号或姿势传达给我的父母；我也能够由同样媒介了解他们告诉我的意思。不过，我们的通话只限于逐日照例的家里事情，差不多不出我个人观察的范围以外。……

"我父亲采用一种计划——这计划，他以为会多少抵补我听觉的缺失。这计划就是：遇到他因事乘车外出的时候，他就带我同去。他带我出去的次数比他带我的兄弟们多些；他解释这样显似偏心的理由说，我的弟兄们能够由耳朵得到知识，而我要知道外界事情，只能靠着我的眼睛……

"我很真切地记得注视我们经过的各种景物，观察自然界的各方面，生的和无生的，觉得多么高兴；不过因为我听不见，我们并没有交谈。就是在那些快意的坐车游行的时候，约略在我开始学初步的文字之前两三年，我第一次对我自己提出'**世界是怎么来的?**'这个问题。在想起了这个问题的时候，我一个人想了许久。那时候，我对于大地上最初有人的时候，人是怎么来的，最初的植物是怎么来的，以及大地，日，月，星所以生成的原因，都想知道。

"我记得有一回在我们坐车旅行的时候，我偶然看见一棵很大的树桩，我就对自己说："世界上最初一个人会不会由那棵树头出来呢？可是，那棵树头只是从前一棵高大的树的残余；那么，那棵大树怎么来的呢？是了，它的来源不过是跟那些现在新长的小树一样，由地里长出来的。"这样，我就觉到人的来源与一个枯朽的老树头有关系这个观念荒谬不合理，就把它丢开不想了。……

"我不记得什么事情最初使我想起万物来源这个问题。在这个时候之前，我已经对于父母生子女，动物的生殖和植物由种子发生各事得了些了解。我心上发生的问题乃是：在太古还没有人，没有动物，没有植物的时候，第一个人，第一头动物，第一棵植物是何从而来的；因为我知道这些都有个起头，有个煞尾。

"这些问题，关于人、动物、植物、大地、太阳、月亮，等等，的确哪一个先想起，哪个后些，现在完全不能说定。对于低等动物，我并没有像对人和大地那样注意，也许因为我把人与兽类归做一类。这是由于我相信人会消灭，死后不会复活——可是，在我一个舅舅死的时候，我看他像一个人睡着样子，我问我母亲；她告诉我些话，想法叫我了解我舅舅在很远的将来会醒起来的。但我那时候相信人与兽都是由同一来源来的，也会化为灰尘，同归于尽。我以为无理性的动物只是次要，比人低下；我对于人和大地这个问题最用心。

"我想是在五岁时候，我才了解父母怎样会有子女，并动物怎样生殖。是在差不多十一岁时候，我才进我受业的学校；我记得很清楚，至少是在这时候两年以前，我第一次想到世界起源这个问题。那时候，我大约八岁，不会过九岁。

"关于大地的形式,在我小时候,看见两半球地图以后,就以为大地是互相接近的两大盘似的物质,此外并没有什么观念。我也相信太阳和月亮是圆而平扁的、盘形的、会发光的物质;对于这些发光体,我抱着一种崇敬心,因为它具有照耀并温暖大地的能力。因为它的升起、降落,和经天而行的路程那么有规则,我以为一定有个东西,有力量管住它的程途。我以为太阳从西方的一个窟窿下去,从东方另一个窟窿上来,从地里头一条大隧道走过,走的路径画了一个与它在天上显似走过的曲线一样的曲线。从我看起来,好像星星是镶嵌在天穹上的小灯。

"世界来源这个问题,那时候老在我心里打转。我竭力去领会它,或应该说想奋斗到得个满意的答案,但总不成功。在我想了好久之后,我觉到这是远远超过我的理解力的问题;我记得很明白,那时候我被这个问题的神秘吓倒,因为我不能够对付它,弄得心里那么纷乱,所以我就把它丢开,不去想它,以免被卷入不可解的纠纷的旋涡,心里倒轻松了。可是,虽然我觉得这样轻松一下,但仍然不能够放弃要知道这个真理的欲望;因此,我又回到这个题目;但像以前一样,想了些时候以后又丢开了。在这种纠纷状态之中,我常是希望能得到真相,还以为我越想这个问题,心里就越能看透这个神秘。这样,我像个毽子一样,飞来飞去,一会回到这个题目,一会又退缩开,一直到我进学校为止。

"我记得有一回我母亲告诉我有个高高在上者,她把手指指着天,脸上现出很严肃的样子。我不记得什么事情引起她告诉我这个话。在她说起这个天上的神秘者的时候,我很急切地抓紧这个题目,反复问她这个未知的存在者是什么样子,是不是太阳,或月亮,或星星中的一个。我知道她说的是天上某处有个活的人物。但是到了我觉到她不能够回答我的问题的时候,我很失望地放弃这个题目,关于这个天上神秘的活人物的确定观念,我无法得到,这件事使我觉得很愁惨。

"有一天,我们正在田里割草,忽然来了一串洪大的雷声。我问我的一个弟兄这些雷震是从什么地方来的。他就指着天空,并且用他的手指做个连续曲折的动作,代表闪电。我想象以为在苍穹某处有个伟丈夫,喊出这种大声音;并且那时候每回我听到雷震,①我总吓一下,仰看天上,怕是他要降祸的警告。"②

我们到这里可以停一下。读者到此刻应该会明白,何以他用什么种心理质料,什么样的意象去思想,都只有很小的关系,甚至毫无关系。**根本**上重要的意象只是思想的歇脚的地方,暂时的或最后的带实体性的结论。在思想流的一切其他部分,可以说整个是关系之觉;互相关系的项目差不多不算数。所用的意象的方式就是很不同,这些关系觉,

---

① 当然不是真真地听**到**。聋哑者对于震动和轧轹觉得很快,就是震动很微弱,能听见的人不觉得的,他也能觉得。

② 见朴脱《无语言会不会有思想?》[Samuel Porter:*Is Thought possible without Language*,in Princeton Review. 57th year.(Jan. 1881?)pp. 108—112]文中所引。也可以参看爱尔兰:《脑之污点》(W. W. Ireland:*The Blot upon the Brain*. 1886)第 10 篇,第 2 段;罗曼尼斯:《人的心理演进》(G. J. Romanes:*Mental Evolution in Man*)第 81 至 83 页,以及那里所列的参考书。M. 米勒教授在他的《思想科学》(*Science of Thought*)的第 30 至 64 页内曾述到这个争论的历史,说得很详细。米勒自己的意见是这样:思想与语言是分不开的;但他所谓语言,乃是把任何种可设想到的符号,而且连心理意象都包括在内,并且他没考虑我们对于关系的格局及思想的方向能够不用语言而瞥见它的概要。

这些心理的泛音,光晕,灌液,或边缘也可以相同。下面的图案可以把"目的同一而心理的手段取任何方式都无关系"这个事实弄得更明白。假定 A 是好些思想家所从出发的某一个经验;Z 是从这个经验按理推出的实际结论。一个思想者由这一条路线到达这个结论,另一个思想者由另一条路;这一个的历程是英语的语言意象,那一个的是德语的语言意象。在这个,主要的是视觉象;在那个,是触觉象。有些思想流是粘带着情绪的,其他思想流就不然;有些是很简省的,综合的,迅速的,其他则是迟疑的,断折成许多步伐的。可是,这些思想流,无论它们彼此中间怎么样不同,当到了最后,它们个个流的最后项之前一项抵达同一结论的时候,我们说一切这些思想者所得到的结论实质相同,而且这样说是满对的。假如每个思想者能够走到旁的思想者的心里,看到在旁人心里的景物与在他自己心里的那么样不同,他大概要不胜骇怪了。

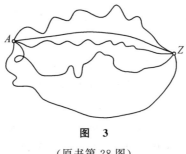

图　3

(原书第 28 图)

如好久以前贝克莱所指出的,思想事实上是一种代数,——"在代数里,虽然每一个字母代表一个特殊数量,可是要进行无误,并不需要在每个步骤内你要想起每个字母所代表的那个特殊数量"。刘爱斯君把这个代数的比喻阐发得那么好,我只好在这儿引他的话:

"代数的首要特性在于用关系推演。这个也是思想的首要特性。代数除开数值就不能存在,思想除开觉态也不能存在。演算在未指定数值之前只是许多空格子。字词,假如不代表意象和感觉(这些是字词的'数值'),那么,字词就只是虚声音,观念也只是空形式。然而,分析家进行很大规模的推演,只是用空格;在演算未完结之先,绝不停顿下来,把符号换做数值——这个事实是的的确确的,而且是至关重要的。同样,平常人,也跟哲学家一样,想了一长串,也没有中间停下来,把他们的观念(字词)换做意象。……比方有个人远远地喊了一声'一头狮子!'听的人立刻吓得跳起来。在这个人看来,这个话不仅表示一切他所见过听过的关于狮子的(能够提醒种种经验的)许多事情,并且能够用不着回忆那些经验之任何一个,用不着再起狮子的什么意象(无论是怎样微弱的),而在一串连贯的思想中占一个地位——它只充作这个称为'一头狮子!'的复杂情境中某一种关系的符号。它就像一个代数的符号一样,可以只把它当做一种抽象的关系,用来推演;它是个危险的记号,与恐怖和一切恐怖在动作上的先后表现有关系。只要它在逻辑上的地位就够了。……观念是**代用品**——要把它所代表的翻成它所替去的意象和经验,还要有个副作用;这个副作用,往往不发生,通常只微微发生。假如任何人把在他用一串推理的时候,历历经过他心上的作用细细考察,他将要发现伴随他观念的意象多么少,多么微弱,他一定会诧异。比方你告诉我说,"看见他的仇人,血就从他的心脏很猛烈地冲出来,把他的脉搏弄得快得多了。"在这句话所含蓄的许多可能的意象之中,在你心上,在我心上,到底有几个比较明显呢?大概只有两个——这个人和他的仇人——而且这两个意象也是模糊的。至于血的、心脏的、猛烈冲出的、脉搏的、弄快的、看见的,这许多意象不是完全没有,就是有了,也是稍纵即逝的阴影。如果任何这种意象发生,它反而会妨碍思想,反而把不相干的'夹带'迟滞了逻辑的判断作用。符号已经把**关系**代替这些'**数值**'了……我说'二加三等于五'的时候,并没有两个东西与三个东西的意象,只有熟悉的具有准确关系的符号。……'马'这个字代表一切我们对于马的经验,这一个字够应付思想的一切用途,并不用想起'马'这个知觉内所结集的意象中任何一个意象,就像一看到马的形式,就够做**认识**马之用,并不用再追忆它的嘶声或它的蹄声,以及它曳重的能力,等等。"①

现在只要加一句话,就是:虽然代数学者所用项目的次第是由各项目的关系而定,不是由它个别的数值而定,但他必须对他得到的**最后**项目给个实在的数值;也像这样,用语言思想的人一定要把表示他的结论的那个字句换成它的全值——与它相当的明显意象,——否则这一串思想要弄到黯淡不切实了。

总之,我们思想觉得是连续的,统一的。反之,思想借以进行的字词,意象,及其他工具显似是分散的。在这些实体的分子中间还有"过渡"的意识;并且这些字词和意象是"带边缘"(fringed)的,不是真像不细看时候那样分散的样子。对于思想的连续性和统一性,我的话都说完了,现在让我们说到关于思想流的次一个题目。

(四) 人类思想显似是应付独立于思想之外的对象;换言之,思想是识知的或是具有识知的功能

自绝对唯心论看来,那无限的**思想**和它的对象是同一的。**对象**所以存在,由于被想着;不朽的**心**所以存在,由于它想着这些对象。假如世界上只有一个人类思想,那么,关于这个思想,除了这种假定之外,没有理由可以作任何别种假定。无论什么,凡是出现于这个思想上的,只是这个思想的幻见;它在那里,只是在于**这个思想**的"那里",或是在那时,也是在于**这个思想**的"那时",如果这样,"这个思想在心外有没有个复本"这个问题始终不会发生了。我们所以大家都相信我们思想的对象有个在心外的复本存在,乃是由于世上有**多个**的人类思想,个个都具有**相同**的对象——这是我们不得不假定的。"**我的思想**跟**他的**思想有同一对象"这个判断,就是心理学者所以认为我们的思想知道了一个外界实物的理由。因为我自己的已往思想和我自己的现在思想都是关于同一对象,所以**我**把这个对象放在过去和现在思想之外,而好像照三角测量法的样子,把它投射于一个独立地位——由这个地位,这个对象可以**呈现**于过去的和现在的思想这两者之前。这样看

---

① 见《生活与心灵的问题》(*Problems of Life and Mind*),第 3 组第 4 题第 5 章。可参看爱格的《内部语言》(Victor Egger:*La Parole Intérieure*)巴黎版,1881 年第 6 章。

来，许许多多的对象之中有**同一性**，乃是我们所以相信"思想之外有实在"的根据。① 在第十二章（概念作用）内，我们将要再说到关于同一性的判断。

假如没有对于**同一**的现象屡次经验过，"实在"是不是在心外这个疑问大概不会发生，这件事可以用个例说明。假如遇到一个完全空前的经验，比方说，喉咙里觉得有个新异的味道。到底这是个主观的感觉性质呢，还是个感觉到的客观的性质呢？ 在其初，就是这个问题，你也不会想到；不过只是那个味儿。可是，假如有个医生听你形容这个感觉，说："哈！现在你才知道'胃气痛'是什么样子"，那么，这个味儿就变成一个在你心外已经存在的性质——你此刻才碰到才知道的了。小孩所经验到的第一次的那些空间，时间，东西，性质，也像胃气痛一样，照这样绝对的方式，只是单纯的有（beings），不在心内，也不在心外。后来，在他除开这个现在思想之外，还有其他思想，并且对这些思想的对象的相同，屡屡下过判断之后，他自己就证实了有在过去，在远处，和在现在一样存在的"实在"这个观念。这些实在并不是任何单个思想所能享有或发生的，乃是一切思想都可以存想而知道的。如上一章（心对其他事物的关系）所说的，这个就是**心理学**的见解，一切自然科学的比较不吹求的非唯心论的见解——我们这部书不能越出这个见解的范围以外。假如一个心已经觉到他自己的识知功能，那就是对它自己做"心理学者"的工作了。这个心不仅知道那些呈现于它之前的事物；它并且知道它知道那些事物。发展到这个阶段的反省状态是我们成人惯有的心态，不过或明显些，或不明显些罢了。

然而，这种心态不能够认为是最初的。对象意识一定先发生。在吸了迷药或晕倒时候，意识缩到最小限度；当这时候，我们似乎陷入这种原始状态。很多人依据自身的经验说，用迷药到某个阶段时候，外物还认得，但对自我的感想失掉了。黑森教授说：

> "在昏迷的时候，心思绝对消灭了，一切意识都不存在了；后来，在才回复意识的项间，在某一刹那，有个模糊的无界限的无限大之觉——一种觉得**一般存在**（existence in general）的觉态，丝毫没有我与非我的分别。"②

菲拉德菲亚的舒马克博士给醚麻醉了，在麻醉最深，但还没失知觉的阶段，形容他这项间的幻见如此：

> "两条无尽头的平行线正在顺纵向迅速运动……在一个一色的烟雾似的背地上……连着有个不断的声音，呼呼的，声音不大，但很清楚……这种声音似乎与那两条平行线有关系。……这些现象把意识的全部占领了。并没有与人事有任何关系的梦或幻觉，没有与已往经验的任何事物相联属的观念或印象，没有情绪，当然也没有人格的观念。对于是什么东西在注视这两条线，或是有无任何像这种什么东西存在毫无感想，只有这两条线和波动。"③

---

① 假如一个人看见"鬼怪的""显现"，我们以为这是他私人的幻觉。假如不止一个人看见，我们就要以为也许外界真有相当的什么现象。

② 见《哲学批评》第 21 卷，第 671 页。

③ 转引"治疗新闻"（The Therapeutic Gazette），纽约《半周晚报》1886 年 11 月 2 日。

斯宾塞的一个朋友也说他的经验(斯宾塞在《心》杂志第三卷第 556 页引他)"处处是个毫无响动的,空空的寂静,除开**有一个什么地方**有个笨的什么,像个很重的闯进来的东西——在肃静中的一个污点。"在我看来,在对象还是差不多不能认定的时候,这样觉得有对象,而没有经验这个对象的主观者,是在受氯仿麻醉时候一个多少常见的阶段。不过就我自己的经验说,这个阶段太深了,没有留下任何可以说出的记忆。我只知道这个阶段消灭之后,我似乎才觉得我自己的存在是加在已经有的什么东西之上的东西。①

然而,许多哲学家主张:反省地觉得自我,是思想的识知作用所根本需要的。他们以为一个思想,只要想知道一个事物,一定要把这个事物和思想自己的我分别得清楚。② 这是完全荒谬的假定,没有丝毫理由可以说这是事实。如我主张我假如不知道我知道,就不能够知道,就等于我承认我假如不曾做梦梦到我做梦,就不能够做梦,或是假如不发誓我发誓,就不能够发誓,或是假如不否认我否认,就不能够否认。我也许见过对象甲,或是知道甲,同时并没有想到我自己。这件事只要"我想甲";并"有个甲",就够了。假如除了想甲之外,我又想"我存在"并"我知道甲",也好;这样,我知道另外一件事,一件我从前不留意的关于甲的事。但这并不能够禁止我,叫我变成不是早已知道甲很详细的人。**甲自身**,或甲加乙,也像甲加我,是一样好的知识对象。上述的哲学家只是把一个特殊对象,替掉了一切其他对象,把这个对象称为最根本的对象。这是"心理学者的谬误"(psychologist's fallacy)(看第一册第 197 页)的一个例子。**这些哲学家**知道对象是一件事,思想是另一件事;他们立即把他们自己所知道的混进思想所知道的里头——他们自命这样可以表示思想的真相。归结一句话,**思想在知道对象的时候可以把它的对象跟它自身分别起来,但不一定要这样分别。**

我们刚才用对象这个名词。**现在一定要脱些关于对象这个名词在心理学里的正当用法。**

在通俗的英语里,object(对象)通常认为与"个别存在的物体"同义,不针对知识作用说。这样,假如有人问:当你说:"哥伦布于 1492 年发现美洲"时候,心的对象是什么。大多数人将要答应说是"哥伦布",或是"美洲"或至多"美洲的发现"。他们将要把这个意识中的一个实体的核心提出,说这个思想是关于那个(固然是的),并且他们要把那个叫做

---

① 在半昏迷状态中,自我意识可以完全消灭。一位朋友写信告诉我这样的事情,他说:"我们由某处坐马车回来。马车门自己飞开了;某人,别号'秃子'的,摔出去,掉在路上。我们立刻把车停了。过了一会儿,他说,'有什么人摔出去了没有?'或是说'谁摔出去了?'——我记不清他怎么说的。当我们告诉他秃子摔出去了,他就说:'秃子摔出去吧? 倒霉的秃子!'"

② 康德最先提出这个主张。我在这里附加几个对于这个主张的英文说明。费里爱的《形而上学原理》(Institutes of Metaphysic)第一命题说:"跟着任何心灵所知道的随便什么事物,这个心灵同时一定也多少知道它自己——这后项知识是前项知识的基地或条件"。汉密尔顿:《讨论》(Discussions)第 47 页说:"我们知道,并且我们知道我们知道——这两个命题,虽在逻辑上有分别,其实是同一的;每个都包含其他一个在内。……所以中世纪学院派的名言'假如我们不觉得我们觉得,我们就不觉得'(non sentimus nisi sentiamus nos sentire)是很对的。"曼塞尔的"形而上学"(H. L. Mansel,Metaphysics)第 58 页说:"凡我心思所及的无论什么样的材料,只在'我认它是我的'这个条件之下,我才能够意识到它……这样,对这有意识的自我的关系,是个个意识状态自身一定表现的永久的普通的特色。"格林:《休谟学说导论》(Introduction to Hume)第 12 页说"本人……对他自己有个意识,与作为他的对象的事物立于反面的关系,并且我们一定要认为这个意识与知觉作用自身跟在一起。其实,任何作用,就只是可算做知识的开始的,至少都包含这个'两重作用',这是可能的思想或心思的最小限度。"

你思想的对象。其实通常那不过只是你这句话文法上的对象（object）受词或是更可能地，只是文法上的主体（subject 主词）。至多，这只是你的小部分的对象（fraotional object）；或者你可以把它叫做你思想的，或你讨论的题目。但是，你思想的**对象**事实上是它的整个内容，整个担负，不多不少。把思想内容的一个实体的核心挖出来，把这个核心叫做思想的对象，是个恶劣的语言用法；把一个为思想内容所不说到的实体核心加上去，叫这个实体做思想的对象，是一样恶劣的语言用法。可是，假如我们只说某一个思想是关于某一个题目，或是，那个题目是这思想的对象，我们总不免犯了这两个罪恶中的一个。比方说，在"哥伦布于 1492 年发现美洲"这句话里，严格说，我思想的对象既不是哥伦布，也不是美洲，也不是美洲的发现。这个对象不能少于这整句的话，"哥伦布—于—1492年—发现—美洲"。假如我们要把这个思想表为实体，我们一定要把这些名词，通通用短线连起来，表示只是一个实体，只有这样，才勉强可以表示这个思想的微妙的特性。并且，假如我们要实在**觉到**那个特性，我们必须把这思想照原来说话的样子说出来——每个字都带"边缘"，并且全句沉浸于那个原有的模糊关系所成的光晕之中（这个光晕像个极望的眼界一样，围着这句话的意义而展开）。

我们心理学的职务是在于抓住我们所研究的那个思想的真实构造，尽量紧紧地抓住。我们错在太过，和错在不及，一样常见。假如哥伦布这个核心或题目，从一方面看，比这个思想的对象太少些，在另一方面看，也许太多些。这就是说，在心理学者说这个名字的时候，这名字的意义或许会比他所报告的思想实际所有的意义多得多。例如，假定你继续下去想到"他是一个勇敢的才人，"平常的心理学者将毫不迟疑地说，你思想的对象还是"哥伦布"。固然，你思想是关于哥伦布；这思想归结于哥伦布，由哥伦布这个直接观念引来，又引到这个观念上去。可是，在这一刹那，这个思想并不完全是，直接是哥伦布，只是"他"，或是应该说是"他—是——一个—勇敢的—才人"（这句话的各字都应该连起来像是一个字似的）；这个差别，在说话上也许是个无关紧要的分别，但在内省心理学看来，是个绝大的差别。

这样看来，个个思想所有的对象是这个思想所想的一切，恰恰照它想这一切那种样子，不多不少——无论这思想的内容是多么复杂，思想的方式是多么属于象征的。不用说，这么一个对象一由心上过去了之后，我们很少能够准确地记起来，不是把它弄成太少，就是弄成太多。最好的方法是把表示这个对象的那句话重说出来，假如有这样一句话的话。可是，对于无语言的思想，连这个方法也无用，因此内省心理学不得不承认对这个工作是不胜任的了。我们思想的大部一去不回了，毫无恢复的希望；心理学所拾得的只是这个盛筵上掉下来的很少几块的残碎。

其次，要说明的是：**无论对象是多么复杂的，关于这个对象的思想总是一个不能分开的意识状态**。正如布朗（Thomas Brown）所说的：

"我承认因为我们语言的贫窘而不得不用的名词，就是这些名词自身就会使你陷入错误；对这件事，我已经说了好多回，差不多用不着再警告你们了。这个错误就是假定最复杂的心理状态，从它们的根本性质说，并不像我们叫做简单的心态那么单一而不可分解——这些心态所含有的复杂性，和显似多数并存的性质，只是属于我们的觉态，①不是属于这些心态自身的绝对本性。我相信我不用再告诉你们，个个观念，无论貌似多么复杂，它自身一定是真正单纯的——只是一个单纯的实体（即心）的一个状态或感受。例如，我们对于一个整队军队的概念，同我们对于组成军队的任何个人的概念，一样是这一个心的这一个状态。我们对于'八','四','二'这些抽象数目的观念，同我们对于'单单一个'（simple unity）的观念，一样是真正单单一个的感想。"②

通常的联想派心理学与此不同，它以为只要一个思想对象包括多数分子，这个思想自身也一定是由这么多的观念合成的，每分子有一个观念代表，一切观念貌似融合成一气，但其实是分立的。③ 如我们已经看到的，这种心理学的敌人，不费多少事就可以证明，这样一堆的分立观念永远不会成为一个思想，他们因此主张一定要在这一堆之上加上一个自我，这一堆才会有统一性，这许多个别的观念才会有相互的关系。④ 我们此刻且不说这自我，但是，假如我们把各事物从关系上想，那么，这些事物一定要在一起想，并且要同在一个**某事物**里头想，无论哪个某事物是自我，是心理作用，是意识状态，还是随便什么东西。假如几个事物不在一起想，那么，我们就不是从关系上想它。说到相信自我的人，他们大多数都犯了像他们所反对的联想派和感觉主义者所犯的一样的错误。他们都以为主观的思想流的元素是间断的，分立的，构成了一个康德所谓"多重体"（manifold）。不过联想派以为一个"多重体"会成功一项知识，自我派不承认这个，他们说，只在这多重体经过一个自我的综合活动炮制了以后才发生知识。两方面起头立了同一个假设；且自我派见到这个假设不能代表事实，就加上另一个假设，想改正它。此刻对于有没有自我这个问题，我不想说定；不过我坚持我们不必因为"观念的多重体要弄成统一"这个特殊理由请出自我帮忙。**并没有什么包有并存观念的多重体**；以为有这么一个东西是幻想。**凡是从关系上想着的事物，无论什么，一开头就是在单一体内想着，在单一个主观的波动，单一个心理作用，觉态，或心态内想着。**

这件事实所以在各书内曲解得那样奇怪的理由，似乎是由于上文（第七章末），所谓"心理学者的谬误"。每碰到我们要从内省方面形容我们的思想的时候，我们有个很深固的习惯，把这个本来面目的思想扔掉了，而说到别的东西。我们说起呈现于思想上的事物，同时我们说起关于那些事物的其他思想——好像这些后种思想跟原来那个思想是一样的。例如，比方这个思想是"这副纸牌是在这张桌子上"，我们就说，"难道这思想不是个对这副纸牌的思想吗？难道它不是对于那含在这副内的各张纸牌的思想吗？难道它不是对于这张桌子的思想吗？难道不也是对于这张桌的脚吗？桌子是有脚的——你想到桌子，怎么能够不也想到它的脚呢？这样说，难道我们的思想不是有一切这些部分——一部分代表这一副，一部分代表桌子——吗？难道在代表这一副这部分内不是又有许多

---

① 他应该说只是属于**对象**，不应该说**只是属于我们觉态**。

② 见他的《人心哲学演讲》（*Lectures on the Philosophy of the Human Mind*）第45讲。

③ 詹姆斯·穆勒说："承认联想实能把好些对于许多个体的观念弄成一个复杂的观念，是没有困难的；因为这是件公认的事实。我们不是有军队这个观念吗？难道这个观念不正是那些对于许多个人的观念合成一个观念吗？"见他的《人心的分析》（*Analysis of the Human Mind*）约翰·穆勒校本，第1卷，第264页。

④ 他们的理由，见上文。

部分,每张牌有一部分做代表,也像在代表这张桌子的部分内又有许多部分,每部分代表一只脚吗? 并且,难道这些部分不是每个都是个观念吗? 这样看来,我们的思想,不是一团的观念,每个观念相当于它所知道的某一成分的观念团,还是什么呢?"

说起来,这些假定,没有一个是对的。第一层,举出做例子的这个思想并不是对于"一副纸牌"的思想;它是对于"这一副纸牌是在这张桌子上"的思想。这是完全不同的主观现象,它的对象固然包含这一副牌,连这里头的一张一张牌,但是它在意识上的构造与对这一副牌自身的思想很少类似之点。一个思想是什么,跟它可以发展成什么(即可以解释作代表什么)并可以等于什么,是两件事,并不是一件事。[①]

我希望把我们说"这副纸牌是在这张桌子上"这句话的时候出现于我们心上的作用分析一番,能够把这个道理弄明白,也许同时也可以将前此说过的许多话总结于一个具体的例子之内。

要说这句话,要经过些时间。在图 4 内,让横平线代表时间。那么,这条线的每段代表这时间的一部分,每点代表它的一刹那。当然,这个思想有**时间的部分**。它的 2 至 3 部分,虽则与 1 至 2 部分连接,但是与 1 至 2 那部分不同。我要说的是:这些时间部分,无论我把其中任何一部分弄得多么短促,它总是(这样或那样)对于"这副纸牌是在这张桌子上"这整个对象的思想。这些部分彼此互相溶化,旧者渐隐,新者渐现,像一种过眼的风景一样;它们之中,没有任何两部分照一个样子觉到这个对象,每个都是一气地不分地觉到这整个对象。这就是我否认"在思想内任何部分会与它对象的部分相当"的用意。时间部分并不是对象的部分。

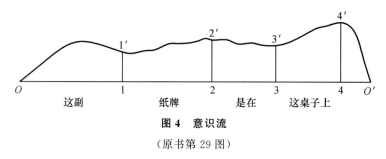

图 4 意识流

(原书第 29 图)

我们且把图 4 的竖直线代表思想的对象或内容。垂直于横平线的任何点的线,例如 1 至 1′,就代表在刹那 1 那时候心上所有的对象;横平线上的空间,例如 1-1′-2′-2,就代表一切在 1 至 2 时间一切经过心上的对象。从 O 至 O′ 的整个图形代表思想流的某一段。

我们现在能够把这一段思想流的每个竖直部分的心理构造说定吗? 我们能够的,不过只是很粗略地罢了。刚刚在 O 点以后,就是在我们未开口说话之先,我们心上已经有

---

① 我知道一定有些读者,无论什么不能够使他们相信,对于一个复杂对象的思想,没有与对象内可以分别出来的部分一样多的部分。那么,姑且沿用"部分"这个名词。可是要注意:这些部分不是传统心理学所说的分立"观念"。这些观念,没有一个能够离开那个特殊思想而存在,就像我的头不能离开我的肩膀而存在一样。从某一种意义看,一个胰皂水泡也有部分;胰皂泡是许多连在一起的球面三角形凑成的。可是,这些三角形并不是独立的实物;思想的所谓"部分"也一样不是独立的实在。把胰皂泡碰一碰,这些三角形全没有了。把这思想撤开了,它的各部分也消灭了。曾经效过一次劳的"观念",你不能将它们弄成一个新思想,正如你不能将旧胰皂水的三角形弄成一个新水泡一样。每个胰皂泡,每个思想,都是独一无二的新出的有机的单一体。

这整个思想——在这顷间,它是要说那句话的立意。这个立意,虽则没有简单的名字,并且只是一个过渡状态,立刻由这句话的第一个字取而代之,但它是思想的一个完全确定的方面,与什么都不同(参看本章上文论说话的立意处)。还有,刚刚在 O' 之前,在这句话的末一个字说出了之后,人人会承认我们在心里觉得这句话完了时候又想到它的整个内容。在这图形的任何其他部分划出来的竖直部分,每个都代表其他觉得这句话的意义的方式。例如,在 2 上,纸牌是对象的最活现于心上的部分,在 4 上,桌子也是这样。在图上,思想流在末了比在开头高些,因为最后感到这内容的方式是比最初方式完备些,丰富些。正如朱博(Joubert)所说的,"我们只是在说了一句话之后,才知道我们的确想说什么。"又如爱格所说的,"一个人在说话之前,差不多不知道他要说什么;可是说了之后,他觉得他自己能说得想得那么好,不免要赞叹并诧异了。"

在我看来,爱格似乎比任何其他对于意识作分析的人更接近事实些。[1] 然而就是他,也没有说得完全中肯,因为依我对他议论的了解,他以为每个字来到心上的时候就把思想内容的其余部分**撤换**了。他把"意思"(idea)——我所谓整个**对象**或意义——与对字词的意识分别开,他认前者是个很微弱的作用,反之,字词是很活跃的,就是字词只在心上默默地试演,也是很活泼的。他说,"字的觉态在我们意识内比话的意义要喧闹得十倍二十倍——话的意义,自意识方面说,是很微细的事情。"[2]他分别了这两件事以后,他就继续下去,把这两方面从时间上分开,他说意思或来在字词之先或在其后;以为意思和字词是同时的是个"纯然的错觉"(pure illusion)。[3] 说到我的见解,我相信只要我们实在**了解**了那些字词,那么,不仅在说话的前后,心上可以有整个意思,并且通常是这样;而且当每个分立的字词说出那一会,这整个意思也许在心上,并且通常实是在心上。[4] 那一会,会在心上的就是这个字词**在那句话内那样说出**的泛音,光晕,或边缘。这意思总不会没有的;只要一句话懂了,没有一个字词来到心上的时候,只仅仅是个声音。字词来到心上的时候,我们总觉得它的意义;虽然我们的对象,就字词的核心看,每刹那不同,然而在这全段的思想流中,这对象是**同质的**(similar)。这全段的处处所知道的总是这同一个对象,不过一会由这个字词的观点(假如可以这样说),一会由那个字词的观点知之罢了。并且在我们对于每个字词的觉态之中,都有个由每个其余字词来的余响或先声共鸣着。这样看,对**意思**的意识和对字词的意识是同体质的。两个是同一种心理质料构成的,并且成了不断的思想流。假如你在任何刹那把一个心毁灭,把它的还未完成的思想切断

① 《内部语言》尤其是第六、第七两章。

② 上引书,第 301 页。

③ 上引书,第 218 页。爱格为要证明这一个论点,援用了下列事实,就是:我们往往一面心里有心事,一面听别人说话,可是听了却不领会他的意思,等过了一会儿,我们忽然会"领悟"他的意思;在我们听一种不熟悉的语言,而想法罗掘所听的一句话的意思的时候,我们先听到字词,好久之后才领悟它的意思。在这些特别情形之下,字词确实是来在意思之先。但是,在相反一方面说,我们说话很费劲的时候,例如说外国话,或是讨论一种很特别的学科,意思总在字词之先。可是,这两种情形都是例外。爱格君经过考虑之后,大概会自己承认,在前一种情形,在领会意思的时候,我们觉到这个意思有一种语言的灌注,无论是多么"稍纵即逝"的——正在我们抓到这些字词的意思那一会儿,我们听见这些字词的余响。并且他大概也会承认,在后一类的情形,在费劲找来的字词来到之后,意思还在心上。在通常的情形,字词和意思分明是同时的——这是他也承认的。

④ 要把字词与意义分开的一个好法子,是把别人的讨论在心里一字一字地念。这样我们就发现,意义在句读念完了之后,来到心上,往往像脉搏似的,一阵一阵的。

了,察看这样忽然弄成的横切面所有的思想对象,那么,你见到的不是正在说出的单纯的字词,乃是那灌注了整个意思的字词。那字词也许那么响亮(爱格大概要用这样话),弄得我们不能够说他的灌注物自身觉得恰恰是什么,并且它的灌注物与次一个字词的灌注物怎样不同。可是,的确是不同的;并且我们可以断言假如我们能够把脑部看穿,一定会看到在这句话的全部只是相同的作用进行着,不过程度参差不齐,每个作用轮流地激发到最高度,在那一会给予思想内容以那刹那的语言的核心,在其他时候只是稍微激发,与其他稍微激发的作用合成了那个核心的泛音或边缘。[①]

我们可以把第四图再发挥一下,去说明这个道理。我们把思想流的任何竖直部分的对象不用一条线代表,而用个平面代表,这个平面在对当于"在横断意识那一项间任何在意识内最显著的对象部分"的那一个地方是最高的。在用语言的思想,这个部分通常是一个字。一组像 1 至 1′ 这样的切面,在 1,2,3 这些顷刻间割下来的,形式将要如图 5~7。

在每幅图中,横的宽度代表整个对象;曲线在这个对象的每部分上的高度代表那个部分在这思想内的相对明显度。在图 5 所代表的那一项间,"副"是明显的部分;在图 7,"桌子"是这样的部分,余类推。

图 5	图 6	图 7
这副纸牌是在这张桌子上	这副纸牌是在这张桌子上	这副纸牌是在这张桌子上
(原书第 30 图)	(原书第 31 图)	(原书第 32 图)

我们可以很容易地把一切这些平面拼在一起,合成了一个立体形,这个立体的一个维度(dimension)代表时间,在这维度照直角的横切面代表割这横切面的那一顷刻间的思想内容。假定这思想是:"我是与昨日的我同一的我"。假如在顷刻间把思想者毁了,考察他意识的最后波动是什么样子,我们就见到这波动是对于整个思想内容的觉识,不过"昨日"最明显,其余部分比较不分明罢了。在时间方向上每进一步,这横切曲线的极峰就越向这句话的末尾搬移。假如我们制一个立体的木架子,把这句话写在它前面,把时间次第写在它的一边上,假如我们把一张橡皮平平地鞔在这架子的上面,在这橡皮上面画成矩形坐标,又把一只光滑的球从橡皮下面滑过去,由 O 点至最后的"我"字,那么,这橡皮膜顺这对角线在先后顷间的胀凸就代表思想内容的变化——经了上文说明之后,这种代表的方式不用再解释了。假如要用大脑作用来说,这个膜的前后胀凸,就代表与思想对象的各部分相当的各项神经作用在先后各顷间的相对强度。

---

① 与这里主张最相近似的(据我所知道的)是:黎伯曼:《对实在的分析》(O. Liebmann：*Zur Aualysis der Wirklichkeit*)第 427 至 438 页。

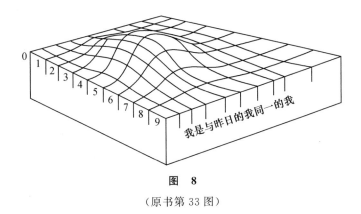

图　8

（原书第 33 图）

在这个对于意识流的初步概略的描写，应该注意的最后一项特性就是：

（五）意识永远总是对它的对象的一部分比对其他部分更关切，并且意识在它思想的全部时间，总是欢迎一部分，拒绝其他部分，换言之，意识总是在选择

拣选的注意作用和审虑的意志作用，当然是这种选择活动的显明例子。可是，我们之中很少有人知道，这种选择作用在通常不叫做"拣选的注意"和"审虑的意志"的心理活动之内，也多么不断地在发生效力。我们所有的知觉，个个都有抑扬和轻重作用。我们知道把我们注意平均不偏重地分散在几个印象上，是完全不可能的。我们把单调的一串打击声，用不同的轻重加在不同的打击声上，将这一串分成节拍，有时这一种节拍，有时那一种节拍。这类节拍最简单的就是两重节拍——"滴答"，"滴答"，"滴答"（"达"重）。散开在一平面上的小点，我们看来总是成行或成组。如其是线，就会分成各种图形。在我们心上无所不在的"这个"和"那个"，"这儿"和"那儿"，"这一会"和"那一会"的分别，就是我们对空间和时间的各部分加以同样有所拣择的着重作用的结果。

但是，我们所做的事情除开把东西着轻着重，把其中有些的连合，有些分开之外，还多得许多。我们简直对当前的东西大多数不理会（ignore）。让我们简略地说明这不理会是怎么一回事。

先从根底说起来，我们的感官本身不是拣择的器官，是什么呢？物理学告诉我们说，外界是无数杂乱的运动；从这些无数运动之中，每个感官把那些速度在某限度以内的运动拣出来。这个感官只反应这些运动，对于其余完全不理会，等于这些其余运动并不存在一样。它把特殊运动着重的一种状态，客观地说，似乎没有好根据；因为，如郎格所说的，我们没有任何理由可以设想，在自然界内最高的声浪与最低的热波中间的空隙，也是像我们感觉的空隙那么突然的断裂，或是，紫光与紫外光的差异在客观上的重要，有点像明与暗的差异在主观方面所代表的那么大。从本来是个不可分别，纷纷扰扰，毫无差别毫无轻重的连续系（continuum）之中，我们感官注意这个，忽视那个，这样替我们造成一个充满着对称，和明显的轻重，突然的变化，以及好看的光亮与阴影的世界。

我们由某一个感官所得到的感觉，假如它的原因是由于感官末端的构造符合而替我们拣出来的；那么，从一切这样感受到的感觉之中，注意又把某些感觉认为值得一顾，把它拣出来,把其余通通扔掉。亥姆霍兹的光学著作,差不多全是研究那些普通人始终不觉得的视觉——盲点,飞虫状闪光(muscoe volitantes),余象(after-images),晕散(irradiation),色彩的边缘(chromatic fringes),边界上色彩的变化,双象(double images),散光(astigmatism),调节和辐辏(accomodation and convergonce)的动作,两网膜的竞争(retinal rivalry)以及许多别的。假如没有特别训练,我们还不知道一个视象是属于那一边的眼睛。大多数人对这件事习而不察得那么厉害,至于一边眼睛瞎了好多年,而始终不知道。

亥姆霍兹说,我们只觉得对我们充做**东西**的符号的感觉。但东西到底是什么呢?我们一会就可充分见到,东西只是特别集团的觉得到的性质——这些性质团,恰巧在实用方面或在美感方面使我们关切,因此我们给它实体的名字,把它升到特别独立的并尊严的地位。可是,撇开我们的关切,从它本身看,刮风天的一个特别尘土圈,跟我身体比起来,也一样是个特别东西,也一样配或不配有个特别名字。

还有,在我们由每个独立东西得来的感觉之中,又有什么现象呢?心又把它们选择一下。心把某些感觉拣出来,认为最**真实地**代表那个东西,把其余感觉认为这东西因为一时的情形而转变的外貌。例如,我把我的桌面叫做**正方的**,只是根据这桌面所起的无数个网膜上感觉之中的一个,其余感觉都是两个锐角和两个钝角的感觉。然而我把后一类感觉叫做**透视**(perspective),把那四个直角认为桌子的真实形式。把这正方性升做这桌子的根本性质,只是根据我个人的美感上的理由。同类的例:我们以为圆的真形是视线垂直于它的中心时候所得的感觉——它所起的一切其他感觉都是这个感觉的符号。大炮的真实声音是在我们耳朵离它很近时候它所发的声音。砖头的真颜色是我们眼睛离它很近,不在太阳光里,也不在黑暗里看着它的时候所得的感觉;在其他情形之下,它使我们得到的感觉都只是前一个感觉的符号——在这些时候,我们以为它比它的真相似乎更红些或更黑些。读者所知道的东西,他设想它的方式没有一个不是有所偏爱,认为这个东西取某种特殊的姿态,有某个正常的大小,在某个特别的距离,有某种标准的颜色,等等。然而一切这些根本性质,我们以为合成了这个东西的真实客观性,把它与这东西在某一时节所起的所谓主观的感觉相对待的,也像这些"主观感觉"一样,都只是感觉。我们的心要做到自己合意,它决定那个特殊感觉应认为比一切其余感觉更真实,更有资格。

这样看来,知觉含有两层的选择。从一切现在感觉之中,我们主要只注意那些能做现在没有的感觉的符号的感觉;从这些感觉所暗示的一切现在没有的联带感觉之中,我们又是只拣出几个以代表根本的客观实在。我们要拣择工作的例子,没有比这个再精彩的了。

这种工作又进而施于这样由知觉而得来的事物。一个人的依于经验的思想,靠着他曾经经验的事物;可是他经验了什么事物,大部分要受他的注意的习惯限定。他也许碰到一个东西一千回,但假如他始终不理会不注意,我们不能说这东西是在他经验之内。我们都看见过几千个苍蝇、蛾子、甲虫,但除了你是昆虫学家,谁对这些东西有明了的印象呢?在另一方面,一生只遇着一回的一件事情,也许会留下永远不会遗忘的经验。假定有四个人到欧洲旅行。其中一个带回来的也许只是生动的印象。服饰和色彩,公园和风景和建筑物,绘画和雕像。在另一个人,这些东西完全不存在;他的印象只是距离和价目,人口和排水沟的装置法,门闩和窗闩,以及其他实用上的统计。第三个人介绍了许多关于戏园,饭馆,公共跳舞厅的话,此外没有别的。第四个人也许只沉浸于他个人主观的思潮之中,除了几个他经过的地方的名字之外,能说的话很少。从同一团的现前的东西之中,每个人只拣出合于他私人兴趣的东西,只把这些东西构成他的经验。

假如此刻我们不说经验方面对于事物的联合作用,进而考察从推理方面(rationally),心怎么样把这些事物联系起来,那么,我们发现选择又是万能的。在后来的一章(第二十二章,论推理作用)内,我们将要见到:一切推理作用都靠着人心能把要推理的整个现象分成部分。从这些部分内拣出,在我们眼前需要上可以引到正当结论的那个特殊部分。另一个疑难的情况,要有另一个结论,因而要拣出另一部分。才人就是会从恰好的地点,把适用的部分拿出来的人——这部分,假如是应付理论的难题,就是"理由";假如是应付实用的难题,就是"手段"。我这里只这样简短地说一说,但已够表示推理只是心的另一种选择活动了。

假如说到人心的美感这方面,我们的公例只有更明显。美术家是出名地选择他的条目,把一切彼此不相调和,并与他作品的主要目的不调和的浓淡,色彩,式样都舍弃掉。像美术品胜于自然品的那种统一,调和,那种泰纳所谓"诸性的辏合"(convergence of characters);完全由于**剔除作用**(elimination)。随便什么自然对象都可以变成美术品,只要美术家的聪明够抓到它的某一形象认为特色,把一切与这个特色不和的,仅仅偶然的形象完全放弃。

再进一层,我们就到了道德的领域——在这里,选择作用明明白白地是高于一切。假如一个行为不是从几个都一样可能的行为选择出来,这个行为就没有什么道德的意味。把应该做好的理由坚持着,念念不忘,把我们想望走更纷华的路程的念头遏绝,把我们的脚毫不退缩地踏进更费力的途径——这些是道德的能力的特征。可是不止这个;因为这些只是关于应付本人已经认为最高的兴趣的手段。根本的道德能力还要进一步,要决定就几个一样应该追求的兴趣之中,那一个**兴趣**应变成至高无上。在这个关头的争持是至关重要的,因为它决定这个人的一生事业。在他自己对自己争论:我要犯这个罪吗?选定那个职业吗?接受那个职务,或是娶有这注大财的太太吗?——他所选择的,实际是从几个同等可能的将来品格之中拣一个。他要**变成**什么样人,此刻的行为就把它注定了。叔本华说,在某一种固定的品格,在某种情境之下,只有一种动作是可能的;他用这个理由辩护他的决定论,但他忘记了在这些道德的紧要关头,本人自己觉得**显然**成问题的是品格的性质。这个人的问题,与其说是他此刻要决定做什么事,不如说此刻他要决定变成什么样的人。

将这个测勘回望一下,我们就知道我们的心在每阶段都是个同时含着许多可能的剧场。意识就是将这些同时的可能互相比较,用注意的援助和抑制(reinforcing and inhibiting)两作用选出某一个,舍弃其他。最高的最工致的心理产品,是由下一级的官能所贡献的材料滤出;这些材料是由下一级的官能所供给的材料团内选出来;这一团材料又是由个还要大的一团更简单的材料筛出来,依此类推。简言之,心用它所收的材料工作的方法,很像很像雕刻师用他的石块工作一样。就某一意义看,这个石像从开始以来就站在那儿。不过除了这个，还有几千个其他的石像，只有雕刻师的力量才能把这一个石像，从其余石像分解出来。恰恰同样，我们每个人的世界，无论我们个别的眼界也许多么不同，通通埋在感觉所成的原始的混沌团之中；这个混沌团不分彼此地给予我们人人的，只是我们人人思想的**质料**（matter）。假如我们高兴，我们可以用我们的推理作用把外物分解，回到那漆黑的无接榫的连成一气的空间，和飞云似的一团团的纷纷扰扰的原子——这就是科学所谓唯一的真世界。可是，我们觉到的，我们活在其中的世界，永远总是那个我们祖先和我们自己，由渐渐累积起来的屡次选择，从那个世界分解出来的——分解的法子，像雕刻师一样，不过是把现有质料的某些部分丢掉不要了。有别的雕刻师，就有由同一块石头刻出来的别个石像！有别的心，就有由同一团单调无表情的混沌中生出来的世界！有几千万同样埋于混沌团的，同样从抽选出来的人看来是真的世界；我的世界只是其中的一个。在蚂蚁、乌贼，或者螃蟹的意识中的世界，一定是彼此多么不同的世界啊！

然而，在我心上或在你心上，由这原始的世界的质料扔掉的部分和拣出来的部分，大部是相同的。人类全体对于它注意并给名字于什么东西，和它不注意不给名字的东西大都同意。并且从这些注意的部分之中，我们把什么着重并偏好，把什么小看并不喜欢，我们的去取也很相同。不过有一个十分异常的情形——在那情形之下，从来不曾有两个人会去取一样的。我们每个人都把整个宇宙劈分成两半，并且我们每个人所有的兴趣都附属于这两半之中的一半；但是，我们每个人把分开这两半的界线，都放在不同的地方。我一说我们大家都把这两半叫做同样名字，都是叫做"我"与"非我"，你们就立刻知道我的意思了。人人对于宇宙内他能叫做"我"或"我的"那些部分，都感到一种独特的兴趣；这种独特兴趣也许是个精神上的谜，但总是一件基本的心理事实。没有一个人能够对他邻人的"我"，像对他自己的"我"抱着同样的兴趣。邻人的我与一切其他东西通通归在一起，只是一团生疏的东西；在这生疏的一团之上，他自己的"我"简直是惊人地高突起来。就像洛采（Lotze）在什么地方说过的，就是被踩踏的小虫也把它自己受苦的"我"与一切其余世界对形起来，不过他对他自己和对世界的状况没有明了的感想罢了。在我看来，这个虫只是世界的一部分；在他看来，我才是世界的一部分哩。他与我都把宇宙分做两部分，但分界是在很不同的地方。

现在我们要做比这个初步的普通的概论更精细的工作了，所以我们在次一章要尝试追寻我们这样一再说到的自我意识这件事实的心理。

自我意识

The Consciousness of Self

让我们从最广义之所谓**自我**说起，而后逐步寻求到自我之最微妙最精深的方式，由德国人所谓经验的自我（the empirical Ego）之研究进到纯粹自我（the pure Ego）之研究。

詹姆斯与夫人吉宾斯

让我们从最广义之所谓**自我**说起，而后逐步寻求到自我之最微妙最精深的方式，由德国人所谓经验的自我（the empirical Ego）之研究进到纯粹自我（the pure Ego）之研究。

经验的自我，即所谓"我"

每人的经验的自我就是一切他要呼之为"我"（me）的。可是在一个人呼之为"我"者与他只呼之为"我的"（mine）者之间，很难划界限；这是显而易见的。正如我们对我们自己有感觉有作为一样，我们也对某些是我们的事物有感觉，有行为。我们的名望，我们的儿女，我们亲手创造的作品，对于我们可以同我们的身体一样亲切；假如被攻击，会激起同样的感情并同样报复的行为。而且就说我们身体，到底它只是我们的呢，还是它就是"我们"（us）呢？的确有人曾经肯舍弃他们的身体，认它只是服饰，甚至认为是人的监牢，他们有一天要欢欢喜喜地逃脱的。

所以我们见到我们是在讨论一种变动的材料。同一对象有时被认为是"我"之一部分，在其他时候又认为只是"我的"，而且有时又好像我与它毫无关系。可是，**一个人的自我，就它的尽可能最广的意义说，是一切他能够叫做"他的"之总和**，不仅包括他的身体和他的心理能力，而且包括他的衣服和他的房屋，他的妻室和儿女，他的祖宗和朋友，他的名誉和成绩，他的地产和马，以及游船和银行存款。这一切使他引起同样的情绪。假如这些生长繁荣，他就觉得胜利；假如缩小消灭，他就觉得沮丧——对每件事不一定到同一程度，但对一切这些是表现十分相同的方式。就这个最广义的自我说，我们可以先将它的历史分成三部，关于

一、它的成分；

二、这些成分所引起的感情和情绪——**自我情感**（Self-feelings）；

三、这些成分所激发的行为——**自营与自保**（Self-seeking and self-preservation）。

一、这个自我的成分

这个自我的成分可以分成几类，即构成

（甲）物质的自我；

（乙）社群的自我；

（丙）精神的自我；

（丁）纯粹的自我。

物质的自我

（甲）身体是我们每个人的**物质自我**的最内心部分；并且身体的某些部分似乎比其余部分更亲切地是我们的。其次就算衣服。那句老话，说人由三部分——灵魂、身体和衣服——合成，并不只是一句笑话。我们认我们衣服是体己的，并且觉得我们与它一体；因

此假如有人请我们在有个美丽的身体而衣服永远破烂肮脏和身体丑陋有缺陷而衣服总是完美无瑕这两件之间选择一件,很少人会不迟疑一点而能立刻作断然的回答。① 再次,我们嫡系亲属是我们的一部分。我们的父母,我们的妻儿,是我们的至亲骨肉。假如他们死了,就是我们自己的一部分消灭了。假如他们做任何错事,就是我们的耻辱。假如他们被侮辱,我们就像我们自己被侮辱那样容易生气。再次就是我们的家。它的景物是我们生活的一部分;它的外观唤起极温柔的爱情;假如有生客来到我们家里,对它的布置挑剔,或是轻蔑,我们就不容易饶恕他。一切这些都是与人生的最重要的实际利益相联系的天然爱好之对象。人人都有一种盲目的冲动,要守护自己的身体,扮以一种美饰的衣服,亲爱自己的父母妻儿,为自己求得个自己特有的,可以居住并"利用"的家庭。

有个同等天然的冲动,驱使人去积聚资产;并且这样得来的积蓄变成人的经验的自我的一部分,不过密切的程度各有不同。我们产业中最密切的是我们的之部分,是我们自己经千辛万苦而得来的那些部分。假如人的手脑费一生之力创造的成绩——例如整套的昆虫学标本,或是大量的手稿——忽然荡尽,很少人会不觉得简直就是他自己消灭了。守财奴对他的金钱也有同感;固然,我们丧失财产所感的忧愁,一部分是由于我们觉得从此就没有我们所期待的那些财产能带来的某些利益;但是除此之外总还有一种觉得我们人格缩小,我们自己部分地变成空无之感——这是一种独特的心理现象。我们忽然与我们十分轻视的流氓和穷鬼成为一类,同时对于那些世上的幸运儿,挟着财势所能给予的那种饱满的豪气以凌驾海陆人众的,更是望尘莫及了;在他们之前,虽然我们援引反对势利的大道理自作倔强,但免不了有一种明显的或潜隐的敬重与畏惧的情绪。

社群的自我

(乙)一个人的**社群的自我**就是他由他的同伴得到的注意。我们不仅是好群的动物,喜欢在可以见到我们同类的地方;而且我们有种天生的性向,要使我们自己受同类的注意,并且受他们亲善的注意。假如这一种事情事实上可能,那么,人不能够设计出比这个再残酷的刑罚,就是让一个人在人群中来去自如而绝对不得到这一群中的任何一分子的留意。假如我们进来之时没有人回头看一下,我们说话没人回答,我们做事没人理会,我们所遇见的每个人都当我们死了一样,好像我们是不存在的东西似的,那么,不久就会有一种怒气和无可奈何的绝望从我们心里涌上来;比起这个,相形之下,最残酷的身受的非刑也将是一种解脱;因为这种非刑毕竟使我们觉得无论我们命运多么坏,至少还没有堕落到丝毫不配人注意的下流地位。

正确地说,**一个人的社群自我的数目,同注意他**而在心上有个他的影像的人的数目**一样多**。损伤这些他的影像的任何一个,就是损伤他本人。② 可是因为心上有这种影像的人自然而然地各归其类,我们实际上可以说其意见被一个人尊重的人有多少不同的**集**

---

① 请看洛采:《小宇宙》(*Microcosmus*)内那一段动人的论"衣服哲学"(Philosophy of Dress)的文字,英译本第一册,第592页以下。

② 请看"谁由我偷去我的好名誉"云云。

团(groups),这个人就有多少的不同的社群自我。一般地说,他对于这些不同集团的每团都表现他自身的一个不同方面。好多青年,在父母和教师之前很拘谨;但在他的粗豪的青年朋友中间就赌恶咒,说大话,像海贼一样。我们对儿女与对俱乐部会友表现的不相同,对顾客与对所雇的工人,对自己的主人和雇主与对密友所表现的都不相同。由是,事实上等于一个人分成几个自我。这可能是不和谐的分裂,例如一个人不敢让他知交中的某一帮知道他在别个场合的行径;也许是完全谐和的分工,例如一个人对儿女慈爱,但对他手下的士兵或囚犯很严厉。

一个人会有的最奇特的社群自我,是在于他所恋爱的人的心里。这个自我的幸不幸,引起极强烈的得意与沮丧——用除了这个人的体内感觉之外的任何别种标准来衡量,都显得很不合理。假如这个特殊社群自我得不到注意,由这个人自己的意识看来,他本人简直不存在;假如得到注意,他的心满意足就无限量了。

一个人的**名誉**,好的或坏的,以及他的"**人格**"(honor)或无人格,是代表他的社群自我之一的名字。一个人的被称为他的"人格"的那个特殊社群自我,通常是由于我们刚说的那些区分之一种而来。"人格"是他所属的那一"流"(set)的眼中的他的影像——这一流看他是否遵守某些规律,因而揄扬或斥重他;这些规律,在另一种流品中也许无须遵从。例如,平常人可以离开一座流行霍乱的城市;可是一个神父或一个医生就会以为这种行为与他的"人格"冲突。在别人可以道歉或跑走而不玷污他的社群自我的环境中,军人的"人格"需要他抗战或死节。同样,平常私人认为完全无损人格的钱财交易,一个法官,一个政治家,由于他的职位就不可以参加。最常有的事就是听人对于他的这一类不同的自我加以分辨,例如说,"就我是一个人而论,我怜悯你,可是就我的长官资格而论,我对你不得施一点慈悲;以政治活动者的资格说,我认他为盟友,可是以道德家的资格而论,我憎恶他";诸如此类。可谓"俱乐部的清议"(club-opinion)的作用,是人生最强的力量之一。① 小偷必须不偷其他小偷;赌徒必须还赌债,虽则他对于世上的任何别种债都可以不还。纨绔社会中的保全"人格"的规律,从有史以来,都充满着容许与不许的戒条,遵守它的唯一理由就是这样我们才可以做到最有利于我们的社群自我中之某一种自我。就一般说,你切勿说谎;但假如有人问到你与一位女人的关系,你可以尽量说谎;一个与你地位平等的人挑你格斗,你必须接收,可是假如一个地位较低的人挑战,你可以轻鄙他而一笑置之;这些是表明我们意思的例证。

---

① "设想褒贬不是影响人们的强烈动机的人……似乎对人类的本性和历史很不谙练;他将要发现大多数人主要(假如不是完全)受这个时尚律所支配;因此他们做可以维持他们在他们伴侣中的名誉的事,很少顾忌上帝或法官的法律。违犯上帝法律的刑罚,有些人,其实大多数人,很少郑重考虑;并且在当真考虑的人之中,好多人在犯律之时就想到将来可以和解并补救这种罪过;至于违犯国法的刑罚,他们常常自己盼望可以幸免。可是没有人能够违反与他来往并他要结交的友伴的风尚与意见而避免他们的谴责和憎厌的刑罚。一万人中还没有一个能那么顽强,那么钝感,虽然受他自己的俱乐部内的人不断憎厌斥责而不丧气。在他自己的特殊社会中不断丢脸并声名恶劣而还能处之泰然,这个人必定是具有奇怪的反常的性格。好多人曾经追求并安于孤独生活;可是没有对于旁人有一点点违头或感觉的人能够不断忍受与他相识的,交谈的人的嫌厌与恶评而还同这些人来往。这是人类不能忍受的太重的担负;能够喜欢同人来往而又对于他的友伴的轻视与屈辱毫无感觉的人必定是性格内含着不可调和的矛盾的人"。(洛克:《人类悟性论》,第二册第 28 章第 12 段)。

精神的自我

（丙）我所谓精神的自我，就它属于"经验的我"而论，是指一个人的内心的或主观的存在，具体说，是他的心理官能或倾向；并不只是个人统一性之要素，或纯粹自我；纯粹自我是还待后来再讨论的题目。这些心理性向是自我的最持久最密切的部分，我们显得最实实在在的就是这些。在我们想到我们辩论和鉴别的能力，想到我们的道德心和良心，想到我们不可屈服的意志之时，我们的自得，比我们检阅我们其他所有的任何一项都来得更纯洁，只有在这些改变了之时，人才说这个人疯狂（alienatus a se，原意是"对自己成为外人"）了。

这个精神自我可以加以各种不同的看法。如刚才示例的，我们可以将它分为各种能力，将这些能力彼此隔离，以此将我们自己认为就是这个或那个能力。这是一种**抽象**的处理意识的方法，在实际呈现的意识中，总是同时见到多数的这样能力的；或是我们可以持具体的观点，那么，我们的精神自我就是我们私人意识的整个流，或是这道流的此刻的"节段"或"横切面"（segment or section），要看我们取较广或较窄的看法而定——这道流与这个切面都是在时间内的具体的存在，并且个个是自成一类的单一体。可是，无论我们对精神自我取抽象的或具体的看法，我们考虑到精神自我，是一种反省作用，是"我们放弃向外看的观点而变成能够设想纯粹主观性，能够**设想我们自己为思想者**"这件事的结果。

这种注意思想自身，并认我们是与思想同一而不认我们与思想所披露的对象中的任何一项同一：这是一个关系重大的作用，并且就某些方面说，是个颇为神秘的作用；关于这个作用，我们此刻只需说它事实上存在。并且每个人，在很小时期，他心里已经熟悉思想本身与思想所关的两者之间的区别。这个分别的较深根据，可能是很难找到的；但是浅的根据很多，并且就近在手边。几乎任何人都会告诉我们说思想是与事物不同类的存在；因为好多种的思想是不关事物的——例如，快感、痛感，以及情绪；又有些思想是关于不存在的事物的——如错误与虚构的事物；又有些思想是关于存在的事物，但是取一种象征的方式，并不像这些事物——如抽象的观念和概念；至于像它有关的事物的思想（知觉，感觉），我们能在所知的事物之外，觉得关于这件事物的思想以完全分立的作用在心内进行。

我们的这个主观生活，与用它而知道的事物，其间分别很明显：如上文所说，我们可以对这个主观生活取具体的或抽象的看法。关于具体看法，我此刻除了说"思想流的实在'切面'不久会在我们对意识的**统一性**的原理的讨论中占很重要的地位"这句话以外不说什么。抽象的看法，我们要先注意。假如整个思想流比任何外部事物更被认为与自我同一，那么，**此流中某一个从其余抽分出来的部分**，其被认为自我，更到了十分特别的程度，一切人都认这部分像一种位于圆内的最内的中心，像堡垒中的最内庇护所，这个圆，这个堡垒就是整个主观生活。与思想流的这个成分比来，就是主观生活的其他部分也似乎是暂时的外部的所有物，这些所有物，每件都可以依次舍弃，而舍弃它们的依然存在。到底，**这个一切其他自我之自我是什么呢**？

　　大概一切人们对这特个自我，到某一限度，会作同样的描写。他们会将它叫做一切意识内的**主动**（active）元素；他们会说无论一个人的感情会有什么品质，他的思想会包含什么内容，在他内心有个精神的什么，似乎**出来**迎接这些品质与内容而这些好像**进来**给它接受。它是欢迎或拒绝者。它领导对感觉的接知作用，并且由于它给予不给予同意，它能影响感觉所常会唤起的动作。它是兴会之中心——并不是适意或痛苦的，也不是快乐与痛苦自身，乃是在我们内心而为苦乐和快意的与痛苦的事物所感荡的那个。它是努力与注意之来源，并且是意志的命令似乎由之发出的地点。我想，一个从他自身对这件事反省的生理学者不能不多少模模糊糊地认它与观念或进来的感觉被"反射"或过渡到外部动作之过程相关联。不一定是说，它就**是**这个过程或只是对这个过程的觉态；乃是说它依某种密切的方式与这个过程**相关**；因为它在心理生活内履行一种与这个过程相类的功能，是感觉性的观念终止而运动性的观念发轫的一种交点，似乎是这两种观念间的连锁。由于它比心理活动的任何另外一个元素更不断地驻在那里，所以结果其他元素似乎附加在它的周围，并且好像是属于它。它成了与其他元素相对待的方式，像永久者与变化无常者相对待一样。

　　我以为人可以不怕被任何将来的额尔登式的调查信所惊扰，可以相信一切人必须由他们所谓他们自我之其余元素单单拣出某个中心精素——对这个精素，每人会承认上文是相当好的一般描写，无论如何，至少准确到可以指定我们的意思所指，使它不与其他事物相混。可是，一到他们对它更接近更亲切，想将它的正确性质界定得更精密，我们就会发现人们的意见就开始发生歧异了。有些人会说它是他们觉到的一个单纯的主动的实体，即灵魂；有些人以为它只是虚构，只是"我"这个代名词所指的幻想的东西；并且在这些极端的意见之间还有各种各样的居间的意见。

　　以后我们必须将这些意见通通讨论，"这一天的坏处就够这一天对付了"。**此刻**，让我们想法为我们自己尽量明确地决定：无论自我的这个中心核子是一个精神的实体或只是一句骗人的话，究竟它真正**觉得**（feel）怎么样。

　　因为自我的这个中心部分确是被觉得。也许超验主义者所说它是什么以及经验主义者所说它是什么，只是如此；可是无论如何，它并不是个只由理智认识的**单纯**理性产物（ens rationis），也不是记忆的**单纯**累积，或我们耳中的一个名词的**单纯**声音。它是一种我们对之也有直接感觉认识的东西，并且在它**实际存在**于其中的意识的任何刹那中它是充分地存在，跟它存在于一辈子的这种刹那的总和中一样。上文叫它做抽象产物，那不是说它像个普泛观念一样，不能呈现于一个特殊的经验之中。只是说在意识流之中它永远不单独出现。可是在它出现之时它是**被觉得的**；就像身体也被觉得的；而身体之觉也是抽象产物，因为身体永远没有单独被觉得，而总是与其他事物一起被觉到。**可是我们能不能对这个中心的主动的自我之觉是什么说得更精确**——并不必提到作为存在体或精素，这主动的自我**是**什么，只要说说我们认识它存在之时**觉得**什么。

　　我想，就我自己说，我能够的。因为我所说的假如弄成通则，很会引起反对（因为其实也许我所说的有一部分不适用于别人），我最好还用第一人称说，让那些他的内省可以认我的描写为真实的人接受，而承认我不能满足别类人的要求，假如具有别类人的话。

　　第一点，我觉得在我的思想作用中不断有促进与阻碍，节制与放行，顺乎欲望的倾向与逆乎欲望的倾向。我想到的事物,有些是促进思想的利益的,有些是对思想不善意的。这些客观的事物之间所有的彼此矛盾与和谐,相互援助与障碍,向后反荡而产生像是我的自发性对这些事物的不断反应之作用;这些作用,如欢迎或反抗,占有或舍弃,助斗或抗斗,说"是"或说"否"。在我,这个搏动的内心生活就是我刚才想用人人要使用的名词来描写的那个中心核子。

认思想为纯粹精神活动之困难

可是到我放下这种一般的描写而讨论特殊项目,与事实尽量接近之时,**我很难在这个主动中发觉任何纯乎精神的元素**。每回我的内省的注意能够转关得很快,看到自发性的这些表现正在作用,它所能觉得明确的只是某种身体的过程,大部分发生于头部内的。暂且不说这些内省的结果中的不明了的部分,让我尝试将从我自己意识看来似乎是无疑的明了的那些特殊项目说出来。

第一件,我觉得注意、同意、否定、努力等行为是头部内一个什么东西的动作。在多数事例,将这些动作描写得十分准确,是可能的。在注意属于特个感官范围的观念或感觉之时,这种动作是感官的适应,正当适应之顷所觉到的。例如,我不能以视觉方式思想而不觉得在我的眼球中有压抑、辏合、辐散和调节(convergences, divergences, accomodations)诸作用在起伏着。被认为外物所在的方向决定这些动作的特性——由我的意识看,对于这个特性的觉态成了与我准备接受这个视觉对象的方式是同一的。我觉得我的脑部似乎通通横贯着指方向的线路——当我的注意移向次第相继的外物,或是跟随不同系的感觉性观念而由这个感官转到那个感官之时,我就觉得这些方向线。

当我要记忆或反省之时,我们所讨论的运动,不是趋向末梢,似乎是从末梢向内来,觉得好像由外界**退回**。就我所能发觉的说,这些感觉是由于两眼球实际向外侧并向上边转动,我相信在我睡着之时也这样;这是与眼球在注视物体之时的动作恰恰相反。在推理之时,我见到我易于有一种位置不明的图表在心上,思想的各样部分的对象排在这个图表的各特殊地点;并且极清楚地觉得我的注意由一个部分对象转向另一个对象的游动,是发生于头部内的运动方向的变换。[①]

在同意与否定,并在用心之时,运动似乎更复杂,我觉得这些运动很难形容。在这种作用中,嗓门的开合占很重大的地位,比较不清楚的是软腭等等的移动,这些移动的结果将后鼻腔与口腔隔开。我的嗓门好像一片很灵的活塞,每回迟疑或觉得对我思想的对象嫌厌,它就立刻截断我的呼吸,并且这种嫌厌一消灭,它又很快敞开,让空气通过我的喉咙和鼻腔。在我,对这个空气流动的感觉是同意之感的一个强有力的成分。额头和眼皮的肌肉的动作,对于我心里的内容的适意或逆意,也反应得很灵敏。

在任何种**努力**,在额部和嗓门的动作之上又加了颚部肌肉和呼吸肌肉的收缩,由是感觉就越出严格所谓头部之外了。每回我觉得对于对象的欢迎或拒绝**很强烈**,这种感觉

---

① 本书下一章"论注意"还有另一些关于这种动作的感觉之讨论。

就越出头部之外。于是由好多身上部分冲进来一大群感觉，通通"表现"我的情绪，并且头部感觉自身就被吞没于这更大的集团中了。

由是，依一种意义看，可以正确地说：至少在一个人，**所谓"自我中之自我"，细加考察**，就发现它主要是在头部内或在头部与喉咙之间的这些特殊运动之集团。我绝不说它**全部**就是这个，因为我完全明白在这部域内的内省是困难得要命的。可是我觉得这些头部内的运动一定是那些为我**极明白地觉得**的属于我的最内心的活动之一部分。假如我还不能够说清的那些不明白部分实际上也像我的这些明白部分，并且我像别人一样，那么，**结果就是：我们对精神的活动的全部**觉感，或是这个名词通常所指的，实际是对身体活动的一种觉感，大多数人都忽视它的正确的性质。

我们并不一定要采用这个假设，但是让我们将它再检阅一会，看看假如它是对的，会有何等的效果。

自我的核心部分，居于观念与外现行为之间，会是一群在生理上与外现行为并无重要不同的活动。假如我们将一切可能的生理动作分为**调整与执行**（adjustments and executions），那么，这个核心的自我就是调整的总集；而比较不密切的，更变动的自我，就它在活动这一点说，就是执行。可是调整与执行都合乎反射型。两者都是感觉的与观念的过程彼此在脑内互相放射，或射到肌肉和外部的其他部分之结果。调整的特性在于它们是最低限度的反射，数目很少，不断重现，在心的内容的其余部分大大变动之中，它们恒常不变，并且除了它们对于促进或抑止各种事物和行为来到意识这种用处之外完全不重要而且无趣味。这些特性自然会使我们不在内省方面对这些调整的详情大注意，同时它们会使我们觉得它们是一组连贯的过程，与意识所含的一切其他节目很显然相对立的——甚至与自我的其他成分（看情形，或是物质的，或是社群的，或是精神的自我）也很显然相对立。这些调整是反应，而且是**基本**的反应。件件事物都引起它；因为没有其他影响的东西也会在短时内使额部蹩缩，使嗓门关闭。这好像一切来拜访人心的必须受入门的检查，而且要露露脸以取得允许或被拒绝进门，这些基本的反应好像前门的或开或闭。在心理变化之中，它们是含着向与背，顺受与制止的永久核心，这些向背等等与它们所为而起的那些外部事物相比，自然显似是中心的，内里的，它们占据似乎是仲裁，判决的地位，与"我"的其他成分之任何一个都很不同。所以，假如我们会觉得它们是结论的出生地并行为的起点，假如它们显似是我们不久以前叫做我们个人生活的"堡垒中的最内庇护所"，这是不足惊怪的。[①]

---

① 冯特对于自我意识的说明值得拿来与这里的话参较。我所谓"调整"，他叫做"统觉"（Apperception）过程。"在（意识之）这种发展中，有特别一组的知觉具有特别重要的意义，即其来源在我们自己的那些知觉。我们由自己身体得到的感觉之意象以及我们自己动作之表象成了一个**常恒的**（permanent）集团，以自别于一切其他意象。因为始终有些肌肉在紧张或活动，所以我们对于自己身体的位置或动作永远不会没有模糊的或明晰的感觉。……并且这个常恒感觉有个特色，就是：我们觉得我们能够在任何刹那有意地引起它成分中的任何一项。我们要引起这种动作之意志的冲动，能立刻激起这种动作的感觉；并且我们用有意调动我们感官的法子能激起关于我们身体的视觉和触觉。由是我们就渐渐认为这个常恒的感觉集团可以直接或间接受我们意志的支配，并且将它叫做**我们自我之意识**。这个自我意识最初是完全感觉的……只是渐渐地，它特性的第二项，即它受意志的支配，才变成特别显著。在我们越觉得对于我们的一切心理对象的统觉是意志的内心运用之时，我们的自我意识也比例地同时又扩大，又（转下页）

假如这些调整真是最内庇护所,真是一切为我们所能直接经验其存在的那些自我中之**最根本**的一个自我,那么,结果,**一切**被经验到的,严格说,是**客观**的;这个客观的东西分成两个相对的部分,一部分被认为"自我",另一部分被认为"非我";并且在这些部分之外之上,一无所有,只是"这些是被知道"这件事实,思想流在那里作为"这些会被经验到"之不可少的主观条件这件事实。可是这种经验的这个**条件**并不是当那顷刻**所经验的事物**之一;这个认识作用并不直接**被认识**。只在后来的反省中,它才被认识。由是,并不是思想就是"并识流"(con-sciousness)*,如伏黎埃(Ferrier)所说的,"将它自己的存在与任何它所想的对象一起想到"的意识流,最好将它叫做单纯的识流(a stream of Sciousness),这道流想到对象(其中有些对象被它取作它所谓"我"(Me),而对于它的"纯粹"自我,只以抽象的,假设的或概念的方式认识。这道流的每个"横切面"由是只是这种识或知之一点,包含并存想它的"我"与"非我",作为合演它们的戏剧的对象,但不包括,不存想它自己的主观存在。这里所说的"识"是**思想者**,并且这个思想者的存在对于我们只是一个逻辑的公设,而不是那种我们自然相信我们有的对于精神活动的直接的内部知觉。认为在物质现象背后的"物质"(Matter)就是一个这一类的公设。由是,在公设的物质与公设的思想者之间,现象的幅员往复移动,有些现象(所谓"实在")属于物质更多些,其他现象(虚构,意见,和错误)属于思想者更多些。可是,这个思想者是**谁**,或是我们应该假定宇宙内有多少不同的思想者:这些问题都是另外的,形而上学的研究的题目。

像这样的理论否认常识;不仅否认常识(否认常识,在哲学内并不是不可克服的反对理由),而且与**各个哲学学派**的基本假定不相容。唯灵论者,超验主义者,以及经验主义者都承认我们对于具体的思想活动有一种经常的直接知觉。虽然他们在别方面如何不同意,他们认为我们的**思想**是怀疑主义所不能打击的一种存在,他们彼此互赛他们的恳切承认这个的态度。① 因此我想把最后几页的话作为附加的枝节;从此到卷末,又回到常识的路径上。我这话是说我将要继续假定(如我一向假定的,尤其在上一章"论思想流")对于我们思想自身的作用可以直接觉察到,只坚持这是比大多数人所设想的更内心更深微的现象。可是,在卷末,我可以让我自己回到这里暂时试论的疑点,并且要发表一些由这些疑点暗示出来的形而上学的反省。

(接上页)缩小。它的扩大在于个个心理作用通通与我们的意志发生关系;它的缩小在于它越来越集中于统觉的内心活动,我们自己身体以及一切与身体相关的表象与这个内心活动对称之下,就觉得是与我们真正自我不同的外物。这个缩小到统觉作用的意识,我们叫做我们的自我(Ego);由是一般心理对象之被统觉,可以依照莱布尼茨,叫做把心理对象升到我们的自我意识之内。这样,自我意识的自然发展隐含着哲学用以形容这个能力的最抽象的方式;不过哲学喜欢把抽象的自我搁在开头,因而把发展的过程先后倒置了。我们也不应该忽视下列事实,就是:完全抽象的自我(即认为纯粹活动的),虽是由于我们意识的自然发展所暗示,但始终没有真真在我们意识内见到。就是最重思辨的哲学家也不能够将他的自我与成为他的自我之觉的那个长在的背景的那些身体的感觉与意象分解开。哲学家的纯粹自我这个观念,像每个观念一样,也是由感觉得来;因为我们知道统觉作用,大部分是由于那些与它同时发生的紧张之感(即我在上文所谓内部调整)"(冯特:《生理的心理学》,*Physiologische Psychologie*,第二版,第二册,第217至第219页)

　　* 心理学中文名词"意识"是英文 Conscious,Consciousness 的对译。詹姆斯在这里把这字照拉丁文语原文拆开,说第一部分的 Con(并)的意义不恰合。

　　① 我所知道的唯一例外是苏里欧(M. J. Souriau),见于他发表于《哲学批评》第22卷,第449页以下的重要文字。苏里欧君的结论是:意识不存在(第472页)。

所以,此刻我得到的结论只是如下:(至少在有些人),最内心的自我之中觉得最深切的部分大部是一组"调整"的头部动作;这些动作,因为不受注意与反省,通常没有被人知觉而归到它应归属的类;在这些动作之上还有一种更模糊的觉得还有些什么之感;可是这感是由于最微弱的生理过程呢,还是并没有任何客观的对象,只是出于纯粹主观性,由于思想成为"它自己的对象"呢,此刻一定还是未解决的问题;就像它是个不可分的主动的灵魂质,或是它是"我"这个代名词的人格化,或是对于它性质如何的猜测中之任何别的这个问题也未解决一样。

在我们对于自我的各成分之分析中,还不能比这个再进一步了。所以让我们开始讨论这些成分所引起的自我情感。

二、自 我 情 感

这些主要是**自喜与自薄**(self-complacency and self-dissatisfaction)。所设"自爱",我过一会要讨论。语言对这两种情感有好多的同义词语。例如一方面有自负、自大、虚荣心、自尊心、骄倨、自夸;在另一方面有恬退、谦卑、惶惑、不自信、羞惭、懊丧、痛悔、觉得被斥与个人绝望之感。这两类相反的情感似乎是人性的直接的并基本的禀赋。联想派会说,反之,这些是次起的现象,由很快地计较我们亨通的或卑下的私人境遇所易于引起的觉得到的快乐与痛苦而来,所设想的快乐总和就是自喜,所设想的痛苦总和就是性质相反的羞耻之情。无疑,我们自喜之时,确然高兴地把对我们好处的一切可能的奖赏都排演一番;在陷于绝望之时确然预想到祸殃。可是仅仅预期奖赏并不**就是**自喜,仅仅忧虑祸殃并不**就是**对自己绝望;因为人人都带着某种平均的自我情感之"调门",并且这个调门不与我们也许有的使我们满意或不满意的客观理由相关。那就是说,一个境遇很卑微的人也许富于坚强的自大心,而成功而稳定了的并且受一切人尊重的人也许一辈子不自信他自己的能力。

虽然这样,人可以说通常**激引**自我情感的条件是:一个人的实际成功或失败,以及他在世界上所占的实际地位是好的或坏的。"他放进去他的拇指,拉出来一件精品,并且说我是多么好的一个男儿"。一个人有伸展广大的经验自我,有经常使他得到成功的力量,有地位有财富有朋友有名誉,是不容易会有病态的不自信的,是不容易会有少时所有过的自我怀疑来到心上。"这个伟大的巴比伦不是我所建立的吗?"[1]反之,犯了一错又一错,到中年还在山脚底下失败丛中的人,很容易被不自信的情绪弄得浑身疲病,对于他能力真能应付的企图也退缩不敢尝试。

自尊与自薄的情绪是独特的一类,每个情绪都可以认为一类原始的情绪,像(例如)愤怒与痛楚一样。这两种情绪各有它的特殊的外貌上的表情。在自喜,伸张肌肉得了神经激发,眼睛壮烈而发光,行走的姿势滚活而有弹力,鼻孔张大,又有一种特别的微笑现于两唇。这整组繁复的症象在疯人院内表现得很精妙。这种院内总有些患者,可以说是

---

① 　请看贝因教授在他《情绪与意志》书中论"权力之情"所说的很好的议论。

当真被自大情绪弄疯，并且他们的愚蠢的面容和怪诞的趾高气扬的姿势与他们绝无可贵的个人品性恰是悲惨地相反衬。就在这些疯人院中也见到相反的外貌的极端的例子——那些好好的人以为他们自己曾经犯了"不可赦的大罪恶"，要永久沉沦，蜷曲畏缩，偷偷避免人家注意，不能够高声说话或对着我们眼睛正视我们。就像在同类病态状况下的恐怖与愤怒一样，这些相反的自我情绪可以绝无相当的激引原因而发生。并且事实上我们自己知道我们的自尊与自信之感会一天一天由于似乎是脏腑的内官的（而非理解的）原因而涨落，并且这些一定不与我们朋友尊重我们的程度上的变化相当。对于人类这些情绪的来源，到我们讨论了自营与自保之时会说得更透彻。

三、自营与自保

这些名词包括人类的基本本能的冲动中的好多项。有**身体的**（bodily）**自营**的冲动，有**社会的**（social）**自营**的冲动，有**精神的**（spiritual）**自营**的冲动。

首先，一切通常有用的关于求食和自卫的反射作用和运动都是身体的自营的行为。恐怖与愤怒引起同样有用的行为。假如自营的意思是指准备将来以别于保全现在的行为，那么，我们必须将恐怖与愤怒跟猎取、求得、建家以及制造工具的本能一同认为关于身体的自营冲动。可是，事实上，这些后举本能，与性爱、父母之爱，求知欲和争胜心，不但求身体的自我的发展而且求尽可能最广的意义的物质自我的发展。

其次，人类的**社会的自营**直接由于我们的性爱和友谊，我们要取悦，引起注意并赞美的欲望，我们的争胜心与妒忌心，我们的爱光荣，爱势力，爱权威，间接由于物质的自营冲动中被证明为有用的达到社会目的之工具的任何冲动。直接的社会的自营冲动大概是纯粹本能，是容易知道的。关于要受别人注重之欲望，它的可注意的特性是：欲望的强弱，与这种被注重，按照感觉的或理性的所得去计算的价值，很少有关系。我们狂热地希望有很多的客人来访，在人家被提名时，最好我们能说："啊！我同他很熟！"希望在路上碰见的一半人向我们致敬。当然，结交有名望的朋友和得到别人的钦佩，那是最切望的——萨克莱在某篇文章内请他的读者坦白地说，假如人家遇见你一边手拉住一位公爵从总会街中走过，真不会使他们每个人感到一种精妙的愉快吗！可是，在有些人，既然没有公爵和令人羡慕的敬礼，那就随便什么吧，都可以；并且现在有一大堆人，他们的大欲就在于要他们的姓名不断见报，无论在哪一栏，"人物往来"，"私人消息"，"记者访问"都可以——假如得不到更好的，人事琐谈，甚至丑事，他们也认为合适。暗杀加菲尔德（J. A. Garfield，1831—1881）总统的基托（Guiteau）就是这种渴望报上驰名的志愿在病态的人可以走到极端的一例。报纸限住他的眼界；这个可怜虫在刑前的祈祷中，最快心的一句话就是："主呀！这国土的报馆有一大项账单要与你清算。"

不仅我知道的人，而且我认识的地方和东西，由于一种类推作用，也扩大我的社群自我。像某个法国工人说到他用得很好的工具时候说："它认识我。"因此才会有如下情形：我们对某些人的**意见**毫不理会，但我们却要求他们的注意；并且好多真正伟大的男人，好多在许多方面很苛求的女人，会费很多的事去对那整个人为他们诚心鄙贱的一个微末的无赖子炫耀。

精神的自营应该包含各个求心理上进步的冲动，或是理智的，或是道德的，或是狭义所谓精神的进步。可是，必须承认好多通常被认为这个狭义的精神的自营其实只是关于死后的物质的自营与社会的自营。回教徒之求进乐园与基督徒之求免沉沦地狱，所求的福利之具物质性，是公开不掩饰的。在比较积极的，比较细腻的对于天堂的见解，它的好处之中好多项，如与圣者和我们的已死亲属聚首，以及上帝的在近前，只是一种最高的社会福利。只有追求救度内心本性——无论是求世上或求死后的全无罪恶的纯洁，——才能够算做纯粹无瑕的精神的自营。

可是这个广大的对于自我生活的事实，我们这样从外部进行检阅而要想达到完备的话，必须说到：

不同的自我间之竞争及冲突

对于好多的欲望对象，体质的天赋使我们只能从所设想的多数好处之中选择一个，在当前的问题恰恰也这样。我往往面对必须偏袒我的经验自我中之一而抛弃其余。并不是：如果我能做到而不愿意做到同时既美貌，又胖大，又服饰华美，又是个大运动家，又每年赚一百万金，又是个捷才，又享用豪侈，又能迷女人，又是个哲学家；又是个慈善家、政治家、武士，并非洲探险家，又是个"诗乐家"（tone-poet）并圣者。可是，这只是不可能。百万富翁的事业与圣者的事业冲突；豪客与慈善家会互相绊脚而同归蹉跌；哲学家与风流浪子也不能好好伴居于同一个凡身内。这种不同的人物，可以设想在一个人的生活的开头是同等**可能**。可是要使其中任何一个实现，其余可能就必须多少被阻止。所以追求他的最真实，最强烈，最深奥的自我的人必须细心审查欲望一览表，挑选出在这场赌赛中，他要将他的自度机会当做赌注压上去的那一门。从此，一切其他自我都变成不实在，只有这个自我的幸不幸是实在的。这个自我的失败是真失败，它的胜利是真胜利，各挟着惭愧或得意俱来。这是我在本书不久以前（见本书第一册 284 页以下）所申重的人心的选择工作的一个极明显的例子。我们的思想不断从同类的好多事情中决定它自己认那些是实在的，在这一点，它从好多可能的自我或人物中选定其一，而立刻承认假如它没有明白采取的自我中之任何一个遭失败，并不是它的耻辱。

我，此时将以心理学家作为我的"孤注"，假如别人比我对心理学知道更多得多，我就屈辱了。可是对于希腊文，我丝毫不知道，我也甘心。我在这方面的缺点丝毫不使我觉得是个人的屈辱。如果我有作语言学家的抱负，那就刚刚相反了。所以有这样可怪而不足怪的事情，例如有个人竟为了他是世界第二拳术家或划船手弄得惭愧得要死。至于在拳击方面，他已经是一人之下，万人之上，那是不足道的；他已选定要胜过那一个；假如他不胜那个人，别的任何事情都不算数。在他自己看来，好像他自己过去是不存在的，其实他现在才是**不存在**。

可是，那边有位瘦弱的人，人人都能打胜他，但他并不因此垂头丧气；因为好久以前他已经根本不打算"出卖这路货"(套一句生意话)的自我了。没有打算,就没有失败;没有失败,就没有耻辱。所以我们在世上的自我情感完全随着我们**打赌**自己要成什么人,要做什么事而变。它是由我们的实况与我们假定的可能性之比而定;是一项分数,分数的分母是我们的抱负,分子是我们的成就:即自尊心$=\dfrac{成就}{抱负}$。这种分数可以由减少分母,也可以由增加分子而加大。[①] 放弃抱负是与实现抱负同等惬心的松畅;并且遇着不断失望,并挣扎无穷期之时,人总是放弃抱负。福音派神学(evangelical theology)的历史,以及它自信有罪孽,它的绝望,它的放弃由功德得救度的方法,是可能的例子中最深切的例子。但在人生的一切事业中可以碰到其他的例子。在一个人对某个特殊方面的"不足道"一经诚心承认,他就会感到非常畅快。被对方最后不可改移的一声"不"字辞退的恋人的运命并不是**全部**苦恨的。现在好多波士顿的人士(好多其他城市的人,我怕也如此),请相信有经验的人罢,假如他们一劳永逸地放弃维持一个音乐的自我的想头,干脆毫不惭愧地让人家听他们说交响乐是讨厌的东西,必定会成了更快活的男男女女。我们不再想要年轻,要腰肢纤细的那一天,多么舒服呀!我们说,谢天谢地!**那些**妄念消灭了。加入自我的东西件件可以自豪,也件件是负担。有个人在美国内战之时倾家荡产,不名一钱,出去当真到泥土中乱滚,喊说他自有生以来没有觉得这么自由,这么快活。

所以又是我们的自我情感可以受我们能力左右。就像卡莱尔说的:"让你所要求的工资只是零,那么,全世界都踩在你脚底下了。当代的最明哲的人说得好,只在**舍弃**(renunciation)之时,才可以说是开始真正的生活。"

威吓也好,恳求也好,假如不影响一个人的可能的或实际的自我,都不能够激动那个人。大体看,只有这样,我们才能够左右别个人的意志。因此外交家和君主以及一切要统治或操纵人的第一件事,就是要找出他们的傀儡的最强烈的自爱要素,以之为一切对他使令的支点。可是假如一个人已经将那些受外来运命左右的事物放弃而不再把它认为自己的一部分,那么,我们就几乎对他毫无办法了。斯多噶派教人泰然自足的方子就是预先不认一切不在你权力之内的事物是你的,这样就是运命的打击倾泻下来,你也不觉得。爱比克泰德(Epictetus,约55~约130)劝我们将我们的自我这样缩小,同时就是把它弄得坚固到颠扑不破:"我一定要死:可是难道我也必须呻吟而死吗?我立意要说我认为正义的话;假如暴君说,那么,我要将你处死,我一定答应说,'我什么时候曾告诉你我是永远不死的呢?你做你的事,我也做我的;处死是你的事,而勇于就死是我的事。流放是你的事,泰然走开是我的事'。我们在旅行时怎么样呢?我们选择掌舵,水手,开船时间。后来遇到暴风。我还管什么呢?我的责任已尽了。这件事是掌舵的责任。可是船在沉了;那么,我怎么办呢,我所能做的只是:顺受淹死的运命,不恐惧,不呼号,也不骂上帝,像一个知道有生者亦必有死的人。"[②]

---

① 请参较卡莱尔:《裁缝再载》(*Sartor Resartus*)的"永存之'唯'"(The Everlasting Yea)那一章内所说的,"我告诉你,呆子,这都是由于你的虚荣心;由于你幻想那些你应得的是什么。设想你应该被绞死(极可能是如此),那么,体会觉得只被枪毙是幸福;设想你只配被编的套索勒死,那么,被麻绳绞死就是奢侈了。……有什么立法机关通过的条文说**你**应该有幸福呢?一会儿以前,你还没有**生存**的权利呢,"云云。

② 喜金孙(T. W. Higginson)的译本,1886年版,第105页。

我们必须承认这种斯多噶方式,虽然在它的地域与时代中很有效,很英勇,但只有心胸狭窄的并缺少同情心的人,才能将这个方式作为性灵的惯有态度。它是完全以除外的做法进行的。假如我是个斯多噶派,我所不能占有的福利就不再是**我**的福利,几乎想要否认这些福利是福利了。我们见到在其他方面不是斯多噶派的人,这种以除外并否认来掩护自我的方式很常见。一切心胸狭窄的人将他们的自我**围以深沟固垒**,他们将它**收缩**,以与他们所不能安稳占有的地域隔绝。不像他们的,或忽视他们的人,虽然这些人的生存多么可称美,他们对之却是冷眼否认,假如不至积极憎恨的话。不肯成为我的什么的人,我就立意把他们摈出存在之外,那就是说,就我能力所及,我要使这种人等于不存在。① 这样,我的我之界线有一种绝对性并明确性,这就可以弥补我的"我"之内容细小。

反之,同情心丰富的人的做法是用完全相反的膨胀与包容的方式。他们的自我的界线往往弄得很不明确;但是它的内容的推广足以弥补这个而有余。"凡具有人性者均不外于我"(Nil humani a me alienum)。尽管他们轻视我这个微末的人,把我当狗看待,假如我身上有个灵魂,**我**不否定**他们**的存在。他们是实在,同我一样。他们所有的积极之善也是我的,诸如此类的态度。这些扩大的人往往实能感人。这种人想到他们自己无论多么病,多么丑陋,多么卑下,并被多数人遗弃,但是他们还是这个勇敢世界的全体的不可少部分,对于引重的马的力量,青年的快活,哲人的明哲都有一个同人的分儿,并且对于大富大贵者的幸运,也不是完全没分,也可以觉得一种微妙的快意。这样,自我或用否认或用包罗,都可以保全它的实在性。能够跟着马可·奥勒留(Marcus Aurelius)诚实地说"宇宙呀,我愿你所愿的一切"的人,他有一种绝无否定性及阻塞性的自我——"无论什么风吹来,都会灌满它的帆"。

这些各不同自我的分等

有一种相当一致的意见,将能占有一个人的各项自我以及由之而来的他的各种自视态度排成**分等的尺度,身体的自我最低,精神的自我最高,身外的物质的自我以及各种社群的自我在中间**。我们纯乎自然的自营冲动会使我们扩张一切这些自我的势力;我们有意放弃的只是其中为我们所不能保留的自我。所以我们的不自私很会只是"为必要所逼成的美德"(virtue of necessity);因之冷嘲家引述狐狸与葡萄的寓言来形容我们在不自私上的进步,不是全无理由的。可是这是人类的道德教育;并且我们承认大体看,我们所能保留的各项自我是本质上最好的,那么,我们无须埋怨我们由这样迂回的路径得到了解"这些自我具有崇高的价值"这种知识。

当然,这不是我们学得将我们的较低自我置于我们的较高自我之下的唯一途径。无疑,也有一种直接的道德判断参加它的作用,并且最后,(但非最轻)我们将本来由别人行为引起的判断应用于我们自身。关于人性的最可怪的公例之一就是:好多事情,在我们自身,我们就很满意,一在别人身上看到,就使我们恶心。对于别人的肉体上的卑鄙,没

---

① "要减少失望或被轻蔑的打击之通常方法在于:假如可能,低估加这些于我们的人的身份;这是我们对于党见以及私人恶意的不公平的斥责之补救"(贝因:《情绪与意志》,第209页)。

有人会表同情；差不多一样难对他的贪污，他在社交上的虚荣心与热衷，他的妒忌，他的专制，他的骄傲表同情。假如绝对让我自个儿过活，大概我会让一切这些自然的倾向在我身上无限制地滋长起来，怕要好久我才会明白对于这些倾向应该降抑的程度。可是因为必须常常对与我接触的人下判断，不久我就会如郝慰慈所说的，从别人的贪欲之镜中看到我自己的贪欲，而对这些贪欲的**思想**之方式就与我仅仅**觉得**它们的方式大不相同。当然，由儿童时期以来灌输于我的道德通则也大大加速这种反省的判断来到我心上。

由是就有这样的情形：如上文所说的，人们将他们要追求的各样自我，按照这些自我的价值排成分等的尺度。人必须有某一分量的对自己身体的自私，作为一切别种自我的基地。可是过分求遂肉体之欲是会被人们轻鄙的，至多也不过因为其人有其他品性而被原宥。较广大的物质自我是被认为比切近的身体更高贵。不能够为求上进而眼前少吃肉，少喝酒，不够暖，少睡眠的人会被人认为他没出息。社群自我全体，又比物质自我全体的地位高。我们必须对我们的人格，我们的朋友，我们的人伦联系，比对于追求好皮肤或财富更在乎。并且精神的自我超等可贵；所以一个人应该宁可丧失朋友，好名誉，财产乃至生命而不肯丧失精神自我。

在**每种的自我，无论物质的，社群的，精神的自我**，人都将切近并实在的与**辽远并可能的**，将较窄的与较广的看法分别开，并且分别法不利于前者，有利于后者。人必须为他的一般健康而禁止眼前的肉体享乐；必须为将来的几百金而放弃眼前的一金；必须为要取得更可贵的友谊而与眼前交谈者为仇敌；必须为要更可以达到灵魂的救度而情愿没有学问，没有雅态，没有隽语之才。

在一切这些更广大的，更**属可能的**自我之中，**可能的社群自我**是最饶有兴味的：这是由于这种自我在行为上引起某些貌似矛盾之事，并由于它与我们的道德的和宗教的生活之关系。假如我因为保重人格与良心的动机甘冒我的家人，俱乐部以及我这一"流"人的不韪；假如我由新教徒变成公教徒；由公教徒变成自由思想者；由照例行医者变成"类似医疗"派（homœopath），或是诸如此类的事情，我总是由于想到在现在判断不利于我者之外还有更好的**可能的**社会判断者，才使我内心更坚持我的行谊而不为我的实际社群自我的损失所动。我这样求诉于这些判断者之时所追求的理想的社群自我也许是辽远的：也许我只设想他仅仅有可能性。我也许并不希望此生会实现这种自我；甚至我会预期我死后，后世人完全不知道我（虽然这些后人假如知道我，将会赞许我）。可是招我前进的情绪无疑是对于一种理想的社群自我之追求——假如真有最高的**可能的**判断我的同伴，那么，这个我所追求的自我至少**配得**他的赞许。① 这种自我是我所追求的真实的，亲切的，最后的，永久的"我"。这个判断者就是上帝，绝对的心灵，"伟大的同伴"（the Great Companion）。在现在这个科学开发人智的时代，我们常听到关于祈祷有无效力的讨论；并且说我们不应祈祷的，有好多理由，说我们应该祈祷的，也有好多理由。可是在一切这种讨论中，很少说到为什么我们**不免**祈祷，理由只是我们**不得不**祈祷。除非人性起了我

---

① 我们必须说：这样由理想构成的自我的品性都是最初为我的实际友伴所赞许的品性；并且我现在所以撇开他们的判语而上诉于理想的评判者的理由，乃是由于眼前事例有个表面的特性。从前被称赞为我的勇气的，现在在人们的眼光变成鲁莽；从前许为坚忍的，现在变成固执；从前的忠实现在成了狂热。我现在相信只有理想的评判人才能够看出我的品性，我的志愿，我的能力的真相。我的友伴，由于利益与偏见的迷误，陷入迷途了。

们的一切知识并不使我们期望其发生的大变化,无论"科学"做多少相反的工作,人还要继续祈祷到天地穷尽之日;这似乎是很会有的事情。一个人之经验的自我中最内心的自我是个带**社群性**的自我,而且这种自我只能从理想的世界找到适当的**社群**(Socius);祈祷的冲动是上说事实的一个必然结果。

社群自我内的一切进步在于将较高的"法庭"代替低级的法庭;上说的这个理想的法庭是最高的;并且大多数人时常或有时在他们心里都带一份对这个法庭的保证书。世上最下贱的流人由于得到这较高的承认,也能够觉得他自己是实在的,有作用的。反之,在大多数人,当外部的社群自我失败而丧失之时,假如世界没有这种内心的托庇所,那么,这世界就成了不测的恐怖之渊了。我说"在大多数人",因为大概各人在常觉得有个理想的监临者这方面的程度很不相同。在有些人的意识中,比在别人的意识中,这种感觉成为更重要得多的部分。有最多的这种感觉的人可能是最有**宗教性**的人。可是我可以断定就是说他们自己完全没有此感的人也是自欺,其实也有某程度的这种感觉。只有一个不群居的动物才会完全没有此感。大概没有人能够为正义牺牲而不在某程度内把他所为而牺牲的正义原理拟想成一个人格并期望他对自己致谢。换言之,**完全**的社群性的不自私,几乎不能存在;**完全**的社群性的自杀这个念头几乎不能来到人的心上。就是像约伯(Job)的"虽然他[上帝]杀我,我还是信赖他",或是马可·奥勒留的"假如诸神憎恶我和我的儿女,必定有个理由"这些文句,也不能够引来证明相反的事实。因为,无疑,约伯想到耶和华杀了他之后会称许他的崇拜,他心里就很愉快;无疑,马可·奥勒留深信绝对的理性对于他的顺受诸神的憎恶,不会完全漠然无动于心。旧时对于敬神心的试题,"你是否甘心为上帝的光荣而被罚入地狱?"大概除了有人内心深处笃信上帝认他们的甘心为功绩,并且比在他的不测的计划中他们没有被罚之时更重视他们,就永远没有人对这问题作肯定的答复。

一切这些说自杀不可能的话,都是先假定动机是**积极的**。可是,在极端恐怖之时,我们的心态是**消极的**;那就是说,我们的欲望限于只要排除某一件事物,不管代起的是什么。在这种心态中,无疑可以有真正的要身体的以及社群的并精神的自我自杀之思想与行为。在这种时期,只要逃脱,不存在,随便什么,**随便什么都可以**! 可是,这种发自杀狂的状态是带病态的性质的,与人的自我之生活中所有的一切正常状态是极端相反的。

在"自爱"中是什么自我被爱?

我们现在必须将自爱与自营之事实从内面加以更精细的阐释。

任何种自营都很发达的人,被称为自私。① 假如一个人考虑到他自我以外之其他自

---

① 自私的种类随所营求的自我而变异。假如所营求的只是身体的自我:假如一个人攫据最好的食物,温暖的角落,空的座位;假如他不让任何人空间,随处乱吐痰,并且对我们脸上嘘气,——我们就说这个自我是"卑鄙"的(hoggishness)。假如他所贪求的是社会的自我,要人望和势力,他也许在物质方面会自下于他人,认为是达他的目的之最好手段;并且在这种情形之下,他很容易被认为是无私心的人。假如他所求的是"天国的"自我(the "otherworldly" self),并且假如他以苦行求之(纵使他宁可让全人类永远沉沦,不肯失掉自己的灵魂),那么,他的自私很会被称为"圣洁"("Saintliness")。

我之利益,他就被称为不自私。到底他心上的自私情绪的深切**性质**是什么?并且它注重的首要**对象**是什么?我们已曾形容他一会追求并维护一类事物,一会追求维护另一类,都认为他的自我;我们已曾见到同一组的事实,随着他是否要占有它,当它是可能地或实际地是他自己的一部分,这种关系会使他感到兴趣或失掉兴趣,使他漠不关心,或使他觉得胜利或绝望。当我们知道**某一个人**(一个一般的并抽象的人)事业失败或成功,我们对这种事情显然是不在乎的——"他也许要被绞死,我们也不在乎"——可是我们知道假如这个人的名字就是我们以之自称的,那么,这种失败就极重要极可怕了。**我**一定不要失败,这是我们人人胸中喊得最响的声音:任何人失败都行,至少**我**必须成功。这些事实所暗示的第一个结论就是:我们每一个人都为一种**直接的尊重他自己个人存在之纯粹精素**(pure principle of individual existence)的**情感**所激动,这个精素是什么可以不管,我们只取其为这么一个精素。这好像我们的出于自私心的一切具体表现都是这许多三段式的结论,每式都以这个精素为它的大前提的主词,例如:凡为"我"者是宝贵的;这是我;所以这是宝贵的;凡为我的者必须不失败;这是我的;所以这必须不失败,诸如此类。我说,这好像这个精素将一切它所碰着的都注射以它自己深切的贵重性;好像在被碰之前件件事物都无足轻重,没有一件自身有兴趣;好像就是我尊重我自己身体也不是纯乎对这个身体的兴趣,乃是只在这个身体是我的这个限度内我才对它生兴趣。

可是,这个抽象的数目上的恒同精素(principle of identity),这个我内心的"天下第一",按常谈的哲学,我认为是应该不断守望的,到底是什么呢?它是否是我的精神自我的内核,那一团的模糊觉得的"调整",也许**再加**我们刚说到的还要更模糊觉得的纯粹主观性呢?或者,是否它也许是我具体的思想流的全部,或是这道流的某一横切面呢?或者它也许是那个不可分解的灵魂质,按正统说,是我的官能所附属的呢?或者,最后,它会不会就是"我"这个代名词呢?当然,我这样热烈地尊重的那个自我,绝不是这些之中的任何一种。虽然一切这些通通归在我内里,我还可以冷冷的,不能表现任何值得称为自私或忠奉"天下第一"的行为。要有一个我能够**在乎**的自我,必须先由自然供给我某特个**对象**——这个对象必须有趣味到能使我本能地会为它**本身**的缘故而想占有它,并且由它造成我们所已列举的那些物质的,社群的,和精神的自我中之一。我们将要见到一切关于极会使我们注意的竞争与替换之事实,一切属于应称为我及我的之范围之移动,膨胀和收缩,只是由于下举事实,就是:某些**事物**会激动人性中的原始的并本能的冲动,并且我们挟着一种绝不取资于反省作用的兴奋追随这些事物前进。这些事物被我们意识认为它是我的原始成分。任何其他事物,或由于与这些事物的运命相联合,或由于任何别种情形,弄到人也以同样的兴会追求的,就成为我们的较辽远的,较次起的自我。**由是,"我"(me)和"自我"(self)这些名词,就它引起情感并表示情绪上的价值这个限度说,是"客观的"称呼,意思是指一切能在一道意识流内发生某一特种兴奋的"事物"。**让我们尝试详举这句话的理由。

一个人的最着实的自私,就是他身体上的自私;并且他的最着实的自我就是这个自私所关的身体。我要说的是:他认他自己与这个身体为一,是因为他爱**它**,并且并不是因为他知道它与他自己为一,他才爱它。回到自然发展史的心理学(natural history-psychology),会帮助我们见到这话的确实。在论本能那一章(本书第二十四章),我们将要见到：每种动物对于世界的某些部分有某一种择取的兴趣，并且这种兴趣由于生成的与由于学习的一样常见。我们**对事物的兴趣**，意思是指想起这些事物之时所引起的注意与情绪，以及这些事物在前之时所激发的行为。例如，每种动物都特别对于它特有的充肠动物或粮食，它特有的仇敌，它特有的性欲对方，以及它自己的子息感兴趣。这些东西会引起注意，是因为它们本性能够这样；它们是因为它们本身之故而被关切。

关于我们的身体，没有丝毫不同。它也是我们客观界中的知觉象——它只是那界内最富兴味的知觉象。身体所遭受的会使我们起比这"界"中其他部分所引起的任何情绪和行为倾向都更加有力的，更加惯有的情绪与倾向。我同伴所谓我的身体上自私或自爱，只是一切由这个兴趣自然在我的身体上引出的外部行为之总和。我的"自私"，在这里只是形容的名词，将我所表现的外部症象归在一起。当我由于爱自己，不让位给妇女，或是先攫取一件东西，使旁人得不到，我实际所爱的就是舒服的位置，就是所攫取的东西。我以这些东西为首要而爱它，就像一个母亲爱她的婴孩，或豪侠的人爱英勇的行为一样。凡是像在这里，自营出于单纯的本能的倾向之场合，自营只是指某些反射动作的名字。有件东西不可避免地钉定我的注意，并且不可避免地引起"自私的"反应。如果一架自动机械可以制得那么精巧，使它能够模仿这些动作，它也应该被称为自私，同我一样。固然，我不是自动机，是个思想者。可是在这里，我的思想，同我的行为一样，只关于外部事物。这些思想无须知道任何项内心的纯粹精素，也不管这种精素。事实上，我更加这样依原始的方式自私自利，我的思想就会更盲目地专注于我贪欲的对象与冲动，并且更缺乏向里的反视。一个婴孩，通常都以为他对纯粹自我之意识（对于他自己是思想者之意识）不发展，这样看，他是像有个德国人说的，"最纯粹的利己家"（der vollendeteste Egoist）。他的肉体的人，以及供应他的需要的物体，是人可能说是他所爱的唯一自我。所谓他的自爱，只是指"除了这一组事物之外他全无感觉"这种情形的名号。也许他需要一个纯粹的主观性精素，一个灵魂或纯粹自我（他当然需要一道思想流）以使他会觉到任何事物，使他在一般方面（überhaupt）鉴别并爱惜——这是怎么一回事，我们不久会见到。可是在那场合要成为他爱惜的**条件**的这个纯粹自我不必是他的爱惜的对象，也如不必是他思想的对象一样。假如他的兴趣完全在于他自身以外的其他身体，假如一切他的本能都是利他的并且一切他的行为都是自杀的，他也还像他现在一样需要一个**意识**之精素。所以这种精素不能为他身体上自私之精素，就像不能为他社会表现的任何其他倾向的精素一样。

对身体的自爱，就说这么多了。可是我的**社群**的自爱，我对于别人心上所构成之我的影像之兴趣，也是一种对一组在我的思想外的**对象**之兴趣，这些位于别人心里的思想是在我心之外，并且对我的关系是"旁投的"（ejective）。这些思想一时来，一时去，一时扩大，一时缩小，并且我对这种结果或无限自豪，或惭愧到面红耳赤，恰像我对于追求物质的对象的成败而自豪或惭愧一样。所以在这里，就像在前例一样，纯粹精素似乎对于作为尊重的**对象**这一件事上没份儿，它的存在，只是充作这种尊重与这种思想必须有它才能够在我心内进行之一般方式或条件。

可是有人会立刻反对说，这是把事实说得残缺不全了。固然，在别人心上的那些关于我的影像是在我之外的东西——我知觉那些东西的变化，就像我知觉任何其他外部变化一样。可是,我所觉得的自豪与惭愧并不是只与**那些**变化有关。当我知道在你心上的代表我的影像变坏之时,我觉得好像另有一个什么也变了,我觉得那个影像属于我心中的一个什么东西,这个东西一刻以前,我觉得在我之中庞大,强壮而且勃勃有生气,但此刻是薄弱,缩小,而且瓦解了。难道这后种变化不是我所引为惭愧的变化吗?难道我内心这个东西的状况不是我的利己心的,我的自顾心的正当对象吗?并且难道它毕竟不是我的纯粹自我,我的纯乎数目上自别于别人的精素而绝非我的经验的部分吗?

不,它并不是这种精素,它只是我的整个的经验自我性,我的历史的我,一团客观事实——你心中的被贬值的影像也"属"于这一团内。我要求你给我敬意的招呼(而不做这种轻蔑的表情),认为是应得权利,这是以什么资格要求呢?并不是以一个光光的我而主张应享这个权利;乃是以一个始终被敬重的,属于某个家族,特殊流品,具有某些权力,财产,以及公职,敏感,义务,志愿,优点和功德的我之资格。一切这些就是你的轻蔑所否定,所推翻的对象;这是我觉得其被轻为可耻的"我心里的那个物事";这就是前此生气勃勃,而此刻由于你的行为而瓦解的东西;并且这个必定是个经验的客观的东西。其实,当我惭愧之时觉得改变更坏的东西往往还比这个更具体——它只是我的肉体人——在其内,你的行为直接地并不经我思虑地引起合成惭愧的"表情"之肌肉的,泌腺的和血管的变化。就这种本能的,反射的惭愧而论,身体是自我情感的表达机关,其程度与在我们先讨论的较粗事例中,它是自营的表达机关一样。在单纯饕餮的行径,一块肥美的肉由于反射机构引起某种行为——这种行为,旁观人要认为"贪食"并且以为是发自某一种重己心;同样,在这例,你的轻蔑,由于一样反射的,一样立刻发动的机构,引起另一种行为——旁观者叫做"羞惭",并且以为出于另一种重己心。可是,在这两例中,也许并没有为心所重的特殊自我重己心;这个名词也许只是一个由反射动作以及这些反射发动时立刻发生的情感之外强加进去的形容名称。

身体的自我和社群的自我说完之后,要说到精神的自我了。可是,我确然关切我的精神自我中的那一个呢?是我的灵魂质呢?是我的"超验的自我,或思想者"呢?我的代名词"我"呢?我的主观性本身呢?我的头部调整的核心呢?或是我的更属现象的并更会消灭的能力,我的爱与憎,志愿与敏感,诸如此类呢?当然是后者。可是这些后者,对于那个中心精素(无论是什么东西),是在外的并客观的。这些来来往往,但这个中心总长在——"摇动这个磁,磁极总那样"。固然,这中心必须在场,这些才可以被爱;但它在场并不就是它本身被爱。

所以,总而言之,**我们见不到有什么理由假定"自爱心"原来,或次起地,或在任何时候,是对一个人的单纯的意识恒同性(conscious identity)的精素之爱**,它永远是对某一个事物的爱,这个事物与那个精素相比之下,是肤浅的,暂时的,易于任意取来,易于任意放弃的。

并且动物心理学又可以帮助我们了解,并指示我们这事必定如此。其实,在答复一个人在自爱心内所爱是什么事物这个问题之时,我们已经隐含地也答复进一步的问题——为什么他爱这些事物?

除非一个人的意识不是仅仅识知的作用,除非它对次第为其所知觉之事物中某些对象有所偏爱,它就不能长久存在;因为,由于神妙莫测的必然性,每个人心出现于世上,是靠着它所隶属的身体完好,靠着那个身体在别人手里所得的待遇,又靠着利用这个身体做工具而使之长寿或死亡的那些精神的性向。**由是,第一,它自己的身体,第二,它的朋友,最后,它的精神性向,必定是每个人心对之最感兴趣的对象。**开头,每个心必须有某一个最低限度的自私(表现为身体的自营本能的),它才可以存在。这个最低量必须存在,作为一切再进一步的有意识的行为(无论是自制或一种还要更微妙的自私的)之基地。一切的心,由于最适者生存之作用(假如不是由于更直接的途径)发展到了对它们所联系的身体极端感兴趣,这与它们也有的对纯粹自我的兴趣完全无涉。

这些心所属的人在别人心中的影像,也是一样道理。假如我对于我此生所遇的那些赞许不赞许我的面容,并无若何感觉,那么,我就不能生存到现在。对别人轻视的面孔不必对我有这种特别的影响。假如我的心理生活直接地或间接地专倚靠某别一个人的福利,那么,自然淘汰无疑会弄到我会对那别一个人的社会上的升沉很敏感,像我现在对自己的升沉一样。这样,我不会利己而应该会自然利他。可是,在这种情形之下(这在实际的人生状况中只有部分的实现),虽然我经验地爱惜的自我变化过,我的纯粹自我或思想者还仍是现在这个样子。

同样理由,我的精神能力也一定比别人的精神能力更使我感兴趣。假如我没有培养这些能力并维护之使不衰朽,那么,我就不会在此。并且使我从前顾惜它的自然法则使我现在还顾惜它。

所以我自己的身体与供应这个身体的事物是我的利己心的原始对象,是由本能决定的。由于与这些东西中任何一件相连,作为得它的工具或惯有的相随品物,其他对象也可以因辗转依他而变成为我所感兴趣的;这样,依繁多的方式,利己情绪的原始范围可以扩大而变更它的界线。

这种兴趣真正是"我的"(my)这个话的意义。凡是起这种兴趣的事物,质言之,就是我的一部分。我的儿女,我的朋友死了;他所去的地方,我觉得我自己的那一部分此刻并永远都在那里:

> "因为,这个丧失是真正的死亡;
>
> 这是高贵的人的长眠;
>
> 他就这样徐缓然而确实地躺下去,
>
> 星星一个跟着一个消失,他的世界消逝了。"

可是,某些特种事物会最初就具有这种兴趣,并且构成**自然的我**:这个事实还依旧。但是一切这些事物,正当地说,都是进行思想的那个主体的**对象**。[①] 并且这后项事实立刻把老式的感觉主义的心理学的那个主张推翻;那个主张以为利他的欲望和兴趣与物性相反,并且假如任何处似乎有这些存在,必定是次起的产物,最后可以分析成为由经验教给它以伪善的文饰之自私。然而,假如动物学的进化的观点是对的,就没有理由说为什么任何种对象**不**会同任何其他对象(无论是否与所谓"我"的利益相联系)一样原始地并本能地引起欲情和关切。无论欲情所指向的目的物是什么,欲情现象,在起源上并在本质

---

① 洛采:《医学的心理学》(*Medizinische Psychologie*),第 498 至第 501 页;《小宇宙》第二册第五章第 3、第 4 段。

上，是一样的；并且在实际上目的物为何，只是事实的问题。可能，关切我邻人的身体也许同对我自己身体的关切那样剧烈地，那样原始地，激动我。对于这种溢美的利他兴趣的唯一阻碍是自然淘汰——这会把对个人或对他的族类很有害的兴趣淘汰掉。可是，好多这种兴趣还不曾被淘汰——例如对异性的兴趣，在人类似乎比它的功用上需要所应引起的太强烈；并且此外还有如喝醉酒，或听音乐的兴趣，就我们所见到的而论，没有任何一种功用可说。所以同情的本能和利己的本能是同等的。就我们所知的说，两者都起于同一的心理阶层。它们的不同只在于所谓利己的本能是个大得多的集团。

我所知道的作者只有一个人曾讨论"纯粹自我"本身能不能作为重视的对象，那就是郝慰慈（Horwicz）先生，在他所著的极有才气并极犀利的《心理的分析》（*Psychologische Analysen*）书内讨论过。他也说一切重己心都是对于某些客观的事物的重视。他把某一种驳难解决得那么好，所以我必须引他的原文的一部分作结束。

先述这个驳难：

"无疑，一个人总会认为自己的子女是最漂亮、最聪明的，自己地窖里的酒是最好的（至少就它的价钱论），自己的房子和马匹是最精良的。我们考究我们自己的微末的慈善行为之时会起多么深挚的赞叹呀！我们自己的弱点和过失，万一我们发觉，我们多么神速地以有"减罪的条件"（extenuating circumstances）为理由而赦免自己呀！我们自己说的笑话比别人的笑话更滑稽，别人的笑话绝不能像我们的经得起重说十回或十多回！我们自己的演说多么有辩才，多么动听，多么有力量呀！我们的讲论多么贴切呀！总而言之，我们的一切比任何别人的，更伶俐，更有神，更精美呀！美术家和作家们的很惨的自大与虚荣心也属这一类。

"我们对我们自己的件件事物所感到的明显的溺爱，其广布的程度实在可惊。难道不好像我们亲爱的自我必须先赋予任何东西以它的色彩和香味，然后我们才觉这件东西可喜吗？若是假定为我们**思想**生活的来源并中心的自我，同时也是我们情感生活的原来的并中心的对象与任何特殊观念和任何特殊情感所发生的基地，难道这样假定不是对于一切这些彼此很贯穿一致的现象之最简单的解释吗？"

郝慰慈接下去提到我们已看到的事实，即好多事情见于别人，就使我们憎恶，但见于我们自己就绝不然。

"大多数人，就连别人的身体上的热气，比方别人坐热的椅子，都觉得不好受，然而我们自己才坐过的椅子上的热气一点不难受。"

又说些别的话之后，他对这些事实和理论答复如下：

"我们可以很自信地断定在大多数场合，我们自己所有物更适我们的意思［不是因为这些东西是我们的］，只因为我们知道它更清楚，体会它更亲切，觉得它更深刻。我们练成对于我们所有，会赏识它的一切细节，一切微变，而别人的物品，我们就只看见它的粗枝大叶和阔略的平均。且举几个例子。一支乐曲，假如自己演奏，就比别人演奏听得更清楚，领会得更深切。我们把一切细节听得更准确，对于这支的音乐思题也更深入。我们也许同时十分明知那个别人演奏得更好；可是——有时——

我们从自己的演奏得到更大的愉快，因为自己演奏使我们对这种旋律与和声体会得更透彻得多。这个例子差不多可以作为其他爱己心的例子的代表。假如再加细究，我们总会发现我们对我们所有的事物之情感大部是因为我们**生活与我们自己的事物更接近**，因而觉得它更彻底，更深切。从前我有一位朋友正要结婚，他对我讨论他的家居布置的节目，说得又重复又琐屑，常常使我生厌。我当时奇怪智力这么发达的人会对这么外表的东西发生这么深切的兴趣。可是，几年之后，我自己也进到同样环境，我对于这些事情就发生完全不同的兴趣了，现在轮到我要把它翻来覆去，说之不休。理由只是：在第一回，我不**了解**这些事情以及它对于家居的舒适上的重要；而在后来，我感悟这些事情非常迫切，这些就霸占了我的想象，极其活跃。同理，好多人讥笑勋章与爵位，等到他自己得了就不然了。无疑，也是这个道理，自己的肖像或镜中反影，静观来是非常有趣味的东西……并不是因为任何绝对的'这是我'；只是像我们自己演奏的乐曲一样道理。迎接我们眼睛的是我们知道最清楚的，了解最深切的；因为我们自己觉过它并且经历过它。我们知道什么事故弄成它的这些皱纹，加深这些暗影，洗白这些毛发；并且其他脸面也许更漂亮，然而没有一个能够像这个面孔动我的心，使我感兴趣。"①

并且，郝慰慈接下去证明我们自己的东西由于它所唤起的回忆以及所引起的实际上的希望与预期，在我们眼中是比别人的东西**更丰富**。不问任何由于这些东西是我们所有而取得的价值，单单这个关系就可以使这些东西"增重"。所以我们可以赞成他而做结论如下：**我们重己的情绪之热烈永远不能以一种原始的，中心的自我情感来解释，反之，这些情绪必定是直接针对特殊的不那么抽象并不那么空虚的事物。我们可以给予这些事物以"自我"这个名目，或是可以给予我们对这些事物的行为以"自私"这个名目，可是无论是在自我上，或在自私上，纯粹思想者都不是主角。**

关于我们的重己性，只有一点还需要提到。上文我们说重己性是活动的本能或情绪。我们还要说到表现为冷静的**理智的自我估计**之重己性。我们可以把自己的我放在褒贬的天平上称，也像我们称别人那么容易——不过很难那么公平。能无偏私地称自己的就是**公平的**(just)人。要称得无私，必须有一种稀有的能力，能够摆脱郝慰慈所指出的如我们自己的财产和成绩那样亲切知道的东西在我们想象中的生动程度；并且还要能把别人的事情想象得很生动。可是，假定有了这些稀有能力，就没有理由断定一个人不能够判断自己像判断任何别人一样客观，一样好。无论他对自己**觉得**如何，或过分得意，或过分丧气，他还可以由于用他应用于别人的外部标准来衡量他自己的价值而正确**知道**它，并且抵消他不能完全避免的情感。这个自己衡量的过程与我们前乎此所讨论的本能的重己性毫无关系。因为这个自量作用只是理智的比较之一种应用，我们无须再加讨

---

① 《根据生理学的心理分析》(*Psychologische Analysen auf Physiologischer Grundlage*)，第 2 部下编第 11 段。这一段应该全看。

论。可是，请再注意纯粹自我只是作为进行估量的媒介，所估量的对象都是经验的事实，①如一个人的身体、功绩、名誉、智力、善良，或任何被估量之事物。

自我的经验的生活分成如下项目：

	物质的	社群的	精神的
自营	身体的欲以及本能 爱妆饰，纨袴习气，占有性，制作欲 爱家，等等	求悦人，求被注意，被称赞等等之欲望 喜交际，争胜，羡慕，恋爱，追求荣誉，野心，等等	理智的，道德的以及宗教的志愿，依良心行事
自我估量	个人的虚荣，谦逊，等等 自负富有，畏贫穷	社交的和家族的自负，自大，贵倨，谦逊，惭愧，等等	道德或智力的优越感，高洁感，等等 自卑感，或有罪感

---

① 贝因教授，在他论"自我情绪"，那一章内对于我们自我情感的大部分是原始性的这件事很疏忽，他似乎把自我情感认为是这种镇静的，理智的出于反省的自我估量——当然自我情感极**大部分**并非这样。他说：当我们回向内心，认自己为一人格而加以注意之时，"我们是将本来随伴对于别人的观想的那种工作加于我们自己。我们惯于查究旁人的动作与品行，将两个人比较了，认这个人的价值高于那个人；对于患难中的人怜悯；对特别一个人觉得满意；对一个得到我们喜欢他得到的幸运的人**致贺**；对任何人所显现的伟大或优点**赞美**。一切这些工作，就像爱情与愤慨一样，本性是社会的；孤立的个人永远不能学到这些工作，也不能实行它。那么，我们用什么工具，由什么虚构能够回转来运用于自己呢？或是，我们怎么会从设身处他人之地到得到快意呢？也许最简单的反内作用就是依据对于旁人的习惯与行为的观察并由这些观察开始之自我贵重与自我估计所表现的作用。我们很快地将旁人互相比较；看到这个人比那个人更有力量，做更多的工作，也许因此得更多的报酬。我们看到这个人也许比那个人更慈祥；因此更受人爱。我们见到有些人比余人更能做惊人的技巧动作，吸引群众的注目并称赞。我们对于处于这种地位的人发生一串的固定联想，有利于优者而不利于劣者的联想。对于有力量而勤劳的人，我们估计他能得更大的奖赏，觉得处于他的地位是比别人更幸运。由于我们出于本性的原始动机而欲望得到好东西（我们实有这样欲望），并且观察到好东西是由一个人的优越的工作而来，我们觉得对这种努力起敬并且愿望这种工作属于我们自己。我们知道我们也曾为求得我们这份儿的好东西出力；而且看到别人，我们很容易想到自己，与自己比较，这种比较是由于切实的后果，才使人关切。因为曾经这样学会了将别人认为是由多少努力工作而得到相当的收获；并且我们自己在一切方面都与旁人相似，所以我们觉得将自己看着工作而得酬的，并不是艰难的或无意义的工作。……就像我们就这个人与那个人之中决定谁是更好，同样，我们也就自己与一切别人之中决定谁好；可是在这一种决定，会受我们自己欲望的影响而生偏见"。过了两页之后，他又说："所谓自喜，自庆（Self-complacency，Self-gratulation）是指存想我们自己的功德和财物之时所发生的积极愉快。在这例，也如在其他的例一样，出发点在于观想别人所有的优点或可喜的德性，多少伴着爱惜的情绪。"贝因教授在这里又以自怜（self-pity）是"按我们可称为虚构不实的方式"从更直接的对象移到我们自己的一种情绪。"可是，因为我们能够以对别人的观察来看自己，所以我们能对自己感到别人在我们的境地所引起的怜悯之情"。

从前将这些情绪认为是由于很快地把后果估算并且因为这个对象和那个接近或相似，就由这个联想到那个，由是感情也由这个移到那个对象：我们可以说贝因教授的上文的叙说就是这种老式解释的好例。在贝因著书之后出来的动物进化论（Zoological evolutionism）使我们悟到：正与他的解释相反，好多情绪必定是特殊对象原来（Primitively）会引起的。没有情绪会比随我们在人生大事上的成败而起的自喜与自卑，更应该称为原始的。这些情感无须有外借的反光。贝因的解释只适用于反省的批评所能在全体情绪或增或减的那小部分——洛采在他的《小宇宙》书内第五编第五章第五段有几页讨论普遍判断使我们自重心变动的影响。

纯粹的自我

我把这一章到此刻止的主要结果综结于上表了。凡是对于现象的自我的成分以及重己性的本质所应说的都说过了。因此我们已经扫清我们的场面，以便对付那个关乎个人恒同的纯粹精素——这个困难，我们在初步说明的全程中都遇到过，但我们总是畏避，认做一种要延宕应付的。自从休谟以来，人很应该地都认这个是心理学要应付的最难解的谜题；并且无论一个人采纳何种见解，他都要防御极严重的敌方优势。假如跟唯灵论者主张有个具实质的灵魂，或是超验的统一精素，那么，你就不能对于"那灵魂，那精素为何"作任何积极的说明。假如你跟休谟派，否认有这么一个精素而主张只有来来往往的思想之流，那么，你就与人类的全部常识冲突。在人类常识中，以为有个特别的自我精素的信心似乎是重要的部分。无论我们在下文采用何种解决，我们宁可预先想定这个解决总不会使我们所针对的那些人中多数人满意。说起这件事的最好方法，是先论——

人格恒同之感

在上一章论思想流之时，我们曾以尽显极端的方式说我们真正知道其存在的思想并不是疏散地到处乱飞，乃是显似每个思想总隶属于某一个思想者而不属于别一个。每个思想，从一大群它可能想到的其他思想之中，能够将属于它自己的自我的那些思想与不属于它的自我的思想分别开。前类思想有一种温热与亲密性，这是后类完全没有的——这后类只是冷冷地见外地设想到，并不像骨肉至亲，从过去时间中带来他们对我们的慰问的那样。

这个关于人格恒同的意识可以认为一种主观的现象或客观的言论，认为一种情感或一件真理。我们可以解释一小部分的思想如何能做到可以断定其他小部分也属于它自己所属的同一自我；或者我们可以批评它的判断，而决定这个判断是否与事实真相相符。

这个判断，只作为一个主观现象而论，并不使我们感到它特有困难或神秘。它属于那大类的关于"同一性"的判断；并且对第一人称（first person）下相同判断，并不比对第二或第三人称有什么更特别的地方。理智的工作似乎主要是一样的，无论我说"我是同一的"，或说"这支笔与昨天那枝是同一的"都一样。想这个与想相反的而说"我也不同，笔也不同"一样容易。

这种**把事物共同放进单个判断的对象内**，当然是一切思想所必有的。无论这些事物从思想看来是有什么关系，它们总是结合**在思想内**。想它们就是一起想它们，就是结果断定它们不属一起也一样。凡在知识有个复杂的对象之时，知识自身必须有这种**主观的综合**（subjective synthesis），这一种综合必须不要与人所知道的在事物间的歧异和散立之**客观的综合**（objective synthesis）相混。① 只要思想存在，总有主观的综合。就是一个真真分散不联系的世界，也只有将它的各部分暂时统合在某个意识波动的**对象**内，才会**被知道**是分散的。②

所以人格恒同之感并不只是这种一切思想必有的综合形式。此感是觉得有**被思想**所知并以之叙说所**想到的**（thought-about）事物之一种相同性的。这些事物就是一个现在的自我与一个昨日的自我。思想不仅想到它们两项，而且想到它们是同一的。心理学家，旁观作批评，也许会证明这种思想是错误的，并且指明实际没有真正的相同。就是说，也许并不曾有过昨日，或是，无论如何，没有昨日的我；或是，纵使有之，所叙说的相同也许不存在，或是这个叙说只有不充分的根据。无论是哪一种情形，人格恒同并不是一**件事实**，可是它还可以是实际存在的一种**情感**，还有思想对于这种情感的意识，而心理学家还须把这种意识分析而指出这意识的错误性何在。让我们此刻做心理学家，看看当这个意识说"我就是我昨日是的那同一的自我"之时，它是对呢，还是不对？

人格恒同之感之可证明的根据

就它假定有一个含有过去的思想或自我之过去时间而论，我们可以立刻说它是对的并可解的，因为这些是我们在这部分的卷首就假定了的事件。就它想到一个现在的自我（我们刚才考究其各样方式的那个现在自我）而论，它也是对的而且可解。我们的问题只是当这意识说"现在自我与它所想的那些过去自我**相同**"之时，它是什么意思。

我们一会以前说到温热与亲密。这可以引我们到要得到的答案。因为，无论我们正在批评的思想对它的现在自我会想什么，那个自我总是温热地亲密地被认识，或被实际觉得。当然对于那个自我的**身体**部分是如此；我们经常觉得我们身体的整个立体的质量，它使我们不断感到本人存在。我们也同样觉得"精神自我的内心核子"：或是那些微弱的生理上调整，或是（采纳普遍的心理学信条）我们进行的思想自身的纯粹活动。我们的较疏远的精神的，物质的，与社群的自我，就它们可被体会的限度说，也觉得有一种炽烈与温暖；因为想到它们必定会引起某程度的内脏的情绪，或是心搏加速，呼吸短促，或是一般身体气调的某个其他（无论多么微弱）的变化。由是现在自我内的"温热"之性质总是下列两件之一，或是我们对于正在思想的思想自身的情感内的某方面，或是对身体那顷刻实际存在的情感，或是两件都有。我们不能体会我们现在的自我而不同时觉得这两件之一。我们想到会把这两件带进意识的任何其他事实之时，也会感到像附着于现在

---

① "由是只因为我能够将一定观念的繁多性结合于**一个意识**（einem Bewusstsein）之中，所以我才可能在这个观念（Vorstellung）之中设想**意识的同一性**（I dentität des Bewusstseins），那就是说，统觉之分析的单一性只在假定综合的单一性之下才可能"。在这一节话（康德，《纯粹理性批判》，第二版第十六段），康德所谓分析的与综合的统觉就是我们这儿所谓客观的与主观的综合。很希望有人创立一对名词表示这种区别——本书中所用的名词当然很不好，但我觉得康德的名词似乎更坏。"无待的单一"与"超验的综合"（Categorical unity and transcendental synthesis）也可算很好的康德式名词，但作为人类语言，就难说是好的了。

② 所以我们可以用一种不好的双关语而说："只是一个有联系的（connected）世界，才可以被认为是无联系的（disconnected）。"我说是不好的双关语，因为由有联系到无联系，中间有观点的变动。无联系是说所知道的实在；有联系是说对于这些实在的知识；而且从本书所坚持的心理学观点说，实在与对于实在的知识是两件不同的事实。

自我的温热与亲密。

会满足这个条件的任何**遥远**的自我被想到时，也会有这种温热与亲密。可是那些遥远的自我，当它们被想到时真能满足这个条件呢？

显然是那些在活动时满足这个条件的遥远自我，并且只有那些遥远自我能在活动时满足这条件。**它们**被我们想象时会带有血肉般的温热在上面，它们可能附着有那种香气，带着正在作用的思想之回响。并且由于自然的结果，我们会把它们彼此互相同化并且同化于我们此刻思想之时所觉得的这个温热的而亲密的自我，同时把它们全数从任何没有这种温热与亲密性的自我分开；这很像是这样的：在春天要放牛之时，由冬天散在广漠的西方荒原的一群牛内，牛主人认出一切他看见有他自己的特别烙印的牛，并把它们归在一起。

这个集团内这样隔离开的各分子，凡在它们一被想到之时就觉得是彼此属于一气。血肉般的温热以及诸如此类是它们的集团标记，是它们永远不能脱掉的烙印。这个通行于它们全体，就像穿过珠子的一条线那样，使它们成为一整体；这个整体，无论它的各部分彼此之间在其他方面会有多么不同，我们总认为是一个单位。除了这个特性之外，还有一个特性，就是，在我们思想看来，那些遥远的自我在此前好些时候彼此互相**连续**，并且最近时的遥远自我与此刻的自我相连，它以极积渐的程度溶化入此刻的自我之中；这样，我们就得到一个还要更强固的连锁。一个具身形的东西，虽是有构造上的变化，不断在我们眼前，或是，它的存在无论怎么常常中断，它的性质在再现之时还是依旧——在这两种中任何一种情形之下，我们都以为我们所见的是同一个具身形的东西。同样，在这个事例，当自我以类似方式出现于我们心上之时，我们也以为我们所经验的是同一个**自我**。也许会由不相似性依其他方式分离的，连续性使我们将它们联合起来；也许会由不连续性分开的，相似性使我们将它们结合在一起。最后，正是这样，与保罗同床睡眠的彼得醒来之时回忆睡前他们同有的思想，将"温热的"观念重认为他自己的而据为己有，永远不会把这些观念与那些冷冷的，淡薄的，为他认为是属于保罗的观念相混。如其会相混，那么，他也会将他只看见的保罗的身体与他又看见又觉得的自己身体相混了。人人睡醒之时说，这里又是同一的故我，恰像他说，这里又是同一的旧床，同一的旧房间，同一的旧世界一样。

所以我们对于自己的人格恒同之感恰恰像我们的其他任何一种对于现象间同一之感。这个结论的根据是：所比较的现象，有个基本方面的相似，或是这些现象在我们心上是连续的。

并且我们不可以为这个感想的意义比这些根据所证明的还多，也不可以为它是一种把一切差别都压灭的形上的或绝对的统一体。所比较的过去自我与现在自我，只在它们是相同的范围内是相同，此外并无其他含义。它们通通被一种具一律性的"温热"感，觉得身体生存之感（或是一种同样一律的对于纯粹心理能力之感？）弥漫着；并且这会使它们有个**类属**的单一性，并使它们成为**同类**。可是这个类属的单一性与像单一性一样实在的类属的差异性并存。并且假如从一个观点看，它们是一个自我，从别些观点看，它们一样确实不是一个自我，而是好多自我。连续性也有相似的情形；它给予自我以它特有的那种单一性——光是相联系，或不断的单一性，这是一个完全确定的现象性，可是它并不给予我们再多一点点。并且含多数自我之流的这个不断性，就像活动影片的不断一样，绝不隐含着任何其他单一性，也不与在别方面的任何程度的多数性矛盾。

因此我们看到人到了不觉得这个相似和这个连续之时，人格恒同之感就也消灭了。我们父母告诉我们关于我们婴孩期的各项琐事，我们并不像对于我们自己的回忆那样认这些是我们自己的事。那些失礼行为并不使我们脸红，那些聪明的说话并不使我们自鸣得意。那个小孩是个陌生人，我们现在的自我并不觉得与他为一，就像不觉得与现在有个生人的活小孩子为一那样。为什么呢？一部分是因为很大的时间上缺口把一切这些幼年隔断了，我们不能由连续的记忆追溯到那些幼年；一部分是因为并没有那个小孩**觉得**怎样的表象跟这些故事来到心上。我们知道他所说所做的；可是没有他所觉得的对他的小身体，对他的情绪，对他的心灵奋勉之感想来到心上，以加入一种温热与亲密之成分于我们所听的故事内。所以主要的与我们现在自我相连合的胶索没有了。有些我们模糊记得的经验也这样。我们几乎不知道应该认为己有，或应该只算它是幻想，或是读到，听到而不是经历过的。这些经验的血肉般的温热消散了；在回忆中，从前随伴它的情感极缺少，或是与我们此刻觉得的极不同，因之不能断然下"同一性"的判断。

这样，我们在经验一切其他方面都大不相同的事物时，同时经验到**一连串感觉的各部分之间的相似**（特别是身体感觉的相似），**这个相似构成我们所觉得的真正的并可证实的"人格恒同性"**。在上一章（"思想流"）所形容的主观意识之"流"中，此外并无别种同一性。这流的各部分互不相同，可是虽是这么不同，这些部分有两种结合的法子；并且假如任何一种结合法没有了，单一之感也消失了。假如某人某天睡醒之时，不能够回忆他过去经验中的任何事，必须从新去学习他的生平历史，或是他只是冷冷地抽象地记得他生平的事实，认为他确然知道是曾经发生过的事情；或是假如没有这种记忆丧失，然而他的身体的和精神的习惯一夜都变了，每个器官出现不同的节调，并且思想作用自觉的方式也变异了；那么，他就**觉得**，并且**他说**，他变成另一个人了。他不承认他的故我，给他自己起个新名字，认为他现在生活与他从前的任何事都不是同一。这种事例在精神病中并不罕见，可是，因为我们还要进行些理论，我们最好等到章末然后对这些病态再作具体的叙述。

有训练的读者会认得这个对于人格恒同性的叙说是经验派所宣扬的通常学说。英国和法国的联想派，德国的赫尔巴特派通通将自我形容做一个集合体，其中的每部分，就它的**存在论**，是一件独立的事实。所以到此为止都不错；无论其他什么话是对的，这些话总是对的，并且把人格恒同之意义之许多部分从云雾中清出来，使自我成为一件经验的，可证实的东西，这是休谟与赫尔巴特以及他们的继承人的不可磨灭的功烈。

来来往往的思想是心理学所需的唯一思想者

可是，这些作者把事情搁在这里，说这个诸多暂现的思想的总和就是一切，他们把**意识的统一性**的某些比较深微的方面忽略过了。我们必须就转到这个题目。

我们上文用的牛群的比喻可以帮助我们。读者会记得牛之所以被收在一起，是因为牛主人看到每头牛都有他的烙印。牛主人在这里代表我们一向认为"同一性"判断的媒介的那个意识横切面,或说那个思想的波动;烙印代表作这个判断所根据的温热性与连续性。就像有个牛群烙印一样,也有个**自我**烙印。在这程度内,每个烙印是我们所以知道某些事物属于一起的标记或原因。可是假如烙印是这种属于一起所以被知道的理由(ratio cognoscendi),那么,就牛群说,属于一起又是烙印所以存在的理由(ratio existendi)。除非这头牛属于这个牛群主人,它不会打这个烙印。并不是因为这些牛打了烙印而成为他的,乃是因为是他的,才打烙印。由是我们将各自我属于一起这性质认为只是被**代表**于后来一个思想波中的相属性,好像把这件事的基础撤掉,把牛群的一切特色中最为特色的漏掉了;这一个特色,常识发现人格恒同现象也有,并且因为我们漏略了它,常识不会轻易放过我们。为的是:常识坚持一切自我之统一性不只是根据事实看到的相似或连续现象。常识确信这个统一性是指真正属于一个真正的主人,属于一个某种类的纯粹精神的实体。对于这个实体的关系,是使自我的各成分粘着在一起以备思想(如它们实际粘着的情形)的原因。不管各头牛是否带同样烙印,它们也不凑合在一起。每头牛都跟它偶然碰着的伴侣乱跑。牛群的统一性只是可能的,它的中心是理想的,就像物理学的"重心"一样,到了牧人或牛主人来了,才不然。他是真正的粘附的中心,一切牛都被赶到这个中心,而且被它抓住。这些牛所以粘在一起,是由于各头牛分别粘附于他。常识坚持:恰恰同理,诸个自我必须有个真正的物主,不然,它们绝不会当真粘附成为一个"私人的意识"(personal consciousness)。对于通常的经验主义的关乎私人意识之解释,这是一种很厉害的驳斥,因为通常的联想主义将到此刻为止的次第相续的一切个别思想与情感认为依一种神秘的方式,以自己的力量"合零星为整体"(integrsting)粘在一起,而融合成一道流。我们在本书第六章论心尘说之时所见的以为"有些事物可以无须**媒介**而融合一起"之说所有的一切不可了解之点,都可以加在这个经验主义者对于人格恒同的说法。

可是,在我们自己的说法,这个媒介已经完全指定,牧人就在那里,他不是所赶合的东西之中的一个,而是高于一切这些东西的,即真正的,此刻临观的,回忆的,"判断的思想",或说是思想流的认出同一性的"横切面"。这个"判断的思想"就是集合者,把它所检阅的过去事实有些认为己有(owns),其余不认;因而弄成一种实现的,泊定的,而不只是可能的统一性。要记得我们并不设法去演绎出或解释这种思想波动以及它们的知识作用之实在性,我们只是假定这些思想波,供作心理学家必须承认其存在的一种根本事实。

可是,这个假定虽然产生好多结果,但还不能满足常识的一切要求。当事思想(暂且把现在心态叫做当事思想*)把各个过去事实互相联系,又把它们与自己联系起来,这样所得的统一性,在这个当事思想未来之先并不存在。这好像野牛受一个新来的拓殖者捕得而初次被人所有。可是,在常识看来,这事的要点是:过去的思想始终不是野牛,它们始终是有主的。当事思想并没有捕捉它们,乃是当事思想一来,就发现它们已经是它的了。假如当事思想与一个以往的主人没有一种**实在的**(substantial)同一性,不是像我们所说的仅仅连续或相似,而是**真正单一性**;这怎么可能呢?事实上,常识要逼我们承认有

---

* 詹姆斯这里把现在心态只叫做"思想",不过把原字头用大写字母写;为方便起见,译者把它译为"当事思想"。

个"首席自我"(Arch-Ego,我们暂且可用此称),统制整个思想流以及表现于其中的一切自我,作为这些自我相联合的永远同一而不变的精素。我们以后会见到形而上学的"灵魂"和康德哲学的"超验自我"只是想要满足常识的这个迫切的要求之企图。可是至少暂时我们无须有任何这种假设,还可以表示常识所执为有的那个永远不断地有主人的样态。

因为假如当事思想(即此刻判断的思想)并不是依任何方式与过去自我的前主人在实质上或超验地同一,而只是承继它的所有权,因而作为它现在的合法代表,那就怎么样呢?假如当事思想的产生与其他主人的死亡刚刚同时,那就是它一见到过去自我,就**发现**这过去自我已经是它自己所有的,所以这个过去自我始终不曾是"野"(无主)的,乃是总为一个永远不绝的所有权所占有。我们可以想象一长串的牛主人由原来所有权遗赠相传而先后迅速相继占有同一群牛。难道一个集团的自我的所有权不可以按一种同类的方式由一个当事思想传到另一个当事思想吗?

像这样的一种传授实际存在,这是一件明白的意识上的事实。识知的意识之每一波动,每个当事思想,消灭去而由另一个当事思想取而代之。那另一个思想所知道的事情之中,有一个是在它自己前头的思想,并且依我们刚形容过的方式;觉得那前一思想是"温热的",对之招呼说:"你是**我的**,并且与我都是同一自我的部分"。每个后来的当事思想,因其这样知道并包括先现的诸多当事思想,是包含那些先现思想所含的一切内容的最后容纳器,并且因其占有那些先现思想,是占有那些思想所有的一切事件的最后占有者。这样,每个当事思想一出生就是个占有者,一死就被占有,将它所体会为它的自我的任何事物都遗传给它自己的后来主人。像康德说的,这是好像许多有弹性的球不仅有运动而且知觉这个运动,并且第一个球将它的运动和它的意识传给第二个球,这第二个球将这两件收到**它**自己的意识内而又传授这两件给第三个球,最后的球就收住其他的球所收住的一切事物而体会这一切为己有。新生的思想有这样立刻吸收刚过去的思想而"作为它的继嗣"之妙技;这个妙技就是占有自我的大多数较远成分之基础。谁占有最后自我,他也占有最后以前的自我;因为占有了占有者就也占有了这个占有者所占有的。

要从人格恒同这件事内发现为上文略说所未含有的任何**可以证实**的特点,这是不可能的。我们万不能想象任何种超越知识的,非现象的首席自我(如其存在)除了产生如上文所说的那么一道思想流以外,能够把事情弄成任何别样结果,或能够在时间上由任何别种效果被认识;这思想流的性质是:它的每个"横切面"认识一切在它之先的"横切面",认识了就拥抱它,收纳它为一家人,由是它就充作整个过去思想流的**代表**;并且它同样收纳这个思想流的任何部分所已收纳的对象,这种充代表和这种收纳是完全明白的现象上的关系。认识别一个当事思想以及那别个思想的对象而占有这别个思想和它所占有的对象之当事思想,还是与那别个当事思想完全不同的现象;它也许很不像那别个思想;它也在空间上与时间上与之远隔。

只有一点不明了的,就是**占有作用**自身。在列举自我的各成分与它们彼此的竞争之时,我已经必须用"占有"(appropriate)这个名词。并且灵敏的读者听说一个成分会被抛弃而不认为己有而另一成分会被抱定而受收纳,大概当时就见到除非这些成分是在另一事物的手里的东西，这个话就是无意义的。一件事物不能占有它自己：它**就是**它自己；并且它更不能否认它自己为己有。必须有个占有和否认为己有的事主；可是这个事主，我们已经指名过。它就是认识各个"成分"的当事思想。那个当事思想是抉择的和识知的媒介；它所作的抉择之中有它"自己"的这些占有，或否认。但是当事思想始终不是它自己手里的对象，它始终不占有它自己或不认它自己为己有。它占有别的**给它自己**（to it-self），它是真正的粘附中心，是成锁链的过去自我挂上而摆动的吊钩，这个钩牢钉在现在时间之中（只有现在被认为实的），因而使这条锁链不仅是理想的对象。立刻这个钩要带着它所带的一切没入过去之中，到此时就被在新的现在之中的一个新的当事思想认为对象而占有之，这个新的思想就以次作为活钩。由是，现在刹那的意识，正如霍奇森所说的，是整个系列中最暗昧的。它也许觉得它自己的直接存在（虽然极难用直接内省证明这件事实，但我们一向承认这事的可能），可是在它未死亡之前，绝没有**关于它**的什么事可以被知道。因此，它的占有，与其说给**它自己**，不如说给它**现在的对象**的最亲切地被觉得的**部分，即身体以及中枢的调整**（the central adjustments）（那是伴思想作用而起的，位于头部内）。**这些是我们的人格恒同性的真正核心**，并且是因为这些的实际存在，被认为一件实实在在的眼前事实，才使我们说"那些过去事实是我自己的部分，**就像我存在**这件事那样靠得住"。这些是自我的**有代表的**部分被吸收进，被粘附上，被织结上的中心；并且纵使当事思想在进行思想之时完全不意识到它自身，它现在对象的这些"温热"部分也可以作为人格恒同之意识所依据的坚固根据地。[①] 由是，这种意识，就其为心理学的事实看，只需假定一个事主，可以无须假定此外的任何其他事主，也可以加以详尽的描写——这个事主就是先后相继的稍纵即逝的思想，具有占有与排弃的功能的；这些思想之中有些能够认识并占有或排弃已被其余分子认识并占有或排弃的对象。

图　9

（原书第 34 图）

试用图解来说明，在图 9 中，甲，乙，丙代表三个无后相继的思想，每个都含它的对象于其中。假如乙的对象是甲，丙的对象是乙，那么，甲，乙，丙就代表对于人格同一的意识

----

① 有些细心的读者会反对说，假如当事思想没有先把它的对象中所谓"吾"那部分织结于这个思想自身上，那么，它就不能够把它的对象的任何部分叫做"吾"而把其他部分织合在这部分上面；并且假如不知道它自己，它就不能够把这所谓"吾'的部分织合于它自身；——因此，我们以为"这个思想可能没有对于它自身的直接知识"这个假定（见上文论"并识"那一段）就被打倒了。对这个的答复是：我们必须小心，不要被文字蒙蔽。"吾"与"我"（I，me）这两字并无神秘的，空前的意义——归根到底，这些字只是着重的名号；而且思想总是着重这件或那件事。在它所认知的那一段空间内，它把一个"这里"与一个"那里"对称；在一段时间内，它把一个"现在"与一个"那时"对称；对于一双东西，它把一个叫做"这"，把余一个叫做"那"。"吾"和"汝"（I，you），"吾"和"它"是恰恰与这些区别同等的区别——在一个完全客观的知识界内可能的区别，在当事思想看来，这个"吾"只是指它在一刹那内觉得的身体生活。这样，对我的身体的生存之感，无论被认为身体生存的感想多模糊，也许是我的意识的自我性之绝对原型，即觉得"我在"（I am）这个基本知觉。一切占有也许是被一个当时不被自己认知的思想归之于这个知觉。到底这些是否不只是逻辑上的可能，而且是实在事实，本文中还没有下武断。

中的三个波动。每个波动将会**是**与其他波动不同的一个什么；可是乙会认识甲而收纳它，丙会认识甲与乙而收纳它们。同一个脑部，每件经验在经历之时遗留其痕迹于它的上面的，这个脑部的三个先后相继的状态，很可以发生彼此有刚刚这样分别的思想。

所以暂现的当事思想似乎就是思想者；虽然**也许**其背后有另一个非现象的思想者，到此刻为止，似乎我们不需要这种思想者来表示这些事实。可是我们不能够对于他，明确地打定我们的主意，必须等到我们听过历史上经人用以证明他的实任之理由以后，才可以确定我们对他的看法。

纯粹自我，即个人统一性之内心精素

那么，让我们其次对自我诸说简短地检阅一下，这些学说有下列三种：

一、唯灵派学说，即灵魂说；

二、联想派学说；

三、超验派学说。

灵魂说

在第六章［论心尘说］，我们自己被引到唯灵派的灵魂说，认为这样可以避免"心尘与它自己'整合'（'integrating'）"这个观念之不可了解，以及假定"有个物质的单子（monad），附带思想，在脑子内"这件事在生理上之不可能。可是，在那章末，我们说我们要在后来一个地方将"灵魂"审慎考察，看看以学说论，它是否有任何其他利益，可以胜过"一道思想流按一条还未解释的定律随伴一道脑部活动之流"这种简单的现象上的见解。

灵魂说是通俗哲学和经院主义之学说——经院主义只是系统化的通俗哲学。这种说法断言在我们内的个性精素必定是**实体的**（substantial）；因为心理现象是活动，而世上不能没有一个具体的主动者之活动。这个实质的主动体不能是脑，必定是一种**非物质的**东西；因为它的活动，即思想，是非物质的，并且认知并非物质的东西，又依一般的和理智的方式以及特殊的和感觉的方式知道物质的东西——一切这些能力，都是与构成脑子的物质的性质不相容的。而且，思想是单一的，而脑的活动却是由它的每部分的单纯活动复合而成。不仅如此，思想是自发的或自由的，而一切物质的活动却是从外来的；并且意志能够反抗一切物质的利益和欲求——假如意志是个物质的作用，这件事必定不可能。因为这些客观的理由，所以心理生活的精素必定是非物质的单一的，又是实体的，即必定是所谓"一个灵魂"。同样结果也可以从主观的理由得来。我们对人格恒同之意识使我们确信我们根本是单一的：如我们所见的自我的各成分之主人（即我们暂且认为可能的假设的首席自我）是一个真正的存在体——自我意识使我们直接知道其存在。物质的主动体都不能够这样回头而把握**它自身**——物质的活动总是把握主动体以外的东西。并且假如脑**能够**把握它自己而变成自觉，它只会觉得它自己**是**一个脑而不是一种别的完全不同的东西。所以必须有灵魂，以为各项心理能力，作用和变动所附着的一种单一的精神的实体。

假如我们问实体是什么，唯一的答复是：它是一个自己存在的体，即无须附隶于其他主体之存在体。最后，它的唯一的积极的性质是**有**（Being，或说存在），并且我们都顿悟**"有"**之意义，不过我们觉得很难解释罢了。并且灵魂是一个**个体**；假如我们问何谓个体，答复就是请我们内省我们的自我，那么，就会由直觉知道它，比由任何抽象的答案都好。我们对我们自己的内心存在之直接知觉，其实被多数人认为是我们对于一般单一的主动的实体之观念所由形成之原有初型。灵魂是单一的并实体的，**因此**，它是不可污损的并自然**不灭**的——除了上帝的直接**命令**，不能够消灭它——并且它在一切时期要对它所做的任何事情**负责任**。

这种对于灵魂之实体说主要是柏拉图和亚里士多德的见解。在中世纪，这种说法得到了完全形式上的修饰。霍布斯、笛卡儿、洛克、莱布尼茨、华尔富、巴克莱都相信此说；并且现在近世二元论派或唯灵论派或常识派全体都拥护它。康德也持此说，但不承认将它作为演绎出在此世所可证实的效果之前提，会有多少结果。康德的继承者，绝对唯心论者，自命已经抛弃此说——到底怎么一回事，我们不久就要看到。让我们此刻决定我们自己对此说的看法。

无论如何，为要表示意识的真实主观现象之形象，此说是不必要的。我们已经用"一道思想流，其中每个思想实质上与其余不同，但认识其余，并且彼此互相'占有'彼此的内容"这种假定表示这些现象；所以我们已经无须借重此说，也能说明一切这些现象。至少，假如我不曾做到使读者认为这个假定是近理的，我就是此刻再说什么，也没有说服读者的希望。所以见于心理生活的统一性，自同性，个性以及非物质性完全可以解释为现象的并时间上的事实，无须提到任何比此刻当事思想（即思想流的此刻的"横切面"）更简单，更实质的主动体。我们已经见到这个横切面是单一的并独一无二的，意思是说它没有**可分开的**部分（见本书第一册第 239 页以下）——也许人说是灵魂具有的，只是这种单一性。此刻的当事思想也有存在（至少一切相信有灵魂的人相信这个），并且假如没有其他可以为它所"固着"（inheres）的存在体，它自身理应就是一个"实体"。假如说灵魂有的就只是**这种单一性与实体性**，那么，显似我们把此刻的当事思想认为一个主动者，一个物主人，等等，我们一向就是都在讲灵魂而自己不知道。可是这个此刻当事思想是个一会就消灭的东西，它并不是不灭不坏的。继它来的可以不断跟它来，可以像它，占有它，可是这些继承思想不**是**它；反之，灵魂实体是被假定为一个固定的，不变的东西？灵魂总是指现在当事思想**背后**的什么，存在于一个非现象的阶层的另一种实体。

我们在第六章末提出灵魂，作为一个实体，假定这个实体为各种脑作用所同时影响并以其思想之单个的波动对此等作用之联合影响反应，这乃是为了一方面避免整合的心尘，另一方面避免很不会有的脑单子（cerebral monad）。可是，当（像此刻，我们在那章末以后又讨论了这许多之后）我们把一个其作用与思想波所**单纯地**相应的脑子，与一个其作用与**在一个灵魂内**的思想波相应的脑子这两种说法放在一起比较之时，我们见到归根到底，第二个说法只是比第一个更迂回的表示同一赤裸事实之说法。那件赤裸事实就是：**当脑子作用之时有个思想发生**。唯灵论者的说法是：脑部作用显似从顺受这些作用影响的灵魂"敲出"思想来。更简单的说法是：思想只是**来**。细察灵魂，它除了供作思想所以**可能之根据**以外还有什么积极的意义呢？并且所谓"敲出"（knocking）除了**将这可能弄成现实**之外还有什么意义呢？并且究竟这不等于只是给予"思想在脑部作用发生时来到，在物性上有**某一种**根据"这个信心以一种具体化的方式吗？假如灵魂这个名词 * 只用以表示这个主张，那就是一个好用的名词。可是以为这个名词还有别的功能，例如，主张它会把来到的思想与发生的脑部作用合理地联合起来，把这两个分立的性质以可理解的方式沟通起来，那么，它就是虚妄的名词了。其实，灵魂这个名词和一般文体这个名词情形一样。说现象固着于一个实体中，归根到底，只是表示反对"仅是现象存在就是真理的全豹"这个观念。人们坚持除非有个现象**以外**的东西，现象就不会有。对这个**以外**，我们暂且叫做实体。同样，在眼前的例，我们当然应该承认暂现的思想与暂现的脑态并存这件单纯事实以外还有事在。可是假如我们说脑态所影响的是个"灵魂"，我们并没有答复"那以外为何"之问题。这种"以外"，什么都**解释不了**；而且我们既然试用形而上学的解释，又不尽量用，那未免太傻了。就我自己说，我承认我一用形而上学的观点来对这"以外"加以定义，我就觉得"有一种宇宙精神在一切人心内思想"这个观念，虽然有许多困难，但比"有好多的绝对个别的灵魂"这个观念，就作为假设论，是更有希望的。可是，以**心理学家**的立场论，我们绝无须取形而上学的立场。现象就够了，暂现的思想是唯一的**可证实**的思想者，而且它与脑部作用的经验上的关联，是基本的已知规律。

对于要想证明"必须有灵魂"之其他辩证，我们也可以不用听它。依于自由意志的辩证，只能使相信有自由意志的人接受；并且就是他们，也必须承认在像我们所说的当事思想，这一个暂时精神主体上，至少可以说自由也像在如所假定的灵魂那一个永久主动体上，一样可能。依据所知识的东西之种类来辩证，也同样正确。纵使脑不能够知识普遍者，非物质者，或它的"自我"，但我们的叙说所倚靠的**思想**不**是**脑（无论脑多么像与它相联系）；并且假如脑能知识，很难见得为什么它不会识知这一种东西，同识知那一种东西一样。大困难是在于一件东西怎样能知识**任何东西**。把这一件会识知的东西叫做灵魂，这困难丝毫没有解除。唯灵论者不能由灵魂的从其他方法知道的属性引申出心理生活的任何一个属性。他们只是从心理生活找到现成的各种属性而把它夹附在灵魂上而说："看呀！请看这些属性所从流出的渊源！"这个"解释"只是空话：显而易见。这样弄来的灵魂，绝不会使这些现象更可解；它只有假借这些现象的形式，才弄成可解——它必须被设想（如果能设想）为一道超乎知识的而重复我们所知的意识流之意识流。

有种弄哲学的方法，按霍奇森博士的说法，它的重大格言是："凡是你**完全**不知道的，你就主张是一切其他事物之解释。"总而言之，灵魂就是这一种哲学方法的产物。

洛克和康德虽然还相信有灵魂，但已开始对于"我们知道灵魂的任何事"这个观念加以暗中破坏，大多数近世的和缓的唯灵论派，或二元论派哲学的作者——我们往往称为苏格兰派——很情愿自认这种的无知，而专注意于如我们所说明的那些关于自我意识的可证实的现象。例如，威兰博士在《理智哲学入门》（*Elements of Intellectual Philoso-*

---

* 原文 word，误作 world.

phy)内开头就说："对于**心**的本质，我们毫无所知"，他接下说："我们对于心所能说的，只是，心是**一个**知觉的、反省的、回忆的、想象的，并立志的**什么**；可是运用这些能力的那个**什么**，到底**是**什么东西，我们不知道。只为我们觉得这些能力的作用，我们才觉得心之存在。只有由于行使它自己的能力，心才知道这些能力之存在。可是，知道这些存在并不使我们知道那个被说为具有这些能力之本质。在这些方面，我们对于心的知识同我们对于物质的知识刚刚相类。"这样将我们的这两方面的无知互相比拟，乃是苏格兰派的一种很喜欢说的话。只需再进一步，就要将这两种无知并在一起，作为"不可知者"——任何人喜欢哲学上的赘疣，假如高兴，可以信受这个不可知者，但是任何别人也可以同样任意地不理并拒绝它。

所以，灵魂说，就它把来解释实际证实的意识的经验这一点而论，是完全多余的。到此刻为止，不能够强迫任何人因为科学的理由而同意这说。这案可以这样搁住，让读者自由采择，不过还有一种更切实的要求，必须说到。

这些要求，第一是人格**不灭**——灵魂的单一性和实体性似乎能给予人格不灭以坚实的保证。一道思想"流"，无论它的本质含有什么，可以在任何刹那完全断灭；可是一个单一实体是不可损坏的，并且由于它自己的惯性，除非造物者用直接神迹将它剪灭，它总继续存在。无疑，这是唯灵信仰的固垒——因为一切哲学的通俗的试验都是"这些哲学对于死后生命的关系如何"这个问题。

然而灵魂，如细加考察，并不保证能有**我们想要**的不灭。在大多数人看来，终古享有他们的实体之原子似的单纯性，不像是他们诚心所求的圆满。这个实体必须发生一道与现在意识流相接续的意识流，以引起我们的希望；可是光是这个实体自身存在，并不能保证。并且，我们的道德观念一般进步之后，我们祖先以他们的实体之单纯性为他们死后不灭的希望之根据，这种想法变成有点可笑。现在的对不灭之要求主要是有目的之要求。我们相信我们会不灭；因为我们相信我们自己**配**不灭。我们以为假如一个"实体"不配继续存在，它断然应该消灭；并且假如事理是照我们相信它应有的合理方式来组织的，那么，假如一个"无实体的"(insubstantial)的"流"配延长生存，它就断然应该延长。实体或不是实体，是灵魂或是"流"，都一样，洛采对"不灭"所说的差不多是人智所能见及的一切了：

> "我们要决定这个，别无其他原理可据，只有依从这个一般的理想主义的(idealistic)信仰：凡天造之物，其继续存在具有世界意义者均将继续存在，并且其继续存在之久暂，随其所具世界意义之多寡而变；凡物之实在性仅为世界进程中之暂象所应有者则都会消亡。几乎不用说这个原理在人类手里不能有更进一步的应用。**我们断断不知道**什么优点可以使此一物配永存，也不知道什么缺点使彼诸物不配永存。"①

第二个有人说是必须有个灵魂体的理由，就是我们对上帝的法律责任。洛克说，无

---

① 他的《形而上学》，第 245 段末。这个作家，在他早时著作《医学的心理学》中，(在我看来是)出力拥护"灵魂为实体之说"(the Soul-Substance theory)；但在他的《形而上学》，第 243 至第 245 段对于现存的这种学说加以极出色的评判。

论意识的统一性有没有同一实体支持着,意识的统一就使一个人成为同一个人格(person),并且上帝在末日不会叫一个人对他毫不记得的事情负责:他这个话引起人家大喧嚷。人家以为我们的忘记可以这样剥夺上帝作某些报应的机会(否则这些报应会增大上帝的"光荣"),这是荒谬之谈。这当然是要保存灵魂的一个好的理论上理由——至少从那些要求最高度的报应的人看来是这样。光是意识流,还会忘记有些事的,要像一个在最后审判日完全依旧的灵魂那样"负责",是不可能的。可是,从近代没有像他们祖宗那样无厌地要求报应的读者看来,这个理由不能像从前那样显然可信了。

灵魂的一个重大用处始终是:要解释每个私人意识之自己封固的个性。人假定一个灵魂的思想必须合成一个自我,并且必须与个个其他灵魂永远隔离。可是,我们已经见到:虽然统一是每个人意识的通则;但至少有些人,他们的某些思想会由其他思想分裂开而变成分立的自我。至于隔离,鉴于心心传想,催眠的影响和鬼的差使(thought-trans-ference,mesmeric influence and spiritcontrol)诸现象,现在有人认为比从前有更好的根据,要是对这点太自信,也未免轻率。我们私人意识所有的确然自封的性质,大概是好多条件的平均的统计的综合结果,而不是一种单纯的力量或事实。因此,假如有人要保存灵魂,那么,他越少从那个地点抽取辩证,越好。要是我们的自我,大体上,能站稳地位而且实际上保存它为自封的个人之资格,为什么(如洛采所说的)这还不够呢?是一个依有个不可接近的形而上学的方式的个人,为什么会比这个更足以自豪得多呢?[①]

所以,我对于实体的灵魂之最后结论是:灵魂丝毫不能解释什么,也不能保证什么。只有灵魂的先后相续的思想是关于它的可了解的并可证实的事件;去确定这些思想与脑部过程之相关性,是心理学从经验方面所能做的最大限度。固然,由形而上学观点看,人可以主张相关性有一个合理的根据。并且,假如灵魂这个名词可以认为只是指有个这种空泛的成问题的根据,那么,这个名词就无可非议。然而可惜这个名词自命能提供一种很不可信的而又以积极的方式表现的根据。因此,我觉得我可以完全自由,在本书的其余部分不用灵魂这个名词。万一我用它,只是取最空泛的,最通俗的意义。可是,从灵魂这个观念得到安慰的读者还可以完全自由地继续相信它;因为我们的理论并不曾证明没有灵魂;只是证明在科学的用途上,灵魂是多余的。

我们要说到的第二个关于纯粹自我的学说,就是联想派学说。

联想派学说

洛克提出一个假设,说:同一实体有两个先后的意识,或是,同一意识为不止一个实体所支持;他这个假设已经替联想派学说开路了。他使读者觉得:自我的重要的统一性是它的可证实的并实被觉得的统一性,并且假如有一个觉得歧异性的意识存在,形上的或绝对的统一性就不重要。

休谟指出:事实上,歧异性的意识很强。在他的《人性论》书中论"人格恒同"那一章

---

① 关于对于自我统一之经验论的与超验论的看法,请看洛采:《形而上学》,第244页。

有名的文章内,他这样说:

> "有些哲学家设想我们每刹那都亲切地觉得我们所谓我们的**自我**,因而觉得它的存在与继续存在,并且我们能在论证的证据以外,确定它是完全同一的,单纯的。……不幸一切这些积极的断言都与把来为这些断言辩护的那个经验正正相反,并且我们对于自我并没有像这些话所说的任何观念。……各个实在的观念必定是由某一个印象而起。……假如有一个印象产生自我观念,那么,这个印象必须是在我们毕生都永远不变;因为人的假定是说自我也是这样永远不变的。可是,实际并没有恒定的不变印象。痛与快,哀与乐,情欲与感觉先后来去,从来不会同时都存在。……就我自己说,在感到我所谓**我自己**最亲切之时,我总是碰到某特个知觉,热或冷,光或阴,爱或憎,痛或快。我始终不能够在任何时刻抓住**我自己**而不同时也有个知觉,并且除了知觉,不能观察到任何其他。在我的知觉被剔除了,如由于熟睡所致,在那段时间,我就不觉得**我自己**,并且可以正当地说我不存在。假如因为我死了而一切我的知觉丧失,并且在我身体朽灭之后,我也不能想,不能觉,不能看见,不能爱,不能憎,我就是完全消灭;而且我不能设想还需要什么其他条件,才使我成为完全乌有的东西。假如有人经过切实的无偏见的思考而还以为他对于**他自己**有个不同的观念,那么,我必须承认我不能再同他理论下去,我能对他让步的,只是说:他同我也许都没错;在这件事,我们根本不相同。也许他觉得有个单纯的连续的东西,他叫做**他自己**的那个精素;不过我知道在我之内,一定没有这个精素。

> "可是,除开有些这种形而上学家以外,我可以大胆说,人类中其余人**只是一个为不同知觉所合成的集团**(nothing but a bundle or collection of different perceptions)——这些知觉非常之快地彼来此去,并且是在永远迁流移动。我们的眼睛不能在它们的眼窝里转动而不把我们的知觉改变。我们的思想比我们的视觉还要更善变;并且一切我们的其他感官和心能都参与这种变化;并且没有属于灵魂的任何一个能力不变,也许就是一刹那不变,也不能。心是一种剧场,在其中,不同的知觉先后出现;以无数方式的姿态与情况走过,再走过,蹓出去,掺杂起来。**严正地说,心内在同一时并无单纯性,在异时并无不变性**;不管我们有什么自然倾向,会想象有那种单纯性与不变性。剧场的比喻,我们不要误会。只有先后相接的知觉构成了心;我们对于这些剧景张布的地方以及构成它的物材如何,丝毫不知道。"

可是,休谟做了这一桩好的内省工作之后,就"把孩儿同洗他的澡盆水一起倒掉了",他跑到同实体派哲学家一样厉害的极端。正像他们说自我只是**统一性**,抽象的并绝对的统一,休谟说自我只是**歧异性**,抽象的并绝对的歧异;其实,自我乃是我们已曾发现是很容易拆散的那种兼包统一性与歧异性的混合物。在意识流的对象之中,有某些几乎不变的觉态,这些在往时特别温热而生动,就像现在觉态在此刻如此一样;并且我们见到现在觉态是个胶着的核心,此刻**判断的思想**觉得这些其他觉态是**随处**附着于这个核心。休谟完全没说这个判断的思想;并且他不承认有这个相似性之线索,有这个贯串自我的各成素之间的相同性之核心存在,甚至就是这个核心的现象上存在,他也否认。在他看来,纯粹统一与纯粹分歧之间不容有第三状态存在。一串先后的观念"由一个密切的关系联络起来的,在一个精确的观点看来,正是提供一个对于完满到好像**绝无任何种关系方式**的歧异性之观念"。

"我们的一切不同的知感是不同的存在,并且心始终没有察到不同的存在之间有任何种真正联系。假如我们的知感固着于一个单纯或个别的事物之中,或是,从这些知感之间,**心察到有一种真实的联系**,那就没有困难了。就我个人说,我必须要求做个怀疑者的权利而承认这个困难太厉害了,是我的悟性所不能克服的。可是,我不敢宣告这个困难是不可解决的。也许别人……会发现一个假设,能够调和这些矛盾。"①

休谟根本是个程度同多马·阿奎那一样的形而上学家。他不能发现任何"假设",不足为奇。意识流的诸部分的统一是个"实在的"联系,就像它们的歧异是个实在的分立一样;联系与分立两者都是过去思想现于现在思想的观点中的方式;彼此在时日和某些性质上不相似——这是分立;彼此在其他性质上相似,并在时间上相连——这是联系。休谟要有比这个明显的并可证实的相似与相连更"实在"的联系,等于要找"镜后的世界":这是为哲学思想的大病的那种绝对主义的一个显例。

休谟这样把我们的意识"流"切成的一串不同的存在;他的传人们都认为这些存在就是全部事实。这样开创了联想派哲学。彼此分立,彼此不相知,但按某些定律,彼此互相结合,互相引起的"观念",不知如何,一切种类的高级意识都要用这种观念解释;在这一类待解释的意识之中,对于我们人格不变的意识也是其一。这个解释工作是艰巨的,就中,我们前此(本书第一册第 196 页以下)所谓心理学家的谬论首当其冲。"甲"和"乙",两个先后相继的观念变成了第三个"乙在甲后"的观念。去年有的观念现在重现,被认为是"去年的观念";两个相似的观念就是代表"相似性之观念",诸如此类;这些是明显的混淆——某些只是从外部知道这些观念的人才可能见到的**关于**这些观念的事实,被认为是这些观念自己本有的并有限定的意义和内容。他们假定:由于一串分隔的观念与感情中的这种再现与相似,会在每个觉态内产生一种知识,即以为"这个觉态**是**再现的,相似的,并且它参与构成其统一性随后被呼为'我'之系列"这种知识。赫尔巴特②在德国,在实质上以同样方式,企图证明观念的冲突如何会融合成一种**表示这个冲突自身的方式**,"我"就是这个方式的神圣化的名字。③

一切这些企图的缺点是:自命为是由某些前提演绎出来的结论,照理说,绝不含在那些前提里头。任何种的觉态,假如仅仅**再现**,应该只是它原先那样。假如在它再现之时附加以从前存在的回忆以及一切种类的其他识知功能,那么,它就不是原样而是一个大不相同的觉态,并且应该说是如此。**我们**曾经以最坦白的方式说它是如此。我们说过觉态永远不再现。我们并不自命能**解释**这个道理;我们只记录下来,作为一条经验上证实的定律,这个定律是与某些关于脑生理的定律相类似的;在想法说定新觉态与旧觉态如

---

① 休谟:《人性论》(*Treatise on Human Nature*)第一卷附录。
② 赫尔巴特也相信有灵魂;可是,他以为我们所"意识"的"自我"是经验的自我,——并不是灵魂。
③ 再参较本书第一册第 158—162 页[译者按:即第六章(论心尘说)文内论"不能承认心理事实之自己复合"那一段]。

何不同之时,我们见到新觉态**认识并占有**旧觉态,而旧觉态总是认识并占有其他。我们再声明,这个叙述只是对于事实的详尽描写,并不自命此外还有什么。它并不比联想派的说法更能够解释这些事实。可是联想派的说法自以为能解释这些事实而同时误认它;这两件事,任何一件都使这个说法站不住。

平心而论,联想派的作者,大体说,似乎对于自我这问题都暗地负疚于心;虽然他们对于自我的性质,即一串的觉态和思想,说得很坦白,但他们很羞怯地,不敢公开对付"自我怎样弄到觉到自己"这个问题。举个例,贝因和斯宾塞都不曾直接提到这个问题。联想派的作者大都老是说"心"(the mind),说"我们"(we)做什么;他们这样把他们应该坦白假定的现在"判断思想"暗中透露进来:这不是他们想利用读者的不精明,就是他们自己不精明。

汤卜逊君是我所知道的唯一的完全摆脱这种混淆的联想派作者;他公开地**假定**他所需要的。他说:"一切意识状态隐含着并假定有一个主体自我(它的实体是不知道的并是不可知的),意识状态被归属于它,[何不说被它归属],认为是它的属性,而在这归属过程中,它被对象化而自身又变成还更深远的另一个主体自我之属性,这另一个自我虽然不断为了识知作用而被假定,但永远不能被识知"[①]这正是我们所说的判断的并回忆的现在的"当事思想",不过用不那么简单的话形容它,罢了。

汤卜逊君之后,泰纳和两个穆勒值得称赞;因为他们努力说得尽量明白。泰纳在他的"论智力"(Intelligence)第一册告诉我们自我**是**什么——是一张不断的由意识事变织成的网,这些事变并不比用粉笔画在木板上的菱形,三角形和正方形更是真正彼此不相同,[②]因为木板只是一个。在第二册,他说一切这些部分都嵌着一种共同特性,即**在内心**(internal)的特性[这就是我们说的"温热"性(warmness),换个说法而已]。一个心理的虚构把这个特性抽象并孤立起来,这特性就是我们所**觉得**(conscious of)的我们自己——"这个稳定的**内心**(within)就是我们每个人所谓吾或我(I or me)"。泰纳显然忘记了告诉我们,这个忽然跳出来做抽象工作而把它的产物称为"吾"或"我"的"我们中每一个",到底是什么。因为这个特性不会自己把自己抽象。泰纳说"每个人",意思是指带有它的记忆与占有倾向的现在"判断思想",可是他没有说得够清楚,弄到幻想整串思想,整条"木板",是反省的心理学家。

詹姆斯·穆勒将记忆定义为一串由对于我过去自我之观念起至对于我现在自我之观念止之相联观念,随后就把我的自我定义为被记忆认为第一观念与最后观念其中有不断的联系之一串观念。先后的相联观念"好像融合到意识的单一点内"。[③] 约翰·穆勒,注释这一段说:

"自我现象与记忆现象只是同一事实的两方面,或是对于同一事实的两种不同看法。以心理学家的观点论,我们可以由两者之中任何一边出发,把其他一边归属

---

① 《心理学系统》(*System of Psychology*)1884 年,第一册,第 114 页。

② 他又说,"只是在**于观察**上不同"。在谁的观察?外界心理学家的呢,自我的呢,意识事变自身的呢,或是其他的呢?这正是争点!

③ 《人心的分析》约翰·穆勒校本,第一册第 331 页。这个"好像"是这一派的讨人喜欢的特性!

于它。……可是我们不可以从两边出发。至少必须承认这样做,我们不能解释任何一边。我们只是指出两件根本相同;我对于在某一天爬上斯岂陀的回忆,与我觉得我就是那一天爬斯岂陀的那个人这种意识,只是对同一事实的两种说法;这一件事实,心理学还不能将它化为更基本的元素。在分析复杂的意识现象的过程中,我们一定会来到最后的东西;在这里,我们似乎达到了两个初看像应该被称为最后存在的元素。第一,有……事实与对事实的思想两者之间的分别;这一个分别,我们就过去认出的,就是记忆,而就将来看出的,就是期望(expectation);可是,无论是哪一个,除了它存在之外,我们不能对它做任何说明。……第二,此外,由于相信……我此刻的观念是由前此的感觉而来……更深信这个感觉……是我自己的;它是发生于我自身上的。换言之,我觉得一长串先后不断的过去觉态,追溯到记忆的尽头,终止于我此刻所有的感觉,一切这些觉态都由一个不可说明的联系结合着,这个联系不仅使它们与任何种仅是思想的相继或相结有分别,而且与那些同这一串觉态平行的,并且我由满意的证据相信我在我四围看见的形状同我相似的别人每个也有的一串一串的先后觉态有分别。这一串的先后觉态,即我所谓我对过去的记忆,就是我所由以区别出我的自我的工具。我自己就是有那一串觉态的人,并且,除了我有这些觉态之外,我对我自己,由直接知识知道的并没有其他。可是,在这一串的一切部分之间有个某种的连锁,这个连锁使我说:这些觉态是属于前后全时间是同一个人的那个人(照我们的说法,这个连锁是这些觉态的'温热性'以及它们与此刻实际觉得的'中心的精种自我'的相似)并且是与有那些平行的一串一串的觉态中的任何一串的那些人不同的一个人。在我看来,这个连锁构成了我的自我。我以为这个问题必须停在这里,一直到有个心理学家比前此的任何一个更能够指出可以作更进一步的分析的方法为止。"[1]

我们自己对这个分析再进一步的成功如何,必须让读者去判断。我们所作的各种分别都是进一步分析的企图之各部分。约翰·穆勒自己,在一段后来的文字中,不仅在分析方面没有进展,而且似乎退到险些就是灵魂的东西。他说:

"认识一个感觉……记得它是曾经从前觉过的——这项事实,是记忆之最简单的并最基本的事实;并且将现在意识与它所提醒的过去意识相结的……那个**不可解释的联系**,是我以为人们所能得到的最近似于对自我的积极概念之作用。我认为毫无疑义,这个联系含有实在性,同感觉自身一样实在,并非只是思想律的产物而没有事实与之相当的东西。……这个原来的元素……我们除了它自己特有的名字之外,不能给它任何名字而不隐含着错误的或无根的理论;这个元素就是**自我**。按这种性质论,我认自我,——我的心——有一种与永久可能性(Permanent Possibility)那种实际存在不同的实在性——我认为物质只有永久可能那种实在性。……我们不得不觉察到这一串的每一部分与其余部分有**个共同的作用**连锁着,这个共同的作用不是觉态,正如觉态的先后相续并不是觉态一样;并且因为在第一与第二同样,在第二

---

① 雅各·穆勒:《人心的分析》第二册,第175页。

与在第三,在第三与在第四也同样(余仿此)的作用一定在第一与在第五十也是同一的,所以这个共同元素是一个永久的元素。可是,除此以外,我们对于这个作用不能再说什么,只能说到意识状态自身。只有属于,或曾属于此共同作用之觉态(或说意识)以及此作用可以再有觉态之可能性,是可以断言属于自我的事实——除永久性之外,我们能说自我具有的只有上列两项积极属性。"①

约翰·穆勒君惯有的哲理推究的方法,是先大胆主张得自他父亲的一个普通学说,然后对这个学说的敌方做许多细目上的让步,弄到实际等于完全放弃这个学说。② 在这一例,就这些让步可以了解的范围内说,这些让步等于承认有很像灵魂的东西。这个联络诸多觉态之"不可解释的联系",这个"共同的东西",把觉态连锁在一起而又不是来来去去的觉态,乃是我们除了它的属性和它的永久之外"不能说什么"的"永久"东西,这不是形而上学的实体复活,还是什么呢? 虽然我们必须敬仰穆勒的性情公平;但我们也必须对于他在这一论点上没有锐利眼光表示遗憾。归根到底,他同休谟犯了一样的过失:他以为感觉*自身*没有"联系"。他以为回忆的思想在诸感觉中所找到的相似性和连续性的联系不是"实在联系","只是思想律的产品";并且当事思想"占有"这些感觉这件事,也

---

① 《对汉密尔顿哲学的考究》(*Examination of Sir William Hamilton's Philosophy*),第 4 版,第 263 页。

② 他论"关于心的心理学说"那一章正是一个绝好的这样的例子,并且他在那里的让步已经很著名,所以必须引它,以飨读者。他在章末这样说(见所引书第 247 页):"因此,把心分解成一串觉态以及一个含着觉态的可能性之背景,这个学说能够禁住最恶意的辩证反对它。可是,外在的反证虽然无据,但这学说有内在的困难——这些困难,我们不曾举出,并且我以为似乎形而上学的分析也不能排除。……

构成心的现象性活动的意识线索,不仅含有现在感觉,而且一部分也含着记忆与期望。但这些是什么呢? 就记忆与期望自身说,这些也是现在感觉,现在意识的状态,并且在这方面看,与感觉无别。不仅如此,这些都像我们从前经验过的某个一定的感觉或觉态。可是,它们带有一个特性,就是:每个记忆或期望都含着一种心态,即相信它自身的现在存在以外还有东西。一个感觉只含它的现在存在;但感觉之记忆,就是不指定任何特殊年月日,也含着一种暗示或信心,即以为它所仿佛的或代表的感觉在过去真正存在过;在期望则多少积极地相信它直接指向的感觉或其他觉态将来会存在。假如不说这两种意识状态所含的信心在于,我自己从前有过所记得的感觉,或是我自己(别人都不在内)此后将有所期望的感觉这个话,那么,这两个状态所含的现象就不能够充分表示出来。所信的事实就是:这种感觉从前曾成为,或此后要成为,一串状态(即意识线索)的一部分,而且对于这种感觉的记忆或期望正是这同一串之现在部分。因此,假如我们说心是一串觉态,那么,我们补充这个话而将它叫做觉得自身是过去并将来之一串觉态;并且我们只能于下列两件之中选取其一,这两件就是:一,相信心(即自我)是与任何一串的觉态,或觉态之可能性很不同的东西,或是二,接受这个诡论,就是:按假设本来只是一串觉态的东西能够自知是一串的。

"实际是:我们在这里是面对着如汉密尔顿爵士所说的到了我们达到根本事实之时所不能不遇到的那个最后的不可解释性;并且,一般地说,对它的一种说法只有比另一种说法更不可解,因为人类语言全部只合于一种说法,而与另一种很不相容,所以这个不可解释性不能以任何方式表示而不至否认它的真实性。真正的困难也许不在于对于这个事实的任何学说,乃在于这个事实自身。也许真正的不可解在于:已不存在的事物,或向未存在的事物,能够有几分还是现在的;一串觉态,它的绝大部分是过去或未来的,可以(好像是)收纳在一个单纯的现在概念之中而且被认为实在。我以为我们所能做的绝对最聪明的事是:接受这件不可解释的事实而不造作关于它如何发生之任何学说;并且假如我们不得不以假定一个学说的名词说起它,我们用这些名词之时应该对于其意义有所保留。"

在同书的一个后来的地方(第 561 页),穆勒说到理论家理应如何,他说:"他不应根据一类现象建造一个学说,把它推到它不适合的另一类现象而以'假如我们不能使之适合,就是因为最后事实是不可解释'这个话自解"。联想派所取以建立其对于自我之说的那一类现象是彼此不相觉知的觉态。而自我所呈的这一类现象是其中后来者深切地觉得过去者之觉态。这两类现象不相"适合"(fit),并且无论如何运用巧思,也不能使它们适合。无论把不相觉的觉态怎么搅和,也不能使之相觉。要取得这种相觉知,我们必须假定一种具有这种相觉的觉态,这样公开地丐乞论点。这个新的觉态并不是对于这种现象的"学说",而是仅仅说出这种现象而已;我在本文中假定现在暂现的思想,知道许多过去的,作为一种心理的整数,就是这样仅仅将现象说出来。

不是实在联系。可是,休谟愿意承认也许毕竟没有"实在联系",而穆勒则不情愿承认这个可能。他像任何一个经院派一样,被迫而把实在联系放在非现象的世界之中。

约翰·穆勒的让步可以认为是**联想派对自我意识的叙写之确然破产**——这个叙写确是以十分诚意起头,并且隐约地意识到前路,但最后看到它所愿意携带的唯一行李,即那些非识知的,不超越自己以外的"简单觉态"不适用,就极端惶惑。人必须**乞求记忆**,即觉态对于其外事物的知识。承认了这个,一切其他真实的东西自然会跟着来,并且不容易走入迷途。现在觉态对于过去诸觉态的知识就是它们中间的实在联系;它们的相似,它们的连续,以及一觉态之占有其他觉态,都是如此:一切这些都是实在联系,实现于每刹那的下判断的当事思想中,假如有**不相关联**,它也只能在此中实现。休谟和穆勒两个都隐隐说不相关联可能在此中实现,而联系则不能在此实现。可是,在自我意识这件事,联系与不相关联是处于同等地位的。假如没有其他主人以更实在的方式占有过去思想,又假如现在思想并没有比要占有它的理由更有力的要放弃它的理由,那么,现在思想占有过去思想的方式是个实在方式。可是,事实上,从来没有其他主人出来要占有我的过去思想;并且我所见到的占有它的理由——即与现在思想相联并相似——比我所见到的否认它的理由——时间远隔——分量重得多。所以,我现在的思想对于那一串我的过去思想有充足的所有权,不仅是事实上的主人,而且是法律上的主人,是世上所能有的最实在的主人,并且一切这些无须假定任何种"不可解释的联系",而是依照一种完全可证实的并根据现象的方式。

现在我们转到另一说,这个可以叫做超验派学说。

超验派学说

这是康德所创立。康德自己的说法太冗长,太不明白,这里不能照字引它,因此我只述他所说的要旨。按我对他的意思所了解的说,康德由一种与我们在论思想流的那章中对于**对象**的叙说根本相似的关于对象的见解开始;这个见解就是说,对象是一个含着互有关系的物,性质,或事实之系统。"对象是指在于对它的知识(Begriff)之中,一定知觉之杂多得以联系。"[①]可是,我们只求我们所谓现在思想,即意识流的横切面(我们主张这是心理学的最基本事实),作为这个有联系的知识之媒介,而康德则否认这个思想是基本事实,坚持要把它分析成好多不同的成分,虽然这些成分是同样根本的。对象的"杂多性"是由于感性(Sensibility),感性自身是混乱的,而统一性则由于直觉,领会,想象,悟性和统觉这些较高的官能对这个杂多性的综合作用。这些不同的名目都是指悟性之单一的根本的自发性,这个自发性使感觉的杂多性得到统一。

> "事实上,悟性只**是**一种能力,从事先乎经验的综合而将某些所予观念之杂多,纳于统觉的统一之下,这个能力,这种统一是人类整个知识中的最高原理。"(第十六段)

所联系的质料必须由较低的官能**给予**悟性,因为悟性不是一种直觉的官能,而是本

---

① 《纯粹理性批判》第 2 版第 17 段。

性"空"的。并且把这种质料纳于"统觉的统一之下",依康德的解释,意思是:不断想它,做到无论它的其他支配因为何,它可以被认知为**被我想及**(thought by me)。① 虽然这个"我想它"的意识无须刻刻明白知道,但这个意识永远是**可能**(capable of)被知道。因为一个对象假如**不可能**与一个思想者的观念相联合,那么,这个对象怎么能被知道,怎么与其他对象相关联,怎么能成"经验"的一部分呢?

因此,觉得"我想"这种意识隐含在一切经验之中。没有对任何事物的有联系的意识而不须有"自我"意识作为它的先决条件和"超验的"条件! 由是,一切事物,就其可知的范围内说,它所以可知,是由于与对"自我"的纯粹意识相联合,并且假如离开这个(至少是可能的)联合,则一切均不能**为我们**所知。

这样,康德以演绎法建立对自我的意识为经验的不可无的条件;然而他同时又不承认这个自我有任何积极的属性。虽然康德给它的名目——"统觉之原始的超验的综合的统一"(original transcendental synthetic Unity of Apperception)——那么长,但据他说,我们**关于**它的意识是很短的。这种"超验的"自我意识告诉我们的"不是我们怎么出现,不是我们从内心看是怎样,只是我们存在"(that we are)(第二十五段)。在我们对我们自我的知识之根本处,只有"这个单纯的而内容完全空虚的表象:'我'(I),这个表象绝不能说是个观念,只是一个伴随一切观念的意识。由这个思维的'我',或'他'或'它'(物)所表象者,只是一个超验的思想主体(Subject)=X,这个主体,只由于那些作为它的说明语(predicates)的思想,才被认识,我们对于它自身,绝不能有任何观念的。"(同处,"诡论"'paralogisms')。所以在康德看来,一切统觉的纯粹自我不是灵魂,只是为一切知识中的对象的必须有的相关者(correlate)的那个"主体"。康德以为是**有**个灵魂,可是这个仅仅是我们意识的自我方式之为物,绝不能告诉我们关于灵魂的什么事,它不会使我们知道灵魂是否实体的,是否非物质的,是否单一的,或是否永久的。康德所说纯粹自我的意识完全空虚,因之不可能有任何种演绎的或"理论的"(rational)心理学:这些主张是使他得到"破坏一切者"(all-destroyer)的头衔的主张,他的任何其他主张都没有这个理由更会使他得到这种称呼。他以为我们**对**之有一点确实知识的自我只是经验的**我**,不是纯粹的**我**;经验的自我是在其他对象之中的一个对象,并且我们已经见到它的"成分"而认为这些成分是现于空间与时间的现象性的东西。

为我们的讨论计,对于"超验的"自我,这样说就够了。

我们讨论这个的用意,只是要知道在康德的看法之中有没有什么应该使我们放弃我们自己的看法,即"自我就是不断更新的回忆,并占有过去之当事思想"这个看法。在好多方面,康德的意思说得不明白;可是我们无须用力推敲他的文句去确定他的意思如何,实在是,并从史实上说是如何。假如我们能将他的意思**可能**是的两三项说得明白,那就

---

① 要不忽视"思想流"那一章内论思想与其对象的那些话,我们必须留意:康德和他的传人们都不曾在任何处将有个觉的自我对于所联合的对象是存在的,与自我觉得它自身存在以及觉得它与它所统觉的是不同的这种觉知彼此加以区别。对象必须给一个思想者知道,与这对象必须给思想它在思者中知道这两件事被他认为是同一的必然——根据什么逻辑,我们看不出来。康德企图用下列方法减少这个推理上跳越之突兀,就是说,自我对**它自己**的思想只需**可能的**(potential)——"这个'我想'必须可能(be capable)陪伴一切其他知识"——可是只是可能的思想实际并不是思想;这其实等于放弃这个案子了。

一样可以帮助我们把我们自己的观念弄清楚。

总之，假如对康德的主张作一个可以辩护的解释，这种解释大略如下。他同我们一样，相信我们所讨论的心之外有个实在（Reality）。可是他所以保证有那个实在，是根据信念（faith）；因为这实在不是可以证实的现象性的事物。它也不是杂多。理智作用所联合的"杂多"完全是个心理的杂多，因之这个杂多**位于**统觉的自我与外界实在**之间**，但还在心之内。在知识作用中，有个杂多待联合，并且康德把这个杂多置于心内。那个实在，变成了仅仅一个**空场**，或不可知者，即所谓本体（Noumenon）：杂多现象在于心内。反之，我们将杂多跟实在同放在外界，而让心作为单纯的。康德与我们处理相同的元素——思想与对象——问题只在于杂多应置于思想或对象之中。无论它置于何地，杂多被想及之时必须"被综合"。并且假如有个特殊的放置它的方式，除了把事实叙说得很自然之外，还能使"综合之神秘"最不难了解，那就更好。

康德叙说事实的方法是带神话性的。以为"我们的思想是这种细致的内心的工场"这种见解，据我们在论思想流章内辩护"思想是单一的"一切那些话看，是要不得的。无论思想的对象是如何由部分合成的，我们的思想不是由部分合成。思想内本来就没有纷乱的杂多态，待秩序化。设想那么贞洁的一个功能把这种康德式的骚乱怀在身内，这个见解几乎使人恶心。假如我们必须将思想与实作为二元，那么，这个杂多性应该放在这两个相关项的后项中，不应搁在前项中。当然，各部分和它们的关系，与其说属于知者，毋宁说是属于所知。

可是，就是这个神话整个是真的，把心内认为综合作用的场所，也丝毫不能把这个作用**解释**。这种方法并不会把什么神秘减轻。"自我"怎么能够使悟性用范畴将认识，联想和领会从感性直觉得到的材料联合起来，同思想怎么能把客观事实联合起来，是一样难了解的。无论用什么样的说法，困难总是一样的，就是：**这多被这一知道**。或是，把知者叫做超验的自我，把其对象叫做"直觉的杂多性"，比把前者叫做思想，后者叫做事物，是不是我们真正以为更能明白了解呢？知必须有媒介。把这个媒介叫做自我，或者叫做思想，心理作用，灵魂，智力，意识，心，理性，觉态——随你的便——但它必须**知道**。"知"这个动词的文法上主词，假如可能，应该是一个从它的其他性质可以演绎出知的作用的主词。并且假如没有这种主词，那么，最好的主词就是歧义最少并名字最不夸张的主词。康德自己承认超验的自我没有属性，并且我们不能由它演绎出什么来。它的名字很夸张，并且我们一会就要见到，它的意义也模糊地与实体的灵魂互相混淆。因此从一切可能的理由看，我们都无须用它来替换我们自己的现在的暂现的"思想"这个名词，作为杂多同时被知道的精素。

上文所指的超验自我的**歧义**是在于：到底康德是用这个名词指一个**主动者**（Agent），并且以由它助成的经验指一种动作呢；或是这个经验是一件依一种不经指定的方式**产生**的事变而这个自我只是这事变内所含有的内在**元素**呢？假如是指一种动作，那么，在发生自我经验到杂多态这件事的那种相互接触之先，自我与杂多态必已存在。假如只指分析，就没有这种事先存在，并且这些元素只在它俩联合之时**存在**。说到康德的口气和语句,处处正都是说动作与执行这些动作的主动者的人的话头。① 可是我们有理由揣想他也许根本并没有这样想。② 在这种不确定之下,我们更只须决定**假如他的超验的自我是个主动者**,我们应该对它如何想法。

假如它是个主动者,那么,超验论只是变成羞怯的实体论,并且自我只是灵魂的"贱值的而秽浊的"副本了。到灵魂退到这步田地之时,我们不取"灵魂",宁取"思想"的一切理由可以加倍地应用了。实实在在,灵魂并不能解释一点东西;它所执行的"综合"只是现成的,拿来贴在它身上,作为它照事而有的性质之表现;可是至少它有些高贵与展望。它被称为主动的;可能选择;能负责,并且依它的方式说,是永久的。自我只是**无有**:哲学所能展览的最无效的,最虚侨的流产。假如这个好好的康德先生,那么诚实,那么用苦功,真正认为这个看法是他思想的一个重要产物,那才是理性的一幕悲剧哩。

可是我们已经知道康德认为这个自我无足重轻。到了继起的费希特式和黑格尔式的哲学家才把它叫做哲学的第一原理,将它的名字大写,以崇拜的口吻念它的名字,简言之,他们的行径好像每回想到它就觉得乘轻气球上天一样。可是,关于这一点,我对于历史的事实知道不明确,自知我也许误会这些作者。在我看来,似乎康德的和后乎康德的思辨之全部教训,是应求简单。在康德,思想的和说话的复杂是个生来的弱点,又因他在哥尼斯堡的生活的陈腐学院气味而加剧。在黑格尔,就是一种狂热了。因此,这些哲学诸祖所吃的酸葡萄极端使我难过。可是,在英美两国也有当代的对于黑格尔主义的继续,幸而这些思想有些稍为简单些的议论;因为不能够从黑格尔,罗生克兰,或爱尔德曼所说关于自我的话得到任何种明确的心理学,我转头去找开德和格林。

实际上,这些作者与康德的重大不同,在于他们完全由旁观的心理学家和心理学家以为他知道的实在抽象出来;或是毋宁说,这不同在于把这两个隔离的项目吸收入心理学的适当论题之内,这论题就是所观察的心之心理经验。实在与有联系的杂多态融合起来,心理学家与自我融合起来,知变成了"联系作用",结果不再是一项有限性的或可以评判的经验,而是一项"绝对的"经验,这经验的对象与主体总是同一的。我们的有限性的"思想",在实效上并在可能上就是这个永恒的(或毋宁说,这个"无时间的")绝对的自我,并且只在暂时并外表上是初看以为它像是的那种有限的东西。我们的思想"流"的较后来而占有先来的横切面之"横切面",**就是**那些先来的横切面,就像在实体论内,灵魂在一

---

① "至于灵魂,或说'吾','思想者',康德比休谟和感觉论的心理学进步处,其全部倾向乃在于证明知识的主体是个**主动者**(Agent)。"见莫理斯:《康德的批判……》(*Kant's Critique , etc.*)(芝加哥,1882 年)第 224 页。

② 柯亨(H. Cohen)说,"在康德的《序论》(*Prolegomena*),明说问题不在于表明经验如何发生(ensteht),而在于表明经验为何(besteht)"。见柯亨:《康德的经验说》(*Kant's Theorie d. Erfahrung*),1871 年,第 138 页。我在康德这部书内没找到这个话。

切时间都是同一的一样。① 被认为绝对的之经验,它的这种"唯我论的"性质,事实上把具有一特门科学的资格的心理学打消了。

心理学是一门自然科学,研究特殊的有限性的在时间上并存的以及相继的思想流的学问。当然,按最后的形而上学观点,一切这些思想流也许是被一个普遍的思想一切者所思想:这是可以设想的(但绝不是显然这样)。可是这种形而上学的看法并不给予心理学任何利益;因为纵使实有一个思想者在一切我们的心内思想,但是我们永远不能从关于这么个思想者的单纯观念演绎出他在我心内思想的并他在你心内思想的内容。甚至关于他的观念似乎对我们的心加以一种确然麻木的作用。有限性的思想之存在完全被打消了。如格林教授所说的,思想的特性:

"不应从只历一天的个人生命的事件内寻求。……知识,或知识所含的任何心理作用不能够正当地称为'意识的现象'。……因为现象是可感觉的事件,与其他可感觉的事件有为之前或为之后的关系的;而构成一项知识的意识……不是有这样关系的事件,也不是由这种事件合成的。"

他又说,假如

"我们检查任何件被知觉的对象的成分……我们会也见到这些成分只是为了意识才能够存在,并且它们这样为之而存在的意识不能只是一串的现象或一系列先后相次的状态。……由是,就显然有一项由意识行使的功能[如在最初步的经验中所行使的(即**综合功能**)],是与以意识为任何种现象之任何种相继的系列这个定义不相容的。"②

假如我们遵循这些话,我们就必须放弃我们对于那"当事思想"(在时间内不断更新而且永远认知时间的)之观念,而采纳在一切重要方面沿袭思想,但在它"位于时间之外"这一点又与思想不同的一个东西。心理学从这种交易能得到什么利益,很难猜测。并且,无时间的自我与灵魂的这种相似,又还有其他相似加以补足。后乎康德的一元论似乎总是陷入一种照例的老式的灵魂主义的二元论。他们不断谈论的样子总像他们的"思想一切者",类似灵魂,是个主动者,对散碎的感觉材料起作用。这也许是由于下列这件

---

① 这样达到的一元论与我们的心理学观点二者之对照可以用下列表格显示,方格中的名词代表我们所认为心理学的最后不可再简化的资料的,上边括线代表后乎康德的唯心论所作的简化。

这种简化可以解释何以在近代一元论的著作中到处有"心理学家的谬论"(psychologist's fallacy 见本书第七章内[译者按:英文原书此处括弧内字样有误])在我们看来,正在说思想的知识(或对一个对象的或对自身的知识)之时,忽然不做声,把项目改换而以心理学家的知识代之,而装做好像还是继续讲同一件事;这是一桩不可赦免的逻辑上罪恶。在一元论的唯心主义看来,这正是哲学的权利,当然可以纵意地做。

② 格林(T. H. Green):《伦理学序论》(*Prolegomena to Ethics*),第 57、61、64 段。

偶然事实：这一派的英文著作都是争辩性多于建设性，读者也许往往会把旨在作为归谬法辩证的一部分之对人（ad hominem）论证认为是积极主张，或是会把将一项知识分为元素之分析误认为是叙述这项知识创生之生动神话。可是我以为这件事有更深的根源。格林教授不断说自我的"活动"（'activity'）是知识发生的一个"条件"（condition）。他说只由于"一个能联合的自我意识对感觉资料的**作用**（action）"，一些事实才弄到与其他事实合成一体。

"我们所知觉的每件对象……要使它呈现，需要有自身不受时间条件限制的一个意识精素对先后继起的现象起**作用**，这种作用是可以**将这些现象一起把捉**在一件被领会的事实之中而不至彼此融合为一的。"①

用不着再说，将我们知识中事物之联系认为是一个根本是自身同一（self-identity）并在时间之外的主动者的动作，并没有使这种联系得到一点点**解释**。将在时间内来来去去的现象性思想作为主动者，是一样容易**理解**的。并且，假如再说管联系的主动者正是"在它的活动的另一方式内"呈献杂多的对象于它自身的那个"能自别的主体"（self-distinguishing subject），那么，这不可解就更加受不了。所以我们不得不承认所说的这个思想学派，虽然有时瞥见些比较精细的东西，但还惯于停留在神话的思想阶段，将现象解释做只是将现象的特性重复的那些东西所扮演的戏剧。自我必须不止**知道**它的对象——那是一种太光秃，太死板的关系，不堪写下而留在它的静止状态中的。知的作用必须描写成了一种于中依某个方式把对象的彼此不同"克服"了的"惊人胜利"。

"只在自我将自身作为对象以与作为主体的自身相反对，并且立刻否认那个反对，超越那个反对之场合，自我才是一个自我。自我是这么一个具体的统一体，其自身内含有一项和解了的矛盾，只是为了这个，智力才能够应付这个伟大宇宙的一切杂多与分歧，希望彻悟它的秘密。就像闪电睡在露珠内一样，在自我意识的单纯的并透亮的统一性内，相反项的那种根本敌对被平衡住，这个敌对……显似要分裂世界的。智力能够理解世界，换言之，能够撤除它自己与事物之间的界限而从这些事物之中找到自己；正因为它自己的存在隐隐就是事物的一切分歧与冲突之解决。"②

这个搏动的（我几乎写作爆炸的）表示知识的方式有个好处。就是：它是不驯熟的。由这个转到我们自己的心理学的说法，好像由花爆，到有机关的活门，和儿童默剧的变化转到半夜里的无味生活，从其中

"阴惨地穿过蒙蒙细雨，
在空街上破出了无味的白天！"③

① 格林（T. H. Green）：《伦理学序论》（*Prolegomena to Ethics*），第64段。
② 开德：《黑格尔》，1883年，第149页。
③ 人几乎忍不住要相信看儿童默剧的心态与黑格尔辩证法的心态在情绪方面是同一的。在儿童默剧内，表演的方式使一切常见的事都按不可能的方式发生，人彼此由别人的喉咙跳下去，房子里面翻到外头，老年女人变成少年男子，件件东西以不可设想的速度与巧妙"变成与它相反的事物"（passes into its opposite）；并且这不仅不使人惶惑，反而使看的人心里大高兴。黑格尔的逻辑也这样：别处以"区别"这些个无味的名词称呼的关系（如知者与对象之区别，多与一之区别）必须先译成了不可能与矛盾，然后以神迹"超越"（transcended）它们并将它化为同一，这样才可以诱起适当的心境，彻底享受它们所表现的景象。

可是我们非转不可,我们承认我们的"当事思想"——一个在时间内识知的现象性事件——如其存在,它就是这些事实所需要的唯一思想者。超验的自我主义对心理学的功劳,只是它反对休谟的"心是'捆束'(bundle)"之说。可是这种服务执行得并不好;因为自我主义者,无论他们怎么说,自己也相信心是捆束,并且在他们自己的系统内,不过用他们单为这事发明的特别的超验主义的绳子把这捆束**绑起**来罢了。并且,他们说得好像这样奇迹似的捆绑或"关联"(relating)之后,自我的义务就已经尽了。对于自我的更重要得多的义务,即把它所绑的事物之中拣出一些而占有之,并排弃其余这件事,他们始终没有说一个字。所以,总结我对于超验说的意见,纵使它会探得任何种深远的形而上学的真理,至少心理学不能从它学得什么东西,并且特别是这一派对于自我的议论,绝不使我们非把我们对思想流的说法加以修改不可。[①]

到这里,一切可能互相争胜的学说都讨论过了。关于自我的文字很多;可是一切作者都可以认为是我们所举的实体主义,联想主义,或超验主义这三派的或激烈的或和缓的代表。虽然我们自己的意见采纳了从一切这三派来的重要成分,但必须另归一类。**假如联想派早已承认思想的每一波动具有不可分解的统一性,并且与它竞争的各派愿意承认"稍纵即逝的"(perishing)思想波会回忆而知道,那么,联想派与这些别派就始终不必发生争执。**

我们可以总结一下,说:人格须有两个成分经常存在,一个客观的人,与一个暂现的主观的当事思想,这个思想是知道这个人并认为这个人是在时间上连续的。**此后让我们用"我"(ME)这个字代表这个经验上的人,用"吾"(I)这个宇代表这个判断的当事思想。**

某些在"我"上的变故需要我们注意。

一来,虽然我的变化是渐渐的,但到了相当时候,这些变化就增大了。"我"的中心部分是关于躯体的和来自头部适应的觉态;并且躯体的觉态应该包括一般情绪色调和倾向的觉态;因为这些究竟只是机体内的活动和感觉作用的习惯。由婴孩期至老年,这一团觉态是一切觉态中最不变的,然而它也不免慢慢改变。我们的身体的和心理的能力的变化至少也有这团觉态那么快。[②] 我们所有的东西是出名会消灭的事物。

---

① 请读者了解:我十分愿意将以超验的自我代替暂现的思想这个假设付诸根据**一般理论的理由**(general speculative grounds)的讨论。只是**在这部书内**,我宁愿坚持"**我们有先后相续的意识状态**"这个意识的假定;因为一切心理学家都作这个假定,并且因为看不出我们怎么能够有一种不假定这种思想为其根本资料的心理学。一切自然科学的资料到相当时候会受一种比这种科学自身所下的批判更精细的批判;最后我们的"暂现思想"也会受到这种批判。我们自己曾经见到(本书第一册第299—305页)**可以觉到**的关于暂现的思想之存在之确然性不如通常所假定的那么大。我与超验自我派的争执主要是关于他们相信这个之**理由**。假如他们一贯地提出超验的自我作为暂现的思想的**代替品**,假如他们一贯**地否认有暂现的思想**,那么,我就会更尊重他们的立场。可是就我能了解他们的这个限度内说,他们也惯常相信有暂现的思想。他们似乎甚至相信有洛克式的成串的分立观念;因为在他们的著作中,自我的主要光荣总在于它能够"克服"这种分立并把自然不统一的东西统一起来,超验论者把将观念"综合","联系",或"关联"(synthetizing,connecting,or relating)在一起这个话认为是与"**同时知道各对象**"这个话同义。不是意识到,而是意识到好多事物**在一起**,被认为是我们心理生活的难事,只有能现神迹的自我才能够做到。可是一从"知道一个对象"这个确定意思变到"将关于这对象的各部分之观念统一或综合"这个十分模糊的意思,我们走进多么站不住脚的地面!——在论感觉那一章,我们要再讨论一切这些。

② "婴孩由他吃奶的时刻睡到他再要吃奶的时刻;到他年长,迅速地惊人地对世界不断吐露大道理,或(转下页)

当"吾"检阅这个长串队伍之时，它所发现的同一性只是一种相对的同一性，一种慢慢变迁而总有个共同成分保留着的同一性。[①]一切成分中的最常有的成分，最一律的成分，就是保有相同的记忆。无论成人与少年怎么不同，两个都回望同一儿童期而认为是他们特有的。

所以"吾"从它的"我"所发现的同一性只是一个释义泛泛的东西，只是一种"大体上"（'on the whole'）的同一，就像任何旁观者可以从这同一团的事实见到的一样。我们屡屡在说到一个人之时说，"他变得那么厉害，人家不认得他了"；并且人对自己也这样说，不过不这么常说罢了。吾或外人所看出的在我内的这些变化也许严重，也许轻微。这些变化值得在这里加以相当注意。

自我的变化

可以分成两大类：

一、记忆之改变；

二、现在的身体的与精神的自我之改变。

一、**记忆之改变**是记忆**丧失**，或是错误的回想。无论是哪一种改变，"我"都起变化。一个人应该不应该为他在童年所做的而现在记不得的事情受罚呢？他应不应为他在发羊痫疯之后的无意识状态中，梦游中，或任何种无意诱导来的而过后不记得的状态中所犯的罪行而受刑呢？法律与常识同意，说："不；从法理说，他那时候是一个人，现在不是那同一个人。"这些记忆丧失是老耄期的一个正常现象；并且事实忘记了越多，这个人的

（接上页）是只手将好些帝国的命运把握住：假如我们将这个婴孩的无精打采的不活动状态与他后来变成的那个大人物的川流不息的精力互相比较，我们能看出的类似后来显现的一切那种智力之情态多么少；除了驱使这仅是生命的机械的东西微微转动之能力以外所见到的多么少！……每个时代（假如人生的几年生命可以叫做时代）似乎都有特色为标记。每个时代都有它的特殊的激起这个人的活跃的激荡之对象；并且在每个时代，激荡引起努力，这些激荡在其他时代并不引起活泼的欲望就终止了。男童从比他的眼界还小的空间找到了他的世界；他在他世界范围内游荡，力竭声嘶地追求后来只有弃而不顾的对象；而后来使他精神贯注的对象，他此刻漠不关心，就像他现在所大欲的对象必定后来会被他漠视一样。……人人必有的，可以看到智力衰退的加深以及曾经仁爱的热肠之冻冷，这种机会有多少呀！我们也许从小就离开乡土，多年在外之后，我们回来，怀着一切对于旧时娱乐的回想，这些回想接近它的对象，就越变越带柔情。此中有我们所从惯聆庭训的人，他的严命，我们敬虔到好像它的预言同神诏一样真确，——他最先启发我们的知识，并且他的影像在我们心里永与不排拒爱慕之情的敬仰联结着。我们急切寻求他，发现他（也许）老到陷于白痴的心态之中，不能认识我们——不知有过去，不知有将来，只活在动物性的满足之感里。我们寻觅我们儿时的最好友伴，那心肠仁柔何如，如何……我们现在发现他硬化成了一个接待我们几乎连假友谊的冷淡的表面礼貌都没有了的成年人——就他对世界的一般关系说，他不顾他不觉到的苦难。……当我们观察到一切这些之时……假如我们说他变成了另一个人，他的心和性格变了，难道我们只是用一种没有多大意义的比喻吗？这个人前后的同一性何在呢？……所谓对于人格同一之验证，应用于这些实例的心灵之时，完全不能应用了。这个心不是在同一情境以同一方式施影响或受影响。因此，假如这种验证是正当的，它就不是同一个心了。引自布朗（T. Brown）：《人心哲学演讲》"论心的同一性"（*Lectures on the Philosophy of the Human Mind, on Mental Identity*）。

① "卡特勒爵士（Sir John Cutler）有一双毛线袜子，他的女佣屡次织补，最后变成了一双丝袜了。现在假定卡特勒爵士的这双袜子每经织补之时赋有某程度的意识，它定会觉得它在织补之前并其后都是这一双袜子；并且在一切这好多次织补，他会继续有这种感觉；可是在最后一次织补之后，起初那一双袜子也许连一线都没有剩下了，变成了丝袜子，如上文说过的"。布朗同书引颇普的《马丁·斯克立布利》（*Pope's Martinus Scriblerus*）。

“我”就越缩小。

在梦中，我们忘记了醒时的经验；这些经验好像不存在一样。把醒时梦时翻过来说，也一样。大体说，在被催眠状态中所发生的事，到醒时就忘记；不过到了这个人再被催眠，也许那些事乱得很清楚，而且在这时候，醒时的事又可能忘记了。这样，在健康心理生活的界线内，有近似于“我”的变化的那一种事态。

就大多数人说，错误记忆绝不是罕见的事；并且凡是发生误忆，它就会歪曲“我”之意识。大概有极多的人对于有些被认为他们过去生活所有的事情怀疑。他们也许是看见过这些事，也许是说过，也许做过，也许只是做梦或想象他们做过。一场梦的内容往往横插入实际生活的进流中，使人极端疑惑。错误记忆的最常有的来源就是我们对别人叙说我们自己的经历的话。这种叙述，我们几乎总是把它弄得比实际更简单而且更有趣味。我们述我们应说应做的，而不述我们真说真做过的；并且在第一回述说之时也许我们完全知道这个区别。可是不久幻想就把实事赶出记忆之外而独霸全局了。这是用意完全诚实的见证所以会错误的一个大原因。尤其是关涉神奇的事情之时，叙述就向这方面倾斜，而记忆就跟着叙述倾向这方面。卡朋特博士从柯柏女士那引了下述的事情，以代表一种很常有的事例：

> “有一回作者听见一位诚实到极仔细的朋友说一段转桌（table-turning）的事，她保证桌子拍地时**没有人在离桌一码之内的地方**。因为作者很疑惑这一点，所以这位女太太虽然完全自信她所说的是确实的，但答应去查她十年前对这件事所作的笔录。这笔录被查看了，发现其中明白写着桌子拍地之时**六个人的手安在桌子上面**！这位朋友所记忆的一切其他细节都证明是完全对的；并且在这一点，她记错是完全无心的。”[1]

要这一类的故事在一切节目上都准确，简直是不可能；不过改变得最厉害的是不重要的细节。[2] 传说狄更斯和巴尔扎克常是把他们小说里的事跟他们实际的经验混起来。人人必定都曾认识过**某一个**凡人那么得意他自己的为人和他自己的语音，弄到自述之时始终不能想起真的事情。和蔼的，无害的，高兴的某甲呀！但愿你永远不发觉你的真吾与你迷恋地幻想的自我有不同之处！[3]

二、我们由记忆的变化转到**现在自我之变态的改换**，就见到更严重的错乱了。为描写的方便，这些变化可以分为三大类。可是有些例子甚至有两三类的特色；并且我们对于人格的这些变化的成分与原因知道很少，所以不应该以为这种分类有什么深远的意义。这三类是：

（一）疯狂的妄想；

（二）交替的自我；

---

① 《工作与游戏的时间》（*Hours of Work and Play*）第 100 页。

② 要看对于叙述错误的仔细研究，请参阅格纳（E. Gurney）：《活人的神魂》（*Phantoms of the Living*）第 1 册，第 126 至第 158 页。在《灵学会纪录》1885 年 5 月号内，R. 霍奇森用非常大批的例子证明无论什么人根据记忆来叙述一串迅速过去的事变，必定是极端不准确的。

③ 请看鲁一士《心》杂志第 13 卷，第 244 页以及《美国灵学会纪录》第 1 卷，第 366 页的文字，证明某一种幻忆，即他所谓“假预警”（'pseudo-presentiment'）的，并不是罕有的现象。

（三）灵媒或灵附现象。

疯狂的妄想

（一）在疯狂，我们屡屡见到被患者认为是往事的妄想；这些妄想或悲观，或乐观，随病的性质而异。可是，最坏的自我变化是由于感觉作用以及冲动的现在倒错，这种错乱并不扰乱过去，但是使患者以为现在的"我"是一个完全新的人物。有点像这样的变化，通常见于发身期（puberty）的整个性格在智力和意志方面很快的发展之时。病态的人格变化很奇怪，值得再加讨论。

如李播君所说的，我们人格的基础就是关于我们生命作用的感觉。因为这种感觉恒常存在，所以它总隐在我们意识的背面。

> "它所以为（人格的）基础，是因为它经常存在，经常作用，没有休息，睡眠或晕倒之时也不绝，与生命同存亡，它就是一种生命。它供作记忆所构成的那个自觉的"我"的支架，它是联络我的其他部分的媒介。……现在设想可以一下子把一个人的身体改换为另一个身体：骨骼，血管，脏腑，肌肉，皮肤，件件都更新，只剩下神经系统以及它所储蓄的对往事的记忆不变。无疑，在这种情形之下，不熟习的有关生命的感觉的冲进，会发生极严重的错乱。铭刻于神经系统上的旧的生命之感，与挟着极高强的实在性和新鲜性的新的生命感必定会起不可和解的冲突。"①

在大脑病的开始，往往发生与这个十分类似的症状：

> "一团一团的前此本人认为陌生的新感觉，同样没有经验过的冲动和观念，例如，恐怖，犯过的罪行以及追逐本人的仇敌等等这些心想。其初，这些与旧的熟悉的'我'相对称，像是一个陌生的，往往是可骇的可怕的'你'。② 往往这些对于从前那一团的觉态之侵袭，本人觉得好像故我正被一种黑暗的不可抵抗的力量所霸占，并且这种'占据'（possessions），本人用怪诞的意象来形容它。这个双重状态，这个故我与各种新的乖戾的经验之斗争，总跟有痛苦的心理冲突，热烈的情欲，以及厉害的情绪激动。大部分因为这个理由，所以人常常见到大多数患精神病者的第一阶段是一种情绪上的改变，特别是愁郁一类的情绪。假如脑部的病（这是这一串新来的变态的观念之直接原因）没有解除，这些观念就更被坚信了。这一串观念会渐渐与表示

---

① 《记忆诸病》（*Maladies do La Mémoire*）第八五页。假如一切感官都停工，个人意识就所余无几，这由那个奇异的失感觉的青年的话证明得很精妙；这个青年的病状见于斯特伦柏尔医师的报告［《德国临床医学刊存》（*Deutsche Archiv f. klin，Med.*），1878 年第 22 卷第 347 页］。我们后来将要发现这个青年可以启发我们，在好多方面的知识；他身体外部完全无感觉，并且（就所能检验的范围而论）内部也如此，只有一只眼睛能看见，一只耳朵能听见。到了他这只眼睛闭了之时，他说："我一看不见，我就完全没有了"（Wenn ich nicht sehen kann，da BIN ich garnicht.）。

② "患者的心态最好比做变蝴蝶的蝎的心态，他好像一条蝎保存它是蝎之时的一切观念与记忆，但忽然变做具有蝴蝶的感官与感觉的蝴蝶。在新状态与旧状态之间，在第一自我（蝎的自我）与第二自我（蝴蝶的自我）之间有个很深的断缺，完全的分裂。新的觉态找不到前头的系列可以将它们自己结合于其上；患者不能解释这些觉态的意义，也不能利用这些觉态；他不认得它；这些觉态是未知的。因此有两个结论，第一就是他说的'我不再存在了'（I no longer am）；第二，稍为后些，他说'我是另一个人'（I am another person）"。见泰纳，《论智力》，第 3 版，1878 年，第 462 页。

故我特性的那串观念相联结，或是那串观念的某部分在大脑病更深之时会被打消而丧失，因此这两个有意识的'我'之敌对渐渐减少，情绪的风浪也就平静了。可是到那个时候，由于那些联结，由于将变态的感情和意志的成分收容到故我内，**这故我自身就经过伪造，变成另一个人了。**患者会又安静下来，并且他的思想有时在逻辑上也不错；可是他的思想中总有病态的错误观念，与其所粘附的联带感想，成了无法控制的前提，所以这个人已经不是同一个人，乃是一个真正新的人物，他的故我变质了。"①

可是患者自己很少继续下去，仍然就用这些话形容这个变化，除非他的新的**躯体感觉**的存在或旧的躯体感觉的丧失占首要的地位。纯乎视觉和听觉的错乱，乃至冲动的错乱，患者不久就不觉得是与我的统一性冲突的了。

引起这些冲突的属于躯体感觉的特种错乱是什么，大都是心理健全的人所万不能设想到的。有一个患者有另一个自我，替他把一切他的思想重说一遍。有些别的人（其中有些是在历史上的第一等人物之数内的）有亲密的天魔，同他们交谈。另有一个人，有人替他"制造"他的思想。又有一个人觉得有两个身体，每个分别躺在另一张床上。有些患者觉得好像他们丢掉了他们身体的一部分，如牙齿，脑髓，肚子之类。在有些人，身体是木头，玻璃，牛油等类东西做的。在有些人，身体已不存在，或死了，或是一件与患者自己完全分离的外物。有时，身体的某些部分与其余部分失掉意识上的联系，被认为是属于另一个人并且受一个敌对的意志驱使。例如，右手会跟左手打架，好像跟仇人打架一样。②或是，患者自己的哭声被认为是别人的哭声，因之患者对这个所谓别人表示同情。叙述疯狂的文字充满着诸如此类错觉之纪录。泰纳君由奇沙伯医师的一个患者引了如下文的病状自述，我们可以由这个自述看到一个人的经验可能忽然变得如何完全与常态经验隔绝：

"过了第一或第二天之后，有几星期，不可能观察或分析我自己。心胸痉挛症的痛苦太受不了。一直到了正月的头几天，我才能够自述我所经验过的事。……我记得清楚的第一件事如下。我一个人在那里，并且已经不断有视觉的毛病，忽然发了更厉害得无数倍的视觉病。外物变小了，并且退到无穷远的地点——人同东西一起这样。我自己也离开不可思议地远。我惊骇地恐怖地看看四围；**这世界离开我跑走了。**……我同时观察到我说话的声音离我极远，并不像是我的声音。我用脚敲地，看它的抵抗力；但是这个抵抗力好像是错觉——并不是觉得地是软的，乃是觉得我的体重变成几乎没有了。……我感到没有体重的感觉。……"不仅外物极远，而且"我看外物都是**平的**（*flat*）。当我对人说话之时，我看他像纸剪成的小象，没有凹凸。……这种感觉断断续续地过了两年。……我不断觉得我的腿不属于我。我的胳膊几乎也一样糟糕。至于我的头，好像已经没有了。……在我自己看来，好像动作是机械的，是受在我之外的冲动的驱率。……在我之内有一个新人，又有我自己的另一部分，即旧人，这旧人对于新来者不感兴趣。我记得很清楚，我对自己说过：这个新人的痛苦，我漠不关心。我始终没有真被这些错觉欺骗；不过我心里屡屡感

---

① 格里辛格：《心理诸病》（W. Griesinger：*Mental Diseases*）第 29 段。
② 请看《美国灵学会纪录》第 552 页所载的饶有趣味的"老残株"（old Stump）的病状。

到不断要矫正这些新印象,实在厌烦。所以我放开手,过这个新人物的不幸生活,我很热烈地希望再看见我的旧世界,回到我的故我。这个欲望使我没有自杀……我是另一个人了,并且我恨这个别人,我看不起他;我觉得他绝对可憎;这必定是另一个人,装做我的样子,擅行我的职能。"①

在与这个同类的例子,"我"确实是变了,而"吾"却同等确实是没有变。那就是说,只要患者的现在当事思想的记忆还好,这个思想就认识故我和新我。不过,那个对象领域,从前可以很简单地承受认识的判断与自我方式的占有;在这个对象领域内,发生了奇怪的疑团了。同在那里见到的现在与过去不会联合。我的故我何在?这个新我是什么东西?这两我是同一个吗?或是,我有两个我吗?这一类问题,患者用他所能想出而认为近理的任何理论解答,这就是他的疯狂生活的开头。②

我经由杜开斯坡里的斐雪(Dr. C. J. Fisher of Tewksbury)而知道的一例疯狂症可能就由这样起头。这个女人,叫做布立则,伏氏;她"疯狂了好多年,并且总把她的假想自我说是'老鼠',求我'埋掉这头小老鼠'云云。她用第三人称说她的真正自我;称做'这个好女人'说,'这个好女人认识斐医生,从前替他工作'等语。有时她悲惨地问:'你以为那个好女人会再回来吗?'她做针线,打绒线衣,洗衣服,诸如此类,并且拿给人看,说,'只是一只老鼠,能做这个,难道不好吗,'她在愁郁的时期曾经藏在房子底下,爬到洞穴中,爬到箱子下面。我们找到她时候,她就说,'她只是一只老鼠,并且想要死去。'"

交替的自我

(二)最简单的**交替人格**现象似乎是由于遗忘。假如任何人忘却他的约会,诺言,知识以及习惯,我们就说他变成**反复无常**(*inconsistant with himself*)了;并且到了什么样子,我们应该说他的人格变了,这只是程度的问题。在称为双重人格或交替人格那些病态,遗忘是忽然的,通常事先有个无意识或昏厥的时期,这个时期长短不等。在催眠状态之中,我们很容易用下列的任何一法做成人格的变换,一法是叫受术者忘记从某日起的一切事情,这样他会又变成(也许)小孩子;一法是告诉他说他现在是另一个完全幻想的人物,这样,一切关于他自己的事情似乎暂时忘掉了,他就充这新角色,表演的生动程度与他的演剧想象力成比例。③但是,在病态的例子中,这种变化是自发的。见于记载的最著名的实例(也许)是斐丽达·某氏(Félida X.),这是波尔多的亚萨莫医师所报告的。④这个女人在 14 岁就开始表现一个"次起"(secondary)状态,这个状态的特性是她的一般

① 《论智力》,第 3 版,第 2 册,第 461 页小注。奇沙伯的书《大脑心脏的神经病》(Krishaber:*La Névropathie Cérébro-cardiaque*,1873 年出版)充满着同类的观察。

② 身外命运的突然变化往往会使经验的"我"发生极大变化,几乎等于自我意识的病态错乱。穷人中了大彩,或不期而得到一批遗产;享盛名的人公开地失身份,大富豪变成赤贫,慈爱的丈夫并父亲看见他的家属不幸一下子死亡,在这时候,一切以往的习惯(不论是主动的或被动的)与新情境的急需和可能之间一时有极大分裂,弄到这个人找不到连接或联引的媒介,可以使他从他生活的前一阶段渡到后一阶段。在这种情形之下,心理错乱是常有的结果。

③ 受术者能够把这个做得很丰富很充实的比较少。

④ 先在《科学评论》(*Revue Scientifique*),1876 年 5 月 26 日号内,以后又在他于 1887 年在巴黎出版的《催眠术,双重意识,与人格变化》(*Hypnotisme,Double Conscience,et Altérations de la Personnalifé*)书中报告。

性情和品格变了,好像前者存在的某些"抑制"('inhibitions')忽然解除了。在次起状态之中,她记得第一状态,但一从次起状态回到第一状态,她对于次起状态全忘了。到 44 岁,次起状态(大体说,这个状态比第一状态品质高些)的历时比第一状态长得多,因而占了她生活的最大部分时间。在次起状态中,她记得第一状态的事情;可是第一状态再来之时,她完全忘了第二状态,这往往使她陷于极窘的地位,例如,有一次她坐车要去吊丧,她忽然在中途变到第一状态,她丝毫不知道她的那一个朋友死掉。她实际曾在她早年的一回第二状态期间受孕,而在第一状态之时,她不知道这件事怎么发生的。她因这些遗忘而起的苦处有时极厉害,有一回使她想要自杀。

再举一个例子,黎格医师(Dr. Rieger)叙述一个羊痫疯患者,[①] 在 17 年中,他过了轮换的生活,或自由,或关在牢监里,或在疯人院里,在正常状态之中,他的性格很循理。但在与常态交替的期间,他会离家几星期,做小偷,做流氓,被关在监里,发羊痫疯,吵闹,人家讼告他假装疯,等等,始终不记得那些弄得他受这一切惨痛的变常情形。

黎格氏说:"我从来没有从任何别一个人得到像从这个人得到的这样奇怪的印象:简直不能说他有一点什么好好自觉的过去生活。……叫我们自己设身处地,想象这么一种心态,实在不可能。他最后的偷窃是在嫩堡犯的,他丝毫不知道这件事,只看见他自己一会在法庭,一会又到医院,一点不明白为了什么理由。他发过羊痫疯,他知道。可是要叫他相信他吵闹并做反常的动作好几个钟头,是不可能的。"

另一个可异的例子是玛丽·棱诺咨的症,新近米恰尔医生又将它发表。[②] 这个迟钝的、愁郁的女人在 1811 年间住在宾夕法尼亚野外,

"有一天早上,人家发现已经过了她习惯的起床时间好久,她还在熟睡,不可能唤醒她。睡了 18 或 20 小时之后,她醒了,但在不自然的意识状态中。记忆亡失了。实际等于她是才引进到这个世界的人。'过去所留给她的,只是说几个字的能力,并且这个似乎也像婴孩的啼哭那样纯乎本能的;因为最初她所说的字并不与她心上什么意思相连。'在未教她这些字的意义之前,这些字只是无意义的声音。"

"她的眼睛实际等于第一回看见这个世界。旧的东西消灭了;一切东西都更新了"。她不认识她的父母,弟兄,姊妹?朋友,也不承认这些关系。她从来没看见他们——从来不认得他们——并不知道有这种人存在。现在她是第一回介绍跟他们认识。对于她周围的境地,她完全是生人。这房子,这田野,这森林,山陵,峡谷,溪流——一切都是新的。山水之美是完全没探寻过的。

"她丝毫不知道她由那回神秘的昏睡醒来的那顷刻以前曾经生存过。简言之,她是新生的婴孩,但一出生就已是成年,有能力领略自然界的丰富的,崇伟的,繁盛的奇迹。

"她受教育的第一课,就是教她对她身旁的人有什么联谊,并由是而来的她应有的义务。这个,她学得很慢,'其实始终没学会,至少始终不认同血统的关系,几乎也

---

① 《催眠术》(Der Hypnotismus),1884 年出版,第 109 至第 115 页。

② 《菲列得菲亚[费城]医师学会会议录》(Transactions of the College of Physicians of philadelphia),1888 年 4 月 4 日。也见于《哈伯杂志》(Harper's Magazine),1860 年 5 月号,但不那么详尽。

不认有友谊。她以为从前她认识的人大都是生人和仇敌,觉得她是由一种奇异的,不可思议的方法移植在他们当中,不过由什么样的世界或生存状态而来是一个没有解决的问题,罢了'。

"第二件功课就是要再教她读书写字。她很敏捷,这两件都进步很快,所以**几星期内**她已经很容易地再学会了读写。她哥哥写了她的名字,作为第一步练习,让她抄,她拿钢笔拿得很笨拙的样子,并且由右边起头写到左边,像希伯来文的方式,好像她是由东方国土迁来似的。……

"可注意的第二件事就是她性情上的变化。她现在不愁郁了,变成了极端高兴了。她不沉静寡言了,精神扬扬并且很和气。从前沉默退伏,现在很快活,喜欢游戏。她的性情完全地并绝对地变了。在这个第二心态中,她非常喜欢同别人一起;但对于自然景物,如见于森林,山丘,峡谷和溪流的,更喜爱得多。她常常在早上动身,或步行,或骑马,在村野到处游逛,一直到昏黑;并且她对于是在人走过的路上,还是在无行迹的森林中,一点不在乎。她所以特别喜欢这种生活,也许是由她的朋友不得不加于她的管束——这个使她认为他们是她的仇人,不是友伴,因此她很喜欢离开他们。

"她一点不怕;因为森林中熊同豹子很多,并且到处有好多响尾蛇和铜头蛇,她亲友就告诉她这样她是有危险的,但结果只使她冷笑。她说,"我知道你们只是想吓唬我,把我关在家里,可是你们失了眼福;我屡次看见你们所谓熊,我万分深信它只是黑野猪。

"有一晚上,她由照例的每天出游回来之后,她说到这件事:"今天我在一条窄路骑马走过之时有一头大黑猪由树林子出来,拦在我的前面。我从来没看见过这么傲慢的黑猪。它支在后脚,'人立'起来,对我张嘴咬牙。我不能使马前进。我告诉它给猪吓倒了未免太傻,并且鞭它,叫它走过去,但它不肯走,要转回头。我叫黑猪走开,但它不理会我。我就说,'好吧,假如说话,你不肯走,我就要打了;'"因此我就下马,拿条棍子,走到猪那里。当我走到离它相当近之时它伏下去,四脚到地,慢慢地丧气地走开,每几步就停一下,回头看,对我张牙怒吼。我就又上马向前走。

"这样过了五个星期,到了一天早上,她睡了很长的一觉之后,醒来又是故我了。她承认父母,弟兄和姊妹的亲属关系,好像以前并没发生什么事一样,并且立刻进行归她做的,五星期前所计划的事。她对于一夜(她以为只一夜)会起这么大变化,大为惊异。自然环境换了另一样子。她所经过的惊人的事情,她心上毫无痕迹。她在森林中的游玩,她的恶作剧和滑稽,她完全不记得,一点影子都没有了。她父母又见到他们的女儿了;她又是她弟兄姊妹的姊妹了。她现在又有在她变化以前的第一心态所有的一切知识,并且这种知识新鲜活泼,好像不曾经过事变一样。可是她所学的任何新能力,所得的任何观念,现在都失掉了——可是又没失掉,只是稳稳地藏在看不见的地方,备将来之用。当然,她本有的性情又回复了;并且因为听到前此经过的事情,她的愁郁更深了。一切像从前老样子下去;并且大家迷恋地希望那五星期的神秘事变永远不再发生,可是这种预期并不实现。过了几星期,她又睡得很深,醒来又是她的第二心态,恰恰从她前此离开第二心态之时那一点起,继续她的新生活。现在她又不是女儿或妹妹了。她所有的知识都是她在前一次第二意识状态中那几星期所得到的。她丝毫不知道（两个第二心态）当中的时间。相离很远的两个（第二心态）时期接在一起了。她以为只过了一夜。

"在这一次心态，她做到完全了解她症状的事实，不是由于她的记忆，乃是由于别人告诉她。可是她那么兴高采烈，这件事也不使她愁郁。反而使她更高兴，并且作为喜乐的基础，像一切其他事情都被她拿做喜乐的资料一样。

"这样两个心态的交替，相隔的时间长短不等，经过了十五六年，但最后到了她35 或 36 岁之时就不交替了，**她永久停在她的第二状态了**。她生命的最后 25 年都这样，没有变化。"

可是，在她，这两个状态在情绪上的相反性，似乎到后渐渐消灭：

"由快乐的，协识脱离症的，恶作剧的，喜欢顽笑，并会有荒谬的信条和迷妄的观念的女人变到还保留着愉快和喜欢友伴的性情，但敛抑到实际有用的阶层的女人，这是渐渐来的。在最后 25 年的最大部分时间，她与她的愁郁的，病态的故我，并与她早年的第二心态的高兴情况都不同。她家属中有些人说是她的第三状态。他们形容她变成循理、勤快、很乐观，但还相当严肃；性情很平衡，没有一点表示心理受伤或错乱的情状。她在学校教了几年，她履行这个职务，很有用并受欢迎，老少都喜欢她。

"在这最后 25 年，她与她的侄儿约翰·棱诺咨牧师同住，在一部分时间替他管家，她显得有健全的判断力，并且完全明白她的地位所包含的义务。"

米恰尔医生说，"棱诺咨牧师还住在米德维尔，他极肯帮忙，将事实供我使用。他在1888 年 1 月 4 日给我的信内说，后来她说她有时确然好像模糊地梦境似地觉得有个阴影似的过去生活，她不能十分领会这个过去，也不能说定到底是起于一部分恢复的记忆，或是由于别人告诉她的关于她在病态生活中的事情的说话。"

"棱诺咨女士 1854 年 1 月死去，享年 62。在她死的那一天早上，她起来，同平日那样健康，吃早膳，并检查家务。在做这些事之时，她忽然把手举到她的头，喊说："啊！我不知道我的头是怎么回事!"立刻就倒在地上。扶到沙发上的时候，她张嘴一两回，就死了。"

在与上例同性质的患者，其第二人格比第一人格还好的，我们似乎有理由认为第一个是病态的人格。"抑制"这个名词可以用以形容它的迟钝与愁郁。斐丽达·某氏的本来性格，比她后来变成的性格就更迟钝、更愁郁，并且这个变化可以认为是早年持续的抑制作用之解除。在我们不能够回忆或在其他方面不能够运用我们的心理资源之时，我们就暂时见到这种抑制。被催眠者受命令使他忘记一切名词，或一切动词，或特个字母，或一切与某个人有关的事物之时所表现的系统化的健忘症，也是这一类抑制，不过规模更大罢了。这种抑制有时是自然发生的，起于患病的症状。① P. 庄纳曾经指出这种抑制，如

---

① 要看实例，可参较李播：《记忆诸病》。温斯洛：《不明了的脑病和心病》（Forbes Winslow：*Obscure Diseases of the Brain and Mind*）第 13 至第 17 章有不少的例，也可以参看。

其加于某一类感觉（使患者不觉得这些感觉），并加于关乎这类感觉的记忆，就是人格变化的基础。失感觉的并患"健忘症的"协识脱离病者是一个人；可是假如你使她入于催眠状态，因而恢复她的被抑制的感觉作用与记忆——换言之，你把这些作用从它们的"分散的"（'dissociated'）与破裂的状况之中救出求，使之与其他感觉作用和记忆再联结起来——那么，她就是另一个人了。如以前（本书的第八章论协识脱离病者的"无意识"状态处）所说的，催眠状态是恢复协识脱离病者的感觉作用的一个方法。有一天，失感觉的协识脱离病者柳西已在催眠状态中，庄纳为某个理由继续在她身上"过手"（pass）整整半小时，好像她还没有入眠似的。结果她陷入一种昏厥状态，半小时后才回醒过来，但变成第二个催眠状态，完全不像她前此的特性——现在感觉不同，记忆不同，一句话，她是另一个人了。这个可怜的少女在醒时浑身无触觉，几乎全聋，视野缩得很小。可是，视野虽小，视觉还是她的最好感官，并且她以视觉指导她的一切行动。她的眼睛绷了之后，她就完全无办法，并且就像见于记载的那些其他同类的人一样，由于她的最后感觉的刺激除去了，她几乎立刻睡着了。庄纳把这个醒时的或第一（在这种情形，我们不能说，"正常的"）状态叫做柳西第一。在柳西第二，即她的第一种催眠状态，触觉丧失是减少了，但并未打消。在较深的催眠状态，即用刚说的方法发生的柳西第三，完全没有感觉丧失症。她的感觉作用变成全备了，她现在不是极端的视觉型，变成沙科教授（Charcot）所谓运动型的人（motor）了。那就是说，她在醒时完全以视觉思想，并且只是以记起东西的**样子**这方式，才能够想象那些东西，而在她的现在这个较深的催眠状态，从庄纳看来，她的思想与记忆似乎大部是运动的与触觉的意象所构成。

庄纳既然从柳西发现这种较深的催眠状态并人格变化，当然很期望从他的其他受术者发现这个状态。他在珞兹，玛丽，雷奥尼都发现这个状态；他的兄弟，珠里·庄纳当时是萨贝特黎医院的驻院医师由著名的患者慧德也发现这个状态。……这个医院的好多医生研究这个人的催眠状态好多年，没有人曾经引起这个很特别的人格。[①]

这些患者，在这个较深的催眠状态中一切感觉恢复了，他们好像可以说是变成正常的人了。特别是他们的记忆变成更广博，由是庄纳就想出一个理论的通则。他说：**假如一个协识脱离病者丧失了某一类感觉，一切对于这一类过去感觉的回忆也随之一同丧失**。例如，假如听觉失掉，患者就连想象声音与语音都不能够，（假如还能说话）他必须利用运动的，即发音感觉的指引说话。假如运动感觉丧失了，患者必须先用视觉在他心上将他手足动作想定，然后才能动作，必须先预想要说的话的声音什么样子才能发音。这个定律的实际上效果会很大；因为一切属于后来丧失了的那一种感觉的范围（例如触觉）的经验都是以触觉的方式储藏而记忆的；并且假如病中把皮肤的与肌肉的感觉丧失了，一切这种经验都要立刻忘掉了。反之，触觉一恢复，触觉的记忆也就恢复。在庄纳所试验的协识脱离病者，在催眠状态中触觉确然恢复了。结果，在平常状态的各种各样的记忆也回来了，由是他们能够回顾而说明他们生活内许多否则无法解释的事情的来源。例如，协识脱离症的羊痫疯的大发抽搐中的一个阶段就是法国作者所谓"激情姿态的阶段"（*phase des attitudes passionlles*），在其中，患者不说，也不替自己解释，进行恐怖，愤怒，

---

① 请看庄纳在《科学评论》，1888 年 5 月 19 日号内的有趣味的叙述。

或某个其他情绪状态的外表动作。通常,在每个患者,这个阶段都是很呆板,好像是机械的动作,甚至有人怀疑在动作进行之时有任何意识。可是,当柳西在较深的催眠状态恢复了触觉之时,她说明她的协识脱离性的发作是由于她在小孩时代的一次大惊吓,当时有一天有些人藏在帘幕后忽然向她跳过来;她说每回发病,她都是重演这一件事;她说到她在小孩时候睡眠中走遍全屋,并且因为眼睛有病,关在黑房子内几个月。一切这些事情,她醒时完全记不得;因为这些都是主要为运动与接触的经验。

可是庄纳的患者雷奥尼是很有趣味的;她最能表示记忆与性格会随感觉作用与运动的冲动而变化的情形。

这个女人的生活不像真正的历史,更像一段不大像真事的传奇;她从 3 岁以后就有自发的梦游症。她由 16 岁以后不断受各种各样人催眠;现在她 45 岁了。她的正常生活在她的贫苦的乡村环境之中按一种方式发展,而她的第二生活则在客厅与医生的诊所中,当然顺着完全不同的方向进行。现在,这个贫苦的村姑在她的正常状态之中是个严肃的,相当悲观的人,沉静而迟缓,对人人都和蔼,并且极端羞怯;人看见她,绝不会猜想她所包有的人格。可是她一被催眠,就起大变化了。她的脸与前不同了。固然,她是闭着眼睛的,但她的其他感官的敏锐可以弥补。她很高兴,喧闹,不安静,有时到了人受不了的程度。她还是很和气,可是特别倾向于冷嘲和犀利的戏谑。在她经过生人来看她的催眠状态之后听她追述,是天下最奇特的事情。她用言语形容他们,模仿他们的举止,自命知道他们琐细的可笑的样子和情欲,并且替每人编一篇小说。这个特性之上又加了一大堆的记忆,这是她醒时绝不猜想它的存在的,因为她的健忘症是十全的。……她不要雷奥尼这个名字,用雷恩忝这个名(雷奥尼第二),这是她的第一个催眠者使她习惯了的名字。她说,"那个好好女人不是我;她太笨!"她把一切感觉和一切动作,总之她**在梦游中**所经过的一切经验都归于她自己,即雷恩忝(或雷奥尼第二),把这些通通组织起来,构成她已是很长的生命历史。反之,她把在醒时所经过的事情完全归于雷奥尼第一(这是庄纳对于醒时的这个女人的名称)。其初,这个原则有个重要例外,引起我注意;我很倾向于以为她对于她的记忆这种分法也许有点任意的。雷奥尼在正常状态有个丈夫和几个子女;可是梦游的雷奥尼第二承认子女是她自己的,但丈夫是"那个别人"的。这种取舍也许可以解释,但并不遵循任何规则。到后来,我才知道早年将她催眠的人,同有些近时的催眠术士一样大胆,在她第一次要分娩之时将她催眠,以后她回回分娩都自动地入于催眠状态。所以雷奥尼第二认子女是她的,完全没错——生这些子女的是她;所以她的第一种催眠状态是另一个人格这个原则并没被破例。可是她的第二种即最深的催眠状态也如此。在经过屡次"过手",昏厥,等等之后,她达到我叫做雷奥尼第三的状态,她又另是一个人了。她不是个不安静的小孩,她现在严肃而庄重,说话慢慢地,并且走动也只有很少。她又把这个自我与雷奥尼第一分开。她说,"一个好好的,但是笨的女人,而且不是我。"并且她也把自己与雷奥尼第二分开:她说,"你怎么会从那个疯子看出有一点像我呢?侥幸,我与她不相干"。

雷奥尼第一只知道自己;雷奥尼第二知道自己,也知道雷奥尼第一;雷奥尼第三知道自己,又知道其他两个。雷奥尼第一只有视觉的意识;雷奥尼第二兼有视觉与听觉的;雷奥尼第三,视觉的,听觉的,触觉的,同时都有。庄纳最初以为发现雷奥尼第三的是他自己。可是她告诉他,从前她已经常常在那个状态。一个从前将她催眠的人就像庄纳一样在想用"过手"使雷奥尼第二的催眠状态更深之时偶然发现了她。

"一个已经消灭了 20 年的催眠的人格这样复活,是很奇怪的;对雷奥尼第三说话之时,我现在自然用她的第一次催眠者给她的名字,叫她雷奥诺尔。"

多重人格病例经过最仔细的研究的,是路易第五这个协识脱离病的青年,关于他,步吕和毕洛两氏曾写了一部书。① 他的症状太烦琐,不能在这里详细复述。只需说:路易第五曾经过了不规则的生活,在过军队,住过医院,住过感化院,并且在不同时期,当他住在不同地方之际曾经有过协识脱离症的感觉丧失,麻痹,肌肉久缩等病,发作的方式也各种各样。他 18 岁之时在一个农村的感化院里被毒蛇咬了,因此起了浑身抽搐,结果**他的两腿**瘫了 3 年。在这个状况之中,他很温和、善良,并勤快。可是最后经过一场长时间的浑身抽搐后,他瘫病好了,并且在瘫病全部时间所经历的事都忘记了。他的性格也变了:他现在好争吵、贪食、无礼貌、偷他同伴的酒,偷看护他的人的钱,最后由感化院逃出来,当人追到而捉住他之时他狂怒地打人。后来,他第一次受这两位作者的检察之时,他的**右半身**患半瘫痪,并且无感觉,他的性格也坏得不堪;将金属碰他,结果瘫痪移到**左半身**,他在右边瘫痪之时的事又都忘了,在心理方面,他回到从前在俾舍特医院因同类的身体病状而就医的时代了。他的性格、意见、教育一切同时起变化。他不是此刻以前的人物了。不久就发现他的任何种现在的神经病态可以用金属、磁石,电或别种刺激等类的方法暂时排除;并且任何种过去的病状可以用催眠的暗示使它再现。他隔些时间就有一回浑身抽搐,每回抽搐之后,就自发地将他的整串的过去病状很快地重演一番。这两位作者观察到:他每次的身体病态都使他忘却某些事情,同时也使他性格起确定的变化。他们说:

"这些变化的定律是十分明白的。身体的状态与心理的状态之间有准确的,恒定的,必然的关系,所以要改变一件而不使其他一件起一种平行的变化是不可能的。"②

这样,这个粗陋的人的病症似乎把庄纳的"感觉丧失与记忆断缺相连"这个定律证明得很好。把庄纳的这个定律与洛克的"记忆的变化引起人格的变化"这个定律合参,那么,我们对于至少有些交替人格似乎有个解释。可是仅仅感觉丧失不够解释性情的变化,这些变化大概由于运动的神经路与联引的(associative)神经路的通畅度的改变——这种改变不是感觉的神经路的通畅度改变之后果,乃是与它平行的。其实,只需对庄纳

---

① 《人格的变异》(*Variations de la Personalité*)巴黎,1888 年出版。

② 见上引书,第 84 页。由这部书,和上文所引亚萨莫医师的书,以及李播的《人格的病》(*Maladies de la Personalité*)(1885 年出版)。这些书内,读者会找到关于其他这一类的实例的叙述与参考。

的实例以外的其他患者看一下，就够证明感觉与记忆的相联结，并不是一定不变的。[1] 庄纳的定律，固然适用于他自己的实例，但似乎不能适用于一切。

当然，要悬揣那引起自我变化的健忘症会起于什么原因，那就只是猜想了。自然有人提示是由于血液供应的变化。好久以前，威根在他的《心的双重性》（Duality of the Mind）这部书上已经提议以大脑的两个半球的交替作用来解释。我在讨论了第三类自我变化，即我所谓"灵附"现象，以后，将要再讨论这个解释。

我自己很新近知道有一个患了"遁走"（ambulatory）类的交替人格病的人，他容许我在这里直提他的姓名。[2]

安瑟尔·勃伦牧师是罗得岛州格麟的人，少时学做木匠的手艺；可是，在快要30岁之时在很特殊的情形之下忽然短时不能看见，不能听见，因此他由不信上帝变成了基督教徒。从那时起，他最大部分时间是做巡回传教师。他一生的极大部分时间都患头痛和短期愁郁症，并且有几次经过一小时或不到一小时昏迷不省人事。他在左腿上有一块皮肤感觉不大灵。在其他方面，他很健康，并且他的气力和用力持久度也很大。他性情是坚定，肯负责，是一个"是"算"是"，"否"算"否"的人；并且他在社会中品格正直的程度，到了没有认得他的人会片刻疑心他的病也许不是完全真实的。

在1887年正月十七日，他由普洛否腾城的一家银行支取551元，给了格麟的一块地的地价，又还些账目，随后登上坡塔刻的马车。这是他所记得的最后事件。他那一天并没回家，并且此后两个月毫无消息。报上登载他失踪，并且人家疑心他被人谋害，警察局寻求他的行踪，但无结果。可是，到3月14日早上，在宾夕法尼亚州的诺立斯坦有自称为布朗的一个男子忽然觉醒，大吃一惊，唤同屋的人进来告诉他说，他是在什么地方；这个人在六星期前租了一间小铺面，收存了文具，糖果，水果和小件东西，安静地做买卖，任何人不觉得他这个人有些不自然或奇怪。他忽然觉醒之后说他的姓名是安瑟尔·勃伦，他完全不认得诺立斯坦，他完全不会开铺子，他所记得的最后一件事——好像就是昨天——就是由普洛否腾的某银行支取现款等事。他不相信已经过了两个月。同屋的人以为他疯了；并且他们请来看他的李德医生其初也这样想。可是打电报到普洛否腾之后，来了证实的信，不久他的内侄赫黎斯君来到，清理一切，领他回家。他此时身体很弱，在这回出走期间体重显然减少了20磅以上，并且想到糖果店就痛恨，不肯再踏进这种店铺里。

出走期间的头两星期还没交代，因为他回复他的正常人格之后，不记得这个时期内的任何部分时间，并且认识他的人似乎在他离家之后都没看见他。这个变化的奇异部分

---

[1] 他兄弟的患者慧德……虽是在失感觉的醒时状态中，绝不记得她在任何一种催眠状态中的事，但是在她的较浅的催眠状态中会记得她在较深状态中的事（在此中，她的感觉完全无缺——请看本书第八章"心对于其他事物的关系"文内说自我分立处）。可是，在较深状态中，她像在醒时一样缺感觉（上引书，第619页）——斐丽达·某氏的感觉力不像在她的两种状态中有什么重要的不同——就我根据亚萨莫的叙述所能判断的而论，她在两种状态中都多少丧失感觉（上引亚萨莫的书），第71，又96页。——在杜斐(M. Dufay，《科学评论》第18卷，第69页)所报告的双重人格之例，似乎在失感觉更厉害的状态中，记忆最好。——受催眠者被弄得看不见之后，并不一定丧失他们的视觉观念。所以，似乎健忘病可以离开丧失感觉病而发生，后者也可以单独出现，不跟有健忘病，虽则这两件可能相连着发生。受催眠者由暗示弄得看不见之后，会告诉你说，他们对于不能看见的东西，还可以想象得很清楚。

[2] 霍奇森氏对于这一例有详细的叙述，见于1891年的《灵学会纪录》。

当然是所谓布朗其人爱做的特别职业。勃伦君从来丝毫没有跟买卖接触过。"布朗"的邻居形容他是沉默寡言，习惯上很井井有条，并且一点不怪。他到菲列得菲亚几回；补充他的存货；在店后间自己做饭，也在那里睡；照常到教堂；并且有一回祈祷会上，他说的话，听众认为是好演讲；在这讲说中间，他述一件他在是勃伦的本来状态中目击的事。

关于此事，在 1890 年 6 月以前只知道这些；到那时候，我劝勃伦君受催眠，看看到底在催眠状态中，他会不会记起他的"布朗"时期的事。这个记忆恢复得惊人地容易；其实恢复太好，要叫他在催眠状态中记起他正常时期的任何事情变成万不可能的了。他以前听说过安瑟尔·勃伦，但"不知道他会过这个人"。叫他对着勃伦太太，他说他"从来没看见过这个女人"云云。在另一方面，他说到他在没交代的那两星期中的游荡，①并且述及在诺立斯坦的各种各样的小事。整个事情很平凡；布朗这个人格似乎只是勃伦自己的一段相当缩短的，沮丧的，病忘的提出品。他除了说"那里头烦恼"（trouble back there）〔译者按：指头脑内〕并且他"需要休息"之外，并不提起出行的动机。他在催眠状态中似乎很老，嘴角下垂，语音迟缓而低弱，他坐住，掩蔽他的眼睛，想要记起在这回布朗经验的前后的事情，但无结果。他说："我四面被包围，我在那一头都不能出去。我不知什么事使我坐在那辆坡塔刻特马车上，我也不知道我怎么样离开那店铺，也不知那店铺变得什么样。"他眼睛实际上是正常的，并且他的一切感觉（除开反应较慢之外），在催眠中几乎同在醒时一样。我曾经希望用暗示等法使两个人格汇合为一而使两系记忆连接，但一切技术都不能做到这个，勃伦君的脑袋至今还掩护着两个不同的私人自我。

这个例子（无论它是否含有羊痫症的成分在内）显似应该认为是自发的催眠状态，持延了两个月之久的。它的特点在于：在这个人的一生中并没有又一回像这样的事，并且也没有出现任何在性格上的怪异。在大多数同类的实例，这种病态一再发作，并且感觉和行为都有显著的变化。②

灵媒或灵附现象

（三）在"灵媒状态"或"灵附现象"中，第二状态的袭来与停止都比较突然，并且这第二状态的历时通常很短——几分钟至几点钟。凡是第二状态很发展的，第一意识状态恢复之后对于在第二状态的事就丝毫不记得。这种人在第二状态中说话，写文字，或动作都像出于一个外来人格的指使，并且往往举出这个外人的姓名并历述他的生平。在往时，这种外来"差使者"（control）通常是个鬼魔，现在在容易接收这种信仰的社会中还是这样。在美国，他最坏也不过自称为印第安人或别的说话奇怪，但无害于人的人物。通常他自命是在座的人认得或不认得的死去的人的鬼，那么，这种人就是我们所谓"灵媒"

---

① 他在波士顿一个下午，在纽约一夜，在纽亚克一下午，在菲列得菲亚十天或更久，其初在一家族馆里，后来在一家供膳宿舍，没有认识新朋友，"休息"，看书，并"看看环境"（looking round）。不幸我不能够从其他独立方面证实这些情节，因为旅馆登记簿已经毁了，并且他所说的宿舍也拆掉了。他记不得那两个开设这两个地方的女主人。

② 读者会看到：假定这个人是假装，他的情节统统与这假定相符合（compatible）。对于这个假定，我只能说，考察过勃伦君的人（Dr Read，Dr. Weir Mitchell，Dr. Guy Hinsdale，Mr. R. Hodgson 都在内）实际没有一个怀疑他是生成诚实的，并且就我所能发现的而论，他个人的知交没有人肯抱怀疑的见解的。

了。灵媒的鬼附现象有各样程度，似乎成了十分自然的特类的交替人格；并且一个人会起某一种灵附现象绝不是不常见的异能，此外并无其他明显的神经变态的人也会有。这些现象很繁赜，刚刚开始受正当科学方法的研究。灵媒现象的最低级是自动书写，而自动书写的最低级就是：本人知道什么话要来，可是觉得好像是有外力逼他写出来。再进一级就是：纵使本人正在看书或谈话，也会不自觉地写出来。灵感的讲说，奏乐器等等也属于比较低级的灵附现象，当其时，正常自我并不是完全不自觉地参加在工作中，不过这些工作的原动力似乎是由别处来的。在最高级，变态是完全的，口音，语言和一切都变了，并且事后毫无记忆，一直到第二次变态来了才记得。关于在这种变态中的谈吐，有一件奇怪的事，就是：在各不同灵媒所说的都是同类的话。在美国的"差使者"总是一个怪诞的，俚俗的，轻佻的人物["印第安人"，把女人叫做"司戈"（squaw），把男人叫做"勇者"（braves），把房屋叫做"威格威姆"（wigwam）如此等类极常见]；或是，假如他敢于飞升到更高的理智阶层，那么，他就滔滔不绝地讲非常模糊的乐观的哲学等等，说来说去都是关于精神，和谐，美丽，法则，进步，发展等类的话头。恰恰像无论鬼附状态中的话是谁说的，过半数的鬼话都是一个作者编纂似的。到底是否一切潜意识的自我都特别易受某一阶层的"时代精神"（Zeitgeist）的影响，我不知道；可是在信鬼团体中"发展"出来的这种第二状态的自我明明是这样。在这一界内，鬼附状态的开端与催眠暗示的结果不能区别。受催眠者所以表演灵媒，只是因为在流行的情形之下大众意见预期他是灵媒；并且他表演得平淡或生动的程度，与他的演剧天才成比例。可是，奇怪的是：没受有鬼论传统的影响的人在他们受术之时也常常表现同样的行径，说话自称是死去的人，重演他们个别的临死的苦痛挣扎，报告他们在乐国的快活家庭，并描写在座人的病症。我亲自看见过几个这一类的例子，我对这些事例没有什么理论要发表。

为自动书写的成就示例，我引第因君很好意地给我的对他自己情形的叙述；锡得尼·第因君是罗得岛州华伦的人，在 1855—1859 年为代表康涅狄格州的国会议员，他一生都是壮健而活泼的新闻记者，作家并事务家。他好多年是自动书写者，并且有一大集的自动写出来的手稿。他写信告诉我们说：

"其中有些是用象形字（hieroglyph）写的，或是奇怪的复杂的意造的符号写的，每段在一般布局或风格上似乎有个统一性，后面跟着意在翻成英文的译文。要仿抄这些字似乎不可能，我始终不曾尝试做这件难事。这些字好像是木刻家刻刀划的那么精确，通常只是铅笔的很快地划一下。这些文字自认是用好多语言，有的已废，历史中已不存在了的。你看了它，就会相信除了描它，不能够抄写这些字样的。

"可是，这些只是这个现象的一小部分。'自动的'变成了'灵印的'（impressional）；书写在进行之时，我是在正常状态中，并且似乎有两个心，两个智力，两个人实际从事。写是出于我自己的手，但口授的不是我自己的心与意志而是另一个人的心志；所说的事情，我不会知道的，我对它也没有理论；并且手正在记录印入的内容，甚至印入的单字之时，我自觉地对这些思想，事实，以及表达的方式等等加以批评。假如我不肯写这一句，乃至不肯写这一字，灵印就立刻停止；并且我心里必须表示愿意之后才能再进行，就是停在一句当中，总是从停止那一点继续下去。句子开始之时，我并不知道它的主词或结尾。其实，我从来没有预知所讨论的题目。

"现在进行的（在我的意志不能控制的无定时间进行）一串论道德的，精神的，永恒的人生之科学观，共 24 章。7 章已经照刚说的方式写好。这些之前另有 24 章，是一般地关于身体死亡后的生命，它的特性，等等。每章都签了一个曾活在世上的人的名字——有些是我个人认识的，有些是历史上知名的人物。……在一章没到完成并姓名没印进我心上而附在章末之先，我对于任何一章的这样宣称的作者是谁，完全不知道。……我不特对于这个号称作者感兴趣（对于这件事，我毫无证实的根据）；而且对于所传的哲学感兴趣，在这些章的文字出现之先，我不知道这种哲学。我的人生观是本于《圣经》的正统学说；由我的这个立场看，这个哲学是新的，似乎合理，而且辩证合于逻辑。我承认不能够反驳它到我自己认为成功的地步。

"是一个有智力的'自我'在那里写，否则就是那种作用取得个性，实际等于使这种作用成了一个人格。这个人格**不是**我自己；这个，我在进行中步步觉得的。就我所能够审查的限度说，我曾经把所谓"无意识的大脑作用"的主张全部考究过；这个学说，应用到这种经由我而来的奇怪作品之时，在无数方面不能够解释。在我看，采取如现时有些信鬼家所说的愚呆的再投胎（re-incarnation）之说——即旧式的轮回（metempsychosis）学说而相信我前生在这个世界过，并且这个前生不时占用我的智力，写出论人生哲学的这些篇章，或是它开个邮务所，让群鬼投递他们的议论并将它翻成英字，要更合理，更满意得多。不，我觉得最简易最自然的解释是：承认这些文字所自命的，就是写文章的真是一个脱离肉体的心灵。可是**谁**呢？这是问题。历史上的学者和思想家的姓名会签在极不合文法并根据极薄弱的胡说后头……

"我以为就这是一个人格利用别人的心思或脑筋而论，那么，认为在所传的文字内总多少有那个别人的作风或口气，而思想，事实，或哲学（作风在外）则属于这个无形的人格，即将它印入我心上的那个差使者，这种看法似乎近理。例如，当这个力量极有力地，极快地印入我的脑筋，弄到我的铅笔颇像飞过纸上，才能够把这些思想记下之时，我觉得在好多地方，思想的传达方式，即语气，就我看，很自然而熟识，好像**我**充笔录者的人格跟所传达的言语混杂合来。但作风，语句，一切仍是与我的作风完全不同。"

我自己由于对一个灵媒的"上神状态"知道很多，相信"差使者"可以与灵媒的任何个**可能**的醒时自我完全不同。在我要举的例子，"差使者"自命是一个已死的法国医生；并且我相信他知道这个灵媒从来没见过，也从来没听过名字的无数的在座请灵者的境况以及活的死的亲属和知交的事实。我这里不举证据，只记下我的意见，并不是要劝服任何人采纳我的意见，乃是因为我相信对这些上神现象进行郑重研究是心理学的一个极大需要，并且以为我个人的公开承认也许可以引一两个读者进到这个自命为"科学家"者通常不肯进探的境界。

好多人得到他们自认为靠得住的证据，表示在有些灵媒，"差使者"真真是它所自命的死人的鬼。这一类现象经过中间现象到了这种说法明是胡说的例子，这样递变极渐渐地，因此说它不真的理由（完全撒开先乎经验的"科学的"偏见不论）很大。露安西·温南也许是人能找到的近代这一类"鬼附"的一个极端的例子。① 露安西是 14 岁的少女,和她的父母同住在伊里诺州的华色佳;她曾经有过各样的痛苦的协识脱离症的发作并自发地上神状态。在这些状态中,她被一种多少怪诞的鬼所投附;最后她宣称是玛丽·罗佛(Mary Roff)的鬼差使她(玛丽是一个邻居人的女儿,12 年前在疯人院死了的)并且坚持要把她送"回家",就是到罗佛君房屋内。她"想家"并且力求了一星期之后,她的父母同意了,并且罗佛一家人可怜她,也相信有鬼,因此就收留她在家里。她一住罗佛家中,似乎就能使这一家人相信他家里的死了的玛丽是曾经与露安西交换躯壳的。说是露安西暂时在天堂,并且玛丽的鬼现在控制她的身体,再住在她从前的俗家里。

"这个女子现在住在她的新家里,似乎十分快乐,满意,认识凡是 12 至 25 年前玛丽在她原有身体时所认识的人和东西,对于 1852 年至玛丽死的 1865 年中罗佛家的朋友和邻居都认识并能叫出他们的名字,提到在她平时生命中的几十件,其实几百件的事情。在她寄寓在罗佛家中的全时间,她不知道有温南君家族中的任何人,或他们的朋友邻居,也不认识这些人。但是温南夫妇和他们的子女曾来看她和罗佛君的家人,她被介绍于温南家人,像介绍给外人一样。经过他们常来并且她听见别人常说到他们,并说他们很好之后,她也渐渐认他们是友好,同罗佛太太去看他们三回。她在每天生活中似乎很自然,安详,温恭,并勤快,辛勤地忠实地料理她家里的事,对家庭内的一般工作都帮助,像人家设想一个忠实的,谨慎的女儿应做的一样,唱歌,阅读,或随机对这一家人谈论一切有关私人或大众的利益的事情。"

这所谓"玛丽"者在罗佛家里之时,有时"回到天上",身体冥然若死(quiet trance),那就是说,露安西的原来人格并没回来。可是,过了八九星期之后,露安西的记忆和举止有时一部分(但不完全地)回来几分钟。有一次露安西似乎短时完全回来到身上了。最后,经过约 14 星期之后,应验了玛丽才附身之时的预言,她断然走了,露安西的意识回来不再去了。罗佛君写道:

"她要我领她回家,我就照办。她叫我罗佛先生,并且同我谈话的态度,好像不认识我的一位少女一样。我问她觉得怎么样子——情境觉得自然不自然。她说她觉得好像一场梦。她见到她的父母和弟兄之时很亲热,对每人拥抱接吻,欢喜到流泪。她将手挂在她父亲的颈项上好久,吻他到他相当气闭的程度。我刚才见过她的父亲(11 点)。他说她回家以来十分自然,并且现在似乎完全健康。"

两个月以后,露安西的母亲通信说她:

"完完全全健康而自然。她回家后两三星期之中,她似乎跟她去年夏天未病前的人有点生疏,但也许只是这个女子所经过的自然变化,并且只是她觉得好像她从前在做梦或睡觉,诸如此类。露安西变成比以前更伶俐,更聪明,更勤快,更带女性,更有礼貌。我们把使她完全恢复并回到她的家庭的功劳归于斯提芬兹医生(E. W. Stevens)和罗佛先生和太太,由于他们做到把她移居罗佛君家中,在那里,她才得完

---

① 斯提芬兹:《华色佳奇事》(*The Watseka Wonder*),芝加哥,宗教哲学出版社(Religio-Philosophical Publishing House),1887 年出版。

全恢复。我们深信假如她留在家,她会死去,或是我们就不得不送她到疯人院去;如果这样,她会死在那里;并且我要担当这一切照料和麻烦,也只能活了很短时间。露安西的有些亲属,我们自己也在内,现在相信她是由鬼力医好的,并且是玛丽·罗佛支使这个女子。"

8 年之后,据报告,露安西已经结婚生子,并且很健康。她显似长过了她生活中的灵媒阶段了。[1]

对于这些变化袭来时期的感觉作用之状况,很少经过观察。我看到两个自动书写的人的手在写之时没有感觉。在另外两个人,我发现并不如此。通常,自动书写之先,胳膊的神经起一下一下的剧痛并且臂内肌肉作不规则的收缩。我曾看到一个灵媒在她的(鬼附身说话的)上神状态中,她的舌头和两唇显然对于针刺没有感觉。

假如我们揣想一切这些人格上的各种乖错之时的脑部情况,我们就要见到必须假定脑部情形可以先后把它的作用方式全数改变,并且可以暂时将整批整批的组织致密的联引路径放弃不用。不仅这样,而且我们必须承认有组织的路径系统可以与其他这种系统失了联动的衔接,至于这一个系统的过程发生一种意识而那一个系统的过程发生另一种**同时**存在的意识。这样才能够了解患者不在上神状态中之时的自动书写等等的事实,以及属于协识脱离病这一类的虚妄的感觉丧失和健忘症。可是"失了联动的衔接"(thrown out of gear)这个话到底代表什么样的分裂,我们就是揣测也不能;不过我以为我们不应该说自我双重化,好像这是通常联合的某些**观念**系统变成不能联合似的。最好说在所讨论的协识脱离病和自动动作的例子,**对象**是通常联合的,现在分归两个"自我"。这些自我中每个都由于一个路径系统独自作用。假如脑部作用正常而分裂的系统又联合起来,结果是一种新的意识动态,是一个与那两个自我都不同的第三个"自我",但知道那两个自我的对象——在前一章,我说了许多之后,这件事用不着再说明了。

低级自动动作的某些特性暗示:彼此失了衔接的系统,一个是在大脑右半球,一个是在左半球。例如,这些人往往倒退写字,或是字母前后移置,或是写左右反向的字(mirror-script)。一切这些都是写字失能病的症状。在大多数人,假如让左手顺它自然的冲动写字,那么,写左右反向的字比写本来方向的字更容易。迈尔斯(F. W. H. Myers)曾注重这些比拟。[2] 他也曾提到通常乩板书写常带低级的道德色彩这件事。按契克逊的原理,大脑左半球,因其是更发展的器官,平时抑止右半球的活动;可是迈尔斯暗示:在自动动作之时,常时的抑制作用也许消除,让右半球独自活动。到相当程度,很会是如此。可是,当然迈尔斯君的意思并不是粗陋地以"两个"半球解释"两个"自我。自我可以不止两个,所以分别供作自我的脑部系统必须认为彼此很琐细地互相透入的。

---

[1] 我的朋友霍奇森告诉我说:他在 1890 年 4 月到华色佳,盘问这件事的主要见证人。他所听到的,使他更相信原来的叙述;他得到各种未公开发表的事实,这些事实使人觉得对于这个现象作鬼附的解释更加近理。

[2] 请看他在《灵学会纪录》内很重要的连续发表的关于自动书写的文字,特别是第 2 篇,1885 年 5 月。也参较摩斯黎(Dr. Maudsley)在《心》杂志第 14 卷第 161 页的增人神智的文字,以及吕思(Luys)在 1889 年的《脑》杂志(l'Encéphale)内《论……部分现象》(Sur le Dédoublement,etc.)等论文。

总 结

现在将这个长章文字总结一下。自我意识含着一道思想流,这道流的每部分以"吾"的资格能够(一)记得过去的各部分而知道这些部分所知道的;并且(二)在这些部分之中,特别注重并爱惜某些部分,认作"我",把其余部分归属于这些(appropriate to these)。这个"我"的核心始终是当时觉得存在的身体作用。所记忆的过去觉态之中,凡是**像**这个现在觉态的,都被视与它同属于同一个"我"。任何其他事物,觉得是与这现在觉态**联合**(associated)的,都被认为是那个"我"的**经验**之一部分;并且这些事物之中的某些项目(多少有变动)被认为是广义的我之**成分**(constituents),——例如衣服,物质的所有,朋友,本人受过或会接受的荣誉和敬仰。这个我乃是作为对象而被知道的一个经验的事物集团。知道这些事物的"吾"不会是一个集团,并且为心理学需要起见,也无须认为是一个不变的,"超出时间之外"的形而上的实在体,如灵魂,或像纯粹自我这一种的精素。它是一个**思想**,在每刹那与前一刹那的思想不同,但将前个思想和它所有的一切**占有**的。一切经验上的事实都在这个描写内找到它的地位,除了"来来去去的思想或心态存在"这个假设之外,无须加以任何其他假设的累赘。同一个脑可供好多有意识的自我(或交替的,或并存的)之用;可是,[这种多重使用]由于脑部作用的何种变化,或是到底有没有大脑以外的状态参加,那都是现在不能回答的问题。

假如任何人坚持以为我对于何以先后来去的思想会彼此承继遗产,或是何以这些思想与脑态会彼此互为函数(采用数学上的意义的 functions)并不指出**理由**,我要回答说,假如有个理由,那就必定在于一切真正理由都在之地,就是说在于这个世界的全部道理或意义。假如有这么个意义,或任何近似它的意义(因为我们不得不相信实有这个),那么,只有这个才能够使我们明白何以这种具有限性的人类思想流会在这种依靠脑部之函数的关系之下发生。这等于说**心理学**这个特殊自然科学必须停止于纯乎函数的公式。**假如暂现的思想是一切学派到此刻为止都不怀疑其存在的可直接证实之物,那么,这个思想自身就是思想者**,并且心理学无须再外求。我所能发现的唯一的要拉进一个更超验的思想者的理由,就是**否认**我们对于这个思想自身会有任何**直接**的知识。这样,它的存在就成了只是公设(postulate),宣称**必定**有个**知者**(Knower)与一切这个**所知**(Known)相关联;并且**那个知者是谁**这个问题就变成一个形而上学的问题了。这个问题一经以这种方式说明之后,我们必须认为唯灵论和超验论的解决在未考究之先是与我们自己的心理学的解决同等而应加以无偏见的讨论。可是这就使我们超出心理学的,即自然主义的观点之外了。

现代心理学发祥于德国，随后法国、英国等西欧国家的心理学相继发展。詹姆斯心理学思想的提出，受到了来自德国、法国、英国心理学思想和当时社会条件的影响。

▲ 冯特与其同事在心理学实验室，中间是冯特。

◄ 威廉·冯特，德国心理学家，哲学家，构造主义心理学的代表人物。是他将心理学确定为一门新的科学，并为之划定了研究的领域，确定了一个宏观框架。

▼ 1879 年，冯特在莱比锡大学建立了世界上第一个用于研究的心理学实验室，使心理学脱离哲学范畴成为一门独立的科学。冯特自称其心理学为内容心理学，并倡导实验内省法。图为莱比锡大学图书馆。

19 世纪末期，在心理学起步较晚的美国，赴德留学几乎成了所有心理学者的必修课。他们远涉重洋，投身莱比锡大学冯特门下。如著名的心理学家卡特尔、霍尔、维特莫、基德等。这些虔诚的追随者回到美国致力于发展实验主义，但无意中将美国心理学打造成了另外一副样子，甚至走向了构造主义心理学的对立面。詹姆斯曾经也表达了跟随冯特等学习的意向，但最终却未能如愿成行。

美国似乎并不适合内容心理学的成长与发展，欧洲冯特的内容心理学与布伦坦诺的意动心理学之争也逐渐在美国形成并得到进一步发展，其具体表现即为构造心理学与机能主义心理学之争。

美国心理学具有浓重的机能主义色彩，首先受到了达尔文进化论的影响。构造主义心理学所受到的致命打击是未能及时地吸收进化论思想。

▲ 达尔文 (Charles Robert Darwin, 1809—1882)，英国博物学家和进化论奠基人。图为1842年时的达尔文。

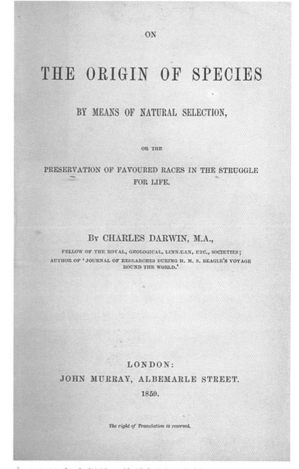

▲ 1859年出版的《物种起源》书封

1859年，达尔文享有盛誉的巨著《物种起源》出版，书中讲述的进化理论，主张物种是进化的，生存需要决定了它的身体结构。这个机能主义的观点对美国心理学产生了巨大而深远的影响。

◀ 高尔顿 (Sir Francis Galton, 1822—1911)，达尔文的表弟，有效地把进化论引入心理学，开创了关于个人能力的个体差异和心理遗传问题的研究，深刻影响了心理学的发展。

19世纪后期，美国仍然是一个开拓中的国家，自然选择和适者生存的原理在日常生活中得到生动的证明。同时，一种把获得"效果"当做最高目的、以实际效用和利益为核心导向的实用主义哲学流派应运而生。因此，美国心理学比欧洲心理学更容易接受进化论。机能主义心理学的思想在这里具有其他地域无可比拟的稳固基础和无限的生命力。

在美国本土心理学悄然孕育之时，詹姆斯提出并详细阐述了机能主义思想，为美国机能主义心理学的诞生奠定了基础。

1884 年，詹姆斯为《心灵》杂志发表题为《论内省心理学的一些遗漏之处》，反对冯特把心理现象分解为各种元素的做法，认为意识是一个整体，如同河流健行不息，故而称之为思想流、意识流或主观生活流。1890 年，詹姆斯发表了写作历时 12 年之久的两卷本《心理学原理》。

▲ 约翰·杜威 (John Dewey，1859—1952) 的研究为机能主义学派的形成奠定了理论基础。1896 年发表《心理学中的反射弧概念》，标志着机能主义芝加哥学派的正式建立。

▼ 康奈尔大学的麦格劳礼堂及钟楼

▲ 铁钦纳 (Edward Bradford Titchener，1867— 1927)，冯特构造主义心理学的继承者，在康奈尔大学建立第一个心理学实验室。有人称他是"在美国代表德国心理学传统的英国人"。1898 年利用詹姆斯的用语，正式提出"构造心理学"，与机能心理学相对立。

由于构造心理学为心理学所确定的研究对象过于狭窄和脱离生活实际，同时又把内省法看做心理学的主要方法，因而遭到欧美许多心理学家的反对。还在铁钦纳在世的最后岁月，构造心理学便已逐渐削弱，最后趋于瓦解，但是它同时也从反面推动了其他心理学派的兴起和发展。

杜威建立机能主义之后，经过安吉尔和卡尔的继承和发展，形成了机能主义心理学派，又称芝加哥学派。

▲ 安吉尔（J. R. Angell, 1869—1949），进一步把机能主义塑造成一个初具规模的学派，并使芝加哥大学的心理学系成为当时最重要和最有影响的心理学研究和教育基地。

▲ 卡尔（Harvey Carr, 1873—1954），安吉尔在芝加哥大学的学术继承人。并把机能主义心理学派发展成为一个羽翼丰满的成熟体系。

芝加哥大学校园

机能主义心理学派的影响是深远的。卡尔以后，美国心理学对人类学习过程的研究以及应用领域的扩展大都受到机能主义心理学的启发。今天，虽然机能主义心理学作为一个阵线分明的学派已不复存在，但它的观点已融合在心理学发展的主流中。

《心理学原理》这本巨著即使在今天读来，仍然令人受益匪浅。一个多世纪来，其影响经久不衰，各种相关理论相继产生并进而得到发展。

▶ 20 世纪，意识流文学这一学派的作家吸收了詹姆斯关于心理学的观点，以独特的技巧注重描绘人物意识流动状态，在文学史上取得了非凡的成就。代表作家有乔伊斯和福克纳。图为 1903 年詹姆斯与作家詹姆斯·乔伊斯（James Joyce，1882—1941）在新罕布什尔州巢可乐（Chorcorua）的家中。

詹姆斯关于情绪的理论颠覆了人们的传统观点，认为我们不是由于害怕而逃跑，而是因为逃跑而害怕，把情绪产生的原因归于外周性变化。情绪理论引起了大量的讨论和争论，推动了众多探究情绪生理基础的研究。

◀ 丹麦的医学教授卡尔·兰格（Carl Lange，1834—1900）也发表了与詹姆斯类似的见解，后人将该情绪理论称为"詹姆斯－兰格情绪理论"。

▲ 著名生理心理学家坎农（Walter Bradford Cannon，1871—1945），对詹姆斯－兰格理论提出诸多疑问，认为情绪的中心不在外周神经系统，而在中枢神经系统的丘脑。

▲ 英国生理学家谢灵顿（Charles Scott Sherrington，1857—1952）是用实验检验"詹姆斯－兰格情绪理论"的第一人，结果与詹姆斯理论的预测相悖。

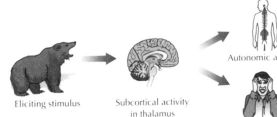

Eliciting stimulus — Subcortical activity in thalamus — Autonomic arousal — Conscious emotion (fear)

◀ 巴德（P. Bard）支持和扩充了坎农的情绪论，他们的理论被后人称为坎农巴德情绪说。图为坎农巴德情绪说实验演示。

詹姆斯从不愿意把自己局限于狭小的领域中，他的思想如同草原上奔驰的骏马，没有束缚，又绝非恣意妄为。其观点对后期理论产生了重要的影响。

詹姆斯是对宗教心理学进行系统研究的第一人。1896 年，在他的一次演讲中，提出情绪可以轻而易举地被回忆、幻想激起，恰如当初被那件事刺激一样。这个观点在几十年之后才被正式发展并定义为"创伤后应激障碍"。

詹姆斯还对冥想颇感兴趣，他认为静坐能够增加人的活力和生命力。但在詹姆斯的年代，这还属于另类方法，不被医学界所接受。而这在新近的心理学研究中才得到心理学界的肯定。如今，放松疗法已被广泛采用。

詹姆斯认为血液循环可以根据大脑活动的需求进行细微的调节。血液非常可能流向大脑皮层中最活跃的区域，但"对此我们一无所知"。然而，詹姆斯的开创性的见解却没有得到同时代人的重视和认同，甚至在之后近半个世纪无人问津。

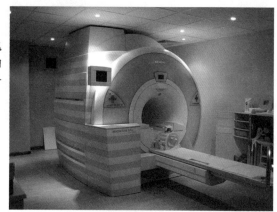

▶ 罗易（Roy）和谢灵顿（Sherrington）也发现了相似的现象，但真正探测脑血流变化的技术——功能磁共振技术到 20 世纪后期才充分发展起来。图为核磁共振系统。

詹姆斯是弗洛伊德思想的宣讲者。詹姆斯是唤起人们对弗洛伊德注意的第一个美国人，他在弗洛伊德建立国际学术声誉方面功不可没。

精神分析大师弗洛伊德（Sigmund Freud,1856—1939）在创立心理动力学说的初期罕有人重视，但又不乏攻击之词。詹姆斯那时却给予弗洛伊德的工作以高度评价。1909 年，弗洛伊德应邀参加在美国克拉克大学召开的第二次国际精神分析大会，詹姆斯带病去克拉克大学看望了他并听取他的演讲。图为弗洛伊德等与会议人员在克拉克大学合影。

詹姆斯是女性科学家的支持者。在男女差异的问题上，达尔文认为，从生物学上讲，女性不如男性。在19世纪，类似观点大行其道。詹姆斯再一次站到了与大多数人对立的立场上：性别从来不是他评判一个人能力的标准。

卡尔金斯（Mary Whiton Calkins，1863—1930），在詹姆斯指导下完成博士论文，后受聘于韦尔斯利学院，创建该校心理学实验室，并成为美国心理学会第一位女性理事长。

◀ 1919年美国一些心理学者在剑桥的合影。后排左二是卡尔金斯。

詹姆斯是灵学研究的一员，更是灵学研究的导航者、支持者与捍卫者。1884年詹姆斯发起组织，1885年，"美国心灵研究协会"（ASPR）在纽约成立。退休后，他继承同事霍奇森的事业，分析灵媒派普（Leonora Piper）通灵状态时的座谈记录。

▶ 灵媒派普

▲ 协会会徽

▶ 埃德蒙·盖尼（Edmund Gurney，1847—1888），工作于英国"心灵研究协会"，是詹姆斯进行灵异研究的重要影响者。詹姆斯在通篇阅读盖尼参与写作的《生命的幻影》（*Phantasms of the Living*）后，称其为"非凡卓越的杰作式研究"。

杜克大学

在詹姆斯去逝18年后，美国杜克大学的莱恩博士（B. Rhine，1895—1980）成立了超心理学研究所，研究超自然现象。根据ASPR在1987年提出的统计资料，全世界共有美国、英国、法国、德国、澳大利亚、荷兰及日本等国的35所大学开设超心理学课程。然而，关于灵魂的真相，现在依然没有定论。

詹姆斯在出版《心理学原理》之后，声称自己已经说完了他所知道的关于心理学的一切，1897 年，詹姆斯邀请德国弗赖堡大学的闵斯特伯格（Hugo Münsterberg, 1863—1916）主持哈佛的心理学实验室工作，而他自己从此逐渐转向哲学领域，潜心研究实用主义哲学，他的哲学著作基本是在这一时期孕育及刊行出来的，奠定了他在美国哲学界的领袖地位。被称为美国哲学的创始人和美国的"哲学爱国者"。

▶ 闵斯特伯格是工业心理学主要创始人，被称为工业心理学之父，师从冯特。

皮尔斯（Charles Sander Peirce, 1839—1914），美国哲学家、逻辑数学家和科学家。19 世纪 70 年代，詹姆斯曾参加"形而上学俱乐部"，与其结识。詹姆斯继承了皮尔斯的实用主义哲学基础，共同建立了美国本土的第一个系统的实用主义理论体系，其在美国影响之深远，没有其他任何一个哲学流派可与之相提并论。之后，杜威系统发展了这种哲学思潮，并具体应用到教育领域。詹姆斯、皮尔斯和杜威等成为美国实用主义哲学的倡导人。

▲ 皮尔斯的故居

▲ 皮尔斯与妻子

詹姆斯最后居所

1907 年詹姆斯从哈佛大学退休，1910 年 8 月 26 日卒于新罕布什尔州巢可乐（Chocurua）的住所。当时，美国和欧洲的媒体都以大篇幅报道了詹姆斯的死讯，哀叹"美国当代最有影响力的杰出哲学家"仙去了。

詹姆斯是美国心理学会和心灵学会的创始人之一，曾两度当选为心理学会主席。被后人敬仰为美国心理学之父，他的许多观点对心理学思潮的发展起着不可估量的影响。虽然詹姆斯的心理学思想缺乏体系，但其内容之丰富和影响之深远甚于旗帜鲜明的冯特。詹姆斯同时也是美国哲学创始人，教育学家、实用主义的倡导者、机能主义心理学的先驱。怀特海将詹姆斯列为与柏拉图、亚里士多德、莱布尼茨齐名的西方历史上四大思想家之一。《心理学原理》出版后，多次重印，被译成法文、德文、意大利文、俄文和中文。该书取得了始料未及的巨大成功，被广泛认可为现代心理学历史上最重要的文献。

情　绪

·*The Emotions*·

有少数情绪反应，我们可以看到它的理由；有些，我们可以揣想一种可能的解释：至于其余，就是设想个近理的解释，也是不能够的。这些最后一种反应，也许是我们神经中枢构造的纯乎机械的结果——这些反应，虽是在我们是永久的，但从来源说，却是偶然的。……读者可以随自己方便，把情绪分成悲的或喜的，盛强的或衰弱的，生成的或习得的，生物唤起的或无生物唤起的，形式的或实质的，感觉的或意想的，直接的或反省的，为己的或非为己的，回顾的，前望的或现在的，机体自身引起的或环境引起的，诸如此类，实际都有人提议过。这些分类法，各有各的好处；各个分类法都把其他分类法分开的情绪合为一类。

画家亨特画

在上文讨论本能的时候，我们已经见到要把本能与随它并起的情绪激动分开，是不可能的。愤怒、亲爱、恐怖等等的对象不仅激动人做外部的行为，而且使他的姿态和面容发生特有的变化，并且依特殊的方式影响他的呼吸，血循环，以及其他脏腑的机能。即使外部行为因受禁制而不显露出来，这些情绪的表现也还存在。所以一个人虽然没有动手打，我们从他脸上可以看出他在发怒；虽然恐怖的一切其他外表都压下去，他恐怖的心理还要从他的语声与脸色漏泄出来。**本能反应就是这样渐渐地转到情绪表现，情绪表现也渐渐地转到本能反应，这种转变，是那么渐渐的，以至于使人不知不觉。每个能激起本能的对象也激起情绪。**可是，情绪有一件比不上本能：情绪反应通常只限于本人身体以内，本能反应很容易更进一步，与那刺激的对象发生实行上的关系。

我们对之没有行为上干系的东西，往往会激起情绪反应。例如，可笑的东西，或是美的东西，并不一定是我们要对它**做**什么事情的东西；我们对前者只是笑，对后者只是站着赞赏。由是，情绪冲动的种类比普通所谓本能冲动多得颇多。情绪的刺激比较多，情绪的表现比较是在内的、微妙的，并且往往比较无关实用。但是，这两种冲动的生理的结构和本质是相同的。

在情绪方面与在本能方面一样，只要记起或想象这个东西就能够引起激动。一个人想起他的被侮辱，也许比他正在受侮辱那一刻还要生气；母亲死后，我们对她的爱慕，会比在她生前更要深挚。在下文，我所谓情绪的**对象**，或指实际当前的对象，或指只是想起的对象，不加分别。

把各种情绪特有的反应完全列举，未免太厌烦。关于这个，读者一定要看专论。可是，这里应该举出几个例，表示这些反应的繁殊。让我们从丹麦生理学者 C. 郎格所描写的悲哀的表现开始：[①]

"悲哀的表现的主要特色，也许是它使随意的动作麻痹的作用。这种作用绝不是像恐怖所引起的那样达到极端，不过使通常容易做的动作变成费力，动作的姜弱很少超过这个程度。换言之，悲哀是一种疲倦的情感；所以（也像在一切疲倦时候）动作是迟缓的、沉重的、无力的、不情愿的，并且是费劲的，只限于可能最少数的动作。悲哀的人的外部特色就由这个得来：他走路很慢，不稳定，他的脚拖拖拉拉的，他的臂膀吊下来。他的声音微弱，没有共鸣，这是由于他喉头和呼气的肌肉的动作太微弱了。他情愿静坐不动，身子好像沉下去，默默不说话。肌肉的蓄势，或说"潜蓄的神经激发"(tonicity or latent innervation)减少得很可惊。颈项弯曲，头垂下来（'垂头丧气'），两颊和下颚肌肉的松弛弄得脸孔好像很长很窄，甚至下颚吊下来，嘴张开着。眼睛大起来，凡是眼眶肌麻痹的都这样；但是往往眼睛也许一部分被上眼皮盖住，因为上眼皮由于它的举睑肌无力，就垂下来。与这个全体的随意的神经和肌肉器官的姜弱状态同时发生的，就是主观方面一种疲倦和沉重的感觉，好像有什么东西锤他下来的样子（如上文说的，这就像在一切相似的动作上的姜弱状态一样）；他觉得'沉痛'，'抑郁'，'如有重负'，人说他'有重忧'，说他在悲哀之下应该'提起'，精神，好像在盛怒的时候应该'压下'他的气一样。有许多人，被悲伤打击得那

① 郎格的《论情绪的动荡》(Ueber Gemäthsbewegungen)，古勒拉(H. Kurella)德文译本，莱比锡 1887 年版。

么厉害,简直不能够站得直,身体沉下去或是靠着周围的东西,或是跪伏在地上,或是像莎士比亚所描写在僧人地室中的罗米欧一样,绝望至于投地。

"但是,这个属于整个随意的发动器官(即所谓'动物性',生活的器官)的萎弱,只是悲哀生理的一方面。还有一方面,很难说是比较不重要,而且在结果上也许是更重要,乃是关于发动器官的另一支部,就是不随意的肌肉,即所谓'机体的'(organic)肌肉,尤其是长在血管壁的肌肉,它的收缩能使血管直径减小的。这些肌肉和它们的神经合成'血管发动器官'(vaso-motor apparatus),在悲哀时候,作用是与随意的发动器官相反的。这些血管肌并不像随意肌那样瘫痪无力,反而比平常收缩得更有劲,因此身上的组织和器官都变成贫血。这个缺血的直接结果就是皮肤苍白并皱缩。脸色苍白和面部蹙缩,与颜面肌肉的松弛合起来,使悲哀者现出特别的面容,往往使人觉得他消瘦。但这个消瘦来得太快了,绝不会是由于真正的营养不足,或是没有弥补的消耗。皮肤缺血的另一个常有的结果是感觉寒冷,并战栗。由是,悲哀的恒有症象是冷,不容易保持温暖。在悲哀时候,内脏器官,无疑,也是贫血,同皮肤一样。内脏贫血,当然看不出;但许多现象可以证明,例如,各种分泌的减少,至少可以观察到的分泌是减少,嘴变干了,舌头变黏了,并且觉得有个苦味——这苦味似乎是由于舌头太干['愁苦'(bitter sorrow)这说法也许是这样来的]。假如奶孩子的女人起悲哀,她的奶就减少,甚至完全干了。悲哀的最常见的表现,其中只有一件,显似与这些其余生理现象相反,那就是哭——哭时候眼泪流得很多,脸又胀又红,眼睛也红起来,鼻腔的黏膜的分泌也大增加起来。"

郎格随后就说,流泪也许是对于前此血管收缩的反动。这样解释似乎很牵强。事实上,悲哀的表现是有变化的。哭有时是立刻的,有时不是,尤其在妇女和儿童是这样。有些男人总不会哭。在一切会哭的人,都是流泪期与无泪期彼此轮流,一阵歔欷之后就有一时平静。郎格形容得那么好的瑟缩、怕冷、发青的状态,与其说是急剧的苦痛的特性,不如说是严重的固定的悲伤。我们在这里应该分出两种不同的情绪;这两种情绪固然都是由同一对象激起,但受影响的人不同,或是同一个人在不同时候受影响;并且当情绪正存在的时候,**觉得**十分不同,这是任何人的意识可以证明的。在大哭一阵时候有一种激动,这种激动不是没有特种刺激性的快感的。但是,要从无泪的瑟缩的悲伤内发现一点点补偿的愉快性,那就非极富享受天才的人不行! 郎格接下去说:

"假如肺内的比较小的血管收缩起来,因而肺部缺血,我们就感觉气不够,胸部郁闷(这是肺缺血时常有的现象)。这些极难受的感觉增加悲哀的人的痛苦,像个个无论由于什么原因,气不够的人一样。他自然而然地长叹,以求解除这个痛苦。①

---

① 肺管支也许同肺动脉的小枝都收缩起来。亨勒教授在他的《人类学讲论》(Anthropologische Vorträge)中间有一篇很精辟的文章,论《叹气的发展》(Natural History of the Sigh)。在这篇文章里,他认为人的吸气是躯干骨骼、肋骨和横膈膜的红肌肉,与肺部要缩小肺内小气管口径的白肌肉的交争的结果。"在正常状态,前种肌肉很容易战胜,但在其他情形之下,它经过困难才战胜,至甚失败。……相反的情绪也由同样相反的方式表现,就是由无纹肌(unstriped muscles)的急剧收缩或是瘫痪不动,在一切具有无纹肌的器官,如动脉,皮肤及气管支大都一样。要表示情绪的相反,普通是把它们分成激动的与抑郁的情绪。抑郁的情绪,例如恐惧,震慑,厌恶,使这些无纹肌的收缩增加。激动的情绪,例如欢喜,愤怒,等等,使这些肌肉松弛。这是件很可注意的事实。温度的相反,也有相似的(转下页)

"在悲哀时候,脑部贫血可以由下列事实证明:心思松懈,迟钝,觉得精神疲倦,思想费力,不想工作,往往加以失眠。其实,我们最初说的随意动作能力的衰弱,一切这些都是由于脑内运动中枢的贫血。"

我觉得郎格在这个描写里把这些现象简单化并普遍化有一点过度了,尤其是对于贫血这一套,怕很是说得太过。但是,就是这样,在这一类描写情绪反应的文字之中,他的叙述可以算做一个比较好的例子。

其次,我们举另一种情绪——恐惧——做例。达尔文形容恐惧的影响如下:

"恐惧往往有惊骇在先;恐惧与惊骇都使视官听官立刻活动——在这一点,恐惧与惊骇相近。在恐惧或惊骇时候,眼睛和嘴都是张得很大,眉头提起来。受恐吓的人起初站着像个石像一样,不动不呼吸,或是蹲伏下去,好像自然而然要避免被看见的样子。心脏搏拍得又快又剧烈,至于紧逼着肋骨跳动,甚至敲打肋骨。可是,心脏工作在这时候是不是比平常更有效率,因而身体的一切部分都得到更多的血液,这是大可怀疑的;因为皮肤立刻像在快要晕倒时候那样变成青白了。皮肤的这样发青,大概大部或全部由于血管发动中枢受影响的状况,恰恰会使皮肤的小动脉管收缩。在恐惧厉害时候,皮肤大受影响,可以从皮肤立刻出汗的特别样子看出来。当时皮肤是冷的,但还出汗,所以叫做'出冷汗'(cold sweat)。因为平常皮肤热了,汗腺才发动;所以恐惧时候的这样出汗更加可异。皮肤上的毛也站直起来,并且外层的肌肉颤动。与心脏扰乱连着的,是呼吸急起来。口津腺的作用也受障碍;嘴变干了,并且时张时闭。我又见到在微微恐惧的时候,打呵欠的倾向很强烈。最显著的症象之一,就是身上的肌肉通通颤动,这个往往最先见于嘴唇。因为这个并因为嘴干,所以口音变成干哑或含糊,甚至完全失音。'我怕,我毛发森竖,我声音胶着我的喉咙,(obstupui steteruntque comæ, et vox fauci bus hæsit)……到了畏惧增高,变成极痛苦的震慑(terror)时候,我们就见到很参差不同的结果,像在一切剧烈的情绪时候所见的一样。心脏狂跳,或是停止作用而发生昏晕;皮肤发青像死人;呼吸极不自然;鼻孔的两边大大张开;喘气,嘴唇抽搐,洼陷的两颊起颤动,喉咙起狂吞动作并且起阻塞;眼球显露而突出,凝视着恐怖的对象;或是眼球左右滚动不停。(huc illuc volvens oculos totumque pererrat)……瞳孔,据说,放大得很多。身上的一切肌肉通

(接上页)作用:寒冷的作用像抑郁的情绪,温暖的作用像激动的情绪。寒冷使人皮肤青白,毛孔站起来;温暖使皮肤丰润,血管放大。假如我们注意勉强的翘盼状态,要作公开演讲以前的顾虑,受了不应得的侮辱的气闷等等所引起的不好受的心境,那么,我们就知道这个心境难受的地方是主要集中于胸部。这种难受是胸部当中觉得的一种苦闷,几乎不能叫做痛,这是由于阻碍吸气动作而限制它的范围的一种抵抗——这抵抗是难受的。在这种时候,我们觉得横膈膜的力量不够,我们想用外面胸部随意肌肉的帮助,深深吸一口气(这个就是叹气)。假如这个也失败了,难受的程度就增高了,因为这样,精神痛苦之上,又加上身体上的缺乏空气的那个可厌的感觉,这个缺乏空气就等于小规模的气闭。反之,假如外部肌肉克服了内部肌肉的抵抗,那么,胸部的压迫就轻松了。在我们说,像有块石头压在我们心上,或是说,像我们胸腔上释了重负时候,我们以为只是一种比喻。但其实我们是说明一件的的确确的事实,因为假如肺里不进来空气,以与外面空气平衡,那么,我们每吸一口气就要挺起空气的整个重量(大约820千克)。(第55页)我们不要忘记了像刺激上喉头神经(superior laryngeal nerve)那样发生的对于吸气中枢的禁止作用,也许参加在这些现象内。关于呼吸的困难,以及这种困难和忧虑与恐惧的关系,有个很有趣的讨论,请看1878年11月7日和14日的《波士顿内外科杂志》(Boston Med. and Surg. Journal)内不幸死了的柯蒂斯(Thos. B. Curtis)论《一个恐水病的实例》(A Case of Hydtrophobia),并普特南(James J. Putnam)在那里的评论(同杂志,11月21日)。

通变硬，也许陷入抽搐的状态。手忽而握紧，忽而展开，往往抽动。臂膀也许伸出去，像要推开什么可怕的危险物的样子，也许在头顶上面乱捶。哈根饶尔教士（The Rev. Mr. Hagenauer）曾看见一个澳洲土人受大恐吓时候，臂膀就是这样乱舞。在别的情形，又有忽然来的按捺不住的猛冲地跑走的倾向；并且这个倾向那么强烈，就是最勇敢的兵士也许也会忽然恐慌起来。"[1]

最后举憎恶（hatred）为例。我们引曼特伽札君（Sig. Mantegazza）关于憎恶的可能结果的概述于下：

"头向后挪，躯干也朝后挪；两手向前撑，好像防护自己，避免所憎恶的东西的样子；眼睛缩小或是闭起来；上唇翘起来，鼻腔闭起来——这些都是避开动作所含的基本运动。其次就是威吓的动作，例如：眉皱得厉害，眼睛开得很大；牙齿露出来；咬牙并把上下颚收缩；嘴张开，舌头向前突出；拳头紧握；臂膀做要打的手势；用脚顿地；深吸气——喘气；做凶狠的声音以及各种喊叫；机械地把一个字或一个音缀重复地说；口音忽然变弱发颤；吐唾沫。最后，各样杂色反应和血管发动的症状；浑身发抖，嘴唇和颜面的，四肢的，躯干的肌肉抽搐起来；对自己凶起来，例如咬拳头和指甲；冷酷的发笑；脸面亮红；脸面忽然发青；鼻孔极端放大；头发上冲。"[2]

假如我们把人们命了名的情绪通通列出来，考究他们在机体上的表现，我们也不过是把这三个代表的例子所含的元素翻来倒去罢了。这个肌肉的僵硬，那个肌肉的松弛，这里的动脉管缩小，那里的放大；这种或那种的呼吸；脉搏迟缓或加快起来；这个腺分泌，那个腺干起来，诸如此类的反应。并且，我们会见到：我们的描写没有绝对真实性；这些描写只适用于平均的人，差不多个个人都有某一种个人的奇特的表情，笑与旁人不同，或是歔欷与旁人不同，也许别人不脸红，我偏红；别人不发青，我偏发青。使各个人发生情绪的对象也有同样的变异。使这个人放声大笑的戏谑，会使另一个人恶心，在第三个人看来似乎是污蔑神圣。使我极怕或极窘的情境也许恰恰是你觉得指挥如意的情境。并且，情绪的内部微细差别彼此交融，没有界限。语言把有些这种差别分出来，例如憎恶，嫌厌，毒恨，不喜欢，嫌嫉，恶意，嗔恚，仇怨，痛恶，等等；可是从同义字的字典内，我们看到这些情感，与其说是用它们的意识的或主观的情调来分别，不如说是用各别引起它们的相当的客观刺激来分别。

一切这类流变不定的情感作用，结果弄到仅仅描写各种情绪的文字变成了心理学内一个最厌烦的部分。不仅厌烦，而且你觉得这种文字中对情绪的层层分类，大部分都是虚造的或无关重要的；它自负准确，简直是诈骗。不过，不幸，那种不仅是描写的关于情绪的心理学文字太少了。小说中所描写的情绪引起我们的兴趣，是因为这种描写使我们也发生那些情绪。我们前此慢慢地认识引起那些情绪的具体东西和事变；所以点缀篇幅的任何内省的经验之谈，都使我们起一种敏锐的会心的感应。格言式哲学的著作，显然具文学性质的，也会照射到我们情绪生活内，使我们得到一阵欢欣。然而，情绪的"科学

---

[1] 达尔文：《人类和动物的表情》，第290—292页。（译者按：达尔文引拉丁文中的 volvens，詹姆斯误作 volens）

[2] 《情感的面相和表现》（*La Physionomie et L'Expression des Sentiments*, Paris, 1885），第140页。

的心理学"还在进展,可是,也许因为我把前人关于这个题目的名著看得太多,已觉得腻烦,我是宁可看纽罕什尔州一区田地内的石头的记录,不情愿再费心力把那些著作从头再看一遍了。那些著作没有任何点,会给人一个中心观点,或是一个演绎的或发展的原理。它们老是分别,老是精炼,老是细举,没有了期,始终不进到另一个更高些的论理阶段。而一切真正科学工作的佳处,正是要继续达到更深的阶段。就情绪说,难道没有法子超出这种个别描写的阶段吗? 我相信有个法子脱离这个阶段,不过我恐怕很少人肯采用这个法子罢了。

心理学中情绪研究的毛病,在于过于把情绪认为绝对个别的东西。既然把情绪咬定是许多永存的"神圣的"心理元体,像从前生物学所谓永远不变的物种一样,那么,当然所能做的工作,只是恭恭敬敬地把各种情绪的个别特性,要点和作用细细列举。可是,假如我们认情绪是更普遍的原因的产品(像现在认"种"是遗传与变异的产品一样),仅仅分别与列举的工作就变成次要了。有了下金蛋的母鹅,描写每个已下的蛋的工作只是小事了。说到情绪,它的普通原因,无疑,是生理的。哥本哈根的郎格教授,在我已引用过的那本小书中,于 1885 年发表一个关于情绪的构造与发生条件的生理的学说——这个学说,我在前一年已于《心》杂志内一篇文章中提起。所有我听到的批评,没有一个能使我怀疑,以为这个学说不是大体对的。所以在下文我要说明这个学说是什么样子。最初,我只要讨论那些也许可以叫做"粗糙的"情绪(the coarser emotions),悲哀、恐惧、愤怒、亲爱——人人都承认在这些情绪中有个强烈的机体的响应——,以后再说到"细致的"情绪(the subtler emotions)——这后类情绪的机体上响应是比较不显明,不强烈的。

至少在粗糙的情绪,情绪是跟在身体上表现之后

对于这些较粗的情绪,我们很自然的想法,是以为对于某种物事的知觉引起一种精神的感荡,即所谓情绪,并且是由后者的心境唤起身体上的表现。我的说法却与此相反,就是以为,**对于刺激的物事的知觉立即引起身体上变化;而正当这些变化发生的时候,我们对这些变化之觉就是情绪**。常识说:我们破产了,就愁若啼哭;我们遇见一头熊,就吓得跑走;我们被一个敌手侮辱了,就发怒动手打。我这里要辩护的假设是说:这样说的先后次第不对,前项心境并不直接引起后项心境,两者之中一定要有身体上表现居间。更合理的说法是这样:因为我们啼哭,我们才觉得悲愁;因为我们动手打,才觉得生气;因为我们发抖,才觉得害怕;并不是因为我们悲,才哭、气,才打、怕,才抖。这些情绪,悲、气、怕,假如知觉物事之后,没有身体变化随之而起,就只是纯乎识知的作用。这种作用是淡薄,无色彩,毫无情绪的那种"暖气"的。在这样情形之下,我们也许看见熊,以为最好跑走,受了侮辱,以为可以动手打,可是我们并不真是**觉得**害怕或生气。

这个假设,照上文那样粗略地说,听的人很可能要立刻否认。然而,要减少它的似乎诡怪的气味,而且也许会使人相信它是对的,用不着很多的讨论,也无须牵强附会的理由。

头一件,看过前两章(论本能,论动作的发生)的人,没有会不相信这两件事实:**对象**

确实由于现成的机构**激起身体上变化**,或是会不相信**这种变化的繁多和微妙实是达到那么高度,因而整个生物体可以说就是一种"共鸣器"**——每个意识上变化,无论多么轻微,都会使这个共鸣器响应的。这些生物机体的活动能够作各种各样的排列与配合,因此抽象地说,情绪的差别,无论多么微小,不会没有一种身体上回响——从它全部看,与心境一样独特的回响。在每个情绪里,起变化的身体部分那么多,所以要我们冷静地把任何一个情绪的整个表现重演,是那么难的事情。也许在随意肌肉方面,我们会弄得对,而在皮肤、腺、心和其他脏腑方面都不对。就像假装地打喷嚏总有些不逼真,同样,没有引起一个情绪的原因而要假装有那个情绪,易于成为很"虚"的做作。

第二件要注意的,是:**身体变化,无论是什么,件件都就在发生那顷刻,尖锐地或模糊地觉到的。**假如读者从来不曾留意到这件事情,那么,要是知道他能够从他自身方面,发现的他的各种情绪的心境所特有的局部的身体上感觉那么多,他一定会觉得有趣味,同时也会诧异。期望他能够把任何种强烈的热情的冲激停顿,而加以像这样的好奇的分析,也许是苛求。不过他可以把比较平静的情绪状态观察,这样经证明是比较微弱的情绪所有的性质,可以假定是比较强烈的情绪也有的。在情绪状态,我们整个立体的身躯觉得出是在活跃;这个立体的每一个小块都将它的感觉的波动——模糊的或尖锐的,愉快的,痛苦的,或性质不明的——加入我们人人断然感到的那种人格之感里头。对于这些复合的感觉团,多么微小的节目都会赋予它强调,这是会使人惊奇的。在任何小麻烦使我们挂虑的时候,也许会发现这种身体上感觉的中心是眼睛和眉头的蹙缩——往往只是十分轻微的蹙缩。在一瞬间觉得不好意思的时候,觉得的是咽头里好像有个什么,使我们要吞咽一下,或是要把喉咙清一清,或轻咳一下。其他许多可以提出的例子可以类推。我们这里是要做一般的观察,不是要详细讨论;所以我不再花时候讨论这些,假定大家已承认"身体上发生的变化,一定件件都觉到"这个事实了,我就说到别的。

我现在要极力发挥我这个主张的主要论点,这论点就是:**假如我们设想有某一个强烈情绪,随即把这个情绪所含的身体的变化的感觉全部,从我们对这情绪的意识上剔除掉,那么,我们就发现完全没有什么了**,并没有什么"心理质料"能够构成这个情绪的。所剩下的只是一种冷静的,中性的,理智上知觉的状态了。固然,虽是大多数人答复这个问题时候,说他们的内省证实这个说法;还有些人坚持他们的内省的结果不与此相符。许多人,是没有法子使他们了解这个问题的。比方你请他设想从他对一个事物的可笑这个意识内,把一切笑的和要笑的倾向的觉态除掉,随后告诉你他所剩下这个事物可笑的觉态是什么样子,到底除了知道这个事物属于"可笑"这一类之外还有什么情感,他始终答复你,你提议的事情是实际上不可能的,假如他看见一个可笑的东西,他是**一定要**笑的。可是,我请他做的工作,并不是看见了可笑的东西而打消要笑的倾向这种实际的工作。请他做的,是纯乎理论的工作,就是从一个假定为完完全全的情绪状态中,把某些感觉部分除掉,而后说明所剩下的部分是什么。我总以为一切了解这个问题的人都会同意于我上文所提出的论点。假如也没有加快的心搏,也没有浅短的呼吸,也没有颤动的嘴唇,也没有松软的四肢,也没有起栗的毛孔,也没有内脏的扰乱,一切这些感觉都没有,剩下的是什么样的恐怖情绪,要我设想,这是完全不可能的。一个人能不能设想盛怒的状态,而同时设想胸口不滚热,脸上不发红,鼻孔不张大,牙齿不咬紧,又没有要使劲动作的冲动，只有松懈的肌肉，平静的呼吸，温和的脸容呢，至少作者个人断然不能这样设想。这样想，盛怒就跟对于所谓它的表现的感觉一样完全消散；勉强可以假定为留下的，只是某一句冷静的无情感的评语，完全在理智范围内的判断，以为某个人或某些人因为他们的罪恶应该受罚，罢了。同理，悲哀，假如没有眼泪，没有呜咽，没有心脏觉得抑郁，胸骨里头觉得隐痛，成了什么呢？只是无情感的认识，以为某些情况是可哀的，罢了。无论哪一个情绪都是一样的情形。完全超脱身体的人类情绪是个乌有的东西。我并不是说，这么样的情绪是一个在事理上的自相矛盾，或是纯粹神灵一定只能过冷冷的理智生活；我不过说，在我们，情绪离开一切身体的感觉，是不能设想的。我对于我的状况越细细考察，我越相信我所有的心境，感触，热情，无论什么，实实在在是我们通常叫做这些情绪的表现或后果的那些身体变化所结构而成的；而且我越觉得万一我失掉身体上的感觉，我一定完全失掉情绪——粗的，细的，——的生活，只能苟延着仅仅识知的，或理智的生命。这种生活，虽然好像是古代圣人的理想，可是经过了几代前对于人的感觉性的崇拜复活了之后，在生在此后的人看来，这种生活太冷酷了，不值得热切追求了。

不要把这个见解叫做唯物主义的。它并不比任何其他主张"我们情绪以神经作用为条件"的见解，更带有或更没有唯物主义的色彩。这种见解，假如总是用普通的方式表示，这部书的读者大概没有反对的。万一还有人以为我所持的见解含着唯物主义，那一定是因为所牵连的特殊神经作用的关系。这些作用是**感觉的**作用，由于物质变化所引起的向内的冲流。不错，这一类作用，心理学界的柏拉图派始终认为带有特别卑鄙的性质。可是，无论情绪发生的生理根据是什么，我们情绪**从内面看**总是这个样子。假如依据任何可设想的对于情绪的生理根源的学说，情绪是深远的，纯粹的，高贵的，具精神性的事实，那么，依据这个感觉的学说，情绪还是一样地深远的，纯粹的，精神的，可贵的。情绪本身带有它内在的对于价值的量尺；用这个情绪说去证明感觉作用不一定是卑鄙的，物质的，同用情绪的卑鄙和物质性作为这种学说不对的证明，可以说是恰恰一样合于逻辑。

假如这一个学说是对的，那么，每个情绪都是一丛元素的结合体，而且每个元素都是由一个已经熟知的生理作用引起。这些元素都是机体的变化，并且每个变化都是刺激的对象所引起的反射作用。由是，立刻发生些确定的问题了——这些问题与没有这个学说时候所能发生的问题很不同。那些是分类的问题："那些是正当的情绪大类，那些是每大类下的种别？"或是状述的问题："每个情绪以什么表现为特征？"现在有了这个学说，是原因的问题了："这个对象激起什么变化，那个对象激起什么变化？"以及"这些对象由怎么样的经过会激起这些特别变化而不激起其他变化呢？"这样，我们由个个肤浅的研究进到深一层的研究了。分类和状述只是科学的最低阶层。来源的问题一经指出，分类和状述就不必重视了；只在这些工作能便利我们解答来源的问题的范围内，这些工作才还算重要。一个情绪的来源一得解释，一经认为由于一个对象引起一丛反射动作，这些反射作用立刻觉到，那么，**我们就立即见到可能的各种不同的情绪的数目何以没有限度，并且各个人的情绪**——在这些情绪的构成素上，并在引起它的对象上，——**何以会相差那么大。**因为反射作用并没有神圣的或终古固定的性质，随便哪一种的反射作用都是可能，并且，如我们所知道的，反射作用事实上是变化无穷的。

"我们都曾看见过人欢喜，但并不多说话，反而说不出话；我们见过恐怖并不使恐怖者的脸发青,反而把他的血赶到他的头部去;我们见过悲哀并不使人垂头无语,而反使他不能号泣而乱跑。诸如此类的事有许多。这是很自然的;因为同一种原因对各人的血管的作用不同(这由于他们的血管不会总是同样地反应),而且冲动由脑部走到发动血管的神经中枢的路上,它所受的各种从前印象——如回想和联想——的影响也不同。"①

总而言之,假如一种对情绪的分类有个用处,那么,**任何种分类可以认为同任何别种分类一样地真实,一样地"自然"**。我们可以看出来像"发怒,或恐怖的'真正的'或'特征的'表现是什么样子?"这一种问题是毫无客观意义的。由是,我们并没有这一类问题。我们的问题乃是发怒或恐怖的任何种现有的"表现"怎么样发展而来;这是一方面关于生理机构,他方面关于历史的真正问题——这个问题,如一切真正问题一样,虽则答案难找,就它的根本性质说,是可以解答的。我在下文将要提到前此想解答这个问题的各种企图。

要在实验方面核证这个学说的困难

我在上文把据我看来似乎是对情绪的最可得收获的看法作公平的说明,当然要承认到此刻为止,这种看法只是一个假设,只是**可能**是个真理,而在确实的证明上还缺少很多。不过,要想断然推翻这个学说,只有一个法子,就是:取某个情绪,在它里面,除了当时受影响的器官所起的感觉性质以外,指出明明有别的觉态。可是,要确实指出这一类纯乎精神的觉态,分明是人类能力做不到的事情。如郎格教授说过的,我们绝对没有直接标准可以把精神的觉态与身体的觉态分别开。并且,我还可以加一句话,就是:我们内省能力越锐利,一切我们觉态的性质就越**有一定的身体部位**(参看本书第一册第300页)。因此这种分别也越来越困难。②

从反面看,假如我们能找到一个人身体内部外部绝对没有感觉,但肌肉没有瘫痪,因而引起情绪的对象还可以使他起通常的身体表现,不过人家问他时候,他说他并不觉得有什么主观的情绪变化,那么,我们这个学说可算得到确实的证明了。这么个人就好像是一个人,在旁人看,因为看见他吃,以为他觉得饿,但他本人自认丝毫没有食欲。像这一类的实例极难找到。就我所知道的说,医学的记录内只有三个人。其中有一个,名叫雷因斯,是很著名的例子。可是报告者并没有提到他的情绪状况,在温脱(G. Winter)医生报告的例子中,③据说患者松懈,不易激动,但这位医生告诉我,他并不曾对患者的心理状态特别注意。斯杜阑贝尔教授(Strumpell)报告一个奇异的实例(我以后在别个方面还

---

① 郎格,上引书,第 75 页。

② 海甫定教授在他那绝好的《心理学概论》里(本书第 342 页)承认情绪内有身体感觉与纯乎精神的变化掺杂着。但在他主张有精神变化的当儿,他并没有讨论到,认出这种精神变化的困难(并且也没有表示他曾经把这些困难加以应有的考虑)。(译者按:海甫定氏书有王国维重译本,第六篇论及情绪。译者可参看译本第六篇第一章第二节及第四章第一节。)

③ 《普泛失感觉的一个实例》(*Ein Fall von allgemeiner Anaesthesie*,海德堡,1882)。

要说到）[1]。他报告里说：患者是一个鞋匠的学徒，十五岁，里里外外完全没有感觉，但一边眼睛，一边耳朵还作用。他在排泄在床上时表现惭愧，在以前他喜欢的食物排在他面前，他想到不能再尝它的美味的时候，他表现愁苦。这位医生肯帮忙，又告诉我说，患者在有些时候会表现惊愕，恐怕和发怒。不过，在观察他的时候，似乎并不想到像我这里所主张的学说；也许伴着患者的情绪表现的只是个完全冷静的心境，就像他冷静地满足他的自然体欲及需要而没有内心的觉态一样——这总还是可能的。[2] 假如将来有新的普泛失感觉的实例，应该就与环境所引起情绪"表现"有分别的内心的情绪觉态这方面细细检查患者。

对各项驳难加以考虑

现在让我留意于几个对上述学说的驳难。这些驳难答复了之后。这个学说就更加可信了。

第一难。人们可以说：以为"特殊知觉由于一种直接的物质作用，**确实**是在情绪或情绪的观念未起之先，**就发生**广泛的身体上变化"这个假定并没有真正的证据。

答复。这种证据是断断乎有的。在倾听诗歌，戏剧，或英雄的故事时候，往往皮肤颤动，好像水波忽然冲刷我们一样，或是心部的膨胀，眼泪的流溢，一会一会突如其来，使我们自己也觉得诧异。在听音乐的时候，这种同样的影响更加显然。假如我们在树林里忽然看见一个黑的，正在动的东西；我们心跳就停了，并且我们觉到我们呼吸立刻停止，这都在有任何明白的危险观念未起之先就这样了。假如我们朋友走到悬崖的边上，我们就起了那种大家知道的"浑身不对"的感觉（all overishness），而且虽然我们确实**知道**他没有危险，也没有想象他掉下去的清晰意象，我们还是退缩一下。著者记得很清楚，七八岁的时候，看见一匹马流血，就觉得昏晕，自己也很诧异。血是在一个吊桶里，里头有条杆子；假如没有记错，我当时把血四围搅转，看见它由杆子上面滴下来，除了小孩的好奇心以外，并不觉得别的。忽然之间，我眼前完全黑了，耳朵就呼呼地响，一下就不省人事了。我前此并没有听说过看见血会昏倒或眩晕，那时候对血并不厌恶，并不猜想到血有任何

---

① 见齐孟森的《德国临床医学纪录》（*Ziemssen's Deutsches Archiv für klinische Medecin*）第22卷，第321页。

② 那并不很少见的协识脱离病的半身失感（hysterical hemianesthesia）症，因为不完全，不能利用来核证这个学说。而且，近来的研究（本书第八章论心对他物的关系内已经引述一部分）倾向于证明，协识脱离病的失感觉并不是真的没有感觉，只是某些感觉由本人的意识的其余部分"离散"（dissociation）（P. 庄纳所用的名词），或是裂开，这个其余部分就成了还与普通表现器官联结着的自我。那裂开了的意识成了个次起的自我。庄纳君写信给我说，他以为没有什么理由可以断定，那些由意识大集团"离散"，而使患者等于失了感觉力的感觉，不会还对于患者的情绪生活有所贡献。这些感觉对于走动的功能，实际上还有贡献；因为他有一个患者"勒"君，虽然失感觉，然而并没有运动失调症。关于这个患者，庄纳写信告诉我说，她好像"有受痛苦的幻觉"（suffer by hallucination）。他说，"我屡次在没有预先警告她，并且在她看不见我的时候，刺戳她或者烫她。她始终不动，明明没有知觉。可是，假如后来，她转动时候看见她的胳膊受伤，看见了她皮肤因为微微割破而流出的一小滴血，她也开始呼号哭诉，好像绝大痛苦。有一天，她说，'我的血涌出来了；我**一定**是要绝大的痛苦！'她的受苦是幻觉的。这种痛苦，在协识脱离病者，是很普通的。这些患者只要有了他们身体上受变动的微微暗示就够了，他们的想象就把其余部分补充起来，造出来并没有觉得的变化。"参看庄纳后来发表在《心理的自动作用》（*Automatisme Psyoholoqique*）那本书内，第214至第215页上面的说法。（译者按：詹姆斯本书上文论协识脱离病的失感症是在第8章，他原文误作第4章。）

别种危险。所以就在那么弱小的年龄,(现在还记得清楚)对于只是一桶红色液体怎么样会使我发生这样可惊的身体变化,也不免惊奇。

郎格教授说:

"没有人会想把一个非常之响的声音所引起的情绪,从真正的内部感荡分别开。没有人会迟疑而不把它叫做一种恐怖,而且它具有恐怖的通常标记。然而,它绝不与危险的观念相连,也绝不是联想,回忆,或其他心理作用所引起。这种声音立刻引起恐怖现象,并没有丝毫所谓'精神的'畏惧。许多人虽然明明知道,开炮时候站在炮边,他自己或旁人并没有危险,可是始终不能很习惯很自然地站在那里——这是因为只是这个声音,他们已经受不了"。①

试设想有两把钢刀,它的锐利的刀嘴作直角交叉地碰着,而且两个刀嘴来回地擦动。我们想到这个,简直整个神经系统紧张得要命;可是,这个情绪除了那难受的心神不安的感觉,或是顾虑这种感觉还要继续下去的恐怖以外,还有什么呢?这个情绪的整个本体就是那两刀嘴所直接引起的无意义的身体变化。这个特例可以代表一大类的情绪现象:在这大类内,好像在身体表征发生之先有个意想的情绪,其实往往只是对于这些表征的预想,已经因为看见血而昏晕的人,也许看人预备施行外科手术,就不自主地觉得丧气和愁虑。他预期有某些觉态发生,这预期就反而促迫这些觉态到来了。有病态恐怖的人,他们往往自认他们所患的与其说是别的,不如说是恐怕会这样的害怕。在贝因教授所谓"柔情"(tenderemotion)的各种方式[译者按:如母爱,性爱等],虽是通常一定要直接凝想相当的对象,才能够唤起这种情绪;然而有时候,只是想起这个情绪的身体表征,也可以得同样的结果。在赋性感的人,"渴想"(yearning)的念头就会引起真正的渴想。母亲想起她对她孩子的抚摩,也会发生一阵母性的盼切,更不用再拿"粗糙"的情绪做例子了。

在这一类的实例,我们明白见到情绪与我们所谓情绪的结果或表现同其终始。情绪除了是这些表现的显著感觉,或是对这些表现的意念之外,并没有什么心理的**地位**;所以,这些感觉或意念就是它的全部构成素,就是它的精髓。这些实例应该会使我们明白,在一切的例子,对这些表现的感觉,在情绪的构成上,会有比我们平常所设想的更深刻的功用。

对于"情绪的直接原因是神经上的一种物质的变化"这说的最好证明,可以由**情绪缺对象的那些病态的实例**得到。其实,我提出的学说的主要优点,其中一个似乎就是:这样一来,我们能够很容易地把病态的例子与正常的例子包摄在一个共同方式之内。从各个疯人院内,我们都可以见到绝对没有动机的恐怖,愤怒,愁郁,或自大的例子;以及其他一样没有动机的无情状态(apathy)——这种无情状态,虽然有顶好的外部理由使它应该改变,可是依然继续下去。在前一类的例子,我们必须假定患者的神经机构,在某一个情绪的倾向那么不稳定,弄到几乎每个刺激(无论多么不适当)都要使这个机构朝那个方向倾覆去,而发生构成这个情绪的心理本质的那个特殊感觉团。现在举一个特例,假如在某

_____

① 见上引书中第63页。

一个人，如不能深吸气，心脏乱跳，和那种特别的上腹部变化，即认为"上腹部郁闷"（pre-cordial anxiety）的感觉，及不自主的一定要蹲伏一点并静坐不动的倾向，也许还有其他内脏的变化，现在还不知道的，一切这些身体变化，无故地自己同时发生；那么，他对于这些变化的复合体的感觉就是恐怖的情绪；他这个人就是患所谓病态可怕的病人了。有一位朋友，他有时有这个在一切病中最苦的毛病，告诉我说：就他的经验说，这整个"戏剧"似乎都集中于心脏和呼吸器这个部分，在发病的时候，他主要努力是要控制他的吸气并使他的心脏和缓，他一能够深呼吸并把身体挺直，恐怖好像就立刻消灭了。[①]

这些例子的情绪只是对身体的状态的感觉，并且这种情绪的原因是纯乎身体的。

"凡是对普通行医经验很多的医生，都曾看见过有些消化不良的患者，时常精神颓丧，并有时无故忽然发生恐怖，弄得他的生活极端可怜。我屡屡见到这种患者，曾经加以细密的察看，我从没有见过任何种比这些人发病时候的痛苦更大的痛苦。……例如，有个患了我们所谓'神经性消化不良'的，有一天，也许是在下午正当中的时间，并没有任何预兆或看得见的缘故，忽然感到这种恐怖来了。患者最初觉到的是大大不自在，但这不自在是模模糊糊的。随后他就知道他的心脏跳得实在太厉害了。同时，像电气放射那种的震击或闪荡，猛烈到快要发痛的，接连地通过他的躯干和四肢。几分钟之后，他就陷入极强烈的恐怖状态了。他并不是怕什么，他只是怕。他的心思完全明白。他寻求他这个苦况的原因，但找不到什么。一会儿他的恐怖那么厉害，他颤抖起来，低声呻吟；浑身出汗；嘴极干；而且在这时期，虽然他的痛苦很强烈，可是眼里并不流泪。到了这发病的最高点来到而且过去了之后，眼泪就滔滔不绝，或是他达到一种特别心境——有什么一点点刺激，就哭泣。在这个阶段，他撒了巨量的淡青色的尿。过后，他心脏的作用恢复常态，这个病就没有了。"[②]

复次：

"有些突如其来的**盛怒**那么无理由，那么不能节制，人人都一定要承认这种行为是病态的表现。对医学外行的人，观察这一种病态盛怒的发作，尤其是这个病态单纯，不杂有其他心理失常的时候，可以说几乎没有别的事情能比这种观察更会增进知识。在那很少见的病，叫做暂现的躁狂的，就有这种现象。患者在其他方面完全是循理的人，可是就是会发这种病。这个病并没有什么外界刺激就忽然发作，引用施法策（O. Schwartzer）《暂现躁狂》（*Die transitorische Tobsucht*，维也纳，1880 年版）内的话说，患者"突发极狂暴的怒气，同时起了可怕的，盲目的暴躁的冲动，要打要毁。"他奔扑旁边的人；把他能抓到的人打，踢，扼勒，把一切能抓到的东西乱掷；把

---

① 我们要承认有些病态的恐怖，患者的心脏实际上并没有多少扰乱。但是，这些例子并不能作为反对我们的主张的证明；因为，当然，通常感知（由于实在身体变化所引起的，心脏的和其他内脏的感觉团所构成的）恐怖情绪的大脑皮质中枢，在脑病的时候，本身最初就受激动而发生实有这些身体变化的幻觉，这是可能的——在这种情形，恐怖的幻觉，却与比较平静的脉搏等等同时存在。我说这是可能的，因为我不知道有没有可以核验这个事实的观察。入定（trance），出神（ecstasy）等等状态也有类似的例子——更不用说通常做梦也这样。在一切这些情形之下，因为纯乎神经中枢的活动，本人也许有极活跃的主观感觉，或是眼的，或是耳的，或是更属内脏更带情绪的感觉，可是，（我相信）神经末梢是完全没有作用。

② 菩克：《人的精神特性》（*Man's Moral Nature*）纽约，1879 年，第 97 页。

他近旁的东西打破，碰碎；把他的衣服扯破；大呼，大噪，大吼；眼睛闪闪，滚来滚去，同时凡是我们知道是愤怒的表现的那些血管充血的症象，他也都有。他的脸发红，胀大，他的嘴巴烫热，他的眼睛凸出来，并且眼睛的白部充满着血，心脏跳得厉害，脉搏每分钟达到 100 至 120 次。脖子上的动脉胀满，并不断一涨一落，静脉也勃起，口津流溢。这种发作只经过几个钟头，最后患者忽然睡着了，到了睡着 8 小时至 10 小时之后，醒来时候，患者对于发病时候的事全忘了。"①

在这些（表面上看来）无因的情绪作用，那些突然爆炸的各种神经径路，是任何进来的感觉，各个进来的感觉都能发动的。我们晕船的时候，每个气味，每个味道，每个声音，每个看见的东西，每回动措，每个任何种觉得到的经验，都会增加我们的恶心。同样，凡是激发神经中枢的感觉，各个都会增加病态的恐怖或愤怒。当发病的时候，治疗的方法只有绝对安静。要不承认在一切种病态，身体变化是发起者，心理的情绪是追随者，似乎不可能。事实上，理智受影响的程度可以那么小，简直始终它只是冶血的旁观者，它明白看到这个情绪并没有什么真正对象。②

我可以引亨勒（Henle）的几句话结束我对于第一难的答复：

"看起来难道不像身体的神经上的各种激动，到半路上迎合观念，使它达到情绪的高层呢？［注意，这句话把我们学说说得多么恰当！］实际是这样，可以由某些实例证明——在这些例子，特殊神经，假如特别易受激动，就参加到情绪内，决定它的性质。在一个人有个开口的创伤的时候，只要他看见任何可哀的或可怕的事情，伤口就会痛起来。有心脏病的人会弄到精神易受激动——这个，病人往往不知其所以然，其实乃是由于心脏容易跳动。我说过，就是情绪的性质也受参加这情绪的器官支配。就像由星座推测的不祥预觉，一定跟着有胸部郁闷的感觉，同样，相似的郁闷感觉——由于胸内器官有病的——也一定跟着有无故发生的预觉。就是一个气泡由胃里上来，通过食道，在半道停留几分钟，压迫心脏一下，这么一点小事，在睡着时候，就能够发生梦魇；在清醒时候，就能够发生一种模糊的愁虑。反之，我们见到喜乐的想头会使我们血管扩大；而且相当容量的酒，因为会扩大血管，也使我们容易有喜乐的想头。假如戏谑和酒联合起来，这俩就互相补充发生情绪，并且在这种作用上，酒的影响越多，我们对于戏谑所要求的条件也就越低。"③

第二难。假如我们学说是对的，那么，它有个必然的推论，就是：只要我们把一个特

---

① 郎格，上引书，第 61 页。

② 我倾向于这样的看法，以为在某些协识脱离性的悲哀，盛怒等等状态，内脏的扰乱并没有现于外面的变化那么强烈。我们在这些状态所看到的是巨量的语言表示而内心却是空虚。虽然旁观者不胜怜悯，或不胜惊慌，而患者却老是任情发泄，不过内心觉得他自己不诚实，自己也不知道这种做作能维持多久罢了。这些发作往往非常突然地来到。这种病态所需的对治法，是使用更强固的意志威吓患者。假如他发脾气，你就也发脾气——告诉他说，"不但如此，假如你要扬声，我就给你喊嚷。"在这些例子，虽然表面上有很广大的身体表现，真正的主观情绪却比较很少；也许可以用来作为不信任本文内所主张的学说的理由——可是，这些状态所有的内脏的表现，比起发音机关的表现，大概要轻微得多，简直完全不能相比；患者的状态有些像表演而不觉得他所表演的情绪的演剧员。

③ 上引书，第 72 页。郎格主张身体上的物质作用是情绪发生的主要因素，他很注意影响神经的药品，把这些药品的作用作为他证明的一部分。

殊情绪的所谓表现,立意地冷静地引起,我们就应该有那个情绪。这(难者说)并不是事实。演剧者能够很完满地假装有情绪,而内心却冷冷的;并且我们都能够假哭而不觉得悲哀,假笑而不觉得开心。

答复。对大多数情绪,这个试验是不适用的;因为这些表现许多是属于我们不能任意发动的器官的。例如,假哭的人很少能够真流泪。然而,在这个推论可以实证的范围内,经验与其说是推翻正被责难的我们学说的必然结论,不如说是证实它。人人知道跑走会增加恐慌,放任悲伤或愤怒的表现,不节制它,会增加悲伤和愤怒。每一阵呜咽都使悲哀更厉害,并且引起更强烈的一阵呜咽,一直到了悲者最后没气力了,悲哀的机构显然力竭了,才会停止。在发怒的时候,我们接连一阵一阵的发泄,会把我们鼓动起来,弄到气得不得了。不让热情表现出来,它也就消灭了。于发怒之先,数一到十,发怒的情形就好像可笑了。口里吹啸以维持勇气,并不只是一种譬喻。反之,整天闷坐,长吁短叹,无论怎样问你,总是用凄凉的声音答复,那么,你的愁闷总要迟留不去了。假如要克服我们自己的不好的情绪倾向,我们必须勤勉地,最初要冷冷地,表演那些我们要发展的相反倾向的**表面动作**:在道德的教育上,并没有比这个更有价值的教训,这是凡有经验的人都知道的。持久这样练习必定有收获的:阴沉或郁闷的心境消灭了,反之,真正的兴致和慈祥的心境来临了。把眉头弄平起来,眼睛亮起来,躯干的背部肌肉紧缩起来(不要缩腹部肌肉),使身体挺直,用发扬的声音说话,对人恳切称许,假如这样你的心还不渐渐暖热溶化起来,那你的心才真是冷冰冰的了。

一切心理学者都承认这种事实,不过他们不能完全彻悟它的意义。例如,贝因教授说:

> "我们见到假如微弱的[情绪的]激动……被阻止向外部表现,也就在内部停歇下来了;假如在一切方面把对外的发泄阻截住,脑部的冲流和中枢的激荡也就消灭了。我们常常用这种节制方法压灭我们的怜悯心,愤怒,恐惧,骄矜心——在许多遇着细故的时候是这样。如果这样,那么,把实际动作压下不表现,有把那些引起它的神经流打消的趋势,因而外部镇静之后,内部也跟着镇静了。**假如不是大脑的波动有些倚靠着自由向外的发泄或表现**,无论如何,不会有这样效果。……同样,先有外部表现,也可以引起未出现的情感。把外面表现表演出来,我们渐渐把发动这些表现的神经'传染'了,最后就由这种种外来的作用唤起那广泛的神经流。……由是,我们有时候能够由勉强做欢乐的表现而得到高兴的心境。"①

对于类似的作用的其他证据还有一大堆。柏克(Burke)在他《论壮伟与美丽》(*On the Sublime and the Beautiful*)那本书内,关于面容家坎班纳拉这样说:

> "似乎,这个人不仅对于人的面貌做过很准确的观察,而且稍为有些特别的面容,他都模仿得很像。遇着他想要明白他要对付的人的性癖的时候,他就把他自己的脸,手势,浑身尽力弄得与他要考察的人一模一样;然后细细观察这样改变之后,他好像有什么样心境。这位作者说,由这个法子,他能够领悟别人的性情和思想那

---

① 见他的《情绪与意志》,第361至第362页。

么清楚，简直跟自己变成了那些人一样。我［这是柏克自己说］屡次观察到：模仿了发怒的，或和平的，或恐慌的，或勇敢的人的面孔和手势之后，我不由自主地觉得我的心境就转到了我想学它的外表的那个情绪状态了；不仅如此，我深信纵然努力想把情感从它的相当的身体姿态分开，也难免还觉得这种心境。"①

可是，似乎与此相反的事实也要说一说，就是：很多演剧员模仿情绪，在面孔，行走的姿势，说话的口气等等的外面样子很完满，但他们自己丝毫不觉得有什么情绪。然而，据雅策君（Wm. Archer）对演员做过的很好的统计考察所得，有些演员说，凡是他们把所扮角色演得好的时候，他们都极其真切地感到这个角色应有的情绪。② 雅策君说：

"北帝门小姐写信来说，'在表演恐怖或很大激动的场面，我往往脸都青了。许多次有人告诉我，说我这样，并且我自己也觉得遇着表演激荡的情境时候很冷，身体抖颤，脸发青'。蒲拉甫君说，'我表演盛怒或恐怖的时候，我相信我实实在在脸发青。我嘴也干了，舌头好像粘在上腭上。例如，在演罗伯阿克的时候（在最后一幕），我要不断把我的嘴湿润，不然，我就说不出话了。我似乎必须"把一块东西咽下去"（swallow the lump），这是我的比方'。一切对于表演情绪的角色富有经验的演员对于这一点绝对一致。墨雷小姐说，'用脑表演比用心脏表演不吃力得多了。作伪的投机的女人比富有同情的女主角需要的精力少得多。肌肉的用力比较很少关系'。……咻君说，'在表演的时候，表现情绪比身体用力的时候出汗还要多得厉害。我扮演约瑟塞飞司的时候，虽是这个角色只须很少的气力，甚至全不用力，但是我老是出汗很多'。……罗伯孙君说，'我扮演后的疲乏，与所须表演的情绪的分量成比例，与用气力无关'。……寇尔门君说，'我从 17 岁起，就扮演奥赛罗（在 19 岁，我有幸得与马克勒第做配角，他演埃厄固，我演奥赛罗），无论我怎样节省精力，这个角色，总始终是最会使我筋疲力尽的。虽然我试用过所有的画脸颜料，总没找到什么颜料可以粘住在我的脸上不掉下来。就是伟大的浮勒司第，他也告诉我说，他演奥赛罗，总是极吃力，并且我听见其他演员——Charles Kean, Phelps, Brooke, Dillion——也这样说。反之，我常常扮演理查三世，可是一点不吃力。'"③

这个演员与那个演员的不同，怎样解释，大概就在于这些人的话所暗示的理由。情绪表现的**脏腑的和机体的**（visceral and organic）部分，有些演员能够除掉它，其他演员却不能，而人所觉到的情绪的主要部分，大概是由于脏腑的机体的部分。寇克林（Coquelin）和那些其他演员，内心冷冷的，大概是因为他们能够完全把这部分剔开。基辅的西柯司

---

① 根据 Dugala Stewart, Elements of the Philosophy of the Human Mind (Hamilton's edition)第三卷，第 140 页所引［译者按：柏克这本书有单行本］。费希纳（Fechner）在他的《美学导言》（Vorschule der Aesthetik），第 156 页，关于他自己，差不多也说与柏克一样的话："人由自己的观察会知道模仿一种心境的身体表现，使我们比仅仅看了，能够把这个心境了解得更明白得多。……当我跟在生人后头走，极力学他走路样子和身体姿态，越像越好的时候，我就有极奇怪的感觉，好像我觉得和那个人必定觉得的心境一样。学年青女人轻快的小步走路，好像觉得心境变成女性的样子了。"

② 雅策：《演剧术的解剖》（The Anatomy of Acting）见 Longman's Magazine 第 11 卷，第 266 页，第 375 页，第 498 页（1888 年）。后来有单行本。

③ 见雅策文内第 394 页。

基教授在 1888 年的《神经学报》(*Neurologisches Centralblatt*)上发表一篇重要的论文，讨论疯狂人的颜面表情。他自己曾对模仿面容这件事练习得很多，他说：

> "在任何种拟态的配合，我把我颜面肌肉收缩起来，**我绝不觉得有什么情绪的激动**，所以模仿完完全全是做作的，不过从外表看起来，是无瑕可指的。"①

可是，我们由上下文细看，知道这位教授对镜练习得那么多，能够操纵他颜面肌肉那么娴熟，简直他能完全不理会这些肌肉的本来联锁，能把他照任何配合收缩，随便单收缩半边睑，随便单收缩一条肌肉都可以。所以，在他，颜面的模仿表情，大概是完全有限制的，局部的，并没有其他部位的任何种共鸣的变化。

第三难。表现情绪，不但丝毫不会增强情绪，而且反使情绪终止。好好发泄之后，怒气也发散了，"像疯狂似的扰乱脑筋"的乃是**压抑住**的情绪。

答复。这个驳难把**正当表现时候**所觉得的，跟**表现了以后**所觉得的混为一谈了。当表现时候，情绪总是觉得的。在通常的事态，表现是自然的发泄路径；表现之后神经中枢疲竭了，所以本人情绪就平静了。可是，假如只是把眼泪或怒气硬压下去，而悲哀或愤怒的对象在心上依旧不变，本来要走通常路径的神经流就侵到其他路径了。因为它必须找到一个出路。这样，它后来会发生不同的并且更坏的结果，比方说，愤激不发泄，变成长抱着仇恨的念头；要哭而哭不得的人，身上好像有干热烧着，也许他像但丁所说的，内心变成石头了；后来假如有眼泪或一阵风暴似的发泄，也许会得到痛快的轻松。在神经流很强烈，不能走正常路径，就会冲到病态的路径的时候，有这样的情形。在这样场合，立刻发泄也许是最好的法子。但这里，可以再引一下贝因教授的话：

> "这里意思只是说，情绪会过强，无法制止；我们想法制止，只是白费力。但是假如我们真能够截断情绪的巨涛，那么，我们并不是比在有较弱的情感时候更有理由不想法制止这种较强的情绪。无疑，没有有系统的裁制，对弱的强的情绪一起加以约束，不会练到能够**很惯地**控制情绪。"

我们教儿童制止他们发泄情绪的说话或行为时候，并不是要他们多**觉得**些——实际恰恰相反，我们是要他们能多**想**些；因为在相当程度内，任何不到达脑部以下各部的神经流，一定会扩大脑部思想通路的活动。在中风或其他脑部受伤的病症，情形却相反——神经流被阻碍，不能流到思想通路上去；同时，对象更会引神经流向下，流到身体内的各器官。结果，患者只要遇到顶轻微的刺激就要眼泪汪汪，或是吃吃大笑，或是大发脾气；同时合理的思想和有心的注意和决断的能力都比例地减弱了。——这种情形，正是我们设法要我们小孩改绝的。固然，我们对某些人会说，"他们假如少表现一点，就会多觉得一点。"并且，在另一帮人，他们在紧要关头表现情感的那么大的爆炸力，似乎与他们平时把这种力量一味闭塞起来这种状况有关。不过，这些人都是性格古怪的；在每种性格之内，上节所说的公例仍是对的。滥感家的性格是这样，就是平常的表情，也总是"浓清涌溢"(gushing)。假如把这种涌溢截住了，只会把"真正的"活动增加一点点；大部分只会使滥感家觉得无精打采。反之，有些人性情沉重，孤僻，简

直是个"微睡的火山"(slumbering volcano)，假如随他的意思把情绪的表现压下去，他就觉得情绪全不发泄就没有了；可是，假如那种他认为值得发泄的少见机会不断加多，他一定会觉得他年纪越大，他的情绪也越强烈。统算起来，我看不出来这个第三难有多少力量。

假如我们的假设是对的，那么，这个假设可以使我们对于"我们的心理生活与我们的（最狭义的）身体结构连结得多么牢固"这件事得到更深切的了解。喜乐，亲爱，志气，愤慨，自矜，以情感论，与顶粗的身体的愉快和痛苦感觉是同一产地的收获。不过，读者会记得，我们最初同意，只将这个假设应用于所谓"粗糙"的情绪，把那些情绪的内心状态，才看好像没有身体的影响的，撇开。对这些情绪，我们那时候称为"细致"的情绪的，我们现在要说一些。

细致的情绪

所谓细致情绪，就是道德的，理智的和美感的情绪。声音的调和，色彩的调和，线条的调和，逻辑上的一致，目的求达上的适宜，都使我们感到一种愉快——这种愉快似乎深渍到这些表象的形式本身里，并不需要任何从脑以下的身体各部汹涌上来的波流。赫尔巴特派心理学者曾分别出一种由观念配合的**形式**(form)发生的情感。数学的证明，或正义的行为，可以同图画或乐调一样"绮丽"或一样"整洁"；不过这绮丽，这整洁似乎与感觉无关。这样说，我们实有（或是我们有些人似乎有）真正**发于大脑**的愉快和不快——它的来源与我们上文分析的"粗糙"情绪显然不符合。前此还未曾被我们理由说服的读者，现在听见这种"让步"，一定会跳起来，以为我们这样让步，就是把整个假设放弃了。他们会说，音乐的知觉既然能直接引起一种情绪之觉，那么，假定"在那些由别种对象激起的所谓'粗糙'情绪，它所有情绪之觉也是同样直接，身体上表现只是后来加上去的作用"，难道不是更自然的说法吗？

要对这个怀疑加以答复，我们必须立刻坚持：**纯粹**的美感情绪，某些线条和积团(masses)，以及色彩和声音所给予我们的愉快，绝对是感觉的经验，是初起的视觉或听觉的情感，并不是由于别个部分继起的其他感觉的反响。固然，这种简单的，初起的，直接的，对某些纯粹感觉与谐和的感觉配合而起的愉快之外，可以**加上次起**的愉快。并且在人类大多数实际领略美术品的时候，这些次起愉快占很重大的地位。但是，一个人的赏鉴越是**古典的**，这次起愉快，比起最初感觉来到时候的愉快就越不重要了。[①] 古典主义与

---

① 就是低级感官［译者按：指视官听官以外的感官］的感觉，因为大串联想的反响，也会有这种次起的附带情感。一种味儿，因它忽然唤起久已风流云散的宴游的旧影，可以使我相当怅惘；或是，一种香气，引我们追忆已成断井颓垣的歌台舞榭里的香风，可以使我们几乎眩晕。居友君说："在披勒尼山中，一天夏日，我走到筋疲力尽了，遇见一个牧人，问他要点牛乳浆喝。他走到他茅舍那里取乳浆——茅舍下临清溪，乳浆瓶沉在水里，乳浆镇得冰凉。这鲜牛乳，真是群山的香气都收在此中；每一下咽，它的味儿好像赋予人以新生命。我喝的时候，的的确确体验到（转下页）

浪漫主义就是在这一点上争持。复杂的暗示性，一大片回忆和联想的唤起，以及绘影绘声的神秘和愁郁，使美术品带**浪漫性**。古典的赏鉴家蔑视这些作用，认为粗陋鄙俗，而偏重视觉和听觉的赤裸裸的美，未加俗艳的藻饰的美。反之，由性情浪漫者看来，这些感觉直接所有的美，似乎干燥、浅薄。当然，我不是讨论哪一个见解是对的，只是指出我们必须把初起的对于纯粹外来的感觉性质的美感，与次起的结合在它上面的情绪分清。

这些次起情绪断乎大部也是其他外来感觉构成的——这些感觉乃是美象唤起的广泛的反射作用所激发的。在美**激动**我们那一刹那，我们也许觉得内热，胸中隐痛，战栗，呼吸深广，心脏跳动，从背上一直到下的抖颤，眼睛含泪，下腹部骚动，以及此外许许多多的不能指名的变化。并且，道德的观念，如悲凉、慷慨、勇气等类，激动我们的时候，也发生这些变化，声音破了，歔欷从挣扎的胸部冲上来，或是鼻张大了，手指握紧了，同时心脏跳动了，诸如此类，用不着枚举。

这样，就细致情绪的**这些成分**论，这一类情绪并不成为我们的情绪说的例外，而是我们这个说明的又一例证。我们见到在一切种类的理智的或道德的快意，假如单单对于对象的想头和对它性质的认识之外，没有再加某一种身体的反响；假如我们对于当前的表情或隽语的简当没有真真发笑，假如我们对于公平或慷慨的行为没有觉得感荡，那么，我们心理状态就不能称为情绪的了。事实上，这种心态只是一种理智的认识，懂得某些事物应该叫什么——简当、正对、隽妙、慷慨，诸如此类的。这一种评判的心态应该与对于真理的知觉归为一类；这种心态是**识知**的作用。不过，事实上，道德的和理智的认识很少这样毫无陪伴的作用罢了。细心的内省会证明，我们身体的"共鸣器"总在振动，它作用的程度比我们通常所设想的程度要高得多。可是，有些时候，对某一类的作用——美感也在内——因为有长久的熟识，不仅赏识与评判更精，而且纯乎情绪的感受力也依同一程度变成更迟钝，我们却真真得到纯粹而不杂的理智的情绪了——假如这种心态勉强可

（接上页）绵连不断的情感，绝不是'适意'（agreeable）这个话能形容得充分。这简直是牧歌的交响曲不过以味觉而不以耳朵领会罢了"〔保朗（F. Paulhan）引自居友：《现代美学问题》Les problèmes de l'aesthetique contemporaine 第 63 页〕。这可以跟英格梭尔（Col. R. Ingersoll）的威士忌酒的颂文比较；美国 1888 年总统竞选，曾经把这篇颂文弄得啧啧人口。颂文如下："我送你些最奇妙的威士忌——它是最能够替人类驱除那些挠败我们高兴的心事的。它是小麦与玉米的灵魂的结合。此中含着在麦浪上相逐的阳光和阴影，含着产月的气息，百灵鸟的喜歌，凉夜的露点，夏日的畅茂，秋日的丰穰——此中关住光波，一切放金光了。喝这个，你就会听到妙龄男女唱'收获歌'的歌声，与儿童的笑声相和。喝这个，你就会在你血液里觉到许多完美日子的星光荧荧的黎明，和梦境似的黄昏。这个流水似的快乐，伏在橡木架上 40 年了，它老是热望碰着人们的唇吻"——我应该用这个方式答复格纳对我学说的批评。格纳君说（《心》杂志第 9 卷第 425 页）；詹姆斯的"见解""把两种事情混淆得很厉害。把这两件分别开，依我的意见，是音乐心理的首要工作——一件是其优美色彩的乐音的波流或积团本勇的影响，大部是感觉，另一件是特种的音乐情绪，根本主要对象是乐音继续的形式（form），这个形式的旋律的与和声的个性，就是完全无声也会感到的。只是第一件，才是与身体反应，毛发的震动——刺激和抖颤——极明白地连着的。⋯⋯假如我可以说我自己，许多音乐，就是无声的悬想，也使我与顶好乐队演奏时候得到同程度的情感，可是，我皮肤的刺激和毛发的震动，几乎完全是实际演奏时候才有的。然而，假如把我对于音调的形式，它的**乐音次第性**的鉴赏叫做纯乎批评这乐曲是'对的'这个判断（看下文这一段最后一节），那，实际等于说我没有用英文说可以简而亲切地表现出来的事实了。这个鉴赏的精髓是情绪。⋯⋯说起来，有几百个其他乐曲⋯⋯我也断定为'对的'，可是没有得到丝毫情绪。从情绪方面讲，这些乐曲，在我看来，好像几何学的证明或是发生于秘鲁国的美德行为。"格纳君又接下说，贝多芬的"对"与克勒孟第（Clementi）的"对"，就是两人乐曲只在想象内听到，也是不同。这个贝多芬的"对"大概是纯乎听觉的。克勒孟第的"对"大概也是听觉的，可是，由于现在不能指出的理由，克勒孟第的"对"不像贝多芬的"对"那样给我们以同种的纯乎听觉的愉快；前者也许不如用消极方式叫做"不误"（non-wrong），就是说，没有积极不快的听觉性质。像格纳君这样妙解音乐的禀赋，纯乎听觉的形式给予他那么高度的觉得出的愉快，低级的身体上反响作用弄得毫无关系了。然而我还要说：格纳君所述的事实没有什么可以使我相信有超脱任何种**感觉作用**的情绪。

以叫做情绪。并且,这种理智的情绪,似乎十分专门的批评家心里才会有的;它是那么干燥,淡薄,毫不炽热;所以不仅指明这种情绪与我们前此讨论的粗糙情绪绝不相同,而且使我们猜疑以为这种不同完全在于身体的"共鸣器",在后者大起振动,在前者却静默无声。在赏鉴极高的人,称许表示的最高限度也不过是"不怎么很坏"(not so very bad),据说,萧邦对新音乐最高的称赞只是说,"绝不使我讨厌"(Rein ne me choque)。多感的门外汉,假如看透这种批评的心理,见到在这种人心里,所有褒贬的动机多么冷淡,多么稀薄,多么缺乏人生意味,一定会觉得震骇;其实他应该觉得这样。照这种批评家的眼光,能在墙上点一好笔,比这一帧画的全部内容还重要;有一个小巧的字法,这首诗就值得保存;一个乐曲有个恰巧的乐音顺序,就是毫无意义,也可以使另一乐曲,无论怎么富有意味的,弄到不算数。

我记得二月的一天,天气严寒,在威尼斯美术院里看见一对英国夫妇在梯迁(Titian)的名画"圣女上升"(Assumption)前面坐了一个多钟头。天气太冷,我从屋子一间一间地很快挤过去,想赶快走到有太阳的地方,不管这些图画了;但离院之先,我很虔诚地走到这两位近旁,想要知道他们的感受性多么高超。我所听到的,只是那个女人在那里低声说:"她(指圣女)脸色多么**歉然**! 多么**自卑**! 他觉得多么**担当不起**这种尊荣!"在这么长时间,他们老实的心眼能够保持温暖仅仅是由于有了这种羼杂的情感烘烧着——然而,这种情感照理一定会使老画家梯迁恶心的。罗斯金在什么地方说过,信教的人大都不重视图画;而且他们要起图画来的时候,普通所要的都是最坏的,不要最好的(罗斯金觉得承认这种情形很使他难过)。是的,在种种美术,在种种科学,都是一面是敏锐的对某些关系**对不对**的认识,一面是这种认识所引起的那种情绪的炽热和震荡。这是两件事,并不是一件。第一件事,是专门学者和名作家觉得安然自得的。第二件是身体的震荡,学者作家几乎不觉得,但批评力顶低微的笨伯和俗子都可以全部领略到的。所谓科学的"奇迹",有许多想启迪人的通俗书把这件事说得津津有味,在研究人员看来都往往是毫无意义的东西。就是"神圣"的哲学,普通人因它取材和眼界的阔大,以为是"崇高"的职业,在专门哲学者看来,只是一种磨砺,把紧的勾当,这一点那一点的争持,把东西抓住,把"秋毫"剖析,特点在于概念的深奥,而不是它的广大。在哲学里,情绪是很少的——除非是把注意弄得细之又细的那种努力,以及在矛盾解除后思想顺利进行那一会的舒适松畅之感(大部都是呼吸器的感觉)。所以,就是在这最后方,在哲学,情绪与知识也是分离的;在我们看得出的限度内,在未得到大脑以下的器官增援之先,大脑作用几乎是完全无情的。

没有专司情绪的脑中枢

假如情绪的神经作用的情形真是如我这里想法证明的,那么,脑部的生理这个问题就比截至此刻止,人们所设想的简单些了。脑部只需有感觉的,联络的,以及运动的部分,就行。在最近几年用力探求脑部功能的生理学家,他们的解释都只限于脑部的知识的和意志的作用。经验的心理学把心的识知的和意志的部分,分析为简单的元素;生理学家把脑部分为感觉和运动的中枢,这个分法恰恰与心理学的分析平行。但是,在一切这些研究之中,情绪大被忽视,弄得我们要以为,假如有人问这些研究者怎么样以脑部作用解释情绪,他们一定要回答:他们对这个题目还没有想到,或是,他们觉得很难想出另外的假设,所以这件事是将来的问题,等到现在比较简单的问题有确定的解决之后才可以谈到。

然而,关于情绪可以说的两件事,一定有一件是对的;这是现在就可以断定的。或者,情绪在脑上的部位是分立的,是特别的中枢,只与情绪有关系的;或者,情绪相当于已知的运动中枢和感觉中枢或未知的这一类中枢的作用。假如前一说是对的,那么,我们必须否认现在流行的见解,必须承认脑部不只是身上一切感觉点,一切肌肉的投射面。假如后一说是对的,那么,我们必须追究下列问题,即在感觉中枢或运动中枢的情绪作用是完全特别的,或是与那些中枢所司的普通知觉作用相类似。假如我上文辩护的学说是对的,那么,这学说所要求的,只是后种假设。倘若大脑皮质只含有每个特别感官的变化,皮肤的每部分的变化,以及每个肌肉,每个关节,每个内脏的变化所能激发的部分,此外绝无其他中枢,我们也还有可以代表情绪作用的间架。对象刺激一个感官,影响大脑皮质的一个部位,这个对象也就被知觉到了;或者,大脑皮质的一个部位从内面被激动,引起对于同一对象的观念。反射的神经流,像闪光那么快,从它们的现成路径传下去,改变了肌肉,皮肤和内脏的状态;这些变化,像原有对象一样,由一样多的皮质部位知觉了,就与这个对象联合于意识之中,因此这个只是被知觉的对象,就变成一个带有情绪之觉的对象了。我们无须请出什么新原理,除了普通反射环路之外,无须假定什么新环路,除了大家那样或这样承认其存在的局部中枢之外,无须承认什么新中枢。

各个人在情绪上的不同

情绪可以追忆的程度,像低级感官的感觉一样,是很低微的。我们能记起我们曾经悲哀或畅快,可是这悲哀或畅快当时觉得恰恰怎么样,就记不出来了。可是,在情绪方面,**实际**再现很容易,可以抵补在**意想上**再现的困难而有余。那就是说,我们虽然不能够唤起过去的悲哀或畅快的旧影,却能够先把激起这些情绪的原因想得活现,而间接唤起新的悲哀和畅快。现在的原因只是一个观念,但这个观念却能发生与这观念的原对象所引起的机体的变化相同或几乎相同的散射,弄得这些情绪又成为现实。这好像我们把这情绪"光复"了。惭愧,亲爱,愤怒的情绪,尤其容易由想起它的对象而重新出现。贝因教授承认:"(情绪),照它的严格的情绪的本质论,只有最低度的再现可能;可是,因为情绪总是与视觉听觉连成一气,它就分沾得这些高级感官作用的那种高度的可回忆性。"[①]但是,他没有指出:再现的视觉和声音,就是**意想的**(ideal),还可能明显;而情绪,要明显,就要成为再度现实的情绪了。贝因教授似乎忘记了"意想的情绪"与意想的对象唤起的实在情绪,是大不相同的两件事。

所以,一面有善感情绪的气质,一面对于物象和事态有活跃的想象,这是要有丰富的

---

① 见他论《意想的情绪》(*Ideal Emotion*)那一章,读者欲知其详,请参看此章。

情绪生活的必需的并且足够的条件。无论一个人的气质怎么样易感情绪，假如他想象贫乏，就是有触起情绪潮流的时会，也不生效力；在这范围内，生活就变成冷清而干燥了。也许这是思想家宁可没有太高的视觉想象力的一个理由。这种能力不太高，他的思想的线索就不容易被情绪的穿插所打断。我们会记起：额尔登君发现英国皇家学会会员和法国科学会会员的视觉想象力都在平均之下。假如我可以说到自己，我现在——46岁——比我在早年，视觉想象力降低得多了。我很相信：此刻我情绪生活比较迟钝与这件事的关系，同它与随老苍而来的糊涂，或是与安定的职业生活家庭生活内的拉磨驴似的日程的关系，完全一样地密切。我说这个话，是因为有时候我从前那样较强的视觉意象忽然来了一阵，我觉得在那短时间内，我情绪的反响就比现在常有的来得厉害。柴柯（Charcot）诊察过的病人（在本书第二册第58页以下［译者按：即第十八章论想象的文中］提过的）致憾说，他视觉意象失掉之后，他不能感到情绪。他母亲死了，假如这在从前，他要多么伤心，可是现在他很冷静；据他自己的意思，这大部分是因为他对这件事以及他母亲死了对于其他家人的影响，不能有任何确切的视觉意象的缘故。

最后还有一个关于情绪的通则要说一下，就是：**情绪屡次重现比任何他种觉态的屡现比较更容易使自己变成顽钝**。这并不止因为对它的刺激的"适应"（我们已知道这种适应是一切觉态共循的公例），乃是因为情绪所引起的反射作用的"散播的激荡"（diffusewave）总会越变越窄小；好像情绪主要是作为临时的应付，以它为基础，再发展出精密的确定的反应来。我们对于任何事情练习越多，所用的肌肉就越少；恰恰这样，我们遇着一个对象的次数越多，我们对于它的思想和行为也越确定，它所引起的机体的扰乱也越来越少。也许，我们第一回看见它的时候，我们既不能应付，也不能想法，除了机体的震荡之外毫无反应。结果只是惊跳的诧异，惊奇，或求知欲。到了现在，我们对它看看，绝对没有情绪了。[①] 我们的感觉和观念发泄的神经径路渐加经济化，这个倾向是我们在效率上，便捷上，技巧上的一切进步的基础。假如将军，外科医生，会场主席的神经流老是下冲，走到他的内脏去，而不在他们的大脑回转（convolutions）内"盘桓"，这个将军，这个医生，这个主席也就不成了。然而，他们由这个公例在实行上赢利，在情感上却亏本了，这是必须承认的事实。在于饱经世故，经验丰富的人，他对于思想随时扫除障碍，进行得很自如很有力，这个状态所得到的快感，只有这个可以勉强抵补他从前一度享有的情感的生气勃勃。思想这样自由地猛烈地进行，表示在他，联想和记忆的脑通路的组织

---

① 那些被贝因教授叫做"相对性的情绪"（emotions of relativity）如新事物的激动，惊奇，自由所生的畅快，权能之感，几乎不能经得再度经验，再经验就不能再有这种情绪了。可是，如贝因下文解释的，又如歌德（海甫定教授引）说的，这是因为"心灵自己不知不觉地在内部长大了，那一个第一回觉觉再不能充满得了它。本人以为他少了什么，其实他是多了。他在快乐上失掉的，在内部发展上得到了。"海甫定自己又用很好的比喻说："我们'处女的'情感的状况，与新生儿的第一次吸气一样——这第一次吸气，肺部膨胀到极度，以后一生也不能呼尽到同一程度了。以后的吸气绝不能够引起恰恰像那第一次吸气的感觉。"对于情绪顽钝化的各方面，参看海甫定：《心理学概论》第六篇，和贝因：《情绪与意志》第1卷第4章。

渐渐增密,并且由这些通路,刺激都挪到只司发动手指写字或舌头说话的神经上去。① 然而,在他,纯乎理智的联想,回忆,逻辑的关系等类"侍从"也许是极端浩繁的。过去的情绪许也在回忆的事件之中。一个对象能在我们心中推动的这种种"侍从"越多,我们对它的彻悟就越充足。这种起于大脑的丰富之感,似乎就能给予一种愉快,也许不靠着时时由呼吸器上来的舒适之感(euphoria)。万一真有纯乎精神的情绪,那么,我很倾向于只承认这种大脑的丰富及畅适之感,这个汉密尔顿(W. Hamilton)许要叫做无阻碍而且不太吃力的思想活动之情感,是个精神的情绪。在通常情形,这个情感是个清明而恬静的意识状态,并不是个激动的心境。在受某些种迷醉的时候,这个情感变成激荡的,也许激荡得很强烈,受一氧化二氮迷醉而刚醒那一会,有个特征,就是使人觉得见到绝对的真理——我几乎不能设想,有什么比那个感想所给予的激荡更加狂热的刺激。哥罗仿,醚和酒精都会使人这样深切的觉得"悟道"。在一切这些作用,这种觉得,许是"强烈的"情绪;不过同时也附带各种各样的奇异的身体感觉以及各种起于外部的感觉上的变化。我不以为应该断定情绪与这些感觉和变化无关。可是,我愿意承认:假如无论在哪个地方要主张情绪与身体的感觉无关,那么,这些理论所给予的乐趣,似乎是开始辩护这个主张的据点。

各种情绪的来历

我在上文(本书第二册第 453—454 页)说过,假如我们认情绪为由于身体上的散漫冲荡所构成,那么,就有两个重要的问题,而且只有两个。

第一,各种特别客观的和主观的经验激起什么特别的散漫作用?

第二,这些经验由什么样子的经过,会激起这种作用?

讨论面容和表情的著作,都是企图答复第一问题的。面容上的变化前此曾受了极细心的注意,这是很自然的事情。读者,除了篇首所引的详细描写之外,假如还要看其他详情,请参考本页脚注②所列的文字。

关于第二问题的答复,近年稍为有点进步,下列两件事是确实的:

---

① 保朗君曾著一部小书,叫做《情感现象与这些现象发生的定律》(*Les phénomènes affectifs et les lois de leur apparition*);书中有许多准确的关于情绪细节的观察;可是他以为情绪是由于冲动的趋势受了抑制(inhibition),这似乎有点把事实颠倒了。在任何确定的冲动趋势被阻止的时候,实有一种情绪发生——就是不安,激恼,苦闷;保朗的例证完全是这一类的。其他情绪自身就是首起的散漫的冲动趋势(正如保朗君所说,含着多重现象 multiplicité des phénomènes);这些多重趋势;被阻止而且由少数小范围的作用所代替得越来越多,原来的情绪也就比例地趋向于消灭了。

② 曼特伽札的书的第一章,列有较老的对这题目的著作;其他参考文字,见达尔文的书的第一章中。除郎格和达尔文的书外,我所知道的著作内,以下列各书为最有用:

贝尔:《表情的解剖》(Bell:*Anatomy of Expression*);

摩素:《恐惧》(Mosso:*La Paura*);

毕德烈:《颜面表情和面容的科学体系》(Piderit:*Wissenschaftliches System der Mimik und Physiognomie*);

居陈:《人类面容的机栝》(Duchenne:*Mechanisme de la physiognomie humaine*);

萨立:《感觉与直觉》(Sully:*Sensation and Intuition*)第二章也应该参看。

（甲）颜面上的所谓表情肌肉，并不是单单为表情而有的。[①]

（乙）并不是像有些著作家所设想的，每一个肌肉只与某一个情绪有关系。

有些表情的动作可以这样解释：这些动作**在从前**（更强烈的时候）**是有利于表情者的**。**现在成了只是这些动作的微弱了的重演了**。同样，还有其他表情动态，在其他情境内，是**生理上必有的结果**，现在也只是微弱了的重演了。关于后一种反应，发怒和恐怕时候的呼吸失调可以做例证；这种失调可以说是人接连打架用力时候的吹气，急遽逃走的时候喘气的在内脏上的追溯，在想象上的回声，至少这是斯宾塞君所提出的解释，曾得人赞同。并且，就我知道的说，最初说发怒，恐怕时候的其他动作，也可以解释为从前有用的行为，现在只是初步发动的，也是他。他说：

> "有低微程度的，像伴随受伤和吓跑而起的那种心态，就是入于我们所谓恐怕的状态了。有微度的，像抓捉，戕杀和吞食所起的那种心态，就是抱有抓捉，戕杀，吞食的欲望了。'这些行为的倾向只是他所干连的心态的初步激发'这件事实，由这些倾向的天然的表现得到证明。恐怕厉害的时候，就发为啼哭，逃走的企图，心跳，发抖；这些反应正是跟着实际遭受所怕的祸殃而起的表现。那残毁的欲情[发怒]的表现，是肌肉系统的广泛的紧张，切齿，露爪，眼睛和鼻孔的扩大，猖猖噭叫；这些都是小规模的伴随残杀充食动物的行为而起的反应。在这一类客观的证据之上，人人还能够自己加上主观的证据。人人能够自己证验所谓恐怕就是某些苦痛结果在心上的表象；所谓发怒就是以苦痛加于别人或物时候要发生的那些行为和印象在心上的表象。"[②]

关于恐怕，我一会还要说些。现在且说，"情绪是**对唤起这个情绪的对象比较要猛烈对付时候有用的反应之微弱的再现**，"这个原理曾经应用到许多地方。像怒叫或蔑视时候的半边露出上齿这样小表现，达尔文以为是我们远祖有大犬牙并且（像狗咬似的）露这些犬牙咬敌人时候的遗留。据达尔文说，对外物注意时候扬起眉毛，惊诧时候张嘴，也是由于这些动作在极端的情形时候有用处。扬眉使眼睛可以张大，看得更清楚；张嘴是跟着专心倾听以及用力之先迅速地屏息而起的。斯宾塞以为发怒时的鼻孔张大可以这样解释：我们远祖打架的时候，他们"嘴咬住敌方身体的一部分，因而嘴里塞满了"（!），所以鼻孔要扩大，呼吸才可以充分。曼特伽札设想恐怕时候的发抖是因为要使血液热一点（!）。冯特以为脸和脖子的发红是因为这时候因心脏激动而脑部血压增高，所以血液多流到面部颈部是一种调剂的办法。冯特和达尔文都以为流眼泪也是同类的把血引出颈部的法子。眼睛周围的肌肉的收缩，最初的功用是在婴孩时期啼叫时候保护眼睛，使它不至过分充血；这个在成年遗留的痕迹就是皱眉；成人在思想上或在实行上遇着什么困难或不快意的事情的时候，就立刻现于额上。达尔文说：

> "婴孩每一阵啼哭或苦叫开头的时候就皱眉，这个习惯演习了无数代了；因此这个习惯与初步的对于苦恼或不适意的事物的感觉联结得很牢固。所以，在成年时

---

① 可是，我们要记得：在两性选择对于决定人类机体的构造有影响的限度内，对于善表情的脸面被自然地选取，一定曾经增加了人类颜面的易于活动的平均程度。

② 斯宾塞：《心理学原理》第213段。

候,在同类情形之下,这个习惯易于继续着,不过总不会进展成为一阵啼哭罢了。苦叫和哭泣在很早的年龄,人就开始用意志制止它;但在任何年龄,皱眉几乎可以说从未制止过。"①

据黑克说,可喜或可笑的刺激影响那些发动血管的神经,因而发生脑贫血,断续的呼气可以抵消这种贫血——笑就是这些断续的呼气连成的。② 含笑是发笑的微弱遗痕。在作一切努力的时候紧闭嘴唇是要空气留在肺内,使胸部强固,腰腹两侧的肌肉的最后附着点更着实。因此,每当稍为要下决心的时候,我们就看见两唇紧闭。在性的交接时候血压要高;所以心脏大跳,并且倾向于抚摩的动作——"柔情"在程度轻微时候就有这个动作伴随着。我们还可以提出其他的例子;但这些已经尽够表示"情绪是有用动作的微弱再现"这个原理的应用范围了。

还有一个原理可以叫做对**引起类似情感的刺激作类似的反应**这个原理——对于这个原理,也许达尔文并不曾加以充分的讨论。我们有一大批的形容词,可以通用于各个不同感官的印象的——许多类的经验都是**甘甜的**,许多类的印象都是**丰富**或**充实**的,许多类的感觉都是**锐利**的。冯特和毕德烈(Piderit)由是对我们关于道德主张的最显著的反应这样解释,以为这些反应都是象征的尝味动作。我们一有任何与甘,苦,或酸的感觉相类的经验,那么,同真尝这种味儿一样的动作就要发生了。③ "因此,语言所比做苦的,涩的,甘甜的一切这些心理状态都与相当的嘴的模拟动作相连。"厌恶(disgust)和满意的情绪断然是用这种模拟表现出来。厌恶是呕吐的萌芽,它的表现往往只限于嘴唇和鼻子的做样子;满意表现于吮吸姿态的含笑,或是两唇的尝味动作。在曼特伽札的著作中(这作品纵然博引,却是肤泛的),他企图把眼睛耳朵也加入象征的表现反应的器官之内,可是说起来就不如上文成功了。普通的否定姿态,在我们,是把头向两侧摆动;这原来是婴孩用以避免难吃的东西弄到嘴里的反应,这在育儿室内可以看到完满的表现的。④ 在成

---

① 在儿童时期,哭泣不仅是悲苦的例有症象,而且几乎也是愤怒的一样的例有症象;这事,据达尔文的原理,可以解释发怒时的皱眉。斯宾塞以为拼命格斗的时候,皱眉有使阳光不射进眼睛的功用(!),由最适者生存的法则,这个发怒的皱眉就遗传下来了(见他《心理学原理》第二卷第546页)。摩素反对任何以皱眉为有利于视觉的解释,因为情绪激动的时候,皱眉是与瞳孔扩大同时发生的;瞳孔扩大会使视觉不清晰,所以假如自然淘汰能够把皱眉固定起来,那么,它应该把皱眉淘汰掉了(参看他的《恐惧》第9章第6段)。不幸这位很有才的著作家的说话,好像以为一切种类的情绪对于瞳孔的影响都是一样。恐怕的确使瞳孔放大。但据达尔文和旁人所引,格拉靴勒(Gratiolet)说发怒时候瞳孔缩小。对于这一点,我自己没有什么观察,并且摩素前此关于瞳孔的文章(都林 Turin 1875年),我没见过。我同达尔文意思一样,以为对于这件事,我们还要有更详细的观察。[译者按:据后来的观察,发怒时候,瞳孔也是扩大的]。

② 黑克:《笑和滑稽的生理及心理》(*Physiologie u. Psyohologie des Lachens u. des Komischen*)(柏林 1873年)第13至第15页。

③ 第一步先把这些动作从目的方面解释,以为都是舌头要便于细尝或排除带味儿的东西不得不做的动作(参看冯特:《生理的心理学》第二卷,第423页)。

④ 亨勒教授以为否定时候的摇头是战栗的萌芽,他并且说,这种简单化是很好的,例如在跳舞会内女子拒绝男伴时候用它,多么恰当。他以为称赞时候的鼓掌是拥抱的简缩,作为象征。伴各种各样疑问的心态而起的嘴唇突出(试饮的口势"der Prufende Zug"),毕德烈以为是从**尝呷**动作来的——无论什么人要知道一种酒是好是坏的时候,我们就可以看到他嘴上做这样的动作。

人，只要想起一个不适意的想头，就发生摇头的反应。同理，肯定时候的点头是由把食物弄到嘴里的类推动作。关于道德的或社交的轻视或憎厌的表现，与完全确定的本来是齅气味的动作相连，尤其在女人方面，是很显然，不消解说。眨眼是任何项带着威胁性的惊骇的结果，不单是对危害眼睛的东西的反应；眼睛转避一顷刻，很会是对于出本人不意的而且本人不欢迎的提议的第一步的反应，这些够做情绪是由类推而表现的动作的例证了。

不过，假定我们某些情绪反应可以用上述两原理解释（读者自己会见到，这种解释在有些例子上是多么属于揣测的，并且是不一定对的），也还有很多情绪反应，不能够这样解释。这些反应，我们此刻必须认为刺激的纯乎自发的作用。这些自发作用之中，有对于内脏和体内泌腺的影响，恐怕时的口干，泄泻和恶心，盛怒时的肝脏扰乱，有时使怒后起黄疸症的，热烈激动时的溲溺，以及忧危时的膀胱收缩，盼望时的张嘴，悲哀时的喉部窒碍，受窘时的喉咙触痒并吞咽，恐怖时"上腹部郁闷"，瞳孔的变化，皮肤的各样出汗，冷的或热的，局部的或浑身的，和皮肤的各种发红，以及其他大约有的，但是太隐微不能觉到或加以名目的症象。好像就是情绪激动时候血压和心搏的变化，也会不是由于有什么目的，也许只是沿最易宣泄的径路的机械的或生理的流溢——肺胃神经及交感神经在通常时候，就是这种最易宣泄的途径。

斯宾塞君主张**最小**的肌肉一定也是这种途径；他说到狗，猫和鸟的尾巴，马的耳朵，鹦鹉的顶冠，人的脸面和手指，认为是最先为情绪刺激所发动的器官。[①] 假如这个可以也算做一个原理，那么，它可以更容易应用于比较小的动脉上的肌肉（不过不很适用于心脏）。还有，循环系变化有许多差异，也暗示这些变化是为与功用无关的原因所决定。固然，心搏的加速，很容易用遗传的习惯，前此更剧烈的激动在内脏上的痕迹这个话来解释；达尔文的说法就倾向于此说（参看他的《人类和动物的表情》）。然而，从反面说，有许多反应，无疑可以认为病态的，始终不会有用，也不会是从曾经有用的反应传下来的；所以，我以为我们大要小心，不要把心搏变化有目的这个解释弄得过火。除了恐怖以外，许多激动也会发抖；这发抖是完全病态的（这一点，我们不能与斯宾塞和曼特伽札两君苟同）。恐怖的其他强烈症象也是病态的。摩素教授把他研究的全部结果总述如下：

"我们见到危险越严重，确实对恐怖的动物有害的反应，在数目上力量上都越大。我们已经见到发抖和瘫痪使它不能逃走，也不能自卫；我们也证实在危险的最紧急关头，我们比在心平气和的时候更不能看见东西［或想出主意］。有了这种事实，我们一定要承认恐惧的现象不能都用自然选择来解释。极端的恐怖现象是病的现象，表示机体上的缺点。我们差不多可以说，自然界不能构造同时具下列两条件的物质，一方面要够容易激动，宜于构成脑和脊髓，另一方面又不会被例外刺激弄到

---

① 上引书第 497 段。斯宾塞君没有解释为什么狗的面部肌肉不比实际更活动些，也没有解释假如只是由于最易宣泄这个原理，为什么不同的刺激发动这些小肌肉的方式那样不同。贝尔以为面部肌肉的表情上占特别地位，是因为这些肌肉是**呼吸**的补助肌肉，控制它的神经的出发点与延髓内呼吸中枢相接近。这些肌肉是发音的"助手"；像发音一样，它的功用是在于传达**情意**（Communication）（参看贝尔《表情的解剖》书中萧君所撰的附录［Appendix by Alexander Shaw]）。

反应超出有利于保存这个动物的那些生理的界限之外。"[1]

假如我没记错，很久以前，贝因教授对于恐惧也作同样的考语。

达尔文用他的"对立原理"作为很多种情绪表现的解释。由于这个原理，假如某一个刺激唤起某一组反应，那么，相当于相反情绪的刺激，就会唤起恰恰相反的变动，不过这些变动没有功用，也没有意义罢了。达尔文解释无可奈何或无能的表情，何以是提起眉头，耸起肩头，垂下胳膊，张开手掌，是因为这些反应是发怒时候的皱眉，肩头退后，以及拳头握紧那些反应的反面——而发怒就是权能的情绪。无疑，有些动作可以用这个公例解释；不过说这是说明原因的原理，就大大可以怀疑了。大多数批评的人以为达尔文对情绪的推测之中，这是个最少成绩的。

总之，有少数情绪反应，我们可以看到它的理由；有些，我们可以揣想一种可能的解释；至于其余，就是设想个近理的解释，也是不能够的。这些最后一种反应，也许是我们神经中枢构造的纯乎机械的结果——这些反应，虽是在我们是永久的，但从来源说，却是偶然的。事实上，在像神经系统这么复杂的组织内，一定有很多这种反应，它对于为功用而发展的反应只算附带的；假如只为它也许会有的功用，始终不会独立发展出来的。晕船，爱音乐，喜欢各种麻醉品，其实，人的全部美感生活，都应该溯源于这个偶然的变化。[2]以为所谓情绪的反应，从前不会从这样宛如偶然的样子演展出来，那就未免傻气了。

我对于情绪所要说的话说完了。假如要把人心所有的情绪一个一个举出来，那么，它数目的极限，分明只是关于要举的人内省所用的名词多少；每个民族都有些称呼小差别的情感的名字，这小小差别的情感，其他民族并不曾分别出来。假如我们要把这样列举的情绪，照它们的彼此近似程度分成种类，那么，各种各样的分类明明都是可能的，只看我们用哪一个特性做分类标准，并且各样分类明明都一样真实，一样合理。问题只是：这样或那样分类是不是最合用？读者可以随自己方便，把情绪分成悲的或喜的，盛强的或衰弱的，生成的或习得的，生物唤起的或无生物唤起的，形式的或实质的，感觉的或意想的，直接的或反省的，为己的或非为己的，回顾的、前望的或现在的，机体自身引起的或环境引起的，诸如此类，实际都有人提议过。这些分类法，各有各的好处；各个分类法都把其他分类法分开的情绪合为一类。读者要知道详情，以及其他分类法，请参考贝因《情绪与意志》的附录，以及《心》杂志第九、第十、第十一各卷内墨西厄（Mercier），斯坦黎（Stanley）和黎德（Read）论情绪的文字，在同杂志第九卷第421页，又有不幸死了的格纳批评我在本章仍然辩护的主张的一篇文章。

---

① 见他的《恐惧》的附录，第295页。
② 参看下文第627页［译者按：即第28章论"偶然的变异"］处。

汤姆森(J. J. Thompson, 1856—1940),1906 年诺贝尔物理学奖获得者,
詹姆斯同事,同样对灵异研究感兴趣

意　志

·*Will*·

　　我们意志的**直接**外部结果只是身体的动作。产生这些有意的动作（voluntary movements）的机构是我们此刻应该研究的。这个题目包含好多不同的方面，很难把它们排成连续的，合乎逻辑的次序。我只照方便的次序先后讨论，相信读者到最后可以得到一个明白的并连贯的见解。

瑞利(Rayleigh Baron, 1842—1919),1904 年,诺贝尔物理学奖获得者,
詹姆斯同事,同样对灵异研究感兴趣

欲望,愿望,意志(desire,wish,will)是人人知道的心理状态,并没有什么定义能够使它更明了。我们欲望感到、享有、做到此刻没有感到、享有、或做到的各种各样的事情。假如有一种觉得不可能达到之感跟着这个欲望,我们只是**发愿**(wish);但是假如我们相信我们有能力达到目的,我们就**立志**(will)要所欲望的感觉、享有或做到果然得以实现;并且这种感觉、享有或做到,不久会成了现实,或是紧随立志而实现,或是在完成了某些预备工作之后而实现。

立刻跟我们立志作用而实现的目的似乎只有我们自己身体的动作。无论我们要志于得到的**感觉和享有**是什么,它总是我们为求达这个目的而做的预备动作之结果。这件事实,人都熟悉,无须举例;因此我们可以开头就说:我们意志的**直接**外部结果只是身体的动作。产生这些有意的动作(voluntary movements)的机构是我们此刻应该研究的。这个题目包含好多不同的方面,很难把它们排成连续的,合乎逻辑的次序。我只照方便的次序先后讨论,相信读者到最后可以得到一个明白的并连贯的见解。

有意的动作须先有对于无意动作的记忆

我们前此所研讨的动作是自动的并反射的,并且(无论如何,在第一次实行之时)是动作者所预想不到的。我们现在要研究的动作,因为是事前欲望的,存心的,当然进行之时完全预料到它将是什么样子。所以,**有意的动作必定是我们机体的次起功能**(secondary functions)**而非原始的功能**。这是在意志作用(volition)的心理学内要了解的第一点。反射的,本能的,以及情绪的动作都是原始的行为。神经中枢的结构方式,使某些刺激能"燃烧某些会爆炸的部分的导火线";并且第一次经历一回这种爆炸的人是经过一项完全新鲜的经验的。前些日子,我和一个小孩同站在火车站里,恰好一列快车轰隆轰隆地开过来。这个小孩正站在月台的靠边地方,惊跳起来,眨眼睛,呼吸扰乱,脸发青,大哭起来,发狂似地跑到我身边,掩面藏头。我毫不怀疑这个小孩被他自己的行为所惊骇的程度,几乎同他被火车惊骇的程度一样,并且比旁观的我惊骇得更厉害。当然,假如这种反应发生了好多回,我们就知道我们自己会怎么样;此后,就是我们的行为还是同从前一样不能随意的,不能控制的,但我们能够预料到它。假如在严格所谓有意的行为,我们必须预知这个动作,那么,凡是不具有预言的能力者都不会第一次有意地实行一件行为。其实,我们对于我们能做什么动作并不能先知,同我们不能先知我们能有什么感觉一样。就像我们必须等待经验给予我们感觉,才知道感觉怎么样,同样,我们必须等待无意地动作了之后,[①]才能够设想这些动作是怎么样。我们的一切可能性,都是由于我们经验过才知道。在一特种动作已经偶然地,反射地,或无意地发生过一回,并在记忆上遗留一个意象之后,我们就能够欲望做这个动作,能够拟想它为目的而存心立志做它。可是在此之前怎么能够立志做这个动作,是不可能理解的。

所以,一批由于实现各种无意动作之经验所遗留在记忆中的关于各种可能动作之观

---

① 为简单起见,并且要只论这个题目的基本道理,我撇开由看别人动作而学到这种动作这件事。

念,是有意志的生活之第一先决条件。

同一个无意的动作可以在记忆中留下好多种对于这个动作的观念。假如是别人做出这个动作,当然我们**看见**它;假如动作的部分打着我们自己身体的另一部分,我们就**觉得**它。假如这个动作发生声音,我们就有对于它的结果的听觉印象,例如,它是一个口舌发音的动作,或是奏乐的动作。这些可以叫做这个动作的隔远(remote)结果;一切这些隔远结果,我们自己的动作也会产生;并且这些动作遗留下无数的观念在我们心上,我们所以能把每个动作与其余动作分别,就是利用这种观念。它**看来样子**不同;它使它听打到的身体的一个远些的部分**觉得**不同;或是,它**听来觉得**不同。由是,严格说,这些隔远结果就够供给我们的心以所需要的观念了。

动 觉 印 象

可是,除了这些对于隔远感官的印象之外,凡是我们自己动作之时,还有另一套印象,即发自实际移动的部分之印象。这些巴斯棠氏所谓**动觉的**(kinæsthetic)印象是这个移动的"**在地**"(resident)结果。不仅我们的肌肉具有内导与外导神经,而且腱、韧带、关节面和关节周围的皮肤都有感觉;这些器官依照随每个特殊动作而不同的方式被牵拉,被挤迫而给予我们不同的感觉,这些感觉的种类与可能实现的动作一样多。

这些"在地"印象使我们觉得**被动的动作**——别人操纵我们的肢体而发生的动作。假如你闭眼睛躺着,别人静默地把你的臂或腿置于任何种任意选定的姿势,那么,你对于这个姿势为何,有个准确的感觉,并且能够自己在对边的臂或腿立刻模仿这个姿势。同样,一个人在暗中忽然睡醒,知道他身体是怎么躺着。至少,在神经系统正常之时是这样的情形。可是,在得病之时,有时候,"在地"印象不能按常态刺激神经中枢,由是姿势的感觉就丧失了。只是到近年,病理学家对这种感觉缺失症的研究才达到研究这种病症所应有的精细程度;并且无疑我们对于它还有许多事情不知道。皮肤也许无感觉,肌肉也许不觉得通过它的感应电流所引起的痉挛似的痛感,但被动的动作之感还可以保留着。其实,这种感觉似乎比别种感觉都更顽强,因为除了这个姿势之感以外的肢内一切其他感觉都丧失之病症是比较常见的。在本书第二册第二十章(空间知觉),我曾经尝试指示:关节面大概是"在地的"动觉感之最重要的来源。可是,发现动觉的特殊器官,与我们当前的研究无关。现在我们知道这种感觉之存在是不容否认的,就够了。

假如被动的动作之感跟肢内的其他感觉一起丧失了,结果就是如斯特伦柏尔教授的下引叙述所说的;他所说的那一个奇怪的失感觉的男青年,只有右眼和左耳还有感觉:[①]

"患者的四肢通通可以被动地受最大范围的移动而不引起他的在意。只在关节,特别是膝弯,受暴烈的强迫的过度伸展之时,他才有一种笨滞的模糊的牵掣之感,可是这个感觉很少被认为有准确的位置。我们屡屡在绑了患者的眼睛之后,将他在房间内抬来抬去,放他在桌上,使他的臂腿作极奇怪的并且显然极不舒服的姿

① 《德国临床医学纪录》第22卷,第321页。

势,他也丝毫不知道。他在忽然解下绑他眼睛的手巾,使他看到他的情况之时所表现于脸上的惊骇状态,非言语所能形容。只有将他的头向下倒挂,他才立刻说他头晕,但不能说出头晕的缘故。后来他有时由于听到搬弄他的声音,推测到人家对他正在有特别举动。……他没有肌肉疲劳的感觉。假如他眼睛闭了,我们叫他举起胳膊,并且不放下来,他做这个绝无困难。可是,过了一两分钟之后,这个胳膊开始发颤而掉下来,他自己不知道。他还宣称他能够不断高举着胳膊。……使他的手指被动地固定着,对他无影响。他总是以为他在开合他的手而实际手是固定不动的。"

或是看如下引的例子:

"患者一不用眼睛看自己的有意动作,就不能够估计这种动作的进展。例如,叫他闭眼之后,假如叫他移动一肢,或全动,或动一部分,他照办。但不能知道所做的动作是大是小,是使劲或不使劲,甚至动了没有,也说不出来。又假如他把一只腿由右边挪到左边之后,再开眼看看,他说他在开眼之前,对于这个挪动的大小,只有很不准确的观念。……假如在存心要做某项动作之后,**我制止他**,他不知道,以为他的肢体已经动到他要动的位置。"①

或是如下例:

"假如患者做一个不习惯的动作,正做到一半,把眼睛闭起来,他的肢体就停留在闭眼之时所到的位置,并不好好完成这个动作。随后,这只肢体晃动了几下,渐渐被它的重量缒下来(并没有疲劳的感觉)。这个,患者不知道,他开眼之后看见他肢体的位置,觉得奇怪。"②

同类的情态不难以实验方法叫好多受催眠者仿演出来。要做到这个,只需在性质适宜的人正在催眠状态之中,告诉他说,他不能够觉得他的肢体,那么,你可以随意把这个肢体置于任何姿势,他就全不知道这些姿势如何。③

一切这些实例(无论是自发的,或是实验的)指明:要使一串衔接的动作顺利地进行,绝对需要有一种**指导的感觉**(guiding sensations)。事实上很容易见到:就像在一串"机械的"(automatic)动作(参看"习惯"一章说习惯减少注意一段)之中,每个后来动作都必须由执行前此最近一个动作所起的印象发动;在一串有意的动作,假如我们要对于次一个动作做什么,有清楚的意志,也必须在做每个动作之时知道**我们恰恰在这串中的什么地**

———————————

① 蓝都黎:《论肌肉感觉的麻痹》(*Mémoire sur la Paralysie du Sens Musculaire*),见 1855 年《医院汇报》(*Gazette des Hôpitaux*),第 270 页。

② 塔卡斯:《论感觉传导的迟延》(*Ueber die Verspätung der Empfindungsleitung*),见《精神病学集刊》(*Archiv für Psychiatrie*)第十卷第二分第 533 页。关于一切这种实例,参看本书第二册第 205—206 页(即第二十章[空间知觉]内讲盲人利用触觉听觉耳内半规管感觉等以知空间关系处)。

③ 《美国灵学会纪录》,第 95 页。

段。不觉得他的动作的人也许开始得顶好,可是一定不久会迷乱而出岔子。① 但是,像刚才所说的得不到动觉印象的患者还能够由视觉指导。斯特伦柏尔说他那个青年患者的情形如下:

"别人始终能够看到他的眼睛先注视搁在他面前的东西,然后又注视他自己的胳膊;并且在胳膊动作的全部时间,他眼睛不断跟着这只胳膊。他的一切动作都在眼睛的不断的指导之下进行——眼睛是必不可少的指导,始终忠于它的职务。"

蓝都黎的实例也如此:

"他在开眼之时很容易将他的拇指同其余的任何一个指头对碰;但闭眼之后,对碰的动作虽然也发生,可是拇指只是碰巧才碰着它所要碰的指头。他开眼之时能够将两手碰在一起,毫无迟疑;可是,闭眼之后,两手在空中互相追寻,只是偶然才相碰。"

贝尔的失感觉的患者是人所熟知的旧的实例;这个女人只在她看着她的孩子之时才能够把他抱得稳。我自己曾经要求两个受催眠者仿演同样的情态,我使他们的胳膊和手失感觉,但还没有到瘫痪的程度。他们看着的时候能够写自己的姓名,可是闭了眼睛就不能。现代教聋哑者说话的方法,是使他们注意某些喉头的、嘴唇的,胸膛的,和其他感觉,这些感觉的再现就成为他们发音的指导。在正常情形,是我们由耳朵所得的那些隔远感觉,使我们语音不发生差错。失语病的各种现象证明通常是如此。②

关于被动的动作感觉之存在以及这些感觉为我们的有意活动所必需的条件这些题目,非说不可的,也许都说过了。因此我们可以说这个话是确实的,就是:**无论在我们自觉地志于一种动作之顷,心里有无别的什么,心里总必定有一个由这些感觉的记忆像构**

---

① 其实,在有些病人,没有动觉印象,就是要把动作做正当的开始,也不能。例如,斯特伦柏尔医师述把那个男青年的手翻覆,假如这个时候他闭眼,会使他将弯小指,代替弯食指。"假如命令他以左臂指左边,常常他把左臂直举向前,随而像暗中摸索样子移动无定,有时达到正对的位置,但一会又离开。两腿也同样。假如患者躺在床上,他两眼一绑上,就叫他把左腿放在右腿上,往往他左腿挪到更左,放在床边,显然放在极难受的位置。把头转动,例如从右向左,或向患者所知道的某些东西,只在患者当眼睛刚才绑上,特别对于所需要的动作为何之知觉重新注意,才能够做得不错。"斯特伦柏尔氏在同篇文内说到又一个感觉丧失病者,假如两眼不开着,那么,无论志向多么有力,臂膀完全不能动。在这些协识脱离病者,变化很大。有些病人假如闭了两眼,无感觉的部分就完全不能动。有些能动得十分好,并且能用无感觉的手写连续的句子。这种差异的原因还完全未被探讨过。〔译者按:原文此处作"不完全未被探讨",显是偶然笔误〕。比纳君在《哲学批评》第25卷第478页提示:在完全不能动手的患者,需要光的感觉作为增加动力的(dynamogenic)因素(参看本书第二册第23章"论动作之发生"文内说光对于协议脱离病者的呼吸之影响处);在能够动手很谙练的患者,失感觉只是一种虚貌的无感觉,其实肢体受一个分裂的或次起的意识之支配。这后一种解释当然是对的。G. E. 米勒教授在《普菲律格生理学集刊》(*Pflüger's Archiv*)第45卷第90页提出想象力的个人差这件事以解释完全不能写字的病症。他说,他们的严格所谓动觉的意象也许微弱,并且他们的视觉意象不够强,没有由感觉来的激发,就不能弥补动觉意象的不足。庄纳所观察的协识脱离病的感觉丧失症会联带健忘病这件事可以完全使米勒的假定言之成理。我们现在所需要的是对于个别病例加以精细的检查。同时,上文所引的比纳的论文和巴斯棠在1887年4月号的《脑》(*Brain*)杂志有对这个问题的重要讨论。在后面一个小注,我要再回到这个题目(请看本书第二册第520页)。

② 波尼教授发现有一个男中音歌唱家,当他的音带用高根(cocain)弄到无感觉之时,他并不失却他唱音的准确度。他的结论是:这个人当时的作指导的感觉是在喉头的肌肉内。但是这种指导感觉是在耳朵内之可能性更大得多(波尼:《论内部感觉》,*Les Sensations Internes*,1889年出版,第253页)。

成的而规定这个动作应是那一特项动作之心理拟想。

无须假定有神经流出动之感

可是，在我们立志要做一个动作之时，心里到底有没有别的什么呢？ 在这一章，我们必须由比较简单的进到比较复杂的实例。因此我的第一个论点就是：**不必有别的，并且在极简单的有意动作，心里除了对这个动作应如何之这样限定的动觉观念之外，没有别的。**

心理学内有个强有力的传统，要主张：除了这些由于被动的感觉之意象之外，还有别的作用，也是要在心理上决定一个有意的动作之时所根本需要的。这个主张以为：当然，在动作之时必定有特别一道能力之流从脑部通到相当的肌肉内，并且假定这个向外的流必定在每一特例都带有一种独特的感觉，（他们说）否则心始终不知道应该用哪一道特别流，不知道应该用通到这个肌肉或通到那个肌肉的流。这种对于向外能力之流的感态，冯特将它称为**神经流出动之感**［以下译文中，简称出动之感 ］。**我不相信有这种出动之感**，并且必须进而批评这个观念，我怕批评要很长，长到使有些人生厌。

才看，这个出动之感极像是真有的事。我们在此刻以前所讨论的被动的动作之感觉都是发生于动作完成之后。可是，每回遇着动作很难并要很准确之时，我们实际**在动作之先**就已尖锐地觉得这个动作所需要的能力之分量和方向。一个人只需去打滚球或弹子，或是扔球，就可以正在他的意志起作用之顷"抓捉"到它——在这顷刻，他的意志正在尝试地权衡它的可能的努力，并且在意想上演习各种近乎适当的肌肉收缩，一直到了它找到刚刚正好的收缩，它才说"现在发动"。这种预备的权衡作用觉得极像能力继续冲到外界，又在刚刚来得及之时加以改正，以避免不可挽回的行为；因此，人最自然要采纳的观念，是以为伴着这权衡作用的，是**向外**（outgoing）神经流，不是仅仅前此被动感觉之余象。

因此大多数作者都以为出动之感当然存在。贝因，冯特，亥姆霍兹和马赫都极明白地维护这种出动之感。可是，虽然这些作家理应握有权威，但我不能不以为他们在这一事上是错了——神经流发射进运动神经（motor nerves）是感觉不到的，并且**我们的一切对于动作的观念**（包括它所需的努力以及它的方向，它的分量，它的劲儿，它的速度之观念）都是末梢感觉的意象——这些感觉或是"隔远的"，或是就在动作的部分内，或是在由于"散播的神经波荡"（diffusive wave）而与动作部分起"共鸣作用"的其他部分内。

如我所要说明的，从先乎经验的方面看，并没有理由说应有一种对于外导神经流的意识，而且有理由说不应有这种意识。所以**殆然的理由**（presumption）是反对出动之感的存在；而证明它的存在之责任是在相信其为有的人。假如他们所提出的确实的经验的证据也不充分，那么，他们的主张就崩溃了，他们所假定的感态就必须置之不论了。

那么，第一件，让我证明我们**无须假定有出动之感。**

我免不了要疑心经院派的"结果必定是依某一方式已**含在**原因内"这个偏见，是使心理学者这么容易承认出动之感之一部分原因。外导神经流是结果，有什么比对这种神经流的感态更好的含蓄它,预示它的心理前因呢? 可是,假如取更广大的观点而考察我们的一般活动之心理前因,我们就见到这个经院派的规条处处被打破,并且假如它在这一事上被证实,结果反是违犯普通定律而不是替这个定律作例证。在散播的神经波荡,在反射动作,在情绪表现,现为结果的动作绝不预先含在作为它的原因之刺激中。这些刺激是主观的感觉,或客观的知觉,一点不像这些动作,也一点不预示它。可是我们有了这些刺激,"急急如律令!"这些动作就出来了! 这些动作好像由我们身上敲出来,使我们骇异。如我们在论本能那一章(本书第二册第二十四章)所指出的,这种身体上的结果会跟这种心理前因而来这件事是理应使人奇怪的。我们费尽力量用那些进化学说解释这个神秘,说幸有的变异与遗传渐渐使这一对特别的事项变成了一律的相继系列。同时,我们不知道为什么要有意识状态发生于动作之先——这两件事似乎根本不相连的。可是,假如必须有个意识状态,那么,就我们所知道的说,为什么有这一种心态不会同有那一种心态一样容易呢? 人的一切肌肉在某些时期会为一个忽来的接触或声音而收缩;那么,假定在别个时期,对于肌肉收缩所要产生的感觉之观念不够作为引起收缩的心理暗号,而坚持必须再有"一个对于外导神经流的感态"作为前因——这不是拘小节而违大义吗!

不! 就我们所能见到的说,并以一般的类推来看,如我们所说明的动觉观念(即由姿势与移动而内传的感觉之意象)**很会**是各种由脑部下到肌肉的神经流之最后的心理的前因并决定素,同任何种出动之感会是这种因素的程度一样。"这种前因和决定素**是什么**?"这个问题是事实的问题,必须由所有的经验上的证据来决定。①

可是,在考虑经验的证据之先,让我先指明:**有一种先乎经验的理由说:动觉的意象应该是外导神经流的最后心理前因,并且我们应该预期这些流是不觉得的;简言之,所谓出动之感不应存在。**

---

① 就像(随便举例)热的感觉是出汗的最后心理前因,亮光的感觉是瞳孔收缩的最后前因,记起一件做过的错事也许是脸发红的最后前因,同样,动作的感觉结果之观念可能是这个动作的最后心理前因。固然,通常,出汗的观念不会使我们出汗,脸红的观念也不会使我们脸红。可是,在有些恶心的状态中,呕吐的观念会使我们呕吐;只是例外地在这一例实现的这一种相继事故,可能在所谓随意肌肉内,是通例如此。这都由于观念作用中枢与神经流发泄通路的神经上联系。这种联系可能随中枢的种类而不同。这些联系多少随人不同。好多人从来不会因为想到他们所做的错误而脸红,只是犯了实际错误,才脸红;别的人想到错事,就脸红;还有些人完全不脸红。据洛采说:有些人"可以用回想照例起于流泪之先的在三叉神经内的那个特别感觉这个法子随意要哭就哭。甚至有些人能够由于生动地回想通常起于流泪之先的那种特征的皮肤感觉并有意地唤起在要流汗时的那种形容不出的松弛之感而果然出汗"(见他的《医学的心理学》[Med. Psych.]第303页)。更常见的一类例外情形是:刺激之观念,不是结果之观念,引起这些结果。例如,书上说到有些人能够以逼真地想象看见极亮的光而随意收缩他的瞳孔。有个男人有一回告诉我(很奇怪,我不记得他是谁,但我的印象是,他是位医师),他能够以想象他在悬崖边际这个法子随意出汗。有时想象一件可怕的对象可以使手掌因恐怕而出汗(参看曼奴伏荔在《哲学批评》第22卷第203页的文字)。我有一个学生,因为从前坐在牙医椅上,对着很亮的窗户,使他眼睛流泪,现在回想这个情境,就会流泪。无疑,这种个人特有的怪事,可以搜集一大批。这些事例使我们知道各神经中枢能经由某些通路发泄的能力彼此相差多么大。现在我们对于所观察的有意动作的心理前因与无意动作的心理前因间的不同的解释,所需要的只是:假定那些发生对动作的感觉结果之观念之中枢能够引起有意动作,但除在例外的人以外,不能够引起不随意的动作。坦增德上校(Col. Townsend)能够随意停止心跳,这个出名的例是好多人知道的。关于这整个题目,请看徒凯:《心对身体的影响之例证》(D. H. Tuke: Illustrations of the Influence of the Mind on the Body)第14章第3段;再看布累德:《对人定状态或人类盐眠状态之观察》(J. Braid. Observations on Trance or Human Hybernation),1850年版。能够随意控制心跳的人的最近的例子,是皮兹(S. A. Pease)医师在《波斯顿内外科杂志》(Boston Medical and Surgical Journal),1889年5月30日号内所报告的。

凡是意识对之不再有用的心理过程,意识就脱离它:这是心理学内的一个一般原理。其实,意识有变成最不复杂之倾向,是一个首要的定律。逻辑内的经济律(the law of parsimony)只是这条定律的最熟悉的例子。用不着它作为指引我们到目标的记号之意识状态,我们通通不觉得,并且在一个记号足够了的场合,别的记号就消亡,只剩那个记号独自作用。我们在感官知觉的历史全程内,并在个个技艺的学习内观察到这件事。我们不理会我们用哪一只眼睛看;因为在我们的移动与每个网膜上影像之间成立了一种坚定的机械的联系。我们的移动是我们的看见之目的,我们网膜像是这些目的之记号。假如每个网膜像,无论是哪一个,能够机械地引起一个方向正当的移动,我们有什么需要想知道这个像是在左眼或右眼呢? 这种知识只是多余的纠葛。学习任何种技艺或有意的工作也这样。到了最后,射手只想到目标的准确地位,歌者只想到正确的音,马戏演员只想到他必须抵消其摇晃的棍杆上的那一点。在一切这种人,联系的机构弄到那么完善,至于目标观念上的每个变化都与恰好引到那个目标的那一个动作成立了机能的关联。当他们才学之时,他们想到目的,也想到手段;射手也想到他的枪或弓,或他的石子的重量;钢琴家想到键盘上乐音的看得见的地位;歌者想到他的喉咙或呼吸;马戏演员想到他踩在绳子上的脚,或他放在杆下的手或下巴。可是,一点一点地,他们做到消除一切这类多余的意识,并且他们动作的稳当程度,刚刚与他们能消除这些的程度成比例。

假如我们分析有意动作的神经机构,我们将要见到由于这个意识的经济律,运动神经流的冲射**应该**没有感觉。假如我们把一个动作的直接心理前因叫做这个动作的**心理暗号**,那么,要使动作的次第恒定不变,只需在每个特别的心理暗号与一个特别动作之间有个**固定的联系**。要使一个动作极准确,只需它立刻服从它的心理暗号,不服从任何别的,并且这个心理暗号不能够唤起任何其他动作。由是**最简单**的可能的产生有意动作之机构就是:这个动作特有的末梢结果(无论是隔远的或在地的)[①]之记忆象自身就各别充作心理暗号,并且没有别的心理事实居间或与它们交杂。为一百万不同的有意动作,我们须有一百万不同的过程发生于脑皮质内(每个过程与一个动作的观念或记忆象相当),并须有一百万不同的神经流外射的路径。这样,每件事都是确切不移地被决定,并且假如观念不错,动作也不会错。那么,这个观念**之后**一切事情都可以完全不觉得,并且运动神经流的发射也可以不知不觉地进行。

然而拥护出动之感的人说:运动神经流自身必须被觉得,并且它必定是正当的心理暗号,动作特有的结果之观念不是这种暗号。这样,经济律被牺牲了,并且一切经济性和简单性都丧失了。因为在动作的观念与动作之间插入这个感态替换一下,有何利可图呢? 并不能节省神经道(nerve-tracts)的数目;因为要使一百万动作观念与一百万射出神经流时各带有一种特殊的出动之感的运动中枢相联络,同要使同此一百万观念与一百万无感的运动中枢相联络,需要刚刚一样多的神经道。并且也不能增进准确度;因为出动之感可以促进准确之可能方法只是:给予动作观念不清晰的心以一种具有更清晰的意象

---

① 哈勒斯教授用"效果象"(Effektsbild)这个方便名词指这种意象——见他在《斐希特哲学期刊》(*Fichte's Zeitschrift f. Philos.*)第 38 卷,1861 年内的《论意志的工具》(*Der Apparat des Willens*)文内;这篇文章在好多方面已经预提我所要说的。

之停留阶段，使它在发出它的**指令**（fiat）之前可以澄心静虑一番。可是，不仅我们觉得的对于动觉观念间的分别，比任何人武断出动**之感**间能有的细别更明划得多，而且纵使不是这样，也不可能了解一个观念不清晰的心如何能从一大堆出动之感（纵使它们间有明划的分别）知道哪一感与哪个观念恰恰相适合，哪一感与它不相合。反之，一个明划的观念会**直接**引起一个特别动作，同它引起一个特别出动之感一样容易。假如感态会因为不清晰而弄出差错，那么，当然，夹在中间的感态的阶层越少，我们的动作也越把得稳。所以，我们只根据先验的理由，也应该认为出动之感只是阻碍而相信末梢的动作观念是足够了的心理暗号。

殆然的理由既然反对出动之感的存在，主张有这种感态的人必须用确实的证据来证明它的存在。这种证据可以是直接的或是间接的。假如我们能够从内省方面觉得它是与那些无人否认其存在的末梢感觉和动作观念明明不同的一种感态，那就是又直接又确切不移的证据了。不幸并没有这种证据。

并没有内省的证据可以证明有出动之感。 每回我们追寻它，以为我们捉到它之时，我们发现我们实际得到的不是它而是一个末梢的感觉或是意象——一种在神经流的冲射已经过去而动作正在进行或已完成之时我们觉得怎么样子之意象。例如，我们举起胳膊或弯屈手指的观念，是一种多少活跃的对于所举起的胳膊或所弯屈的手指觉得如何之感觉。此外并没有别项可以构成这么一个观念的心理材料。在我们耳朵未曾动过之前，我们断不能有任何项对于我们耳朵动掐的观念；各个其他器官也一样。

我们只知道我们意志作用的外部结果，并不知道意志首先推动的神经与肌肉的隐藏机构[1]：这件事自休谟以来久已是心理学内的"老生常谈"了。相信有出动之感的人很承认这个，但似乎不明白这件事的后果。在我看来，似乎一个直接的后果，应该就是使我们怀疑出动之感的存在。任何人说他举起胳膊之时不知道他收缩了多少块肌肉，按什么先后次第收缩，收缩到什么强度，他分明承认运动神经流的发射过程是极端无意识的。无论如何，不能够每个肌肉都有它特有的出动之感。冯特[2]在说明空间之心理的构成之时，大大利用这种假定的出动之感；但他自己也弄到承认这些感态没有性质上的差异，在一切肌肉内觉得都是一样的，只是在强度上有变化；心利用它们做指导，不是用以知道正做或要做**那一项**动作，而是用以知道动作**多么强烈**。可是，这种承认不是实际等于完全否认出动之感的存在吗？[3]

为的是：假如有从内省看来是很明显的事情，就是这件事：我们肌肉收缩的力量多少，由那些来自肌肉和它们的附骨点，来自关节附近的，来自喉头、胸部、脸面和身体的一般附着点之内导感觉，就客观的努力现象内完全显示给我们。在我们想出某一程度的收缩能力而不想别一程度之时，这个复杂的含着内导感觉的集团，构成我们思想的材料的，

---

① 我所知道的最好的近代说明是：札库的《截瘫及运动失调》（Jaccoud：*Des Paraplégies et de L'Ataxie du Movement*），巴黎，1864 年版，第 591 页。

② 在莱兹陀夫与墨纳特的《精神病学季刊》（*Leidesdorf u. Meynert'e Vierteljsch. f. Psychiatrie*），第 1 卷第 1 分第 36 至第 37 页（1867 年）。又他的《生理的心理学》（*Physiologische Psychologie*），初版第 316 页。

③ 菲叶教授在《哲学批评》第 28 卷第 561 页以下，维护有出动之感之说，他也承认（在第 574 页）无论动作如何，出动之感都是一样的，并且我们对于发动那一个动作的辨别，都是内导的，是动作后的感觉以及动作前的感觉意象。

就会使我们对于要做的动作的准确力量和要克服的抵抗的准确力量之意象绝对地精确并且独特。

让读者尝试志向于一特项动作，随而注意什么**构成**这个志向作用。这个作用是不是除了执行动作时所引起的各种感觉之观念以外的任何作用呢？假如我们抽开这些感觉，还剩下什么记号，精素，或定向的工具可以使意志激发适当的肌肉以适当的强度而不误激别的肌肉呢？剥除了这些表示结果的意象，我们绝没有意志可以进取的全组方向，只有使我们的意识陷于绝对的、完全的真空。假如我想写"彼得"这个名字而不写"保罗"，那么，直接在我的钢笔移动之前的，只是某些指头的感觉，某些字母的音，某些纸上的形状。

假如我想说"保罗"而不说"彼得"这个音，那么，指导发音的就是对于我耳朵听到的我自己的口音，以及我舌头、嘴唇和喉头内某些肌肉感觉。一切这些都是内导的感觉，并且在对这些感觉的思想（这思想是使这个动作所以能在心理上规定得极完密的）与这个动作自身之间，并没有余地让任何第三类的心理现象存在。固然还有那个指令，那个同意，即使这个动作出现的决心。无疑，在读者的心目中，同在我的一样，这个是这一动作所以是有意的之要素。这个**指令**，以后要详加讨论。这里可以完全不管它；因为它是一个恒定的牵涉一切有意动作而不能够把这些动作彼此分别开的"系数"。比方说，没有人主张指令的性质会随着是用右手或用左手动作而变异。

所以，一个预示动作的感觉结果之意象（在某些时期），加上要这些结果实现之指令，是内省让我们辨认出以充作我们有意动作的前驱之唯一心态。并没有任何种内省的证据指示外导神经流附有任何项后来的或同时的感态。发出指令所遇到的各种程度的困难是个极重要的附加纠纷，这要留待后来再论。

然而，读者也许还要摇头说："可是，难道你能够当真说我动作的力量对于它的目的之一切非常准确之适应不是外导神经流的作用吗？这里有一颗炮弹，这里有一只纸板制的盒子：我立即很准确地把它们逐一从桌上拿起来，炮弹不至因为我的出动神经流太弱而拿不起来，盒子也不至因为神经流太强而忽然飞到空中。在这两例动作的不同感觉结果之表象能够那么精微地预示在心上吗？或是，就是有这种表象，说它们能够毫无外助，将无意识的运动中枢的刺激程度与这些中枢的工作调合得那么精细，这是不是可以相信呢？"我对这两个诘问的答复都是"正是如此！"我们对于这种感觉结果有极端精细的预觉。否则为什么遇着有人在我们举起之前，将貌似很轻的盒子满装着沙子，或是把一个用油漆绘成的木制假炮弹替换了我们所知道的真炮弹之时我们会大吃一惊呢？**吃惊**只能由于我们得到一种与我们所预期的感觉大不相同的感觉。其实，假如我们知道这些东西很清楚，就是与所预期的重量差得极少，也会使我们惊骇，至少引起我们注意。我们对于不知道的东西，看它的样子以预测大概的重量。对于这个感觉的预期心发出我们举起力量的神经流，并且最初我把这力量暂定得相当小。过一会就可以证明到底力量是否太小。我们的预期就增高，那就是：我们的思想以胸膛与牙齿的态势的闪动，背部的支撑，以及胳膊内更剧烈的感觉进行。我们"比思想还快地"进行这些，并且一有这些，这个重量就举到空中①。本哈兹②以略得大致的实验证明在我们的意志被动并且我们的四肢以直接的局部通感应电流使它收缩之时，我们对于抵抗力多少的估计，也像我们自己自动收缩之时能把抵抗的程度加以精细的分别。菲利厄③曾经重做这些观察并加以证实。这些观察不能很准确，所以无论哪一方面都不应看得太重；可是，至少这些观察倾向于指示：纵使外导神经过程有意识，它也不能使我们的知觉更加精细。

既然没有直接的内省证据证明有出动之感，那么，有没有什么间接的证据，即旁证呢？间接证据被提出的很多；可是加以审慎的考查，就粉碎了。让我们看看这种证据是什么。冯特说，假如我们运动的感觉是内导的，那么：

> "应该预期这些感态会随着收缩时实际做的外部或内部工作的分量增减。可是，事情不是这样，运动感的强度只是与动作的**冲动**的强度成比例，这个冲动是由中枢器官发射到运动神经的。这个可以由医生对于肌肉作用的病态变化的实例之观察得到证明。患者的胳膊或腿半瘫了，只能极用力，才能动他的这个肢体，他对于这个用力有一种清晰的感觉：在他看来，这个肢体似乎比从前重些，好像有铅缒着；因此他觉得比以前做更多的工作，但是所做的工作是一样，甚至更少。只是他要得到这个结果，必须比从前发出一个更强的神经流，更强的运动的冲动。"④

并且，全身瘫了的患者要动一个肢体之时，会觉得使出极大的劲儿，结果那个肢体还是绝对靠在床上不动；当然不能够有任何内导的肌肉的或别种感觉由这个肢体传进来。⑤

可是，菲利厄在他的《脑的功能》（美国版，第 222—224 页）轻而易举地解决了这一类的辩证。他说：

> "可是，我们必须将动作**完全**除开，才能够采取这种解释（如冯特的解释）。固然，半身瘫了的病人虽然觉得他自己很用力，还不能动他的瘫了的肢体，但是我们会

---

① 参看苏里欧（Souriau）在《哲学批评》第 22 卷第 454 页的文字。——米勒教授叙述他的一些对重量的实验如下：假如我们举了三千克的重量几回之后，忽然只有五百克的举起来，"那么，这个重量举起来的速度很快，会引起各个旁观者的注意，因此重量的容器以及它的一切内容往往飞得很高，好像它把臂膀带起来，并且举它的力量有时与重量完全不相称，弄到容器的内容，虽然要克服机械的障碍才能出来，但也扔出到桌子上。要证明这里的困难是在于运动的冲动作错误的适应，不能有比这个更明显的证据了"。《普菲律格生理学集刊》第 45 卷第 47 页。请读者也参较第 57 页以及同页上所引黑灵（Hering）的话。

② 见《精神病学集刊》第 3 卷第 618 至第 635 页。很奇怪，本哈兹似乎以为他的实验所证为误的，是内导的肌肉感觉之存在，而不是外导的出动之感之存在——显似因为他以为电流的特殊震激应该会把由这部分的一切其他内导感觉压下去。可是他把他的结果作相反的解释，更自然得多；就是撇开了其他确然证明有被动的肌肉感觉之证据不论，也是如此。萨克斯（Sachs）在《赖狭特与杜布注的集刊》（*Reichert und Du Bois' Archiv*）（1874 年）第 174 至第 188 页把这个其他证据作简括的总述之后，就解剖学上和生理学上的理由而论，又被梅司（Mays）在《生物学期刊》（*Zeitschrift f. Biologie*）第 20 卷的文字评驳，成了疑案。

③ 《脑的功能》（*Functions of the Brain*），第 228 页。

④ 《人类与动物心理之演讲》（*Vorlesungen über Menschen und Tierseele*），第 1 册，第 222 页。

⑤ 在有些例子，结果正相反。巴斯棠氏说［见 1869 年《英国医学杂志》（*British Medical Journal*）］："试问一个两腿完全瘫了的人，在他想动任何一边的腿而无效之时，他是否觉得与从前他肌肉自然服从他的意志之时所觉得的出力分量有些相当的出力分量。他会告诉我们，他只觉得自己完全无能，并且他的意志只是心上的作用，并不附带有如他肌肉强烈动作时所常觉得的那种使出的力量——我以为只有由这样的动作和它的结果，他才会对于抵抗力得到适当的观念。"

发现他从事于一种强烈的肌肉努力。于庇安（Vulpian）曾经说到一件事，这件事，我也屡次证实，就是：我们要半身瘫的患者握紧他的瘫了的拳头之时，他在企图握拳之际不知不觉地把健全的拳头握起来。其实，要排除这种发生纠纷的来源，几乎不可能；并且除非考虑到这个，就会对于努力之感之原因作很乖误的结论。在肌肉收缩和同时的内导印象这件事上，纵使动作不是如所欲有的，努力之感的条件也存在；而且我们并非必须认为它是由于中枢的神经流发射或外导的神经流。

"但是，纵使像半身瘫子所做的那半边的不自觉的收缩完全避免，还很容易做个简单的实验，把努力之感解释得很满意。

"假如读者伸直他的右臂，将他的食指做要扳动手枪的发弹机的姿势，他无须真动他的手指，只用想象他发枪，就可以觉得有力量发出去。这是很明白的例子，表示没有任何一边手的当真动作，也没有任何可以觉得的身体使劲，而却有出力之感。假如读者重做这个试验并小心注意他呼吸的状态，他会观察到：他的努力之感与他胸部肌肉的固定作用同时发生，并且他正在关闭他的嗓门，用力收缩他的呼吸肌肉，其程度与他觉得他所出力量的大小成比例。让他的手指再做像以前做的姿势，但一直**不断呼吸**，他就会发现无论他多么注意他的手指，他丝毫不觉得有努力之感，一直到了他当时动指头之时才觉得；并且这时候，觉得努力之感是在于真动的肌肉内。只有这个主要的，永在的呼吸因素被忽视（像前者那样）了之时，将努力之感认为由于外导神经流这个说法，才觉得有点近理。呼吸肌肉的收缩具有内导印象的必需条件；这些印象能够发生一般的努力之感。假如不作这些活动的努力，那么，就没有努力之感发生，除开被注意的那一团的肌肉的局部收缩以及在这个企图之中无意引起的其他肌肉的收缩所产生的那一点努力之感不算。

"我不能够发现任何一个努力之感的例子，不可以用上文所指的方式之中的这个或那个方式来解释。在一切的例子，努力之感都是由于肌肉当真收缩。我已经设法证明努力之感是由于收缩作用所发生的内导印象。在内导印象的路径或这些印象的大脑中枢损坏之时，就没有肌肉感的痕迹了。感觉来自肌肉收缩的印象之中枢器官，是与发出动作的冲动之中枢器官不相同的，这是已经证实了的。可是，冯特说必不如此，因为这样感觉应该与肌肉收缩的力量并进；他是忽视了呼吸肌肉的固定作用这个重要因素——这个固定作用是许许多多程度的一般努力之感之基础。"

对于菲利厄的这些议论，我没有什么可以补充。[①] 任何人可以证实它，并且这些话确切证明肌肉用力的意识，既是没有**在某个地方实现**的动作就不可能，它必定是个内导的

---

① 蒙斯特堡的话可以再加上去。他说："在举起手里的一件东西之时，我不能发现对于意志力之任何种感觉。第一件，我觉得头周围有个轻微的紧张，但这是由于头部肌肉的收缩，不是由于对脑部发射神经流的感觉；这可以由下列简单事实证明：我动右臂之时，紧张是在我头的右侧，而运动流发射是在脑部的左侧。……身体与四肢肌肉作最高度的收缩时，脸上肌肉就作那种特别收缩（尤其是，皱眉和咬紧上下牙齿）；头皮也起那种紧张，好像要加强肢体肌肉的收缩。这些"共鸣的"动作，特别于努力的这一侧觉得的，也许是我们所以认为我们对最高度收缩之感知是在头部，并且将它叫做出力之感而不叫做末梢感觉之直接原由。"（《意志的行为》（*Die Willenshandlung*），1888 年版，第 73 页，第 82 页）。蒙斯特堡君的著作是个短篇杰作，出在我把本文写完了之后。我必须屡屡再提到这篇文，并且诚恳地把文中对于出动之感这说的最彻底的反驳介绍给读者。

感觉,不是外导的感觉;是动作的后果,不是它的前因。所以,对于要进行某一项动作所需肌肉用力的分量之观念,只是预示这个动作的感觉结果的意象。

出动之感的旁证既然不在身体全部,它还能藏于什么地方呢? 除了眼睛的肌肉那个小堡垒为它认为可以坚守不被攻破的之外,还有什么地方呢? 可是,那个堡垒也必定要被攻破,并且只需极轻微的炮击。但是,在设法炮打之前,让我们再提对于视觉的眩晕,即东西移动的错觉的一般原理。

在下列两组不同的情形之下,我们判定东西在移动:

一、东西的像在网膜上移动,并且我们知道眼睛不动。

二、东西的像在网膜上不动,并且我们知道眼睛在动。在这种情形,我们觉得我们**追随**这个东西。

在这两种情形中任何一种,假如对于眼睛的状态作错误的判断,就会发生视觉的眩晕。

假如在第一例,眼睛当真在动,我们以为它不动,那么,我们有了网膜像的移动,但以为它是由于东西的真有的外界移动。注视急流水,或是从走动的火车的窗子向外看之后,或是在站着脚,把自己身体旋转到头晕之后就会有这种情形。我们没有存心动眼睛,但眼睛自己先后作一连串无意旋转,继续它们前此为要不断看见这些东西而被迫进行的转动。假如东西是向我们右边旋转,那么,我们的眼睛转看静止的东西之时还是慢慢向右移动。由是眼内的网膜像就像向左移动的东西的像那样动。我们因此企图以有意地迅速把眼睛朝左转的法子去追望这个东西,而无意的冲动又把眼睛向右转,继续那貌似的动向;这样反复地继续下去(请看本书第二册,第十九章,论由于眼动的错觉处)。

假如在第二种情形之下,我们的眼睛实际不动而我们以为它在动,那么,我们在只是定睛注视一件静止的东西之时以为我们在追望正在动的东西。在特别的眼睛肌肉忽然完全麻痹不能动之时就发生这种错觉;并且祖护出动之感的人认为这种错觉是"决定性的实验"(experimenta crucis)。亥姆霍兹说:[1]

"假如右眼的外直肌,或是它的神经麻痹了,这只眼就不能再向右边转。假如患者只把它向鼻子一边转,它能照常转动,并且他能把视野内各个东西的位置看得无误。可是,他一想把它向外转,即向右转,这只眼睛就不听他的命令,中途停止不动,并且虽然眼睛和网膜像的位置都不变,但东西好像往右边飞奔。[2]

"在这种情形,意志的行使并不引起眼睛的实际移动,也不引起所关的肌肉的收缩,甚至这个肌肉也不增加紧张度。意志的作用,在神经系统以外,**绝对不生结果**,可是我们按照好像意志实现它常有的结果那样子去判定视线的方向。我们以为眼睛向右动了,并且因为网膜像不变,我们也以为外物有与我们误认为眼睛所有的相同的移动……这些现象使我们再无余地可以怀疑'我们只依照企图变更眼睛位置的意志努力来制定视线的方向'这个话。固然,我们眼皮内也有微弱的感觉……并且

---

[1] 《生理的光学》(*Physiologische Optik*),第 600 页。

[2] 在这例,是假定左边的好眼掩盖了的。假如两眼看同一视野,就发生双重视象,这就更要扰乱判断。可是,患者过了好多天或好多星期之后可以学会看得不错——詹姆斯。

在过度的向侧旋转之时,也觉得肌肉内有一种疲劳的紧张。可是,一切这些感觉都太微弱,太模糊,不能用以知道方向。所以我们是觉得我们用什么意志冲动并多么强烈的冲动,去把眼睛转到一定位置的。"

同一肌肉的**部分瘫痪**,即所谓**不全瘫**,似乎更确切不移地引到同一结论,就是:我们觉得出动的意志,并且这种感觉与意志的一切内导的感觉结果无关。我引一个近年专家[1]对于不全瘫的结果的叙述于下:

"假如供应一个眼肌肉(例如一边的外直肌)的神经陷入部分麻痹状态,那么,第一个结果就是:在通常情形也许能使眼睛转到极端向外位置的意志作用,现在只能引起中等分量的向外旋转,比方说,20°。假如现在患者闭了好的眼睛,把部分麻痹的那只眼睛看一件在向外那么远,使这只眼必须转出 20° 才能看清楚的东西,那么,患者就觉得他不止把眼睛转向外侧 20° 而是转到极外的位置,因为使东西看得见所需的出动冲动是完全有意识的作用,而部分麻痹的肌肉的减弱的收缩状态此刻是意识达不到的。格勒夫(von Graefe)提出的以触觉试验定位作用的方法可以使患者现在所犯的错误显出来。假如我们叫患者很快地用同一边的食指碰所看的东西,那么,食指所动的线路不是偏外 20° 的视线,而是更近于向外尽量远出的视线。"

左眼的外直肌麻痹的石匠会把他的锤子不打在他凿子上而打在他的手上,要到经验教他乖觉之后,才不这样。

事实很像是:在这种例子中,方向的判断只**能**由于注视东西之时直肌的出动神经流太大而起。一切内导感觉必定与眼睛健全而判断正确之时所经验的内导感觉一样。在眼睛有病时,同在眼睛没病时一样,眼球都是刚刚转出 20°,物像投在网膜的同一部分,眼球上的压力和皮肤与结膜内的张力是一样的。只有一种感态**能**变异而陷我们于错误。那种感态必定是意志所作的努力,在眼睛好之时是中等分量的,在眼病之时是过度的;但是在两例内都是单纯的外导的感态。

虽然这样推理似乎很妙,很清楚,毕竟没有把内导的感觉资料列举得详尽。这些作者通通没有考虑**那另一只眼睛**在起什么作用。在实验之时,那一只眼睛是掩盖上,以防发生双象视觉和其他纠葛。可是,假如那只眼睛在这些情况中的状态经过检查,就会发现它必会产生强烈的内导感觉之变化。并且一考虑到这些感觉,就立刻推翻我所引的这些作者假定这些感觉不存在而得到的一切结论。我现在要进而证明这个。[2]

---

① 格勒夫:《普通眼科手册》(*Handbuch der gesammten Augenheilkunde*)第六册,第 18 至第 21 页。

② 米勒教授在他的《心物学基础》(*Zur Grundlegung der Psychophysik*,1878)第 318 页,是最早以如本文所主张的方式解释这个现象的人。我两年以后发表我自己的与他的说法相类似的解释,当时还不知道有他的书。

马赫教授在他的非常有创见的小书《感觉的分析》第 57 页叙述一种人工的得到易位现象(translocation)的方法,并且也用出动之感解释由这个方法所得的结果。他说,"将你的两眼尽量向左转,并且把两大块油灰压逼眼眶的右边。假如你随后尝试尽量迅速地向右看,因为两眼不是完全球形的,这个动作只能部分成功,因此东西好像位置移向右很多。简言之,单是向右看的意志会使网膜上的一切意象得到一个更大的**向右度量**。才看,这个实验很可惊异。"可惜,我自己做这个实验,不成功——我不懂为什么理由。可是,就是在这实验成功之场合,我以为似乎条件太复杂,不能稳稳得到马赫氏理论的断案。挤进眼眶的油灰以及眼球对油灰的压迫必定引起很强烈的末梢(转下页)

先讨论完全麻痹的例子，假定右眼麻痹。设想患者要把眼光转到位于视野内极右侧的东西。如黑灵证明得很好的，两眼的动，是由于一道公共的神经流，在这例子中，两眼都向右动。可是麻痹的右眼中途停止，东西还距离它的定睛点很远。同时，左边那只好眼，虽然被盖住，还继续转到它向右的极限。在看到这两眼的观察者看来，左眼好像在斗视（squint）。当然，这个继续的极右的转动在眼球内产生了向右动的内导感觉，这些感觉将那只病的没掩蔽的眼睛内的中途位置所生的微弱感觉压下了。患者由他的左眼球感觉到好像他在追望一个他由右眼网膜知道他追不及的东西。这儿具备了视觉眩晕的一切条件，就是：物像在网膜上不动，而本人误会两眼在动。

说"左眼球的感觉不应该使患者相信右眼在动"这个反驳，过一会再讨论。此刻让我们先讲简单的不全麻痹使视野显似易位的情形。

在这个例子中，右眼能够注视到东西；但观察者看患者的左眼就知道它同上一例一样剧烈地向内侧斗视。患者的手指要指东西之时所取的方向，是这只斗视的被盖住的左眼的方向。正如格勒夫所说的（虽然他不理解他自己的观察的真正意义），"附带作斜转的眼睛（那是左眼）的视线方向与指东西的手指的方向线多么深切地一致，这件事似乎绝未经人加以充分的注意。"

简言之，这个易位现象，假如我们可以假定左眼球某程度转动的感觉能够暗示给患者以那个只投像在右网膜上的东西之位置，就可以完全解释了。① 那么，到底这一只眼睛的感觉是否会与那一只眼睛的感觉相混？毫无可疑会相混，因为不仅顿得斯与阿达穆克（Donders，Adamük）由他们的活体解剖，并且黑灵由于他的精妙的视觉实验，都曾证明发出神经流到两只眼睛的机构只有一个，并且两眼的作用，等于一个器官——黑灵所谓双合眼或亥姆霍兹所谓赛克洛普斯眼（Cyclopenauge）。这个器官双合而只有一道神经，它的网膜上感觉自然是不能使我们分别这些是属于左边或右边的网膜。我们只用这些感觉告诉我们它所代表的东西在那里。要特别对这件事练习得很久，才能知道那些感觉是在那一只网膜上。同样，由眼睛位置来的各不同的感觉专用做东西的位置之暗号；正视的东西照惯例被认为是位于两个视轴的交点，我们并不另外又知道这一个轴的位置与那个轴不同。我们所知道的只是眼球有某种紧张这一个结合的感觉，同时伴有觉得刚刚在

（接上页）感觉，无论如何（只要这些感觉的种类是对的），强到足够引起随便多少的对于我们眼球位置的错误知觉，马赫氏所假定为同时存在的出动之感除外。

① 照黑灵在他的《双眼视觉说》（*Lehre von Binokularen Sehen*）第12至第14页所说的实验方法，可以使任何人得到原则上与所说的患者刚刚相类的错觉。我引亥姆霍兹对这个实验的说法，这个因为是出于相信有出动之感的人，所以尤其有价值。他说："先使两眼平行看前，然后闭右眼，但左眼还注视无穷远的东西a。这样，两眼的方向不变，并且a还在它本来的位置。现在再把左眼调节，注视位于左眼和a间的视轴上，但是很近的一点f[在黑灵的实验，是一把针]。这个动作绝不使左眼的位置和它的视轴以及左眼上的网膜像起变化。可是，结果那个远的东西貌似移动——移动向左。一到我们再对远处调节，这个东西又回到旧位置。在这个实验中，改变的只是闭了的右眼的位置：当对f点调节时，它的视轴也向这一点辐辏。……反之，就是两眼闭着，我也可以使我的视轴分歧，所以在上述实验，右眼可以转到a的右边很远出去。这种分歧只能慢慢地达到，因此不使我看见错觉的移动。可是，当我忽然让分歧的努力松懈，使右视轴回到平行的位置之时，我立刻看见左眼注视的东西更向左移动。这样，不特看见的眼睛的位置，影响我们对于所见东西的方向之判断，而且那只闭的眼也影响这种判断。开的眼不动，闭的眼向右或向左动，被开的眼看见的东西似乎也向右或向左动。"（《生理的光学》，第607至第608页）。

前面这么远,在左在右这么远,有个东西被我们见到这种知觉。由是这一只眼睛内的"肌肉的"过程很会与那一只眼睛内的网膜的过程互相结合而发生一个知觉的判断,就像一只眼睛内的两种过程会互相结合一样。

另一项辩护出动之感的旁证,是马赫教授所提的,如下引:

"假如我们站在桥上,看桥下的流水,通常我们觉得自己静止而水显然在动。可是,长久看水的常有结果,使桥连人连环境忽然好像朝与流水相反的方向动,而水反而像静止的样子。在这两例,物体的**相对**运动是同一的,所以必定有充分的**生理上**的理由,为什么有时觉得这部分动,有时那部分动。为要有研究此事的方便起见,我叫人做了如图 10 所示的简单器具。一段花样简单的油布张在两个圆筒之上,每筒 2 米长,相距 3 英尺,并且用一个屈曲柄,使这块布作等速度的转动。横越这块布并高出上面约 30 厘米,牵着一条线,线上有个结花,作为观察者眼睛的定睛点。假如布动之时,观察者的眼睛**追随**布的花样,他就看见布动,自己同环境静止。可是,假如他注视那个结,他一会就觉得整个房子朝与布相反的方向动,而布好像静止。看法的这种变化,要多少时间,随着他的暂时倾向而不同,但通常只要几秒钟。假如一个人一回知道了诀窍,他就能随意使这两种样子替换。每回眼睛追随油布就使观察者静止;每回注视这个结,或是**不注意油布,使得它的花样模糊**,就使他自己好像在动。"[1]

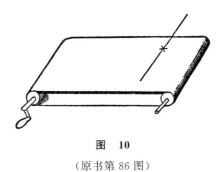

图 10

(原书第 86 图)

马赫进而解释这个现象如下:

"如人们所熟知的,动的东西对眼睛有特种运动的刺激力,它吸引我们的注意,使我们眼光追逐它。假如眼光真跟着它……我们就假定这些东西动。但是,假如眼睛不跟它,而稳定不动,这必定是由于它所受的不断的促动的刺激被流入它的运动器官的一样不断的出动神经流所抵消。可是,这正是定睛注视之点以等速朝相反方向移动而我们眼睛追逐它之时所要发生的情况。在这个发生之时,任何项被注视的不动东西必定好像在动着。"[2]

---

① 《感觉的分析》,第 65 页。
② 同上书,第 68 页。

这个结子,这条线,我们自己,以及一切静止的周围景物好像这样在动,据马赫的意思,是因为我们不断发射神经流到我们的眼球,去抵抗布上花样或流水所加于眼球的**牵引力**。我自己曾经在川流上重做这种观察,但始终不能得到像马赫所描写的完备的错觉。我觉得桥同我自己身体在动,但河水始终不像绝对不动;河水还是朝一个方向流,而我朝相反方向飘去。可是,无论这个错觉是部分的或完全的,在我看来,更自然的而应采取的解释似乎与马赫对这件事的解释不同。据说,在我们完全注视转动的油布而看出这张布的真像之时,这种错觉就消灭;反之,假如我们把这张油布看做我们直接凝视并对我们身体的相对位置不变的一件物体之后的模模糊糊地移动的背景,那么,错觉就又开始。可是,这就是凡遇着我们在车上,马上,或船上前进之时所得的那种觉态。我们和我们附属物朝一个方向动,同时**整个背景**朝相反方向走。因此,我宁可认为马赫的错觉与本书第二册第十九章论错觉处所描写的火车站上的错觉同类。别的列车走动,使我们的车好像也走动;因为窗外只见别的火车,这个别的火车此刻就是整个背景。同样,在这里,每在我们觉得好像自己从水上或布上移动之时,这水或布就是我们的**一般背景**。网膜所觉得的相对运动被归到这种运动中,我们更会看它自身而更不会只看做烘托物的那个成分。这个成分也许是油布上的结子或脚下的桥;反之,也许是油布的花样或急湍的水面。由于同类的注意变向,可以使月亮与月光穿出的云片的貌似移动起同样的变化。可是,我们以为视野的那部分是主物,那部分是背景之观念上的这种变更,似乎与出动之感无关。因此,我不能承认马赫教授的这个观察能证明有出动之感存在。①

于是出动之感的旁证也像内省证据一样崩溃了。可是,不仅我们能够反驳想要证实出动之感的实验,而且我们能够援引证明没有出动之感的实验。一个人要有意把一个肢体移动,无论如何,必须发出神经流到这一肢,并且假如他觉得神经流发出,他应该能够利用这个感态说定他的肢体做什么,就是这一肢全无感觉,也能够。可是,假如这一肢全无感觉,结果他就完全不知道这一肢收缩之时做多少工作——换言之,他对于他所发的神经流的分量毫无知觉。格雷和马利烈两君所检查的一个患者把这件事证明得很好。他的两臂全部,和他的躯干一直到肚脐,皮肤和深部都无感觉,但是他的两臂还能动:

> "我们拿了 3 只粗陶瓶——两只是空的,每只重 250 克;第三只满贮水银,重 1850 克。我们请患者勒君……估重,告诉我们哪一只最重。他说,他觉得三只一样重。我们隔了好多天,做这两组实验,每组 6 个实验。结果总是相同。不消说,我们

---

① 文内的解释是由我的好友,又是从前的学生杜朗(E. S. Drown)君得到的,我以前指定他在我自己观察之先,观察这个现象。关于我们对于网膜和皮肤上的相对运动之解释之变动,请看本书第二册第二十章论空间知觉文内论在物面上移动之感觉一段第二节。

蒙斯特堡君又提出反对出动之感之另外理由,我再引两个。第一,我们的动作观念都是微弱的观念,在这一层很像记忆中感觉的影像。假如动作观念是外导神经流之感,那么,它是原有的意识关态,不是影像;并且照类推的道理,应该像其他原有心态一样**生动**(vivid)。第二,我们的无纹肌肉(unstriped muscles)收缩之时不发生感觉,它们也不能随意收缩,这样,它们与随意肌肉不同的,有这**两个**特件。那么,最自然的假定是:这两个特性是相连的,我们所以不能够随意收缩我们的肠(任便举例),是因为我们没有肠收缩时觉得如何之记忆象。如果"心理暗号"总是所假定的出动之感,那么,看不出为什么就是收缩不觉得之场合,如肠,我们会没有这种暗号,并且看不出何以这种暗号不使收缩发生(《意志的行为》第 84 至第 88 页)。

把实验布置得使他不能从视觉或听觉得到知识。他甚至把整瓶的水银拿在手里而说,他觉得瓶子没有重量。……我们让他的眼睛还掩盖住,先后将一块塑模蜡,一条硬木棍,一个厚橡皮管,一张纵折的弄皱了的报纸放在他手里,并且叫他抓紧这几件东西。他不觉得抵抗力不同,乃至不知道有东西在他手里。"[①]

格雷在另一处[②]引述布罗和医师的实验,证明我们对于四肢的位置的感觉绝对不靠着对于所发出的神经流的感态。布罗和氏对着一副围屏的转角站着,围屏的两扇差不多成了90°的角,他企图把两手搁在对称的地方,就是说,左右手落在两扇的相对当的地点,这两点为便于实验,用正方形做记号。平均的差错被知道了之后,一个助理员把布罗和的一只手拉到围屏的一扇上的一点(手是被动的),但布罗和的另一只手自动地找到对边一扇的相对当的点。结果,左右相对当的准确度,同两臂通通受有意的发动之时一样大,证明在第一个实验中,神经流出动之感对于四肢位置的感觉毫无补益。布罗和又做一个实验,他把一只手的拇指和食指夹住一本书的若干页,再把另一只手的这两个指头试去夹住一样数目的书页。他在这两个指头用橡皮筋拉开之时做这件事,同指头不受干涉之时做得一样好。这证明:第一法所需要的在生理上更大得多的出动神经流对于所做的动作之意识没有影响,无论如何,就这个动作的空间性质而论,是无影响的。[③]

---

① 《哲学批评》,第23卷,第442页。

② 上引杂志第20卷,第604页。

③ 斯腾堡君在《普菲律格生理学集刊》第37卷第1页,以为他以下列事实证明有出动之感,事实是:假如我们立过意志要做一个动作,通常我们就觉得这个动作是做过了。我们在上文(本书第二册第十九章)论这种错觉处已经见到有些相关事实。斯腾堡氏由爱斯纳氏(Exner)引来下列事实:假如我们将一块硬橡皮夹在上下大牙中间而咬它,那么,我们的上下门牙好像当真互相接近,虽然这是在物理上不可能的。他提议做下列实验:把手掌放平在桌子上,食指越出桌边,尽量弯曲回来,但让桌子使其他指头都伸直;随后尝试弯曲食指的末一节,眼睛不看。你并没有把这一节弯曲,可是你以为你弯了。照斯腾堡的意思,在这例,又是:人觉得神经流出动就觉得做了动作。如我在上边所说的,似乎在一切这些例子,错都是由于牢不可破的联想。普通,除开同有外界抵抗的感觉以外,我们要动作的意志总是有我们动过了的感觉跟着来。结果,在我们不觉得有外部抵抗并且肌肉与腱紧张之场合,总是联想到的观念很强,够成为幻觉。在这个咬牙的实验,我们咀嚼肌收缩之时所惯遇的抵抗是软的。我们用牙咬像硬橡皮这样的东西,一百万回中难得一回;因此我们咬它之时还想象惯有的结果。臂腿截断的人继续觉得它还在的时期,比不觉得这样的还多,并且能够使自己觉得可以随意动它。一生随着(例如)弄动脚趾的观念之感觉(没有相反的感觉加以改正,因为不存在的脚趾不能发生实际的不动之感)跟着那个观念而吞没它。这个人以为他的脚趾在动(参看《美国灵学会纪录》第249页)。

勒布君也想以他自己的观察(作于我的本文写完之后)救护出动之感,可是这些观察并不比别人的辩证更能使我信服。他的事实如下(见《普菲律格集刊》第44卷,第1页):假如我们站在一个垂直面之前,并且两手高低不同,同时使两手做我们觉得像是一样长度的动作,那么,肌肉(由于臂膀的位置)已经比较更收缩的臂膀所做的动作总是实际更短。假如两臂左右不对称,结果也一样。勒布假定两臂是由于一个共同的出动神经流而收缩,虽然这个神经流对于收缩较多的臂膀效力小些,但我们觉得它力量一样之感。把两臂进来的动作感觉的不同压没了,使我们以为两臂所动过的距离相等。"所以我们有意动作的大小与方向之感觉是由于我们要动的志向的冲动,不是由于活动器官的移动所生的感觉"。如果这是勒布所谓基本律,那么,为什么它只在两手同时动之时才见效?为什么在**同一手先后动**之时不也见效?特别是,为什么两手左右对称地动,或在同高地动,但**一手举重**之时,不也见效?要向上动到同等距离,加重的手当然比不加重的手需要更强的出动流;可是,勒布自认,在这个情形之下,我们并无把加重的手所动的路估计得太长的倾向。其实,勒布所研究的错觉是好多因素的复合结果。我以为似乎其中一个因素是回到儿童期那一类**两侧并动**之本能倾向。成年人大多数时候两臂轮流动;但在婴孩,两臂的自由运动几乎总是两边相同,横(转下页)

所以，大体说，事实极会是：并没有这种出动之感。假如运动细胞是另一种构造，那么，它们就像运动神经在后脊髓根割断之后那样全无感觉。假如运动细胞不是另一种构造，而只是最后的感觉细胞，好像"在漏斗口"的感觉细胞①，那么，它们的觉态就只是动觉的观念与感觉之意识，并且与它们的活动的**兴起**（*rise*）同时，不与这个活动的外射同时。由是，我们意识的全部内容与材料——动作的意识，同一切其他作用的意识一样——是出于末梢的，并且最先是由末梢神经来到我们心上的。假如有人问我们采取这个感觉主义的结论，有什么好处，我回答，无论如何，我们得到简单并一致的好处。我们在论空间，论信仰，论情绪各章发现感觉是比通常所设想的更丰富得多的东西；这一章所论，在这一点，似乎与那些章一致。复次，至于说感觉主义是一种降低人品的信仰，消灭了一切内心的创造性与自发性，我们理应说：假如主张内心自发性的人为自发性起见而坚持神经流外射而用出的能力具有意识，他们就是放弃自发性的真正堡垒了。假使没有这种意识，假使我们的一切关于动作的思想都是感觉构成的；在强调、选择，拥护这些思想之一而忽视其他这种作用中，在对这一个思想说"让你作为我的实在"这个过程中，还有很大的余地，让我们内心开创力表现出来。在我看来，被动的材料与精神的主动间的真正界线似乎应该划在这个地方。要在与外导的神经波动之观念与内导的神经波动之观念两者之间划这条界线，断然是虚妄的战略。②

动作的"心理暗号"可以是这个动作觉得如何的意象，也可以是它的视觉的或听觉的结果之意象

假如在我们决心在两个动作之中要做那一个之顷，使我们辨别彼此动作之观念总是出于感觉的来源，那么，就发生"这种观念必须是那一类感觉？"这个问题了。读者会记得我们分别出两类的动作印象：一、**隔远的**印象，是由于这个动作对于眼睛或耳朵或远处皮肤等等的影响；二、**"在地的"**印象，是由于它对于动的部分，肌肉，关节等等的影响。到底只是在地的意象构成我所谓心理暗号呢，还是隔远的意象也同等适用呢？

毫无疑义，这种心理暗号可以是在地一类的意象，也可以是隔远一类的意象。虽然

（接上页）动之时是左右对称的，上下直动之时两手是同高的。很快动之时最自然的出动流，是使动作回到这个方式的神经流。并且，我们对于两手各别动过的长度之估计，主要是靠着动作的显似的速度与时间；闭眼作这种估计，通常是如此（请看勒布自己的早出的论文，《手所觉得的空间之研究》（*Untersuchungen über den Fühlraum der Hand*），见《普菲律格集刊》第41卷第51页）。两手的时间是一样的，因为动作同时起止。在这种实验的条件之下，要比较两手的速度几乎不可能。大家熟知我们一手一个重量，同时抬之时，我们对于重量的鉴别多么不好；而米勒在《普菲律格集刊》第45卷第57页很好地证明举重的速度是我们判断重量的主要因素。我们差不多不能设想有比那些支配所说的实验之条件更不利于把两个移动作准确比较之情形。唯一重要的记号是时间，而时间就是使我们以为两个移动是相等的。因此我们以为这两个移动是相等的，不过我们运动中枢的生成倾向是不会使它们相等的。

① 这绝不是个不近理的意见。请看原书第一册第65页（即第二章论脑半球之功能定位一大段的结尾）。

② 毕朗，柯猎，赫瑟尔，卡朋特，马铁奴（Maine de Biran, Royer Collard, Sir John Herschel, Dr. Carpenter, Dr. Martineau）通通假定有对于力之感觉，这种感觉使我们觉得对于我们意志的外界抵抗，因而使我们知道有个外部世界存在。我以为各个末梢感觉都使我们感到有个外部世界。一个虫子在我们皮肤上爬过，同一百磅背在我背上，给我们一样"在外"的印象——我看过柏特龙君对我见解的批评（见他的《努力心理学》〔*La Psychologie de l'Effort*〕，1889年版）；可是，因为他似乎以为我完全否认努力之感，所以虽然他说话很动听，我不能从他的批评得到益处。

在我们才学一种动作之时似乎必须有在地的感觉很强烈地来到心上，但后来就无须如此。其实，原则似乎是：在地的感觉倾向于渐渐成为不觉得的，并且我们对于一种动作越谙练，作为它的心理暗号的观念就越是"隔远"的。我们所**关切**的胶着在我们意识内；一切其他，我们都尽先排除。大体说，我们动作之在地的感觉与我们毫无重要的关系。使我们关切的，是这个动作所要达到的目的。这种目的通常是对于眼睛，或耳朵，有时对于皮肤、鼻子，或口盖的外部印象。让这个目的之观念已经确定地与适当的运动神经流联络了，那么，这个神经流出动的**在地**结果之思想就变成大阻碍，其障碍的程度变成与我们前此断定出动之感自身所有的一样大。心用不着它；只有目的就够了。

由是，目的之观念就越来越能自给自足了。或是，无论如何，万一有动觉的观念出现，它们就沉没于立刻把它们赶过头的活跃的动觉的感觉之中，弄到我们来不及觉得它们的独自存在。在我写字时，我对于出于我笔下的字母的形状或指头内的感觉并没有与我的感觉不同的预象。在我写下之先，那些字好像在我的精神的**耳朵**内响着，但不现于我的精神的眼或手。这是由于屡次做过的动作很快地跟着它们的心理暗号出现。一个一想到就同意的目的立刻发出神经流于达到目的之那一串动作之第一个动作之神经中枢，随后这整串就依近似反射的样子轻快地发出来，如本书第一册第 115—116 页所描写的。

读者当然承认一切纯熟的，不迟疑的有意行动的情形都是这样。在这些行动，只在动作开始之时有特别指令。一个人对自己说，"我必须换衬衫"，他就不用立意地把外褂脱去，他的手指就照惯做的方式去解他的背心的纽扣，等等；或是，我说，"我必须下楼去"，在我还不知道之前，我已经起来，走去，转门栓；这一切都因为目的之观念与一串先后发生的指导感觉连起来。显似每当我们事先在意想上太觉得手段之时，我们就不能准确地必然地达到目的。我们越少想到我们的脚在木梁上的位置，我们就能在梁上走得越好。无论是扔球或接球，发球或砍球，我们越少触觉与肌肉觉（越少在地的感觉），并越专是视觉的（越多隔远的感觉），就越做得好。将你的**眼睛**盯住你的目标，你的手就会捉到；想你的手，你就捉不到。萨得德医师发现：他利用视觉的心理暗号，以铅笔尖碰一小点，比利用触觉的记号能碰得更好。在第一法，他注视一件小东西，再闭眼睛，然后试去碰它。在第二法，他闭起眼睛把**它放定位置**，然后把手拿开，再去碰它。用触觉的平均错误（在结果最好之时）是 17.13 毫米。用视觉，平均错误只 12.37 毫米。[①] ——一切这些是内省和观察的明白结果。这些结果是由于何种神经的机构，在这个阶段，我们无须考究。

在本书第十八章论"想象"内，我们见到各个人在意象上彼此不同多么大。在法国作者所谓触型人（*tactile*）的那一类型的想象，大概动觉的观念比在我所说的例子更显著。不过我们必须预期各个人所说不会有极大的一律性，也不要对那一个所说的"真真"代表

---

① 宝狄尺与萨得德（Bowditch、Southard），在《生理学杂志》（*Journal of Physiology*）第 3 卷第 3 号。在这些实验，他们发现用眼睛或手判定东西的位置到开始碰它之间假如隔了两秒钟，就最准确。假如用这一边手定了记号的位置，用那一边手碰这个记号，那么，差误比用同一边手定位并碰它之时大得很多。

这个过程这个问题作太多的争论。①

我相信现在我已经把必须出现于一个动作之先,然后这个动作才成为有意的那个"动作的观念"是什么,说明白了。这个动作所需要的并不是出动神经流的思想。所需要的是预觉这个动作的感觉结果——在地的或隔远的,有时当真远得很的——之思想。只说最少的:这种预觉决定我们的动作是**什么**。我一向说话的口气,好像这种预觉也可以决定这些动作**是要**出现的。无疑,这个使好多读者惶惑,因为确实似乎在好多立志作用的实例,除了单纯的对这个动作的设想之外,还需要一个特别指令,即对这个动作的同意;这个指令,我全未提到。这个使我们要转到意志心理学的第二点。现在我们既已完结了许多厌烦的初步讨论,这第二点的讨论就容易得多了。

观念发动性的动作

这个问题如下:**单是动作的感觉结果之观念是否这个动作的充分的心理暗号**(参看上文),**或是,必须有另一个心理的前因——一个指令,决定,同意,意志的训令,或其他同意义的意识现象——这个动作才会随而发生呢**?

我回答说:有时单是这种观念就够了,但有时必须有另一个意识元素——一个指令,谕示,或明白的同意穿插在动作之前。没有指令的例子是更基本的,因为它是更简单的一种。其他的例子含着特种纠纷,必须等到适当时期再详论。此刻让我们讨论前人所谓**观念发动性的动作**,即仅仅想到动作而动作就跟着出现那一种意志作用。

凡是动作**不迟疑地,立刻地**跟着心里对这个动作的观念出来之场合,我们所见的就是观念发动性动作。在这种时候,我们不觉得在设想与执行的中间夹有什么作用。当然

---

①　在讨论病态的实例之时,必须同样小心。末梢感觉缺失对于有意动作能力之影响,是有非常大的差异的。我在本文中上文所引的例子(上文所引蓝都黎和塔卡斯的例子)绝不是唯一的种类。在那里所引的例子,患者开眼时能把四肢动得很准确,闭眼时就动得不准确。可是,在其他的例子,感觉缺失的患者一闭眼就**完全不能动他的四肢**(请看巴斯棠在《脑》杂志,比纳在《哲学批评》第245卷第478页关于两个这样的例的报告)。比纳君对于这些(协识脱离性的)病态的解释是:患者需要光来作增加动力作用的刺激(请看本书第2册第23章内论光影响呼吸处)。可是,也许有些人生来视觉的想象很残缺,因而通常"心理暗号"都是"触觉类的";并且假如因为动觉中枢的机能迟钝,这种触觉类的暗号失效,那么,就只有眼睛的实际感觉,才是力量够强可以发生动作的视觉暗号。还有第三类的例子,四肢完全无感觉,就是被动地弄成的动作,也不觉得,但是患者就是闭眼,也能把有意动作进行得很准确。比纳和费雷(Féré)两君曾报告几个这种有趣味的例子,是从协识脱离症的半身失感病人之中发现的。例如,他们虽然闭眼,能写得很准确,但不觉得写字在进行,并且很多人不知道写字什么时候开头或停止。叫他们重复写字母a,然后说出写了几回,有些人能说出回数,有些人不能。他们中有些人承认他们得了对于做什么的感觉想象之指导。参看《生理学集刊》(*Archives de Physiologie*)1887年10月号第363至第365页。这样才看好像在这些例子,一定有出动之感存在,并且必定被意到:患者不觉得别种指导的感觉,无论是直接的或隔远的;假如没有出动之感,那么,这种写字成了神迹了。可是,假如在这些病人,出动之感存在并且够作为动作先后连接之准确指导,那么,为什么在其他失感觉的病人就不够做指导,一闭眼,动作就错乱呢?神经流当然出动,否则不会有动作;但为什么没有出动之感呢?事实似乎是如比纳所设想的(《哲学批评》第23卷第479页),就是:这些例子并不是维护出动之感的辩证。这些是病理上的奇事;患者并不是真真无感觉,只是他们的意识的一部分与其余部分解散或分裂了——这种奇怪的分裂,经了庄纳,比纳和格纳诸君的研究,我们才开始了解它;在这种分裂,分裂去的部分(在这例是动觉的感觉)还可能发生它的常有结果。参看本书第二册第491页的注所说的。

有各种各样的神经肌肉的作用夹在中间,但我们绝对不知道这些。我们一想起这个动作,它就完成了;关于这件事,内省告诉我们的只有这个。我记得卡朋特最先用"观念发动性动作"这个名词;假如我没记错,他认为这是我们心理生活的奇事之一种。其实,这并不是奇事,只是常态作用,剥掉伪装罢了。例如,我正在说话之时,觉得地板上有个扣针,或是我袖子上有点灰尘。我拂去灰尘或捡起扣针,并不中止谈话。我并没有下明白的决心,只看见这个东西以及对于这个动作的转瞬即灭的观念,似乎就够使这个动作出现。同理,我餐后坐在桌上,发现我时时由碟子上拿核果或葡萄干吃。我的餐膳,严格说,已经完了;在谈话正酣之时,我几乎不觉得我做什么,但是,看见这个果子以及在顷刻间觉得我可以吃它,似乎命定地发生这个动作。在这些例子,断然没有明知的指令;同我们一天到晚的一切那些惯做的来来往往与整顿衣冠那些事一样,内导的感觉神速地引起这些动作,使我们往往很难决定不是应该称它为反射作用而不称它为有意动作。我们曾在"习惯"一章中见到一串习惯的达到一个目的之动作所有的居间节目很会是这种**半自动的**(*guasi-automatic*)的动作。如洛采所说的:

> "我们在写字或弹钢琴中见到好多的很复杂的动作很快地相随出现,引起这些动作的观念在意识内几乎不到一秒钟,停留的时间段没有长久到可以唤起无保留地让观念变成动作这个一般志向以外之任何别种志向。我们日常生活的一切动作都是这样发生:我们的站立、行走、谈话,一切这些从来无须有个意志的特别冲动,只需思想的进流就够使它们出现。"①

在一切这些,使动作所以不迟疑地并不可抵抗地相随而来的条件,似乎是:**心里没有任何冲突的观念。**或是心里虚空,或是在心里的意念不相冲突。受催眠者实现前种状态。你问他正在想什么,十分之九,他会回答"什么也不想"。因此,他相信你告诉他的件件事,并且做出暗示给他的件件事。暗示也许是口头的命令,也许是把所需要的动作做给他看。受催眠者在某些条件之下,你说的无论什么话,只要他听见就会学舌,你做的无论什么动作,只要他看见就会模仿。费雷氏说:有些带神经病性的人醒时看见人在他眼前接连地把手一张一合,他自己的手指内不久就也有相当的感觉,并且一会就不能自禁地也做他所看见的动作。费雷氏发现他的受催眠者在这种"准备"的状态之中,握动力计(dynamometer),能够比突然叫他握动力计之时更强有力得多。好多衰弱的患者**被动地**做一个动作几回之后,就能够自动地很有力地做这个动作。这些观察把下列事实证明得极好,就是:仅仅激动起动觉的观念就等于弄到神经中枢内有相当程度的要发射冲动的紧张状态。②

我们知道要在严寒的早晨,在一间没生火的房间里起床,是怎么一回事,并且知道在

---

① 《医学的心理学》第293页。洛采在他的极敏锐的论意志那一章内极明白主张我们所谓肌肉用力是内导的,不是外导的感觉;"我们必须普遍地断定:在肌肉感觉内,我们并不是觉得正要外出而发生结果的**动力**,只是觉得这个动力已以我们观察不到的方式,在可动的器官,即肌肉,施加动因之后所起的受动态"(第311页)。心理学内的战争多么要屡屡重打,每回都要用更大的军队和更多的辎重,可是不是每回都这么有才的大将!

② 费雷:《感觉与动作》(Ch. Féré: *Sensation et Mouvement*),1887年,第三章。

这时候,我们内心的命根多么不愿意受这种折磨。大概大多数人都曾在某些早晨一气躺着一个钟头,不能够鼓起勇气起来。我们想到我们会晚到多么久,本日应做的事会耽误到什么样子;我们说,"我**必定**要起来,这太不成话了,"诸如此类;可是温暖的床还令人觉得太可爱,外边的冷气太严酷了,并且正在起床的决心似乎快要冲破抵抗而发为坚决的行为之顷,它又衰微了,又一再迟延了。在这种情形之下,我们怎么样有**一时候**会起来呢?假如我可以由我自己的经验推出概论,我可以说:我们毫无奋斗或决心而起来比有奋斗而起来的次数更多。我们忽然发现我们**已经**起来了。凑巧我们有一会不在意;我们忘记了冷热,随便想到与本日生活有关的事,在这当中,我们突然想到,"呼!我一定不能再躺在这里了"——这一个意思在这个幸运之顷,没引起与它矛盾的或麻痹的暗示,所以就立刻发生它的适当的动作。当奋斗的时期,阻塞我们的活动,使我们起床的念头总还是**愿望**而不成**意志**的,是我们当时敏锐地觉得这种冷和这种暖的意识。这些抑制的观念一停止,原来的观念就实现它的效力了。

这一例,在我看来,似乎具体而微地包括意志心理学全部的材料。其实,是由于思考我自己身上的现象,我才第一次悟到上文所说明的学理是真实的,并且对这个学理,我无须在这里再引例证。[1] 为什么这个学理不成了不证自明的定理,是因为我们有许多观念,**并不**发为行动。可是,我们会见到:在各个这种例子,毫无例外,都是因为同时在场的其他观念剥夺这些观念的发动力量。但是,就是在这种场合,冲突的观念抑制一个动作,使它不能**完全**出现,它还会**初步地**(*incipiently*)出现。再引洛采的话:

> "看弹子球撞进,或看击剑者把剑一刺的人,他的胳膊也要跟着作微弱的运动;没受教育的人说起故事来的时候总要做好多手势;读者聚精会神看书中描写交战之时,常觉得自己浑身肌肉起微弱的紧张,好像与所读的动作伴奏。我们越一心一意想着引起这些结果的动作,这些结果就越显著;越是在一个复杂意识,受一大群别的表象的控制,因而阻止心上设想变成外部动作之时,这些结果也就恰恰比例地越微弱。"

新近很时行的"立志游戏"(willing-game),所谓"测心术"(mind-reading)的表演,更应该叫做握肌测心术,都是根据就在存心不收缩肌肉之时肌肉收缩对于观念也会作这种初步的服从这件事实。[2]

由是,我们可以立下这个定理:**各个对于动作的观念都多少引起那个是它的对象的实际动作;并且凡是这个观念不被同时在心上的敌对观念所阻止而不能如此引起之时,它就引起这个实际动作到最大的程度。**

---

① 贝因教授(在《感官与理智》第 336 至第 348 页)和卡朋特医师(在《心理生理学》〔*Mental Physiology*〕第六章)提供很多的例子。

② 要看一位专家对于"立志游戏"的详说,请参阅昆布兰君的《一个测心家的经验》(*A Thought-reader's Experiences*)那篇文,见《十九世纪》(*The Nineteenth Century*)第 20 卷,第 867 页。格雷君曾在 1889 年的《生理心理学会公报》(*Bulletins de la Société de Psychologie Physiologigue*)提出一个关于观念发动性的行为的好例,如下:叫一个人极力想一个名字,并告诉他你一会就要强迫她写出这个名字,让她拿一支铅笔,你自己抓着她的手。大概她会无意地把这个名字写出来,同时以为是你强迫她这样写。

假如需要把敌对而抑制的观念抵消,那么,就发生明白的指令,即心里同意这个动作之作用。可是,读者现在应该相信条件简单之时,无须有明白的指令。然而为防读者还抱着那个常有的偏见,以为有意动作没有"行使意志力"(exertion of will power),好像《汉姆雷特》这本戏没有这个王子的角色,我要再说一些话。要了解有意动作以及它可以无须指令或明白的决心而出现,第一点要知道的,是:**意识本性是冲动**的这件事实。[①] 我们并不是先有一个感觉或一个思想,然后再于其上加了推动的什么作用,才发生动作。我们所有的意识波动,个个都是与已在激发动作的某一种神经活动相联锁。我们的感觉和思想只是神经流的"横断面"(比方说),这些流的主要结局是动作,并且它一流进一道神经,就从别道神经流出。世俗的观念以为光是意识自身根本不是活动的前驱,必须再加上一种"意志力"(will-force),才会有活动;这是由于我们先多少长久想一个动作而不实际行动那些特例的很自然的推论。可是,这些例并不是常例;是有敌对的思想抑制之例。在抑制放松之时,我们觉得好像有条内部的弹簧松了,这是使动作成功的另加的冲动,即指令。我们一会就要研究这个抑制与它的放松。我们的高级思想全是这些。但是在没有阻抑的场合,在思想过程与动作发生之间,自然没有罅裂。**动作是意识的自然的立刻的结果,不论意识的性质是什么。在反射动作是这样,在情绪表现是这样,在意志生活,也是这样**。所以,观念发动性动作并不是一件要把它缓和要把它解释掉的怪事。它合于一切有意识的动作的类型,并且要解释含有一个特别指令的动作,我们必须由观念发动性动作开始。

在这里可以附带说,抑止一个动作,同执行动作一样不必有明白的努力或命令。抑止或执行**也许**需要有它。可是,在一切简单的平常的例子,就像光有一个观念,就能引起这一个动作一样,光有另一个观念就能抑止它不发生。把手指伸直,同时想要觉得你是在弯曲它。一会儿,这只手指会相当地觉到这个想象的位置变动;但它不会有看得出来的移动,因为手指**不真动**这个意旨也是你心理内容的一部分。放弃**这个**意旨,单纯地想这个动作,放开一切动闸[*];神速地这个动作就毫不费力地出现了。

这样,一个清醒人的行为在任何时候都是两种相反的神经力的调合结果。有些在他脑内的细胞和纤维中间的神经流以不可想象的细致方式激荡他的运动神经,而其他同等细致的神经流冲激第一组神经流,阻塞它们或援助它们,改变它们的方向或速度。一切这个的结果是:固然神经流总必定归结于由**某些**运动神经宣泄出去,但它们有时由这一组运动神经出去,有时由那一组出去;并且有时它们彼此相持于平衡状态中那么长久,弄到皮相的观察者会以为它们一点没有宣泄出去。可是,这种观察家必须记得从生理学的观点看,一个手势,一个眉上的表情,气息的排出也是动作,同行走的动作一样。一个国王的口气,同刺客的击刺一样能杀人;我们观念之神奇的无重量的奔流所陪伴的那些神经流之倾注,不一定总是爆发的或别样地在物质上引人注目的那一类现象。

---

① 意识必须达到某一强度,它的冲动性才会完全生效;但我在这里抽开这件事不论。动作的过程,与一切别种自然过程一样,有一种惰性。在某些人,并在某些时期(疾病,疲劳),惰性非常之大,在这时,我们可能有些动作观念,不发为可见的行动,只发为仅是初步的活动倾向或情绪表现。主运动的部分的惰性在这例,同敌对的观念在别例,是起同样的作用的。我们后来要讨论这种具有限制力的惰性;显然,它不能使本文所立的定律必须作重要的修改。

* 原文 breaks 当做 brakes。

熟虑后的行为

我们现在可以形容**在熟虑的行为内有什么事情发生**；熟虑的行为，即指心里有好多观念，其相互的关系是敌对的或善意的。① 这些观念之中有一个是一项行为的观念。这个观念，若是单独的，就会引起动作；可是，在意识内此外有些种考虑阻塞运动神经流，反之，又有他种考虑要这个神经流出动。结果就是那种特别的内心不安，叫做"**犹豫不决**"（indecision）。侥幸，这个状况很熟悉，无须形容；因为要形容它，也是不可能。在这个状况继续着；各种对象都在被注意的全时间内，我们说，我们是在**审虑**；到了最后原来的提示也许得势，使动作发生，也许断然被敌对的作用压灭，我们说，我们**决定**了，就是说，我们**发出我们有意**采取这个行为或那个行为的**指令**。那些援助的或抑制的观念，就是所谓发生决心的**理由**或**动机**。

审虑的过程含着无数等级的复杂性。在审虑时间的每一刹那，我们的意识都是针对一项极复杂的对象，如本书第一册第九章中论思想的对象处所说明的那样，有整批的动机和它们相互的冲突存在。这个对象的全部，一直不断多少模模糊糊地觉到；其中有些部分此刻多少明划地现于前景，过一会，又是别的部分这样现于前景；这是因为我们注意的往复变动以及我们观念的"联想的"流动。可是，无论前景的理由多么明晰，或是多么近乎要"冲决堤坝"，挟持运动的效果朝它自己的方向走，背景（不管觉得多么模糊）始终存在；并且只要实际本人还在犹豫，这个背景的存在就是有效的节制，使那一发不能复收的动作不出现。这种审虑可能经历几星期，或几个月，隔些时间就来到心上一度。昨天觉得极紧急极活跃的动机，今天可以觉得非常微弱，奄奄无生气。可是，今天这个问题不得最后解决，明天也还是如此。有个什么告诉我们：一切这些都是暂时的；衰弱了的理由会又变强起来，强的理由会又变弱；平衡状态还没达到；我们还在检验我们的理由，不是遵从它们，并且我们必须（无论忍耐地或不耐地）再等一会，到我们决心一定百定为止。两种将来，被我们认为都可能，我们一会偏向这种，一会偏向那种，很像一个物质的东西在它的弹性限度内往复晃动。它有内部的紧张，但没有外部的破裂。并且，很明显，这个状态可以继续到无定限的时间，在物体，同在人心一样。可是，假如弹性消失了，假如堤坝冲破而水流倾泻过去，那么，晃动就终止，决定是断然来到，不可挽回了。

决定的来到，可以取好多方式中的**任何一个**。我要把它的最有特征的方式简短地说明，只是我要警告读者这只是对于症状和现象之内省的叙述，一切关于无论是神经的或精神的原动力的问题，都留待下文再讨论。

主张或反对行动的特别理由，在具体的实例内，当然是变化无限的。可是有些动机

---

① 我在这里用平常的说法，只是为方便起见。读者看过本书第一册第九章的，总会明白；他听说到好多观念同时在心上并且互相影响之时，实在的意思是说，心上有一个观念，这个观念含有好多互有关系的对象，目的，理由，动机，有些互相调和，有些互相敌对。这样警告了以后，虽然我相信这个通俗的洛克式的说法是错的，但我不惮不时沿用它。

是多少经常起作用的。这种动机之一，是**不耐审虑状态**，换言之，单单因为动作与决定自身是适意的，并且能解除怀疑和踌躇的紧张这件事而来的要行动或要决定的倾向。因此，在这种要决定行动的冲动达到极高度之顷，我们往往采取任何种当时在心上最活跃的行为方针。

与这种冲动相反的，是**恐怕一发不能收**（dread of the irrevocable）；这种恐怖往往产生这一种性格，这一种人除非也许出其不意地投到突然行动，否则，总不能下敏捷的、勇往的决心。在就要决定之顷，无论有什么其他动机存在，都有这两种相反的动机缠绕着它们，并且有促进或延迟这个决定之趋势。就这些动机独自影响决定作用而论，它们的冲突是关于应于**何时**决定之冲突。这个动机说，"此刻"；那个说，"还未到时候"。

动机组织中另一个常有的成分，是一经决定就要坚持到底的冲动。人的性格中，再没有比果断的人与优柔寡断的人间的差别更可注意。这种差别的生理的或心理的根由都还没有分析出来。这种差别的征候在于：在优柔寡断的人，一切决定都是暂时的，易于翻变；而在果断的人，一切决定一经定了，就不再摇动。在各个人的审虑过程之中，往往关于诸多行为方针中之一的观念突然猛袭而来，至于独占审虑者的想象，产生偏向这一方针的貌似定局的决定。这些太早的、虚伪的决定，当然人人知道。这种决定，从后来的考虑看来，往往似乎很可笑。可是，我们不能否认：在有果断性格的人，一个决定偶然一度定了这件事，在后来就成了另一动机，加在何以不应该取消这个决定，或是暂时取消，就应该再作那些更真实的理由之上。有种轻率的行为方针，我们除了在不留神之顷，可能永远不会采取；但是我们中有多少人，不过因为我们不情愿"变志"（change our mind）而坚持下去。

五 种 决 定

现在转到决定的种类，我们可以分别出五种。* 第一种可以叫做**合理型**（the reasonable type）。在这种决定的实例，赞成并反对一种方针的理由似乎积渐地，几乎不知不觉地在心上弄到定局，最后余下明白的差额，有利于各种可能行动中之一，我们就不费力地不被迫地采取这一个行动。在这种合理地对算账目结束之前，我们冷静地觉得证据还没有完全收齐，这个使行动持住不发。可是，到了有一天，我们警醒起来，觉得我们把此事看对了，再推延也不会对此事有新见解，所以最好**现在**就定局。在这样顺利的由疑惑转到确信，在我们自视，似乎几乎是被动的；使我们决定的"理由"似乎由事情的自然趋势而来，我们的意志毫不出力。可是，我们完全觉得**自由**，这是就我们完全没有被强制之感而说。在这些例子内使我们决定的断然理由，通常是因为发现我们可以将这一例子归入我们惯于毫不犹豫按某种刻板的方式行动的那**一类**。就一般看，可以说，每回审虑的大部分都在于把一切可能的对于做不做待决之事的**概念方式**（modes of conceiving）在心上翻

---

　　* 原文误作"四种"，大概是最初只说四种，后来作者加了一种，忘记改动；下文"四种"误作"三种"，"第五种"误作"第四种"，大概由同一原因。

来复去。我们一见到可以让我们应用一种已成了我们的自我之固定而牢稳的部分之行动原则，我们的疑惑的状况就停止了。当权的人，每天要决定好多事，他们都有一批的类目，每目标着它的动作结果；他们尽量把每件新事变一发生就归入某目之下。我们最觉得不知所措，最苦于我们工作之不定，是在当前事变属于未有先例的一类，因而没有一成不变的规律可以应用之场合。我们一看到有一个熟悉的类例可援，我们又安心了。所以，在**行动**，同在推理一样，重大的事情就是寻求正当的概念。具体的两难的事态并不是一来就有标题在它们的背上。我们可以叫它好多名目。明智的人就是能够找到最合于当前这个特别情形的需要之名目的人。"合理的"人是一个有一批稳定的、高尚的目的，并且非等到他冷静地发现一种行为是促进或妨害这种目的中之任何一项之后，不决定是否作这种行动的人。

在其次两种决定作用中，最后指令是发生于证据未齐全之前。往往发生这种情形，就是：任何一个行为方针都没有至上的、有权威的理由出现于心上。任何一个似乎均是一种福利，并且没有什么评判员可以判决哪一个福利应该让位于哪一个。我们对于长期的踌躇不决渐渐厌烦；也许弄到有一时候，我们觉得就是一个坏的决定也比全不决定好些。在这种情形之下，往往由于有件偶然事故，在特别顷刻 * 参插入我们心理倦态之中，把平衡打破而使之偏向于诸多可能的行为途径之一，那时候，我们觉得自己是存心采取这一个途径了；可是假如在这时候，有件相反的偶然事件，也许会发生相反的结果。

在这**第二种**决定，我们多少觉得是让自己以一种随便的顺受态度，朝着**由外境偶然**决定的方向飘去，自信归根到底，我们遵循这一条途径，也许同遵循那一条一样好，并且无论如何，事情的结局一定会够不错。

在**第三种**，决定似乎也一样偶然，可是它是从内心来，不是从外而至。在因为缺乏有强制力的原理而使人惶惑，因为事情暂悬住而使人烦乱之时，往往我们发现我们的行动，好像自动地，好像由于我们的神经自动向左右两难的两条途径中的一条发泄。可是，在我们不能忍受的闭塞状态之后，来了这种推动的感觉，结果把人激动得那么厉害，弄到我们热烈地以全力奔赴这一途径中去。我们内心嚷，"纵使天塌下来，现在也要前进"。这种鲁莽地高兴地采取行动，具有我们所预想不到的力量，弄到我们觉得自己更像被动的旁观者叹赏一种外来精力的流露而不像个有意志的主动人——这是一种太突兀、太喧器的决定，不会常见于平凡的、血气冷静的人物。可是，在情绪强烈，性格不稳或犹豫不决的人，大概常有这种决定方式。并且，在那一类震动世界的人，如拿破仑，路得等等之流，坚持的欲情与沸腾的活动合在一起，假如欲情的出路偶然被顾忌或忧虑阻塞住，那么，大概决定往往是这一类突变。洪流出乎意外地冲破堤坝。这些人常有这种事态，这就很足够说明他们何以倾向于相信命定论的心情。并且命定心情必定会加强刚刚开始走向发泄路径内的能力之力量。

还有**第四种**决定，往往同第三种一样突然把审虑结束。假如因为一种外部经验或不可解释的内部郁结，**我们忽然由疏放的、不在意的心境变到庄重的、奋力的心境**，或是也

---

* 原文 movement 当做 moment（顷刻）。

许相反,那就是这种决定来到了。在这时候,我们动机与冲动之价值尺度的全部都起变化,好像游览者的升降会使风景变化一样。最能使人肃然庄重起来的动力,是悲哀与恐怖的对象。在有一个这种对象感动我们之时,一切轻佻的、放诞的观念都失掉它们的推动力,一切严肃的观念的推动力就加强了好多倍。结果,我们立刻抛弃我们在先虚花时间的那些比较微末的计划,而实际采取更严厉的更恳切的,前此不能得我们同意的行动。一切那些所谓"心肠的变化","天良的激发"(changes of heart,awakenings of conscience)等等,使好多人变成新人的,都可以归入这一类。在这种场合,人格突然升到另一"水平"上,审虑作用立刻停止。①

在**第五种**(即**最后一种**)的决定,觉得证据齐全,并且理性已经把两方的账目对算好之感,也许有,也许没有。可是,无论有没有,我们在决定之时觉得好像我们以自己故意的作为,使"天平偏倾一边";在有此感的例子,这种作为,在于将我们的努力使单独似乎不能使动作实现之逻辑的理由增加重量;在没有此感的例子,在于一种创造性的贡献,贡献一种不是理由而具有理由所起的作用之过程。在这些例子中所觉得的意志的迟重的偏倾,使它们成为与一切上述四种决定*在主观上完全不同的一类。意志的偏倾,在形而上学方面表示什么,这种努力可以使我们对于与动机有别的意志力,能推知什么,此刻还不是我们关切的事。就主观方面和现象方面说,**努力之感**(feeling of effort),前几种决定所没有的,这种决定却有。无论是为严重的平淡的义务而惨淡地舍弃各种各样的繁富的世俗快乐,或是在两串互不相容的将来事实之中,没有严格的客观的或必然的取舍准则,必须狠狠地下决心使一串成为不可能,使另一串实现,无论是在上列情形中哪一种之中,努力之感总**是**一种荒寒的,苛刻的行动,一种向凄寂的道德荒原的游行。假如把这种决定细加考察,就见到它与前四种*决定的主要不同点似乎在于:在那些决定中,心在决定采取得胜一方面的可能行动之顷,把其余一方面的可能行动完全或几乎完全置之度外,而在这第五种决定,乃是两个可能都常在心目中,并且正是在消除那败退的可能行为之时,决定者觉得在这顷刻间,他是在逼他自己受极大的损失。这是存心地把一根刺逼进自己的肉里去;并且随伴这个行动的**内心努力**之感,是这么一个要素,它使这第五种决定与前此四种*作强烈的对称而成为一种完全特殊的心理现象。人的决定之绝大多数是没有努力的决定。就大多数人说,在比较少的决定中,最后带有努力作用。我以为我们所以误会实际有比较多的决定有努力,是因为**当审虑之时**,我们屡屡觉得想要**此刻决定**,必须作多大的努力。后来,在容易决定之后,我们回忆这个而误以为决定之时也曾努力。

我们意识现象中有努力这个事实,当然这是不能怀疑或否认的。但是,人对于这个努力之意义,是有大不相同的意见的。像有无精神的原因那么重要的一类问题,像普遍前定或自由意志那么广大的一类问题,都系于对于这个努力的解释。因此我们必须对于意志的努力之感发生的情况作相当细密的研究。

---

① 我的同事厄味勒(C. C. Everett)教授最先强调地引我注意这一类的决定。

* 见第349页译注的说明。

努 力 之 感

在前面,我说**意识**(或伴意识而起的神经过程)**本性是冲动的**之时,我在小注内加上**意识必须是够强的**这个限制条件。不同种的意识激起动作的力量有好大的不同。有些意识状态的强度,实际上很会在发泄点以下,而其他意识状态的强度很会在发泄点以上。我说"实际上很会",意思是在通常情形之下很会如此。这种情形也许是习惯的抑制作用,如那种舒服的适意的闲散(dolce far niente)之感,它使人人有某分量的疏懒,只有冲动的激奋,才能克服;或是运动的神经中枢的生成的惰性(即内部抵抗),使在某程度紧张未到达未超过之先,爆发就不可能。这些条件可以随人而异,并且在同一个人,也可以随时不同。神经的惰性会增多,会减少;习惯的抑制也会消长。特别思想过程和刺激也会独自变化,特别联想路径会变成更易通过或更难通过。结果,特项动机与其他动机相比的实有的冲动力有好大的变化可能。是在通常效力小的动机变成更有效力,以及通常更有效力的动机变成效力更小的这种场合,通常不用努力的动作或通常容易的禁戒变成不可能,或是,假如可能,也要努力,才能实现。这种实例是什么,再加点描写,就可以更明白。

可以叫做通常的意志健全的性质,有件特征,就是,各种动机的冲动力量间有某一种正常比率;只有在例外时期或是例外的人,才不照这个比率。通常最富冲动性的心态是代表烈情,体欲(passion,appetite),或情绪的对象(简言之,本能动作的对象)的心态;或是快乐或痛苦的感态或观念;或是我们无论如何惯于顺从,弄到反应它的习惯牢刻于我们身上的那些观念;或是,最后,与比较辽远的对象之观念比起来,是现在的或在空间时间上相近的对象之观念。与这些好多种对象相比,一切辽远的考虑,一切很抽象的概念,不习惯的理由,不含在人类本能发展史内的动机,只有很小的冲动力,甚至没有。这些,万一能占优势,它们的能占,也**需要努力**;并且**凡是非本能的行为动机支配行为者之场合,就是努力之正常领域**(与它的病态的领域有别的)。

不止如此,要意志健全,在指令或行动之前的过程必须复杂到相当程度。每个刺激或观念,一面引起它自己的冲动,一面又必须引起与它们的冲动相联并相承接的其他观念,并且行动必须是一切这样牵入的力量的后果,必须随这些力量而来,不太慢,也不太快。所以,就是决定很迅速,在指令发出之前,也有一种对局面的初步测勘以及关于那个方针最好的预想。并且,在意志健全之场合,**预想必须是对的**(就是说,诸多动机的相互比率必须大体是正常的,不是太异常的),**并且行动必须遵循这个预想的指导**。

由是,意志不健全的根由可以有好多方式。行动也许太快地跟随刺激或观念而来,来不及唤起节制的联想——**这就是急躁的意志**(precipitate will)。或是,虽然联想来了,但冲动的与抑制的力量通常的相互比率反常了,这就是**怪僻的意志**(perverse will)。这个怪僻可以由于好多种原因之一——太强或太弱;惰性太大或太小;或是抑制力太多或太少。**假如我们把怪僻意志的外部症状在一起比较，这些症状可以分成两类**，在一类，正常动作不可能，在另一类，变态的动作压不住。简言之，**我们可以把它们一类叫做阻塞的意志**（the obstructed will），**另一类叫做爆发的意志**（the explosive will）。

可是，我们必须记得：因为结局的动作总是由于现有的阻塞的和爆发的力量之**比率**，我们永远不能由于仅仅外部症状推知这个人的意志的怪僻是由于什么**单素的原因**（*elementary* cause），到底是由于这一个成分的增加，或是由于那一个成分的减少。一个人由于失掉通常的"制动闸"，同于加多冲动的"蒸汽"，一样容易变成爆发性；他可能因为原有的欲望衰弱同因为新的大阻力来临一样发现事情不可能进行。如克劳司敦医师所说的，"也许是御夫衰弱到不能控制练得已经很驯服的马，也许是这些马难驭到没有御夫能够拉得住。"在有些具体的例子（无论是爆发的，或是阻塞的意志），很难知道毛病是在于抑制的或是冲动的变化。可是，一般说，我们能够作近真的猜测。

爆发的意志

例如，有一种常态的人，他的冲动似乎极快地发为动作，弄到抑制来不及起作用。这些人是"敢作敢为的"并有"活泼的"（mercurial）性情，生气洋溢，言语滔滔的；这种性格，在拉丁和克勒特（Celtic）民族中很常有，冷血的、长颅的英吉利性格与之相比，是很显明的反衬。我们觉得这些人像猴子，而他们就觉得我们是爬虫。要判定是阻塞的人，还是爆发的人有最大量的生活力，完全不可能。一个爆发性的意大利人，具有灵敏的知觉与智力的，可以充当一个极大的人物，而他所有的内心资源，可以藏在一个阻塞性的新英伦人（Yankee）的心里，几乎使你不知道他有这种资源。这个意大利人会成为他的帮侣的王，一切的歌由他唱，一切的演讲由他讲，领导聚会，恶作剧，吻一切女子，与一切男子斗争，并且，如有必要，倡导冒险事业，因此旁观者会以为他小指中所有的生命比一个守礼的审慎的人全身所有的还多些。可是，也许这个审慎人一向都有一切这些可能，并且还有其他，只要制动闸拿开，就随时以同等猛力或更大的猛力爆发出来。使爆发性的人有这样的动力和行动自如的缘由是：没有顾忌，没有结论，没有考虑，总之，每项刻的心理前瞻都非常简单；所以不一定是由于他的任何项烈情，动机或思想的强度更大。心理进化越高，人类意识的复杂度不断加大，同时每个冲动所会受的抑制也更多。可是，这个抑制的优势有好处，也有坏处；假如一个人的冲动大部是迅速的，并井井有条的，假如他有勇气接受这些冲动的后果，有智力引导它到成功的结局，那么，他有这种"微力发火"的性格（hair-trigger organization）而不因过虑而郁郁，倒是更好。历史上好多最成功的军事的和革命的人物都属于这个简单的而急智的冲动的类型。对于多虑的抑制性的人，问题就困难得多了。固然，他们能够解决更大得多的问题；并且他们能够避免冲动性的人所会有的好多错误。可是，假如后种人不犯错误，或是犯错误了总能够补救，他们的性格是最可爱的最不可少的一种人。①

在婴孩时期,并在某些精力枯竭的状态以及特殊病态,抑制力也许不能够阻止冲动的爆发。由是在其他时期比较阻塞性的人暂时会实现爆发性。我在这里最好由克劳司敦的好书抄几页:②

"以一个半岁小孩为例,他绝对没有表现为心理抑制的脑力;没有什么欲望或倾向受心理作用的制止。……在大多数儿童,到一岁之时,重要的自制能力之萌芽就明白可见了。他们会抵抗要抓火焰的欲望,他们会不打翻牛奶瓶,他们在要想跑来跑去之时会遵循命令而静坐,这一切都由于一种高级的心理抑制。可是自制的能力同手的动作是一样渐渐发展的。……请看一种更复杂的动作,任何胜任的生理学者会认为是自动的,是普通抑制力所不能控制的,例如,激怒并戏弄一个一两岁的小孩,到一定程度,他会忽然伸手打你;忽然把一个人打一下,他会完全机械地作自卫或攻打行动或是又守又攻,不能自禁。把一个发亮的好玩的玩具放在周岁的小孩面前,他就会立刻拿去。把冷水放在渴得要死的人前面,他会拿去喝,绝不能做别的事。神经能力的疲竭总是会减少抑制力量。谁不意识到这个呢?'易怒'(Irritability)就是这个状态的一种表现。好多人只有很小量的预备的脑能力——那个为一切脑的性质中最可贵的——所以一会就消耗尽,并且你立刻见到他们很快就失掉他们自制力。他们精力饱满时就是天使,疲乏时就是恶魔。在性格正常的人,因为有那项剩余能力或抵抗力,所以只要在一切方面的不太厉害的过度的事不常常重犯,都不会有大害处;但因为那种人没有余力,所以过劳,喝酒太多,或是小小放荡,就使他们受他们的病态冲动摆布,无力抵抗。……把他的脑的抑制的余力用到太近于荡尽,或太常用的人有祸哉!……生理学名词'抑制'(inhibition)可以作为与心理学并伦理学的名词'自制'(self-control)或'顺某些方向行使的意志'同义的词语而交换使用。丧失自制能力是大多数种类的精神病之特征,可是这种丧失通常只是一种一般的心理病态的一部分,病的主要表现乃是忧郁的、躁狂的、痴呆的,或妄想的症状。还有些别的病,不那么多,主要的并绝对最明显的症状是抑制力的丧失。……我要把这种病叫做'抑制疯'(Inhibitory Insanity)。这种病人有些有不可控制的冲动,有些要行凶暴并破坏,有些要杀人,有些没有悲观情感,但要自杀,有些要兽性的满足(男性色情狂,女性色情狂,恋爱狂,恋兽狂),别的病人要喝太多的酒(酒狂),别的要放火(放火狂),别的要偷东西(偷窃狂),还有别的要做各种各样的不道德事情。冲动的倾向和病态的欲望之种类是无数的。这类疯狂的好多种有特别的名目。挖出死

---

① 都德里君在《哈佛月刊》(*Harvard Monthly*)第 6 卷第 43 页的一篇极好文章《运动家的心理性质》,认为很快地冲动的性情,居首要的地位。"试问他在某一种复杂的诀窍中,他怎样进行某一个动作,为什么他在那一时刻推或拉,他会告诉你他不知道;他做这个,出于本能;或是应该说,他的神经与肌肉自动进行这件事。……好手的特性是在这地方:他自信他的训练和他的练习,在紧要关头的竞技,完全信任他的冲动,并不将每一步行动想出来。坏手不能信赖他的冲动的动作,不得不总是在细心想。这样,他不仅由于领会整个情境太慢而失掉机会,而且因为始终被迫,不得不赶快想,以致在紧要关头,心里变糊涂了;而第一流的运动家,因为他并不要去想,只是随冲动行动,所以能够不断有特殊的成绩,并且情势越紧张,就比赛得越好"。

② 克劳司敦:《关于精神病的临诊演讲》(*Clinical Lectures on Mental Diseases*),伦敦 1883 年版,第 310—318页。

尸吃,叫做嗜尸狂,离家浪游,抛撇社会的节制,叫做流浪狂,举动像野兽,叫做狼状狂,诸如此类。在一切这些方面的冲动性动作之发生,或由于脑的较高部分失却控制力,或由于脑的某些部分能力过大而通常的抑制力控制不住。也许御夫极软弱,连练得很驯服的马都不能控制,也许马极难驭,没有御夫能拉得住。这两种状况也许由于纯粹大脑的失常……也许是反射的……自我,人格,意志也许暂时不存在。这个的最完备的例子是在梦游状态(somnambulism)中或在羊痫疯的不省人事状态中杀人,或是在催眠状态中的行为。在这些状态,完全没有自觉的要达这个目的之欲望。在其他的例子,有自觉与记忆,但没有制止行动的能力。这个的最简单的例子是:一个白痴或疯子看见发亮的东西就抢为己有,或是犯秽亵的行动。一个心理健全并智力旺盛的人由于患病,也会陷于同样状况。使别人不做这种行为的动机,在这种人不起作用。我认识一个偷东西的人,他说,他对于他所偷的东西,绝没有强烈的贪欲,至少不觉得有,但是他的意志停顿了,不能抵抗全人类共有的平常的获得欲望。”

表现这样的冲动的急速与抑制的迟缓的,不止那些专门术语所谓白痴的和疯狂的人。试问你所认识的平常酒鬼中的半数人,他们为什么那么常常做诱惑的牺牲品,他们会说,大部分时间,他们不能说出所以然。他们觉得好像眩晕。他们的神经中枢变成了一个由于病态而可被每个暂现的关于酒瓶酒杯的想头转开。他们并不渴想喝酒;甚至觉得酒味可厌;并且他们完全预料次日的悔恨。可是,当他们想到酒或看见酒,他们发现自己就要喝,不能自禁;此外,他们不能再说什么。同样,一个人也许过不断的恋爱或淫乱的生活,不过刺激他这样的,似乎是可能性的暗示和念头而非由他的爱情或性欲特别强烈。甚至他也许一向是阳事不举的。在这种人,自然的(或许不自然的)冲动之路径那么通畅,至于神经流的力量一点点增高,就弄到流溢。这是病理学内所谓“易激动的衰弱症”(irritable weakness)。神经组织被激动的过程中所谓萌芽或潜伏(nascency or latency)的时期极短,所以它内部的紧张没有机会积累起来;结果,虽然有许多激荡与活动,但所牵涉的真实感情可以很小。协识脱离病的性情就是这种不稳平衡的无上表演场。这种人会对于一种行为方针似乎抱极真实的极稳固的憎厌,而次**一刹那**,也许顺从诱惑的激动而浑身沉入其中。李播(Ribot)给予他的富有趣味的小专刊,名为《意志的诸病》书中形容协识脱离病的性格那章一个好标题,叫做“无常意想之统治”(Le Règne des Caprices)。

反之,神经组织保持适当的内部动势,并且抑制力正常,甚至非常之大,在这种场合,错乱的冲动的行为也会发生。在这种的人,**冲动观念的力量异常地提高**;在大多数人只是暂时的对于一个可能之暗示,在这种人变成了一种磨人的、渴想的要行动的驱迫。在与这些病态的坚持的观念作顽强的奋斗之中,不幸的患者的灵魂往往在最后被扫倒之前极尽痛苦——论疯狂的书满是这种病态的观念的例子。举一可概其余;李播氏引卡尔梅医师的例子如下:[①]

“葛伦那达在婴孩时期丧父,由他的母亲养大;他极爱母亲。到 16 岁,他的性格

---

① 见他的《意志的诸病》(*Maladies de la Volonté*),第 77 页。

变了；前此他很好，很顺从；现在变成愁郁而沉默。被他母亲的诘问所逼迫，他最后决定自认。他说，'我一切都是出于你的恩；我一心爱你；可是至今已有相当时候，有个不断的念头，要逼我杀你。为防止有一天这个诱惑会压倒我而发生这样可怕的不幸：请你让我去投军。'虽然受恳切的请求，他决心极坚定，投军去，成为好兵。但是还有一个秘密的冲动不断刺激他，叫他脱逃回家杀他母亲。他服兵役期终之日，这个观念同第一天一样强烈。他又服兵役一期。谋杀的冲动延续下去，但换了一个对象。他不再想杀他的母亲——这可怕的冲动日夜针对着他的嫂子。为抗拒这第二个冲动，他决心终身不回家。在这个时候，他的一个邻居到团里来。葛伦那达对他自白一切。这个人说，'安心好了，你不可能犯这个罪；你的嫂子刚死了。'他听见了这个话，站起来，像囚人被释放一样。他满心欢喜。他回到多年不归的儿时的家里。可是，他一到家，就看见他的嫂子还在。他大叫一声，这可怕的冲动又发作了。就在那一天晚上，他叫他哥哥牢牢绑起他。'拿一根结实的绳子绑起我，像把狼绑在草屋一样，并且去告诉卡尔梅医生。……'他得这位医生的允许进一所疯人院里去。在进去前一晚上，他写信给这个院的主任，说，'先生，我要住在你的院里。我在院将要照在军团内的行动。你会以为我医好了。有时节，也许我要假装病好的样子。永远不要相信我。永远不要放我出去，无论是为什么托故。假如我求你释放，你就加倍看着我；我的自由对我的唯一用处，就是要犯我所极端骇怖的罪行'。"①

真正酒狂人，有鸦片或二氯二烷醛这个麻醉剂的嗜好的人，他们要酒要这些麻醉品的贪欲的猛烈，是正常人所不能设想的。"假如有一桶糖酒在一个房角，并且大炮不断射弹于这桶酒与我的中间，我还不能自禁，一定要从大炮前跑过，去拿这个酒"；"假如一只手里有一瓶白兰地，那一边是地狱的开口，并且我深信一喝酒就会被推到地狱里，我还不能不喝"：在酒狂的嘴里，这种话是常常听到的。辛辛那提的马瑟医师曾述过这个例子：

"几年前有个酒鬼被送到本州的救济院里。在几天之内，他想出种种策略要得到糖酒，但都失败了。可是，最后他想出一计，竟然成功。他走到救济院的木工场，把一只手放在木墩上，将另一只手提起斧子，一下把那只手砍断。他把断臂举起来，血淋淋的，跑到房子里，大喊，'倒些糖酒来！倒些糖酒来！我的手断了！'在这件事的纷乱和扰攘中间，有人拿一碗糖酒来，他把流血的手放在酒里，随就举碗到他嘴边，尽量大喝，很高兴嚷道，'现在我满意了。'忒涅氏（J. E. Turner）说到一个人，因嗜饮就医，四星期之内秘密把六瓶浸病理标本的酒精喝光。问他为什么做这样恶心可厌的事情，他回答：'先生，要我控制这个病态的胃口，同要我抑制我心脏的跳动一样不可能'。"②

恋爱可以叫做一种单狂（monomania），一切人无论在别的方面多么心理健全，都会发这

① 要知道"冲动的疯狂"的其他例子，请看摩司黎《精神病中的责任》（H. Maudsley, *Responsibility in Mental Disease*），第133—170页，以及温斯洛《不明了的心病与脑病》（Forbes Winslow, *Obscure Diseases of the Mind and Brain*），第6、7、8章。

② 柏耳（G. Burr）在1874年12月的《纽约心理学与医学法学杂志》（*N. Y. Psychological and Medico-Legal Journal*）内一篇《论酒狂》（*Insanity of Inebriety*）论文中所引。

种狂。虽然看不起,甚至憎恨所爱的"对象",还可以爱她,并且恋爱未断之时,这个人的整个生命都因为有恋爱而改变。阿菲里把他的非常顽强的抑制力与他的反常兴奋的对某个女人的恋爱之格斗作下引的描写:

"由于我心目中觉得自己可鄙,我陷入极忧郁的心态——这种心态,假如持久,必然要弄到疯狂或死去。我继续受这种可耻的束缚,到 1775 年 1 月快完之时,那时候,我前此常常敛抑就范的怒气极猛烈地爆发出来。一天晚上,我看歌剧(意大利国内最无味最可厌的顽意)回来(在剧场内,我在我一会憎厌一会爱恋的女人的包厢里几小时),我坚决要永远摆脱她的羁绊。经验使我知道逃走不仅不能使我坚持我的决心,反而会削弱而消灭它;因此我想使自己受更严厉的磨炼,根据我性格是顽强的特别的这件事,我设想采取会逼迫我作最大努力之方法将要最有成功的把握。我决定永远不离开我的房子,我已说过,我的房子刚刚与这个女人的房子对面;注视她的窗子,看她每天出入,听她说话的声音,但是下坚定决心,无论她直接或间接怎样献殷勤,无论什么温柔的回忆,总之,无论用任何其他法子,都不能再引诱我恢复我们的情爱。我决定:不是从我这种可耻的奴役解放出来,就是死。为要使我的志向坚定,并且使我万一摇动就不能不陷于耻辱,我把我的决心告诉我的一位朋友,这位朋友同我很好并且我极敬重他。他从前很痛惜我陷于这种心境,但是因为他不愿意表示赞成我的行为,他不来看我有相当时候了。在我写给他的几行字里,我简短地说明我所下的决心,并且我送他一长卷我的难看的红头发。我故意叫人把它剪下来,以防止我出门,因为当时除了丑角和水手不会带着短发到大庭广众中去的。信尾,我请求他以他的来临和模范加强我的坚忍。我这样被隔离在我自己的房屋里,戒绝一切种类的来往:头 15 天,总在发出极可怕的哀号与呻吟。有些我的朋友来看我,似乎很哀怜我的情况,也许因为我自己不埋怨;可是我的姿态和全部外貌都表示我的苦恼。因为要阅读些,我就倚靠官报,但我常常看过整页,不了解一个字。……我在快要发狂的心境中过了两个多月,一直到 1775 年 3 月杪,可是大约这个时候,有个新念头忽然来到我心上,这个念头渐渐减轻我的忧郁。"

这个念头就是作诗;阿菲里叙述他在这种病态的情境中最初的作诗尝试,接下去说:

"这个奇想给我的唯一好处,在于:它渐渐使我超脱恋爱,并使我那久在潜伏的理性觉醒。我发现无须再叫人把我用绳子绑在椅子上,才可以防止我离开我的房子,又到我那女人的房里去。此前,这个是我想出以强力使我醒悟的方策之一。绳子是掩藏在包住我的大斗篷之下,只有一只手自由。一切来看我的人,没有一个知道我这样绑住。我这样绑住常常整整几小时;只有我的监守人伊利亚知道这个秘密。他遵我的嘱咐,每到我狂热的发作退了之后,就放我自由。可是,一切我所用的离奇方法之中,最奇怪的就是在狂欢节快完之时参加剧场内的化装跳舞。我装做阿坡罗,大胆带一张七弦琴出场,我尽我所能弹琴,并唱些我很坏的自度曲。这种厚脸皮绝对与我的本然性格相反。我做这些怪事的唯一理由是:我不能够抵抗一种猛烈的情欲。我觉得必须在这个烈欲的对象与我之间建筑一个不可超越的障碍;我见到最强固的阻碍就是：假如我重拾我已经公开使它变成笑柄的恋爱，我就要招来的耻辱。"①

往往这种顽强观念是很琐细的一类，可是它会把患者的命磨掉。例如，他觉得他手腕脏，这两只手非洗不可。他**知道**手并不脏；可是，要消除这个恼人的观念，他必须把手洗一洗。但是，一会这个观念又回来，弄得这个不幸的患者（他在**理智上**绝不迷妄）终于一天到晚在脸盆架前过日子。又如，他觉得他衣服没有穿"好"；因为要排除这个念头，他把衣服脱下来再穿上，结果他的穿着花了两三小时。大多数人都有患这种病的可能性。很少人不曾偶然有过这种事：上床之后，以为忘了锁大门，或是忘记关煤气管。并且很少人不曾有些时候又起来再做这件事，与其说是因为他们相信真忘记做了，毋宁说是因为只有这样，他们才能够排除这个愁恼人的疑团，好好去睡。②

阻塞的意志

与抑制力不够或冲动力过大这些例子作明显的反衬的，是冲动力不足或抑制力太大的例子。* 我们都知道本书第一册第十一章（论注意）篇首第二段所形容的状态——心在顷刻间似乎丧失了它的集中能力，不能够聚精会神于任何一定的对象。在这种时候，我们坐着，失神地往前看，不做一事。意识的对象不能枨触我们，动我们的心。对象是在那里，可是不达到有效的程度。在一切人，这个在场而不生效的状态是**有些**对象的通常情形。高度的疲乏或精力枯竭可以使几乎一切对象都如此；并且一种像这样发生的顽钝状态，在疯人院中被认为精神病的一个症象，叫做**意志丧失病**（abulia）。如上文所说的，意志的健全必须有两件事：预见必须正当，并且行动必须遵循它的指导。可是，在所说的病态，预见可以完全无病，理智清明，但行动不跟它而来，或是改了方式。"我看到并同意较好的事，但我遵行较坏的"（Video meliora proboque, deteriora sequor）是古典的表示这后一种状态的话。对于前一种，意志丧失病这个名词特别适用。居伊司林说，患者

> "能够在内部心理上遵依理性的命令立志。他们经验到要行动的欲望，但不能够做他们应该做的行动。……他们的意志不能越过某些界限：人会说他们内心的行动力量被塞住了：'我立志要'不会变成冲动的志向，不会变成活动的决心。这种患者之中有些人自己奇怪他们的意志何以无力量。假如你随他们去，他们可以整天躺在床上或坐在椅子上。假如有人对他们说话，或激动他们，他们会好好说话，不过很简短；并且他们能对事情下相当好的判断。"③

---

① 阿菲里《自传》，豪厄尔兹的版本，(*Autobiography*, Howells' edition)第192—196页。

② 请看考尔斯在《美国心理学杂志》(Dr. Cowles, *American Journal of Psychology*)第一卷，第222页论"坚持的并固定的观念"(Insistent and Fixed Ideas)的文字，又克纳朴(Dr. Knapp)在同杂志第三卷第1页论所谓"怀疑狂"(Insanity of Doubt)的文字，后一篇文附有对于这个题目的部分参考书目。

* 原文 inhibition of in excess 之 of 当做 is。

③ 李播，上引书第39页。

在本书第二册第二十一章（论真实之感），我们说过：对象使人心觉其为真实之感是与它能激起意志的效力（此外还有其他条件）成正比例的。在这里，我们看到这个真理的反面。（在这种顽钝状态中）不能**达到**（get to）意志的，不能"针到见血"的观念，对象，理由，似乎就这个程度内说，是疏远的，不实在的。事物的实在性与它可充作动机的能力之关系，从来还没得到完备的说明。人生的道德上悲剧几乎完全由于下列事实：通常衔接对于真理的知见与行动之联环断了，因而这个刺激性的觉得是有效的实在之感不附属于某些观念。仅仅就他们的感态与概念而论，人与人的差别不很大。他们对于各种可能之观念和他们的理想并不如从他们的不同命运也许可以推知的那么不同。没有一类人比无望的没出息人，滥感家，酒鬼，阴谋家，游手好闲者有更好的情感，更常常觉得人生的上等与下等行径的分别；但是这些人的生活是一长串的知识与行为间的矛盾，并且他们虽然有理论完全在握，但永远不能把他们的萎靡的品格挺直起来。没有人像他们那样"吃到知识之树的果实"；就道德的见识而论，那些被他们行为震惊的守秩序而利达的平庸人比起他们，真成了乳臭小儿了。可是，他们的道德的见识总在背后隆隆作声——分辨、评注、抗议、想望、半决定——永远不完全决定，永远不把它的声音从低调转到高调，不把它的口气由假设态（subjunctive mood）转到命令态（imperative mood），永远不摆脱魔迷，永远不自己亲手把舵。在像卢梭和雷司狄夫（Restif）这种人，好像下等动机把全部冲动力量都抢在手里。这些动机就像享有通行权的火车一样，独占住火车轨道。在旁的更理想的动机很多，但始终不得转入轨道；这个人的行为不受这种动机的影响，就像快车不受站在路旁喊叫要上车的过路人的影响一样。这些好动机永远只是懈怠不活动的陪伴；并且由于惯是看好的，做坏的而起的觉得内心空虚之感，是一个人在这可哭的尘世中的一种最悲惨的情绪。

我们现在可以一望就看到在什么样时期，努力参与于意志之内。凡是人要有一个更稀有的更理想的冲动去打消别的更本能的更习惯的冲动之时，意志就须作努力了；凡是很爆发的倾向被制止或是很阻塞的状态被克服之时，也这样。生长于顺境的人（âme bien née），出生时有"仙儿赠礼"的幸运儿，在他的生活中，无须有很多努力。反之，好汉和神经病患者需要很多。在一切这些情形，我们对于这种努力的看法是将它看做一种主动的以其力量加入一方的动机的力量上，使这一方的动机最后战胜之力。在外力施于一个物体之时，我们说终结的运动是在最小抵抗或最大牵引的方向。可是，我们的自然说法，始终没有对于带努力的意志这样说：这是一件奇怪的事。当然，假如我们取先乎经验的观点，定最小抵抗的方向之意义为采取的方向，那么，这个物理定律也适用于心理领域内。然而我们**觉得**在一切艰难的立志作用，似乎当更稀有的更理想的动机占胜之时，所采取的方向是抵抗较大的方向，并且似乎就是在我不肯采取更粗恶的动机之方向之时，这个方向也还是更通畅更易走的方向。在外科医生开刀之际压止喊痛的人，或是因为执行义务而受社会的污蔑的人觉得他是遵循当时抵抗最大的方向。他说他战胜，克服他的冲动与诱惑。

然而懒人、酒鬼、懦夫永远没有对他们的行为这样说，没说他们抵抗他们的出力，克服他们的酒戒，战胜他们的勇气云云。假如我们从一般方面将一切行为动机分做嗜欲与理想两类,那么,可以说肉欲主义者从来不说他的行为是战胜他的理想的结果,而道德家则说他的行为是对他的嗜欲的战胜。肉欲主义者用表示不活动的词语,说他忘记他的理想,不理会义务,诸如此类;这些词语似乎隐示理想的动机自身,可以不出力而把它打消,而最大的纯乎牵引力是在嗜欲这方向。理想的冲动,与这个比起来,好像一个静穆的细小的语声,必须用人工加强,才能战胜。努力就是加强这个声音的,结果好像嗜欲的力根本是一个固定的量,而理想的力可以大小不同。可是,在一个理想的动机由努力之助而战胜一个大的肉欲的抵抗力之时,努力大小的原因是什么呢? 就是这个抵抗力自身的大小。假如肉欲的嗜好小,努力也小。假如必须克服一个大的敌方力量,这就**使努力加大**。并且假如要有一个简短的对于理想的或道德的行动的定义,那么,我们不能下比这个更合于事态的定义,这个定义就是:**这种行为是循抵抗最大的方向的行为。**

这些事实可以用如下的最简的符号代表,P 代表嗜欲,I 代表理想的冲动,E 代表努力:

$$I_{独自} < P$$
$$I + E > P$$

换言之,假如 E 加于 I,P 就立刻只有最小的抵抗力,因而虽然有它,运动还是发生。

可是,E 不像是 I 的必有部分。它似乎是外来的,并且事先是不定的。我们能够随意作多些或少些的努力,并且假如努力够了,就可以把最大的心理抵抗变成最小的。至少,事实使我们自然得到的印象是这样的。但是,现在我们不讨论这个印象的对不对;我们且继续作细目的叙述。

并不是行为的动机只有苦与乐

对象和关于对象的思想引起我们的行为,而行为所带来的快乐与痛苦影响这个行为的进程并且节制它;后来,这些快乐和这些痛苦的思想自身就也有冲动的和抑制的力量。并不是快乐的思想也一定是快乐,通常是相反的——如但丁所说,"没有比在苦恼之时想起快活日子更大的悲哀"(nessun magior dolore che ricordarci de tempo felice nella miseria)——也不是痛苦的思想必定是痛苦,因为,如荷马说的,"悲哀往往后来是乐事。"可是,因为现在的快乐是任何引起这个快乐的行为之极强大的增援者而现在的痛苦是任何引起这种痛苦的行为之抑制者,所以快乐和痛苦之思想就也是有极大的冲动的并抑制的力量之思想。由是这些思想与其他思想所有的正确关系,是应加以相当注意的事情。

一切意识是冲动的

假如一个动作觉得适意,只要这个快乐还继续着,我们就重做又重做。假如一个动作使我们痛楚,我们的肌肉收缩就立刻停止。在这例,抑制作用极充分,所以一个人要慢慢地故意地割伤或残毁自己的肢体,是几乎不可能的——他的手不肯加这个痛苦,万不能强制。有好多快乐，我们一经尝到，就几乎非继续引起这些快乐的活动不可。快乐和痛苦的这种对于我们动作的影响很广博、很深刻，弄到有个太早熟的哲学断定只有苦乐是激引行动的力量，并且以为凡是似乎没有苦乐而行动之时，只是因为苦乐是远远地在那些引起这个行动的"隔远的"意象之中，所以被忽视了。

可是，这是一个大错。虽然苦乐对于我们动作的影响很重要，但苦乐并不是它的唯一刺激。例如，苦乐绝对与本能和情绪表现无关。谁因为微笑的乐处而微笑？谁因为颦眉的乐处而颦眉？谁因为要避免脸不发红的难过而脸红？或是，谁因为发怒，悲哀，或恐怖的动作所起的愉快而做这些动作呢？在一切这些例子，动作不得不出现，是由于刺激对于构造要刚刚这样反应的神经系统加以从后面来的推动力（vis a tergo）。我们愤怒，亲爱，或恐怖的对象，使我们哭笑的事态，无论是现有的感觉，或只是观念，都有这特种冲动力。心理状态的**冲动性**是一种我们不能再作进一步说明的性质。有些心态有比其他心态更多的冲动性，有些有在这方向的冲动性，有些有那方向的冲动性。苦乐的感情有冲动性，对于事实的知觉与想象有冲动性，但前者或后者都不是独有或特有它。激发某一种动作，是一切意识（或为意识基础的神经过程）的根本性质。在一种动物与一种对象所激发的是一种动作，在别种动物与对象是另一种动作，这是一个有待进化史说明的问题。无论实际的冲动怎么发生，这些冲动现在必须照它们现有的状况叙述；以为必须把一切冲动解释为快乐的秘密引诱力与痛苦的秘密排拒力的结果的人，只是守住一个非常狭窄的目的论式的迷信。①

也许从**反省**的结果，这么一种狭窄的目的论是言之成理的，只有苦乐似乎是**可解的**，

————————————

① 古老式的快乐哲学的愚蠢，是一目了然的。以贝因教授对于喜交际与父母之爱以触觉的快感来解释为例：触觉是基本的并一般的感觉……就是在其余感觉都分化了之后，这个原有感觉依旧是人心的一种首要的感性。柔软的温暖的触觉，假如不是第一流的影响，至少也近于是第一流。软的接触和温暖两件的合并，成为很高度的充实的快感；也许有些深妙的影响，不能够简化为这两件，例如我们由于对之毫无所知，呼之为磁力的或电力的。抱小孩的那种感荡，是不止于仅是温暖的触觉的快感，并且它会增高到乐而忘形（ecstasy）；可是，到这样之时，也许有同时并发的感觉与观念……在纯乎慈柔之情（tender emotion）而非性的情感，除非我们假定有神秘的磁性影响，就只是满足了触觉……简言之，我们的相爱之乐，以肉感的接触始，以肉感的接触终。触觉是爱情的起头并煞尾。触觉既是最后的满足的感觉，"无以后加的"（the *ne plus nltra*），它必定是一种最高度的快乐。……为什么应该对于一个人比对于一派多年流出的泉源发展成更活跃的情感呢？[这个"应该"，从更近代的进化论观点看来，只好称为有味！]这必定是由于在与其他有知觉的生类相伴之时，除开他们所供的在求得生活所必需这事上的帮助之外，还有一种快乐的来源。要解释这个，我只能提出动物性的偎抱之基本的独立的愉快[注意：这不是说性的兴趣，乃是说"一般的喜交际"（Sociability at Large）]"个个生物为了这种快乐，都肯付相当代价，纵使这快乐只是弟兄性的快乐，也这样。某分量的实质利益之给予，是酬答的偎抱所以会完全诚心，这个原始的快乐所以达到完全结果之条件。假如没有那种条件，给予之乐几乎不可能解释；我们知道很明白，没有这种帮助，在像我们这种生类，这种快乐必定只是微末的情绪。……我的意思以为似乎在[父母爱之本能的]源头，必定有那种强烈的偎抱小孩之乐，我们发现这种快乐是一切父母爱情之特性。这种快乐，一度发生，会与小孩的共有的特色及方面联想起来，使一切这些都引起很大的兴趣。为求这种快乐起见，父母发现必须养活这种快乐的主体，并且渐渐到了认为给养职务是这种快乐之一部分或条件。"（《情绪与意志》，第 126、127、132、133、140 页）。贝因教授没有说明为什么一方缎制软垫，维持在华氏 98℃ 左右的温度，统算起来，不会以比我们的小孩和朋友更低的代价给予我们所说的这种快乐。固然，软垫也许缺少"神秘的磁力"。大多数人要说：假如不是已经有慈柔之情，小孩或朋友的皮肤也不会有这种磁力。假如青年不是事先已经深受爱神的魔力，他就不会因为偶然碰到他的偶像的丝样的掌心，甚至她的"衣服的折边"而觉得浑身大快。爱情创造大快，不是大快创造爱情。至于其余的人，难道我们的一切社交的美德，可能都出于追求握手或背上被拍的肉感快乐之嗜欲吗？

合理的行为动机，只有苦乐是我们应该根据以行动的动机。那是一个**伦理学**的命题，有好多话可以为之辩护。可是它不是一个**心理学**的命题；不能够由它推出我们**实际**行动的动机是什么。这些动机由于无数对象，这些对象激动我们肌肉的作用，同它引起我们身上发烧的作用是一样机械的。假如快乐的念头能推进动作，当然其他念头也能。只有经验才能够断定那些念头会这样。本书论本能，论情绪两章已经指示我们这种念头的名目很繁多；并且我们应该认这个判断为满意，不应该为求虚幻的简单化而牺牲一半的事实。

假如在我们的这些**最初**行动，苦乐没有作用，在我们的**最后**行动，即那些以人力学得而成了习惯的动作，也一样。人生的一切日常例行事务，穿衣脱衣，上工下工以及进行我们工作的各种动作，完全没有在心理上牵涉到苦乐，除开在罕有的情形之下。这种例行之事都是观念发动性动作。就像我呼吸并不是因为求呼吸的快乐，只是发现我**在**呼吸着，同理，我写文章不是因为求写文章的快乐，只是因为我已经开始写了，并且因为我在智力的激动状态之中，这个状态继续由我的写文章发泄，所以我发现我还**在**写。谁敢断言在他在桌上懒懒地把弄小刀柄之时，是因为这个使他快乐，或是使他免苦。我们做这些事情，都只为当那顷刻，我们不能不那样；我们的神经系统的构造，使它刚刚要向这条路流露；并且我们的好多种懒散捱时的或纯乎局促不安的（nervous）动作，我们绝对不能指出任何**理由**。

或是，对于一个羞怯的不喜社交的男子，被人直率请他到一个小宴会的，应该说什么呢？他觉得这件事极可厌；可是因为你当面请他，对他起一个强迫作用，他想不出推托的话，因此只好答应了，同时他因为答应这件事，一直诅咒自己。假如一个人没有每星期都犯了像这样的错误，他一定是非常心神静定的人。这种违心的同意的例子，不仅指明我们的行为不能通通认为是意想的快乐之结果，而且证明这些行为甚至不能认为是想望的**福利**（good）。"福利"这一类，除了"快乐"这一类之外，还包括好多更有广泛影响的行为动机。往往快乐吸引我们，只是因为我们认它为福利。例如，斯宾塞君劝我们为快乐能增进健康而追求快乐；因为健康对于我们是一种福利。可是，人的行为，在我们看来，不总是因为求**福利**，就像它不总是因为求快乐一样。一切病态的冲动和病态的固定观念就是相反的例子。当时赋这种行为以眩人的魔力的，正是它的坏。禁戒一开除，它的吸引力也就消灭了。在我做大学生之时，有个学生由一座大学房屋的上层窗户里把自己摔下来，几乎摔死。另一个学生，我的朋友，每天进出他的住房，都要经过这个窗子，觉得有一种可怕的诱惑，要模仿这个动作。因为他是天主教徒，他就告诉他的指导教士；这个教士说，"好吧！假如你必定要做，你就必定做"，并且又告诉他，"去照办好了"，这样立刻把他的这个欲望消灭了。这个教士知道如何治一个有病的心灵。可是，我们无须到心病内去找单纯的坏和难受的事自身有时有诱引的力量之例证。个个在身上任何地方有伤痛的人，例如牙痛，往往会一会一会把手按它，就是要试试它的痛。假如我们近旁有一种新的臭味，我们必定吸了又吸气，就是要再证明它臭到什么样子。就在今天，我自己将一串韵语背了又背，它的缠扰不休的力量之秘密，就在于它的使人恶心的蠢俗性。我憎厌它，但又不能赶它走。

所以相信苦乐说的人，假如他们坦白，必须在应用他们的信条之际，承认很大的例外。由是起于"固定观念"的行为成了坦白的贝因教授的一个可怕的难题。在他的心理

学内,观念没有冲动的功能,只有一种"指导"作用,而

"供给发动力,需要有意志的正当刺激,即某种苦或乐。……(除了在"固定观念"之例),理智的联锁不够使行为能随观念一招即来";但是,"假如由于执行一件我们明白想到的行为而有**快乐**发生或持续下去,那么,原因就完备了;指导的和推动的力量都有了。"①

贝因氏以为快乐与痛苦是"意志的**真正动力**"②

"假如没有一个快乐的或痛苦的感情(实有的或意想的,原来的或后起的)做前因,意志就不能被激起。在一切掩藏我们所谓动机的伪装之中,可以侦见这两种大条件的这一种或那一种的痕迹。"③

因此,贝因氏一碰到这个原则有个例外,他就不肯把这个现象叫做"真正是有意志的冲动"(genuinely voluntary impulse)。他承认"永远不灭的自发性,习惯和固定观念"是例外。④ 固定观念"横插入意志作用的正路中"。⑤

"**不顾私利的冲动**完全与求乐和避苦不同。……不顾私利的行为之学说,就我所能设想的唯一种而论,假定意志的行动与幸福的收获在整个过程中不相符。"⑥

同情"有一件与固定观念相同,就是:它与意志的照例的倾向求乐的出动互相冲突"。⑦

所以贝因氏承认了一切重要事实。他承认苦乐只是我们一部分的活动之动机。可是他偏好只把苦乐引起的活动叫做意志的"**照例的发动**"并"**真正的冲动**",⑧而把一切其余只叫做怪例和不规则,对于这些,没有道理可说。这等于给一属中的一种以这全属的名字,把其他同等级的种除外,让它们随便叫什么。归根到底,这只是一种语言上的耍把戏。假如将"行为的动机"作为一属,把它作全部论,再在其中把苦乐这两种与所有的任何别种分别开,岂不更会使人更明白,更彻悟得多吗!

固然,快乐与动作的关系之中有一种胶葛——这种胶葛使得把快乐作为行为的唯一刺激的人可以一部分被原谅。这种胶葛值得我们稍加讨论。

一个立刻发泄的冲动通常对于苦乐这方面是**中性的**,例如呼吸的冲动。可是,假如这种冲动被外来力量阻碍,就有一种很**难过**的感觉,例如患哮喘时的气促。并且随后这个阻碍越被克服,患者就越觉得**轻松**,例如,哮喘渐减时的再吸气。这种轻松是一种快

---

① 《情绪与意志》,第 352 页。可是,就是贝因自己的说法都显出他的公式不对,因为观念显是"推动的"力,快乐是"指导的"力。

② 同上书,第 398 页。

③ 同上书,第 354 页。

④ 同上书,第 355 页。

⑤ 同上书,第 390 页。

⑥ 同上书,第 295—296 页。

⑦ 同上书,第 121 页。

⑧ 参较贝因在雅各·穆勒《人心的分析》第二卷,第 305 页的小注。

乐，这种难过是一种痛苦；因此，绕着一切我们的单纯冲动，似乎缠有这个动作进行时所附带的次起苦乐的可能性。无论原来的行为动机为何，这些**由于成就，发泄，或实现的快乐**总存在。我们逃避危险而成功之时觉得欢喜，但断不是这个欢喜的想头使我们逃避。做到求达所打算的肉欲放荡的步骤，也使人欢喜；但这种欢喜是本来所想望的快乐之外的附加快乐。反之，一件活动，无论怎么引起，假如在实际进行之中被阻碍，我们就觉得沮丧不高兴。我们觉得"难过"，一直到活动再起头之时才不如此。行为是不苦不乐的，或是明知结果只有痛苦的，也像行为是明明为求快乐的，一样有这种情形。大概火蛾被拦阻，不能扑进灯焰之时，同荡子被阻止，不能纵欲之时一样气恼。并且，一件很无关紧要的事情，做了也不会有觉得出的快乐的，假如被中止，我们也觉得失意；这只是因为被中止本身就是难受的。

现在让我们把一件行为**所为之而做**的快乐叫做**所求**的**快乐**。这样说，纵使一件行为并不是志在求快乐，但是冲动一经开头，因为这件行为进行顺利，当时就有附带的快乐，它被中止就有痛苦；因此这件行为自身可能是**最快乐**的行为。可是，一件**快乐的行为**与一件**求快乐的行为**自身是两个完全不同的概念，虽然凡是人有意追求快乐之时这两种快乐合并成一个具体的现象。我不能不以为使普通人觉得行为起于求乐之说很近理的缘故，是由于把**所求的快乐与单纯的成事快乐彼此相混**。我们觉得一个冲动（无论它是从何而来的）；我们开始进行；假如被阻碍，我们就觉得不快活；假如顺利，就觉得轻松。**顺此刻的冲动的方向**之行为在此刻总是乐事；普通持快乐主义者表示这件事实的方式是说：我们**因为**所含的快乐而行动。可是，谁不会见到，要使这种快乐成为可能，**冲动必须先以一件独立事实的姿态存在呢**？做事顺利的快乐是做这件事的冲动的**结果**，不是它的**原因**。除非你预先用一个初步的手段设法促进你的冲动，你是不能够有成事的快乐的。

固然，在有些时候，**成事的快乐**自身也可以成为一种所求的快乐（人心是那么复杂的）；并且这种事例又成了快乐说易于注重的论点。以赛足球和猎狐为例。谁在脑筋冷静之时为要得狐而猎狐，或是管它球是在这个门或那个门呢？可是，我们由经验知道：我们一经在自己心上引起一种冲动的兴奋（或是要赶到这只狐，或是要把球踢进特别一个门），那么，克服抵抗而将这个兴奋顺利地发泄，就会使我们满心极端欢喜。因此，我们有意地造作地把自己弄到热烈的冲动的状态。要引起这种心态，须有各种激动本能的条件；可是，我们一在场中，就渐渐地到达这个心态的火烈阶段；并且我们从那种顺利成事的快乐收到我们出力的奖赏——这种快乐比起死狐或踢进门的球，远更是我们最初就追求的目的了。往往对于应做的义务，也这样。好多行动，从头到尾，都是以负重的心态进行，只在完成之后，才有快乐出现，觉得把它做完了很痛快。我们对于每件这种先后来到的工作，都像汉姆列德那样说：

> "啊，可诅咒的恶毒，
>   我出生就为的是要把这个弄好吗！"

并且随后我们往往在使我们进行的原来冲动之上加了"我们把它弄完了，会多么快活"这个冲动——这个想头也有它的冲动的激奋力。可是，固然有时成事的快乐**能够**这样变成所求的快乐，但这并不能引到这个结论，即：在个个场合并在一切时期，成事的快乐必定是所求的快乐。然而这正是快乐说的哲学家似乎在假定的。那么，他们也可以假定：因为没有轮船会航海而不附带地消耗煤炭，并且因为有些轮船有时因为要**试**它的煤炭而航海，所以没有轮船**会**因为消耗煤炭以外的理由而航海。①

就像我们不必是因为要追求成事的快乐而做事，同样，也不必是因为要避免停顿的难受而行动。这种难受完全是因为这个行动因为别的理由**已经要发生**。并且这些原来的理由是使这个行动继续的推动力，虽是停顿的难受有时会增加这些理由的冲动力量。

总而言之，我绝不否认实觉的和意想的苦乐在推动我们行为上有极优越极重要的地位。可是，我必须坚持这并不是不容有其他在内的地位，还有无数其他与苦乐平等的心理对象也有极相似的冲动的并抑制的力量。②

假如必须有单个名词代表对象的激动的并抑制的性质所依靠的条件，那么，最好叫做这些对象的**兴趣**。"有兴趣的"这个形容词不仅包括快意的与痛苦的，而且包括病态地迷人的，可厌地缠人的，甚至纯乎习惯的；因为通常注意顺着习惯的线路走，并且我们注意的与我们感兴趣的是同义的名词。好像我们不应该从观念与发动的神经路的任何特别关系中寻找这个观念的冲动性之秘密——因为**一切**观念都有与一些这种路线的关系——而应该从一个初期的现象寻求；这个现象就是：**这个观念能够逼人注意并霸占意识之迫切性**。只要这个观念一经霸占意识，并且没有别的观念能够取而代之，那么，自然属于它的任何动作的结果不得不发生。——简言之，它的冲动就处于有利地位，并且会自然而然地表现出来。这是我们在本能，在情绪，在普通的观念发动的行为，在催眠的暗示，在病态的冲动，在违心的志向所见过的——推动的观念不过就是霸占我们注意的观念。苦乐是行动的激引者之时也是一样，——苦乐把别的思想赶出意识之外，同时它引起它自己特有的"意志的"结果。并且这也是在我们已形容过的五种"决定"中共有的在发出**指令**之顷的情形。简言之，我们没见到有任何例子，就中，恒久占住意识不像是冲动力的首要条件。这个更是抑制力的首要条件。防止我们冲动的，只是想起反面的理由——仅是这些理由在心上，就是否决权，它们的存在使假如没有它们就很富引诱力的行为不可能实现。只要我们能够**忘却**我们的顾虑，我们的怀疑，以及我们的恐怖，那么，在这一时节，我们能使出多么高度的能力呀！

① 休谟的头脑比他的信徒更清楚得多么多！"就是通常认为自私的情欲，也把心直接移到对象上，这是已经证明，丝毫不容争论；虽然满足这些情欲，使我们快乐，但是对于这种快乐的预想并不是这些情欲的原因，反之，情欲是在这种快乐之先，没有情欲，不可能有快乐"云云（《论各种哲学》[*Essay on the Different Species of Philosophy*]，第一段末小注）。

② 要看赞成本文中的主张的议论，请阅薛知微：《伦理学的方法》（H. Sidgwick：*Methods of Ethics*）卷一，第4章；格林：《伦理学导言》（T. H. Green：*Prolegomena to Ethics*）卷三，第1章，第179页；卡朋特：《心理的生理》（*Mental Physiology*）第6章；马铁奴：《各类型的伦理学说》（J. Martineau：*Types of Ethical Theory*）第1部分第1卷第2章第1节，及第2卷第1篇第1章第1节第3段。反对这个主张的见解，请看史梯芬：《伦理科学》（Leslie Stephen：*Science of Ethics*）第2章第2段；斯宾塞：《伦理学资料》（*Data of Ethics*），第9至15段；汤卜逊：《心理学系统》（D. G. Thompson：*System of Psychology*），第9分，及《心》杂志，第6卷，第62页。也看贝因：《感官与理智》第338至第344页；又他的《情绪与意志》第436页。

意志是心与它的"观念"间的一种关系

因此,在一切这些初步讨论之后,我们再回归到意志作用的更**神秘的**性质,我们发现越来越须专考虑使观念独占心里的条件。推动的观念独占心里这个条件一经成了事实,意志的**心理学**理应结束了。后来的动作只是生理现象,依照生理学定律,跟着相当于这个观念之神经事变而来。观念一占优势,**立志作用**就终止了;随后有没有行动,只就立志作用而论,是完全无关系的事情。我立志要写文字而动作随之而来。我立志要打喷嚏,动作不出现。我立志要那张远处的桌子从地板溜到我这里;这个动作也不出现。我的立志观念不能激动我的喷嚏中枢,同不能激动桌子一样。可是,在这两件,也是同我立志要写文字之时的一样真的,一样好的立志作用。[①] 简言之,立志纯乎是一件心理的,或说精神的,事实,并且观念到达了稳定状态,就绝对完成了。动作之附随而来,是多出来的依靠执行的神经节的现象——这些神经节的功能是在心理之外的。

在狂舞病与行走失调病,动作的表象和对动作的同意这两件都照常。可是,下级的执行中枢错乱了,所以虽然这些观念会发动这些中枢,但不能发动它,使它重现恰如所预想的那些感觉。患失语病的人有他要说的话的意象,但他开口之时却听到自己在说完全不想说出的语音。这会使他极端生气并绝望——这种气恼只证明他的意志很健全。瘫痪只是再进一步。联系的机构不仅错乱了,而且完全断绝了。立志作用发生了,但手还是同桌子一样不动。由于他的内导感觉没有所预期的变化,使瘫痪者知道这种情形。他更加努力,那就是:他心理上构成肌肉"努力"的感觉,并且肯定要它出现。肌肉的努力是出现了:他皱眉,他挺胸,他握紧他那只手的拳头,可是瘫了的胳膊还是同以前一样不动。[②]

所以我们发现:**我们问到任何一定对象的观念由什么过程能稳定地占据心上,我们就是到达我们对意志的研究的核心了。**就思想无须努力而独占心上之例而论,我们已经在论感觉,论联想,论注意的各章把这种思想出现并停留于意识之定律讨论得充分了。我们不再重说了,因为我们知道兴趣和联想是我们的解释必须依据的名词,无论这些名词有多大价值。反之,在思想的占优势,是随着努力现象之场合,情形就不明白得多了。在论注意那章,我们已经把对存心的有努力的注意的最后讨论留到后来。我们现在已把事势弄到这个地步,就是,我们见到任何项立志作用所包含的,只是有努力的注意。简言之,**意志的主要成绩,就它是最"有意的"之时说,是注意一个艰难的对象而固定它在心**

---

① 这一句是根据本书作者个人的意识而说的。但是,有好多人说,在他们不信这种结果会发生之场合,例如,要桌子滑近,他们不能够立这个志向。他们"不能立下桌子要动之意志"。这种个人差也许是部分属于语言的。不同的人对于"意志"这个名词,也许赋以不同的含义。可是,我倾向于以为个人间也有心理上的不同。一个人知道他无能力之时,他对一件事的欲望是叫做"愿望",不是意志。无能之感会抑制立志作用。只有撇开不可能这个念头,我才能够活跃地想象桌子滑过地板上,才能够做我所作的"努力",立志要它向我来。也许有些人不能够这样抽撇开,静止在地上的桌子之意象把立志的对象,即相反的桌子移动之意象,抑制住了。

② 在睡眠时有一种属于常态的瘫痪。在做梦之中,我们志于各种各样的动作,但很少实现其中任何一个动作。在梦魇之时,我们觉得动作不实现而作肌肉的"努力"。似乎当时肌肉收缩在有限度内实现,收缩只限于嗓门的闭塞,并且产生呼吸上的忧郁,这个使我们惊醒过来。

上。这样做**就是**指令;对象一被这样注意,立刻就发生动作的后果,这只是生理的附带事件。一个其预想的动作要等到可能在很远将来的条件满足了之后才出现的**决心**包含着动作的指令的一切心理元素,只是除开"现在"(*now*)这一个话;我们的纯乎理论的信条,其中好多也是如此。我们在本书第二册论对于真实之感那一章内实际已见到;信心归根到底只是心的特种专注并就是在这个所信的事物内所觉得的对于自我的特种关系;并且我们知道在好多的信仰都必须有不断的注意,才可以使它们维持这个地位,不致被矛盾的观念取而代之[①](参看本书第二册第二十一章末)。

对自然可厌的观念的努力注意是立志作用的主要特色

所以注意的努力是意志的主要现象。[②] 各个读者一定由他自己的经验知道事实是这样,因为每个读者一定曾经感觉过身受烈情的控制。一个人在一种不明智的情欲之下挣扎,使他不能采取以这个情欲为不明智的态度而行动,此中困难是什么呢? 当然没有身体上的困难。从身体上说,避免打架同动手打架,把自己的钱藏起来同为私欲而浪费这个钱,离开冶女的门同走向她的门,都是一样容易。困难是心理的;困难在使明智行动的观念停留于我们心上。在任何种强烈的情绪状态在我们心上之时,大概除了与这个状态相合的意象,不会有其他意象出现于心上。假如有其他偶然出现,也立刻被压灭,被挤出去。假如我们高兴,我们就不能够长久想到我们前途很多的那些不可必与失败的危机;假如悲愁,就不能想到新的胜利,新的旅行,恋爱和乐事;假如报复心切,就不能想到压迫我们的人与我们本性相同。当我们狂热之时,别人对我们的冷静的忠告是人生最难受最会动气的事情。我们不能回驳,因此我们就生气;这是因为由于我们的烈情好像有自保本能,它觉得假如让这些冷冰冰的东西一度占一个地方,它们就会积渐做工夫,弄到它们把一切我们的情绪的活火都冻结而把我们的狂想消灭无余。**假如合理的观念一度受冷静的倾听**,那么,它们对于其他观念的必有结果就是如上所说;因此,烈情的用意都是永远并到处要防止它们的静穆的细小的声音被听到。"让我们不想那个! 不要对我说那个!"这是一切在烈情中觉得有警省的理由要中途拦阻他的人的突然喊叫。"这对于你,

---

① 决心与信心当然都有一种近似情绪的直接的运动性结果,呼吸,姿势,内部语言动作等等的变化;但是这些动作不是所相信的或所下决心的对象。在通常立志作用,[外部]动作是立志的对象。

② 这个纯粹的**立志**的努力必须小心地与通常与它相混的**肌肉**的努力分别开。肌肉努力之感就是肌肉"用力"所引起的一切那些末梢感觉。凡是在这些感觉很大量并且身体不是精力弥满之时,这种感觉相当难受,特别是随带有呼吸停闭,头部充血,手指、脚趾,或肩头的皮肤有淤伤,以及关节挫伤之时。并且,只是**因为是这样难受**,所以心必须作它的**立志的努力**,才可以把这些感觉设想得够稳定,因而使这个努力实现。这些感觉由肌肉使之成为现实,只是偶然的事态。一个士兵站着不动,等被枪弹来打,他预期由于他肌肉的不动作得到难受的感觉。他的意志支持这种预期之作用,与痛苦的肌肉努力所需要的一样。在这两种情境所难做到的,**是认一个观念为实在而面对之**。

在肌肉努力无须很大,或是精力很旺盛之场合,就无须有立志的努力去支持动作的观念,在那时,这种观念遵循比较简单的联想律而来去。可是,更常见的,是:肌肉努力也带有立志努力。比方说,水手在破船上,筋疲力尽,浑身淋湿,还在看守,他颓然躺下休息。可是,他四肢刚刚松弛一些,耳朵里又听到"去抽水!"的命令。他要服从这个命令吗? 他能服从吗? 他就让他的酸痛的身体躺着,假如船要沉,就让它沉下去,不更好吗? 因此他又躺着,最后,拼命鼓起愿力,挣扎站起来,再做他的工作。又有些事态,就是,动作的指令需要很大的立志努力,但肌肉出力很微,例如,在冷天早晨要起床洗澡。

将是死亡之门"（*Hæc tibi erit janua leti*）正是我们当时觉得的心态。这种"冷水浇背"，有一种极冰人的地方，理性有一种似乎对于人生的冲动极敌对的地方，极纯乎否定的性质，当它把冷冷的鬼手搁我们心脏上，说"停住！放弃！中止！回头！坐下！"之时是这样——无怪乎大多数人在那短时内觉得这个稳定的力量简直就是置我们于死地的。

可是，意志坚强的人就不然：他听到这个静穆的细小的声音，毫不畏缩，并且在这种致死似的理由来到之时，正视它，同意它在场，紧握它，肯定它，坚持它，无论有好多激动的心像起来反抗它，想把它赶出心外，还不放松。艰难的对象这样被坚决的注意上的努力支持，不久就引来它的同类和伴侣，结果就把这个人的意识的倾向完全改变了。并且他的意识一变，他的行为也变了；因为新的对象，一经稳稳占据他思想的领域之后，就万无一失地产生它特有的动作。困难是在于占据这个领域。虽然思想的自然趋势是全朝相反的方向，但必须努力注意那一个对象，到了最后它**长大**到能够容易维持它在心上的地位为止。这个注意的努力是意志的基本作用。并且，在大多数事例，只要自然不受欢迎的对象稳定在思想内，意志的工作实际等于完成了。因为第二步，思想与运动中枢的神秘连锁就出动了，并且身体的器官的遵行，就自然而然地以我们猜不到的方式随之而来了。

在一切这个，人见到意志努力的直接用力点是只在于心理界内。整本戏剧是心理的戏剧。整个困难是心理的困难，对于思想的对象上的困难。假如我可以用**观念**这个名词，同时不含着联想派的或赫尔巴特派的虚构在它的意义之内，那么，我就要说：我们意志用力的是一个观念，这个观念，假如我们放手，它就滑走了，但是我们不肯放它走。同意于这个观念全在心上，这就是努力的唯一成绩。努力的唯一功用就在于要使心上有这种同意之感。要做到这个，只有一个方法，就是必须使这个待同意的观念不闪烁不消灭。必须将这个观念持久置在心上，一直到它**充满**此心为止。心这样被一个观念和与它相和谐的联想占满，**就是**同意于这个观念并同意于它所代表的事实。假如它是我们自己的身体动作之观念，或是包括这个观念，那么，我们就把这样费力得到的同意叫做动作的意志。因为在这里，自然界立刻做我们的后盾，自动使外部变化跟着我们内心的志愿而来。自然界在任何其他场合并不这样。很不幸，她不更慷慨些，不创造一个其他部分也直接受我们意志指挥的世界！

在上文形容"合理的"决定处，我们说过：通常这一种决定是在找到概括当前事件的正当概念之时。可是，假如正当的概念是与冲动相反的概念，那么，通常这个人的巧思就用全力工作，把它挤到视线之外，并且替当前事变巧立名目，使此刻的倾向可以觉得是被认可的，因而懈怠或情欲可以放肆无阻。酒鬼每回碰到新引诱之时，能找到多少的托词呀！这是一种新牌的酒，为在这方面的性灵陶冶起见，他必须尝尝；并且酒已经倒出来了，不喝就有暴殄天物之罪；或者，别人都在喝，不肯喝未免粗鲁无礼；或者，只为要使他好睡，或只为要把这件事做完；或者，这不是喝酒，因为他觉得太冷；或者，今天是圣诞节；或者，这回是要刺激自己下个戒饮的决心，比过去更坚定地发誓；或者，就喝这一回，一回没关系，诸如此类的理由，可以随便增加——其实，随你说什么，总不是**做酒鬼**。那个"做酒鬼"的概念不会停留在这个可怜虫的注意圈内。可是，假如他一度能够剔出一切别种可能的对于各回喝酒机会之概念，单拣那个概念，假如他能排万难而坚持这确是做酒鬼，绝不是其他，那么，他也就再不会是酒鬼了。使他能够把**正当**的名目放在心里，毫不动摇的努力，事实上是他的自救的道德行为。①

所以努力的功用是到处一样的：持久肯定并采纳一个否则溜走的思想。在自然的心理飘流是朝向激动之时，努力会是冷冷的，平淡的；在自然的飘流是朝向安静之时，它会是重大的，辛苦的。在前者，努力必须抑制爆发的意志，在后者必须激起阻塞的意志。在破船上精疲力竭的水手有一种阻塞的意志。他的意念中的一宗，是关于他的酸痛的两手，继续抽水会使他浑身陷入的说不出名字的疲竭状态，以及沉睡的适意。另一宗就是饿虎似的大海要把他吞咽下去。他说，"宁可出力，随它酸痛！"因之，尽管他由于静卧不动所得的比较好享受的感觉有抑制动作之力量，他这个出力又成了现实。可是，假如他同意于躺下睡觉，方式也恰恰同类的。往往，难于保持在心上的，是睡眠和引到睡眠的事物之思想。只要患失眠者能够控制他思想的"跑野马"，做到**什么都不想**（这是做得到的），或是能够想象将一节"圣经"或诗歌一字母一字母地慢慢地单调地念出来，差不多保得住在这件事，特有的身体结果也会跟着来到，睡眠也会来。困难是在于留心于这一串自然是极无味的东西。总而言之，对于冲动性的人与阻塞性的人，对于心理健全的人与疯狂的人都一样，唯一的精神工作是：**要保持一个观念，要思想**。大多数躁扬狂者知道他们自己的思想是狂妄的，可是发现它来势太猛，不能抵挡。比起这些思想，健全的道理显得平淡得要死，惨白像死尸，所以他们不能忍得住正视它而说"只让这些充作我的实在？"可是，如威根（Wigan）医师说过的，假如他作足够的努力，

"这种人能够在短时内'把自己拧紧'（比方说［意指勉强自己］），决心不使错乱的脑子所有的想头表现出来。皮涅尔说：在俾舍特医院有一个住院患者，禁得起一场很长的盘问，完全表现理性已经恢复，最后他签名在出院许可书上，签的是耶稣基督，随而与这个妄想相连的一切幻想都出来了；以往记录中有好些像这样的例子。照［威根的］这部书的前头部分所述的一位男患者的说法，他为要达到他的目的起见，在被盘问之时，'握紧自己'；目的一达到，他又'将自己放松'了，并且，假如他还**意识到**他的妄想，他也是不能控制它。我曾经观察过：这种人需要很长的时间，才能'把自己拧紧'到完全能自制的程度，这种努力是把心紧张到痛楚的地步。……到了被偶然的批评破坏他们的防线，或是因为被盘问太长久而精疲力尽之时，他们就**放松自己**，并且假如没有准备，就不能再拉紧自己。厄斯琴氏说起：有一个人讼告曼洛医师无故把他关起来。被告的律师对他作极严厉的盘问，没有发现一点疯狂的表示，后来一个人问他以樱桃汁与一个公主通信的事，他就立刻又发疯了"。②

---

① 参看亚里士多德的《尼可玛可伦理学》（*Aristotle's Nichomachœan Ethics*）第 7 卷第 3 段；也看格兰特（Sir A. Grant）所校刊的这部书，第 2 版第 1 册第 212 页以下对于"实行的三段式"（The Practical Syllogism）学说之讨论。

② 《心之双重态》（*The Duality of the Mind*）第 141 至 142 页。再引同书（第 123 页）内的另一例："有个男子，身家清白，教育蛮好，财产富足，在经营一种最高等的商业……被人引他做当时似乎合算的投机……结果完全破产。他也像别人一样，对于忽然来的非常厉害的失败，比对于一长串接连而来的小倒霉更能受得了；他对这件事的态度很好，他的朋友都极端称善。可是，他从此严格地息交绝游；并且因为不能再任情表现从前成了他的乐事的那（转下页）

总而言之，**立志作用中的心理过程的终点，意志直接用力之点，永远是一个观念**。在一切时候，总有**一些我们一瞥见它们可厌的侧面**出现于我们思想的门槛，就像受惊的马那样畏避而去之的观念。**我们意志可能经验到的唯一抵抗力，就是这种观念反对被注意之抵抗力**。对它注意是立志的行为，并且是我们所能做的唯一的内心立志行为。

我之所以把这件事说得如此过度简单，是因为我极想强调这个事实，即：立志作用主要不是我们自己与心外事物之关系（如好多哲学家还在主张的），乃是我们自己与我们的心态之关系。可是，我一会以前说，心被一个观念占满，就等于对这个观念的对象同意，读者当时无疑要对这种话发生疑问，当然现在对这个话必须加些限制，我们才可以再讨论下去。

假如任何思想**确然**独占一个人的心，这种占满就是同意：这绝对是事实。无论如何，当时这个思想挟这个人与他的意志而并进。可是，并不是：这个思想**必须**独自占满了心，才会有同意；因为我们屡屡当想着别的事情，甚至与我们敌对的事情之时同意于某些事情；并且其实我们已见到：使第五种决定与其他各种有别的（参看上文），正是战胜的思想与其他若无使它战胜的努力就会抑制它的思想之同时并存。因此，**注意之努力**只是"意志"这个名词所包括的作用之一部分；它也包括**同意**于我们未完全注意的事物之努力。往往，在一个对象已经独占我们的注意并且它所引起的动作刚刚要出现之时，好像那个觉得这些动作瞬将一发不可再收之感独自就够引起抑制的观念，使我们停止行动。那么，我们就需要一股新的努力去打消这个忽来心上的迟疑，使我们坚持下去。所以，虽然注意是立志作用的第一并基本的要素，但**对于所注意的事物，明白同意它的实在性**，往往是立志作用所含的另一个完全不同的现象。

读者自己的意识当然会告诉他我的这些话恰恰指什么。我坦白承认我无能力再将对这件事的分析推进一步，或用别种名词说明这同意是什么。它似乎是自成一类的主观经验，我们能指名而不能定义的。我们在此与在信仰，处于同样地位。在一个观念依某方式**激触**（stings）我们，好像与我们的自我起某一种电的联络之时，我们相信它**是**一个实在。在它依别一方式激触我们，与我们的自我起另一种联络之时，我们说，**让它成**一个实在。与"是"这个字，和"让它成"这几个字相应的，有特种的意识态度，要想说明这些态度是枉然的。直陈式与命令式（indicative and imperative moods）也是思想的最后范畴，同它们是文法的范畴一样。这些语式所附着于事物之"实在性"不像别的性质。它是一种对于我们生活的关系。它意思是**我们采纳这些事物，我们要这些，我们支持这些**。至少这是它对我们的实际上意义；此外，它还会有的意义，我们不知道。并且，由只认一个对

（接上页）种慷慨与怒善心肠，他就以幻想来代替，渐渐陷入易受激动的灰心状态，他由这个状态渐渐恢复，但是变成疯狂。他现在幻想他自己财产极多，并且布施他的想象的财富，毫不吝惜。他从那时起受一种缓和的拘禁，过一种不仅幸福的，而且是极乐的生活；他与人作近理的谈话，看报纸，报上件件苦难的事都引他注意，因为人供给他好多的空白支票，他就开一张数目庞大的支票，送给这个苦难的人，吃饭时觉得高兴，深信他自己这样做，理应享受稍稍随心吃些好菜的权利。可是，在他跟一个老朋友作庄重的谈话之时，他很明白他自己的实际地位，但是这个知识痛苦到那么剧烈的程度，弄得他**不肯让自己相信它**。"

象是可能的,转到决心或立志要它成为实在;由对它的游移的个人态度,变到稳定的态度;由"不在乎"的心态变到"我们认真做事"的心态,是人生的最熟悉的事情之一。我们能够部分列举它的条件;并且能够部分寻求它的后果,特别是在心理对象是我们身体的动作之时,它于所说的心理变化发生之顷向外实现这件重大的后果。可是,这个变化自身,就其为主观现象而论,是一件我们不能化为更简单方式的事情。

"自由意志"问题

在谈到这个问题之时,我们尤其必须不要想到有那些所谓"观念"这种个别的动原(agent)之幻想的战争。脑部作用也许是动原,思想自身也许是动原。可是通常心理学所谓观念只是心上表象的整个**对象**的各部分。一切同时在心上的,无论它是多么复杂的一个关乎事物和关系之系统,它只是思想的一个对象。例如,"甲与乙与它们的互不相容以及不管这两个都是很会有或都是可喜,只有一个能是真的或能成实在,"可能是这么一个复杂的对象,并且在思想是审虑的之场合,它的对象总有具有多少像这样的形式。现在假如我们由审虑转到决定,那整个对象就起变化。我们或是把甲和甲对乙的各项关系通通摒弃,只想到乙;或是想两个都可能之后,随后想甲是不可能,并且乙是实在或立刻将成实在。无论在哪一例,都是一个**新的**对象来到我们思想前;并且在有努力之场合,就是由第一对象变到第二对象很困难之例。在这种例中,我们思想像一扇很重的门挂在生锈的铰链上转动;但是,就这种努力觉得是自发的而论,思想的转动,不像是由于有人帮助,而像是由于思想自己特为这件事产生的内心活动。

在 1889 年在巴黎的国际集会上讨论"肌肉感觉"的心理学家最后同意他们必须对于在决定之顷内心活动之出现这件事有更好的了解。菲叶君在一篇论文中(我觉得这篇有趣味并富于暗示,但不大贯串,不是确切不移)[1]似乎将我们的活动之感化为我们觉得**自己以思想者的资格而存在** (existence as thinking entities)之感。至少,我认为他的话应该翻成这样。[2] 可是,我们在本书第一册第十章("自我意识")已见到要明白指实思想作用自身,将它从思想流的某些对象分别出来,是多么困难。菲叶君承认这个;可是我不以为他彻底悟到:假如有个人提议(请看"自我意识"章中论精神自我处)伴随某些"对象"来到心上而起之精神活动之感自身只是某些其他对象,即当时有的(而为其他主观变化所无的)眉额,眼睛,喉咙和呼吸器的紧张,那么,他的主张会多么有理由。假如这是对的,那么,无论如何,我们在努力中所觉得的活动之一部分似乎只是我们身体的活动;并且好多思想家大概会由是断定这样就把内心活动的问题了结了,并且撤除内心活动这整个观念,以为它在心理学内是个多余。

我不能看到我有理由采取这样极端的主张;虽然我必须重申我在论自我意识那一章

---

① 《努力之感与行动之意识》(*Le Sentiment de I'Effort*, *et La Conscience de I'Action*),见《哲学批评》,第 28 卷第 561 页。

② 同上书,第 577 页。

中论精神自我处所自认的,就是:我不**完全**了解我们怎样会得到我们以为"思想是与世上的物质过程并行的非物质的过程"这个不可摇动的信条。可是,确然只有**假设**有这种思想,我们才能使事物一般地可了解;并且断然还没有心理学者否认思想这件**事实**,至多不过否认思想有推动力量。可是,假如我们假设思想这件事实,我相信我们必须也假设它的力量;我也不懂我们怎么能够有正当理由将它的力量与它的单纯存在认为是等同的而说(如菲叶君似乎这样说的)**只要**思想**进行**,就是一种活动而且活动处处是一样的;因为在这个过程中,有些前进步骤才看似乎是被动的,其他步骤(如在对象要得努力才来之场合)才看似乎是活动到极高度的。因此,假如我们承认我们思想**存在**,我们应该承认它们照它们现相的方式存在,就是说,是彼此代兴,有时带努力,有时不带努力的东西;问题只在于:在有努力之场合,努力是否**对象**的一个恒定的函数(这个函数是对象加于思想的)?或是,努力是一个独立的"变量",因而对于一个恒定的对象可以加或多或少的努力的呢?

自由意志的争论

在我们看来,这个努力确然似乎无定量,好像就是对象不变,我们也可以随我们的意思作较多或较少的努力。假如努力实是无定的,我们的将来行动就是两可的或非前定的;用普通的话说,**我们的意志是自由的**。假如努力的分量不是无定的,而是与这些对象有一定的关系,因而在任何时候全占我们意识的对象由亘古已注定要在那时那地全占意识,并且强迫我们给予恰恰这分量的努力,不多不少,那么,我们的意志就不是自由的,我们的一切行为都是预定的。**所以自由意志的争论中的事实问题是极简单的。**这个问题只是关于我们在任何时候能给予多少注意或同意的努力。这个努力的历时与强度是对象的一定函数呢,不是呢?如我刚说过的,**似乎**努力是一个独立变量,好像我们可以在任何事例作较多或较少的努力。在一个人让他的思想放纵几天几星期,到了最后归结于一种特别卑污的或怯懦的或残暴的行为之后,当他在悔恨之中,很难使他相信他前此不能够把他的思想勒住;也很难使他相信这整个好好世界(他的行为与之极相龃龉的)在那注定的顷刻要求他,逼迫他做这件事并且从亘古已注定别的事都不可能。可是,反之,人也确信:他的一切**无努力**的立志,是诸多兴趣和联想的结果,这些兴趣和联想的力量与次第是被那个物体(即他的脑子)的构造所机械地决定的;并且事物的一般连续性以及一元的世界观会使人不能不假定像努力这样一点小事不能够成为决定论式的规律垄断下的真正例外。然而,就是在无努力的立志,我们也觉得另一行动也可能。这种可能之感在这例当然是妄想:为什么这种感想不是在一切场合,都是妄想呢?

我个人的信仰是:自由意志的问题,从严格心理的理由而论,是不能解决的。对于一个观念给予某一分量的注意努力之后,要知道当时是否**可能**给予较多或较少的努力,这明明不可能。要知道这个,我们必须上溯到这种努力的前因,以数学的准确度估定它的分量,用我们此刻还毫无所知的定律证明**可能**与这些前因相称的随后努力的分量只是实际出现的分量,不多不少。无论是心理的或是神经的量之测计,以及这个证明法所含的演绎推论,当然永远非人力所能及。就是暗示大概这些测计与推论实际上可以如何进行,也没有认真的心理学者或生理学者会冒险做这种暗示。因此,我们又只能一面倚靠内省的粗陋证据,带有它的一切易有的虚妄证据,一面倚靠先验的假定与殆然性(proba-bilities)。喜欢权衡微妙的疑点的人无须急于断定这件事。像麦非斯托对浮士德的话,他能对自己说,"你还有长久时间做这件事"(dazu hast du noch eine lange Frist),因为一代一代下去,两方提出的理由会越来越繁富,讨论会越来越精细。可是,假如我们思辨的嗜欲不那么敏锐,假如喜欢成见比喜欢把问题作为悬案还厉害,假如,像一位法国天才哲学家说的,我们忽然感到那种恼厌多量讲论的对生活之爱(l'amour de la vie qui s'indigne de tant de discours),渴望觉得安静或有威力,那么,我们愿冒错误的危险,必须认为这两种见解之一对我们有实在性;我们必须满心想这个见解,使它成为我们的确定信条。作者本人决定采取自由这一方的见解;但是因为他的意见的根据是伦理的,不是心理的,所以他情愿不在本书内说这些根据。①

　　可是,对于这个问题的逻辑说一些话,是可以的。任何辩护决定论的辩证所能做到的,最多不过是使决定论成为明白的可喜的看法,做到只要一个人支持"世界必定是一件不分散的事实,并且理想上(假如不是实际上)必定可能预知一切事,绝无例外"这个重大的科学假定,那么,他不信决定论就是愚蠢。使一个人拥护相反的见解的,是一种对于世界的**道德**的假定,以为"**应有的能有,坏的行为不能是注定的,好的行为必定可能代换它**"这个假定。可是,既然科学的假定与道德的假定这样互相冲突,而客观的证据又得不到,唯一的办法是自愿选定,因为怀疑论,如其是有计划的,也是自愿选定。并且,假如意志**是非前定的**,那么,好像由其他可能的信仰中间自愿选定相信意志非前定的信仰,是合理的。自由之第一个信条应该是肯定自身。假如非前定论是事实,我们就不应希望有任何别种得到真理的方法。因此大概人类可以永远怀疑这个特项真理;一个相信意志自由的人能做到的,至多不过证明决定论的辩证不是非信守不可的。那些辩证是很有引诱力,我绝不否认;我也不否认在那些辩证压迫意志自由之信仰之时,必须有努力,才能使这个信仰在心上站得稳。

　　可是,还有一种为决定论辩护而根据**宿命论的辩证**,根本是乖误的。一个人一回又一回放纵自己之后,他很容易相信环境,遗传的习气和暂时的身体气质,对于似是因为当前事机而产生的一种自发性,有优越得多的影响。在那时候,他说,"一切都是命;一切者是先在的事物的结果。纵使那顷刻似乎是有创造性的,它也只是不稳定的分子被动地依它们的预定方式跌宕。要抵抗这个飘流是无望的,要找任何进来的新力量,是枉然的;也许在我所作的决定内,比在天下的任何其他地方,更不是真正是我的事情。"实在这不是支持简单的决定论的辩证。在这整个过程中,有一种觉得有个力量,只要它强到能抵抗潮流,就可以随时使事情变成别样子之感。这样觉得自由努力之**无能**的人,对于努力意指什么以及努力可有的独立能力,有极敏锐的感想。否则他怎么能够那么觉得缺乏努力并缺乏努力的结果呢?但是真正的决定论处于完全不同的立场;它所主张的,不是自由意志之**无能**,乃是自由意想之**不可设想**。它承认有个现象**叫做**自由努力,**似乎**能抵抗潮

---

　　① 我在 1884 年 9 月的波士顿《一体宗评论》(The Unitarian Review)第 22 卷,第 193 页发表的论《决定论的左右为难》(The Dilemma of Determinism)的演讲曾以相当通俗的方式指示这些理由。

流,可是它断言这个努力只是**潮流的一部分**。它说,这个努力的变化不能是独立的;这些变化不能由无中生有,或是由一种第四维空间而来;它们是那些观念的数学上固定的函数——那些观念就是潮流。宿命论很明显地设想努力是一个独立变量,假如会来,就是来自一种第四维,但它**不**来;这种论调是决定论的很靠不住的友军。它所活现地想象的,正是决定论所否认的那个可能。

可是,(与绝对独立变量之不可设想性完全同程度)使近代科学家相信他们的努力必定是前定的,是人的努力现象与其他无人疑其非前定的现象互相连续这件事。有努力的决定逐渐过渡到无努力的决定,所以很难说分界在什么地方。无努力的决定又逐渐过渡到观念发动性的行为,这种行为又渐渐变到反射动作;因此,他们几乎不能自禁地要把可这许多事例的公式笼摄绝对一切事例。在有努力之场合,恰同在无努力之场合一样,供给审虑的材料的那些观念是由联想的机构带到心上的。并且这个机构,无论努力是否在它的附件之内,主要是一个由神经径路合成的组织,一个反射系统。毕竟,反射的方式是普遍的设想这件事的方式。**舒畅**之感是思想发展的方式之一种被动的结果。为什么努力之感不是一样呢?李孛斯教授在他的极明白的对于决定论的说明内,绝不承认努力之感证明出力加大,他把这个感觉解释为力量丧失的征象。照他的意思,凡是一个力在打消别个力之时完全或部分消耗了,因而不实现它自己的可能的外部效果,在这种情形,我们就说是努力。可是,敌对的力之外部效果也损失到对当的程度,"所以有努力,就必有反努力……并且努力与反努力只表示两个原因彼此互相剥夺去彼此的效力。"[1]在这些力量就是观念之场合,严格说,两组的观念都是努力的用武之地——倾向于爆发这些力量的观念与倾向于制止它们的观念都如此。可是,我们将较丰富的一团观念叫做**我们自己**;并且,把这一团的努力叫做**我们的**努力,把那较小团的观念叫做**阻力**[2],而说:我们的努力有时克服了阻塞的意志之惰性所起的阻力,有时克服了爆发的意志之冲动所起的阻力。实际,努力与阻力都是我们的,把我们**自己**认为与这两个因素之一是一体,是一种错觉,并且只是比方的话。我看不出任何人能够不承认像他的意思的这一种见解简单到可爱的地步(尤其把李孛斯氏所执著的各个"观念"所有的神话性的动力机构翻成脑部过程的动力机构之时)。我也看不出纵使真是有不定量的努力发生,**为科学的用途起见**,为什么我们必须放弃这个见解。科学到了努力量无定之时,只是**止步**了。到那时,科学能够完全撇开无定性;因为在努力所应付的冲动与抑制之中,已经有了比科学能实际考究的更大的一律性(uniformity)的场面了。纵使努力是完全前定的,科学的先见也永远不能预言每件事变实际将如何解决。无论在这世界上,意志是否自由,心理学将还是心理学[3],科学将还是科学,后来同过去一样(一样,并不更加这样)。可是,人必须常常提醒科

----

[1] 请看《心理生活的基本事实》(*Grundtatsachen des Seelenlebens*)第594至595页;并参校本书第1册第601页(即第11章论注意那章末论注意之努力是原动,还是结果处。)

[2] 至少我解释李孛斯教授的下引的话是这个意思,他说:"我们整个自我参加于这个努力内越多,我们自然觉得在每次努力中越是主动的"等语(第601页)。

[3] 斯宾塞君说:"心理变化不是遵依定律,就是不依定律。假如它不依律,我这部书,同一切讲心理学的书,都是纯粹胡说;绝不可能有心理学这种科学。"(《心理学原理》,第1卷,第503页)——他这种喊叫不值得批评。斯宾塞君的书,同一切其他"讲心理学的书"都是讨论**可能的**行为之一般条件,无论决定之努力是大是小,我们的一切实在决定,必须在这些条件之内。不管心理变化会遵依定律到多么密切的地步,假如说无论心理学将来多么"发展",个人的历史和传记永远不能预先写好,这个话是稳当的。

学，使她知道她的目的不是唯一的目的；她要用的，因而是她理应假定的，由于一律的原因的世界秩序，可能包纳在一个更大的为她所不能支配的秩序之中。

因此，我们可以完全不讨论自由意志的问题。就像我们在本书第一册第十一章（第453页）说的，假如有自由努力，它的作用只能是，把一个理想的对象，或对象的一部分，保留在心上更长久或更强烈一点点。这样，努力从现为**真正的可能**之中，使一个可能生效。① 并且虽然这种对于一个观念的激励作用可能**在道德上并历史上的关系是很重大的**，但是，假如**从动力上论**（dynamically），也会只是计算时必须永远抹杀的那些生理的无穷小量中之一项作用。

可是，我虽是撇开关于我们努力分量的问题，认为是心理学永远没有决定的实际需要的；但我必须对于就我们是个人而论，努力现象在我们心目中具有非常深切并重要的性质这一点说些话。当然，我们用好多标准量度我们自己。我们的气力和我们的智力，我们的财富，甚至我们的幸运，都会使我们心坎温暖并使我们觉得自己配活着。但是，觉得我们所能做的努力分量之感，是比一切那些事项更深切的，并且没有那些，也能自己足够的东西。那些究竟只是外部世界在内心的影响，产品，并反映。可是，努力似乎属于完全不同的领域，好像它是我们**就是**（are）的那个实在体，那些只是我们**随带**（carry）的外物。假如"鉴察我们自己的心肠"（Srarching of our heart and reins）是这个人类活剧的目的，那么，所追求的似乎是我们所能做的努力。不能努力的人只是一个阴影；能大努力的人是一个英雄。环绕我们的庞大世界对我们提出各种各样的问题，并且以各种各样的方法考验我们。有些考验，我们轻易就对付了，有些问题，我们以明说的言语回答。可是，从来提出的最深的问题只许作一种答复，就是：在我们说"是，我立志就要它这样！"之时意志的默默拗转以及我们心弦的紧张。一个可怖的对象出现，或是全部生活转出黑暗的

---

① 对于自由意志所需要的那种假定之**讽刺的描写**，见于决定论的文字内的很多。菲斯克的《宇宙哲学》（*Cosmic Philosophy*）第二分第17章的如下引的文就是一例："假如意志无因而发生，那么，结果必定是，我们不能从它推知其先的觉态之性质。由是，假如有人犯了谋杀，我们在经验之先疑心是被杀者的最坏的仇人，并不比疑心是他的最好的朋友有更好的理由。假如我们看见一个人由四层楼的窗户跳出去，我们必须小心不要太急于推断他是发疯，因为他也许只是行使他的自由意志；好像深入于人心的对于生命的强烈之爱与自杀或自保的企图并无关系。这样一来，我们对于任何种人类行为不能立什么理论。无数关于日常生活的经验的格言是好多代人遗留下来而有组织的睿智，但变成完全无力指导我们了；并且任何人也许会做的事绝没有应该引起惊怪的。母亲也许会勒死她的头胎孩子，守财奴会把他珍藏很久的黄金扔到海里，雕刻家会把他新完成的雕像打成烂片，就是那些从前使他们护惜，蓄积，并创造的情感还存在也一样。

"只需说出这些结论，就等于推翻它们的前提。大概没有拥护自由意志说的人会被引诱去接受这些结论，就是为的是要挽救与这些结论不可分解的定理，也不能接收。可是，这种左右为难是不能避免的。意志不是有因，就是无因。假如意志是无因的，那么，有个说不动的逻辑使我们达到刚才所讲的谬论。假使意志是有因的，自由意志说就毁灭了。……实际上，自由意志说的直接的自然结果，不仅哲学觉得极丑恶，而且常识也觉得如此，所以假如不是因为正确的思想是相当少见的现象，人怎么会对这种武断认为有点价值这件事就不可解释了。人们单是因为语言的势力就久困于'慢性的'妄想；这样的例子很多，这就是其中之一。……持自由意志说的哲学家企图毁灭历史学，他们被一种说不动的逻辑所迫，不得不连带把伦理，政治和法律的基本原理也拉倒。假如以他们的理论严格地处理，经济学的境况也好得不多；并且心理学会变成混乱的胡说。……否认事出有因，就是肯定事出偶然；'在偶然说与定律说（Theory of Law）之间，不能有调停，不能有互让，不能有借来借去'。要根据自由意志说所提供的任何方法撰述历史，完全不可能。"——一切这些话都是由于菲斯克君没有将当真引诱人的可能行动与绝不能引诱他的可能行动加以分别。自由意志，像心理学那样，只管前一种的可能行为。

无底深渊到我们眼前之时,我们中没出息的人就完全抓不住当前局势,这些人或是转移他们的注意以避免这个局势的困难,或是假如他们做不到这个,就崩溃成了埋怨而恐怖的一团团的软体。要正视并同意于这种对象所需要的努力,出乎他们能力之外。可是,好汉的作为就不同。在他看来,这些对象也是恶毒的,可怖的,不受欢迎的,与所愿望的事情不两立的。可是,假如必要,他能够对付这些,并不因此放松他对生活的其余部分的把握。这样,世界发现好汉是与它相称的对手和伙伴;并且他所能够发出以竖起他的脊梁,镇定他的心志之努力,是他在人生的竞技中的价值和功能之直接量尺。他**当得起**这个世界。他能够面对这个世界,并且在情况使得比他软弱者垂头丧气的场合,他还能保持自己的志气。他还能够在这世界内寻到兴味,不是用"鸵鸟埋头似的忘记"(ostrich-like forgetfulness),乃是用肯担当含有那些障碍物的世界之纯粹内心情愿。由是他就变成生活的一个主人翁。从此以后,他必须被算在数内;他就成了人类运命的一部分。无论是在理论界,还是在实际界,我们都不理会,不求救于,那些不想冒险,或不期望"活在危崖边际"的人。我们宗教的生活比通常情形更在危崖边,我们实际生活比通常更不那么在危崖边。可是,恰像我们的勇气往往是别人的勇气的反衬,我们的信心也易于(如马克斯·米勒在某处所说的)是对别人的信心之信心。我们由英勇的模范吸收到新生命。先知比任何人从苦难的杯里饮得更多,但是他的面容极镇静,并且他说极伟大的鼓舞人的话,因而他的意志变成我们的意志,他的生命引起我们生命的火焰。

这样,不仅我们的道德,而且我们的宗教,就宗教是有意的而论,也靠着我们能作的努力。"**你要它这样,或不要呢?**"这是我们被问的最深入的问题;一天每小时,关于最小的以及最大的,最实际的以及最理论的事情,都向我们问这个问题。我们用**同意或不同意**来答复,不是用语言。这些默默无言的反应似乎是我们与事物的本性相感通的最深切的器官;这有什么可怪呢! 假如这些反应所需要的努力是我们做人的价值之量尺:这又何足怪呢! 假如我们给出的努力的分量是我们对世界所作的唯一确然不依他的创造性的贡献;又何足怪呢!

意志之教育

意志之教育可以作广义的或狭义的理解。就广义说,它是指那种使一个人起道德的和明哲的行为之整个训练,和使他会适应手段于目的(包含种类不同并复杂度不同的"联想"之整个学习,以及抑制与欲望无关的冲动,并引起有利于达目的之动作之能力)。学得这样抑制与发动的能力,是我所谓狭义的意志教育。只是狭义的意志教育,值得在这里讨论[①]。

因为立志要做的动作是在其先有这个动作的观念之动作,所以意志教育的问题就是动作的观念如何能引起这个动作之问题。我们已曾见到这是一种次起的作用;因为按我

---

① 由教育学的观点对于意志教育的讨论,请看斯旦莱·荷尔(G. Stanley Hall)在 1882 年 9 月的《普林斯顿评论》(Princeton Review)的一篇论文以及那篇内所引的书。

们的构造,我们不能有对于一个动作之先验的观念,不能有我不曾做过的动作之观念。动作必须先盲目地,不期然而然地发生,并遗留下它的观念,才可以有这个观念。换言之,**一个动作之反射的,本能的,或偶发的执行必在它的有意执行之先。**反射的和本能的动作[在前些章内]已说得充分了。我说到偶发动作,是要包括起于体内原因的半出偶然的反射,或可能由于特别中枢的营养过足而起的动作——贝因教授假定这种动作,用以解释他在追究有意的动作之来源时所重视的"自然的发泄"('spontaneous discharages')[①]。

那么,**动作前此产生的感觉过程怎么能在再被引起之时发泄到这个动作的中枢呢?**当这个动作最初发生之时,运动冲动的发泄先来,感觉过程在后;在有意重做这个动作之时,微弱的或"观念性的"感觉过程先来,运动冲动的发泄在后。要说出这个如何发生,等于把意志教育这个问题用生理的方式答复。分明这是如何成立**新的神经路径**的问题;要做的事只是:试作各种假设,一直到找到似可说明一切事实的假设为止。

新路径怎么会成立呢? 一切路径都是发泄的路径,并且,无论发泄的神经细胞是"运动的"或"感觉的",发泄总是顺着阻力最小的方向走。**生来有的阻力最小的路径是本能反应的路径**;我所要献的第一个假设如下:**这种路径通通朝一个方向走,即由"感觉的"细胞到"运动的"细胞,并由运动细胞到肌肉,绝不走相反的方向。**例如,一个运动细胞永远不直接激引一个感觉细胞,只能经由它的发泄所引起的内导神经流才可以。并且一个感觉细胞**永远**发泄到运动区,或是通常倾向于这样发泄。让这个方向叫做"前进"方向(forward direction)。我把这个定律叫做假设,但其实是一件无可疑的事实。眼睛的,耳朵的,或皮肤的印象或观念不引起动作,就不会来到我们心上,纵使这个动作只是感官的调节。并且我们的一切含着感觉和感觉象的意识流之各项目,都与运动过程交替互相渗透——对于这种过程,大多数是我们实际不觉得的。将这个原则换个说法,就是:一切经过脑部的神经流最初,即生来,都流向罗兰陀区(the Rolandic region),由那里再走出去,永远不走回头。从这个观点论,感觉的与运动的细胞的分别并无基本的意义。一切细胞都是运动的;不过我们把罗兰陀区的细胞,最近"漏斗口"的细胞,叫做特等运动细胞罢了。

这个定律的一个附则是:"感觉"细胞生来并不彼此互相激动;那就是说,事物的可感到的属性绝无一个会在未有经验之前引起任何其他可感到的属性之观念(这些其他观念,照物性论,可以与那一个属性相连的)。**一个"观念"不能先验地唤起别个"观念";**先验的连锁,只有观念与动作之连锁。一切由一个感觉事实引起别个感觉事实之过程,是经由经验所成立的次起路径而发生。

① 请看他的《情绪与意志》内"论意志"第一章。偶发动作这个名词,我取自萨立《心理学大纲》(Sully:*Outlines of Psychology*)第 593 页。

附图11① 表示在意想中化为尽量简单方式的神经系统所发生的事情。一个刺激到达感官激动感觉细胞 S；这个细胞由于生来就有的或本能的路径使运动细胞 M 发泄，这再使肌肉收缩；这个收缩激动第二感觉细胞 K，这个 K 可以是一个"在地的"，即"动觉的"感觉之器官，或是一个"隔远的"感觉之器官。（请看上文，论动觉的印象处。）这个细胞 K 又发泄到 M。假如这是神经机构的全部，那么，动作一度开始，就会自己维持自己，只到各部分力竭之时才会停止。并且，依 P. 庄纳的意见，这是**全身僵硬症现象**（catalepsy）的实际情形。患全身僵硬症者是无感觉的，不说话的，不动的。就我们所能判断的而论，意识是没有了。可是，四肢会保持外力使它采取的任何姿势，并且保持得很久；因此假如这个姿势是吃力的不自然的姿势，沙科（Charcot）以为这个现象是证明受催眠者不是假装之少数决定性的考验之一，因为可以使受催眠人呆僵，随后使他维持肢体伸直的姿势，经历醒时意志绝做不到的那么长时间。庄纳以为在一切这种例子，脑中的外围的观念过程暂时脱节了。例如，催眠者高举受催眠者的臂膀之时，这样高举之动觉感觉起于受催眠者的身上，这个感觉就发泄到运动细胞，这个再经由肌肉的收缩，又发生动觉，如此循环接下去，神经流循这个不断的环路走，一直到由于各部位的力竭，弄到极微弱，因而这个肢体垂下来。这个由肌肉到 K，由 K 到 M，由 M 又到肌肉的环路，我们可以叫做"动的环路"。假如不是有同时发生的其他过程抑制；那么，我们会都变成全身僵硬症患者，肌肉收缩一经开始，就永远不停。所以抑制并非偶有之事件；抑制是我们大脑生活的一个主要的不息的因素。麦舍医生由另一途径的理论，也引到"我们能把一经开始的动作停止的能力是完全由于外来的抑制"这个结论：这是很有兴趣的。②

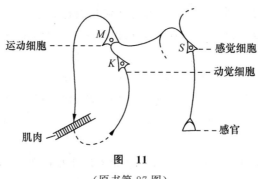

图　11

（原书第 87 图）

一个重要的能抑制 K 到 M 的发泄之作用，似乎是 K 的感觉之痛楚或别样不适意的性质；反之，如果这个感觉确是愉快的，这件事就会促 K 向 M 发泄而使原始的"动的环路"维持活动。虽然苦乐在我们心理生活内的作用极重大，但我们必须承认对于苦乐的大脑条件，我们绝对不知道。很难想象苦乐有特别中枢；要设想引起苦乐的在每个中枢

---

① 这个以及下面的几个图都只是大略的；读者必须不要设想它牵涉到任何项对于原生质突起和轴索突起（protoplasmatic and axis-cylinder processes）。哥尔吉（Golgi）和一些别人以为轴索突起由神经细胞的底部出来，并且每个细胞只有一条。只有这些轴索构成神经网。读者当然也明白我由这里到章末所做的假设的图解并不是作为对于实际事态的确定说明。我的目的只是：用一种多少象征的方式指明神经系统内的新通路的成立，习惯的学得，等等，可以设想它是依**一种机械**的方式的。请参较本书第一册第 81 页的注。

② 《神经系统及心》（*The Nervous System and the Mind*），1888 年版，第 75—76 页。

的特种作用,更难。并且,不管人极力想法专以机械的方式表示大脑活动,我个人以为要把似是事实的列举出来而又要不提这些事实所有的心理方面,是完全不可能的。无论其他导流和发泄如何,脑部的导流和发泄不是纯乎物质的事实。这些是**亦心亦物的**(psycho-physical)事实,并且它们的心理性质似乎是它们的机械效力之协同决定者(codeterminant)。假如一个细胞的机械的活动在增加之时发生愉快,这些活动似乎因为愉快而增加得更快;假如发生不快,这个不快似乎会阻遏这些活动。这样,这个现象的心理方面似乎是对这个机械所发出的加以鼓励的或不利的**批评**(comment),有些像观众的喝彩或以嘶嘶之声嘲笑一样。灵魂自身不**呈献**什么;不**创造**什么;一切**可能**都仰给于物质的力量;但是就这些可能之中,它**选择**;并且由于它援助一个而制止其他,它的作用并不只是"附现象"(epiphenomenon),而是这本戏剧所由以得精神的支持之物。因此在没有什么严格机械的理由,使出自一个细胞的神经流走这条路而不走另一条路之场合,我总不迟疑,采用有意识的批评之效力来解释。① 可是,神经流之**存在**以及它会走进这一或那一条**路之趋势**,我觉得不得不以机械的定律来说明。

我们已经把尽量约为简单方式的神经系统讨论了;在这种神经系统内,一切通路都是生来有的,并且抑制的可能性不是外来的,而是只由于所引起的感情之适意或不适意。现在让我们转而讨论成立新路径的条件。感觉细胞彼此间有纤维联络;这些纤维使新路可能成立;但是这些纤维不是本来通的,必须由一种作用打通。我对于这个作用的假设可以说明如下:**由一个感觉细胞向前进**②**的发泄,会使位于正在发泄的细胞后方的含有任何度紧张的细胞也宣泄。由后方细胞的宣泄是最先使纤维成通路的作用。结果,就有条新路,由后方的细胞通到当时算是前方的细胞;假如将来后方的细胞被单独激动,这条路就会朝同一方向传进它们的活动,因而激动前方的细胞,并且这条路每用过一回,就更深一回。**

所谓后方细胞,到此刻止,是代表脑内除了正在发泄的感觉细胞之外的一切感觉细胞;可是,这种广大无定限的径路实际等于没有路,所以我在这里作第三个假设——我以为这个与其他假设合起来,可以包括一切事实。这个假设是:**最深的通路是在最会被宣泄的细胞到最能宣泄的细胞之间成立;最会被宣泄的细胞就是刚刚发泄过的细胞;最能宣泄的细胞就是此刻在发泄的细胞,或是紧张快要高到就发泄的细胞。**③ 另一个图解(图12)会使这件事更明白。现在说图 12 所示的作用正在肌肉已收缩而 K 正发泄于 M 之顷之情形。依我们的第三假设,K 会经过虚线 p 而宣泄 S(在这个假定的例子,S 刚由生成的路 P 发泄到 M,而使肌肉收缩),结果 p 此后成为由 S 通到 K 的新路。下回 S 被外物

---

① 参较第一册第 137、142 等页[即第五章《论自动物之说》(*The Automaton Theory*)文内讲此说之正反理由处,与此处本文所说的话相似。]

② 那就是,朝运动细胞的方向。

③ 很奇怪,这种脑部构图似乎使赫尔巴特式的**观念**(Herbartian Vorstellungen)的那些虚幻到可厌的表演取得一种实在性。赫尔巴特说,一个观念被另一观念抑制了,它就与那另一观念融合,此后,就帮助那个观念升到意识内。这样,在这两个构图内,抑制都是联想之基础,因为本文内所说的"宣泄"等于抑制被宣泄的细胞之活动,这种抑制使被抑制的细胞后来会使抑制的细胞再起活动。

激动之时，它不仅会发泄到 M，也发泄到 K。因此 K 在被来自肌肉的内导流刺激之前直接被 S 刺激了；或是，从心理方面说：**一个感觉一度在我们身上发生了动作之后，下次我们有这个感觉，它就会引起关于这个动作的观念，就是这个动作未发生之前也会引起。**[①]

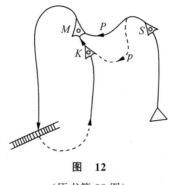

图 12

（原书第 88 图）

同样的原理也适用于 K 和 M 的关系。M，因在前方，宣导 K，并且虽然 K 到 M 这条路不是原有的生成的路，但它成为次起的习惯的路。此后无论 K 由任何方式被激动（不是像从由 S 或由外力激动），它总要发泄到 M；再从心理方面说，**动作 M 的感觉结果之观念就变成了发生这个动作之直接前因。**

这就是对于我们最初问题——开头发生时是动作的结果之感觉过程怎么在后来会充作这个动作的原因？——之答案。

依这种结构说，K 这个细胞可以代表动作所引起的"在地的"或"隔远的"感觉之中枢。它可以是触觉的，也可以是视觉的，也可以是听觉的细胞。举起臂膀之时**觉得**如何之观念可以使臂膀举起；可是举臂所起的**声音**或**视觉**印象之观念也一样可以使它举起。这样我们见到："心理暗号"可以属于各种感官之任何一种；并且我们图解使我们推知的是实际发生的情形；就是说，我们动作之时，例如说话的动作（参看本书第一册内第二章"脑的功能"文内论感觉性失语病处），似乎最与发出语音有关系的，在有些人是触觉的"效果象"，即记忆象，在别人可以是听觉的记忆象。可是，一切动作的**原始**"激发者"绝不是"效果象"，而是感觉与外物，以及后来由感觉与外物而来的观念。

现在让我们讨论实际生活内最常见的更复杂的联锁成串的动作。我们意志的目的很少只是一个肌肉收缩；几乎总是一串先后有序的收缩，最后有一个感觉，告诉我们目的已经达到。但是，这一串的各个收缩并不是每个都经单独立志过；毋宁是，每个在先的收缩似乎能由它所产生的感觉引起刚在它后的感觉，方式按照"习惯"那章中所说的，在那里，我们说到习惯的连串动作是由于一串后天组织的反射弧（见"习惯"章插图处的说明）。第一个收缩是我们清清楚楚志向的，立志做第一个收缩之后，我们就让这个锁链的其余部分自己松放出来。这样一串先后有序的动作最初怎么学来的呢？换言之，最初这

———————————

① 　请看蒙斯特堡《意志的行为》第 144—145 页的透彻的文字。

个运动中枢与那个运动中枢的通路怎么成立,弄到第一中枢的发泄可以使其他中枢整串地照正好的次第发泄呢?

这个现象须要有运动神经的发泄与所生的感觉印象很快地轮流发生,到整串完了为止。这些动作与感觉必须联成一种确定的次序;并且这个次序必是曾经一度**学过**(learned),就是说:它必须是由许多起初出现的其他散乱的次序之中挑选出来,渐渐成为唯一的次序。散乱的感觉印象剔除了,觉得是对的感觉被选择而与这一串联锁长在一起。由于我们自己主动地把一串觉得对的印象连在一起而成的一串动作,与由于我们被动地从别人所给予的按一定次序来的印象而成的一串动作,并没有根本的差异。为使我们的观念更正确,让我们取特别一串的动作为例,比方说,在儿童时代有人教我们学会的背诵 26 个字母。

我们在此刻前已见到的,是:A 的声音或发音感觉之观念如何能使我们念 A,B 的这种观念如何使我们念 B,诸如此类。我们现在要知道的,是:**为什么觉得念过 A 的感觉会使我们念 B,念过 B 的感觉会使我们念 C,等等。**

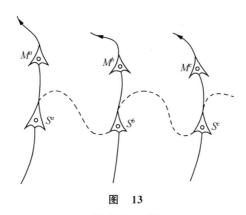

图　13

（原书第 89 图）

要了解这个,我们必须追忆我们最初照字母表的次第学背字母之时有什么事。有个人对我们把 A,B,C,D,反复念诵,我们学他念。与每个字母相当的感觉细胞次第被激动,使得每个细胞(依照我们的第二定律)必定将刚刚先被激动的细胞"宣导",并且遗留一条路,那个细胞此后永远会向宣导它的细胞发泄。在图 13,$S^a S^b S^c$ 代表三个感觉细胞。每个在后的细胞,当它向运动细胞的方向发泄之时都由在前一细胞引出一道神经流,S^b 由 S^a 引出,S^c 由 S^b 引出。S^b 细胞既然这样宣导了 S^a,那么,此后假如 S^a 又被激发,它就易于向 S^b 发泄;因为 S^c 宣导过 S^b,S^b 此后也会向 S^c 发泄,余类推——一切都经由虚线。现在假定字母 A 的观念起于心上,换言之,S^a 被激发:有什么事情发生呢?一道神经流不仅由 S^a 走到观念这个字母的运动细胞 M^a,而且走到细胞 S^b。在过了一会,M^a 发泄的结果由内导神经回来而再激发 S^a 之时,S^a 不能够再向 M^a 发泄而重演"原来的动的环路"(在这里,这个动环就继续念字母 A);这是因为在 S^b 的作用,已经进展并且向它自己的运动细胞 M^b 发泄,**在当时的情形之下**,是较有力的宣导 S^a 的激荡之通路。结果,M^b 发泄而念出字母 B;同时 S^c 吸收 S^b 的溢出的神经流的一部分;过了一会,由于像前者一样的机构的重演;字母 B 的声音入耳之时,S^c 向念 C 的运动细胞发泄;余可随意类推到很远。图 14 表示所有的全套过程。

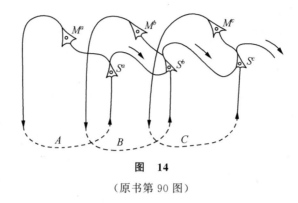

图　14

（原书第 90 图）

不能立刻领悟的，只是：为什么"在当时所有的情形之下"，由 S^a 到 S^b 的通路是较畅通的宣导 S^c 的激荡的通路？假如图中所表示的细胞和纤维构成脑的全部，我们或许可以假定一个机械的或心理的理由。机械的理由也许在于如下的通则：如 S^b 和 M^b 这样的激荡正在增高的阶段之细胞，比如 M^a 那样刚已发泄过了的细胞，更能宣导；或是，理由在于在 S^b 前方的神经流也已经向 S^c 和 M^c 散布，并在于神经流易于顺散布最广的方向宣导这个另一通则。这两种假定的任何一种都是说明为什么念 A 之后，我们不会再念 A 这件事的一个充足的机械理由。可是，我们必须不要忘记了这个过程有心理的方面，也不要忽视正在开始的神经流所引起的**那种觉态**会使这些流之中某些被经常受抑止，其他被促进这个可能。无疑，我们还未念出第一个字母之前，已经有要背字母表的一般志向；并且无疑与这个志向相当的，在后来要激发的细胞和纤维所成的全系统的紧张态广泛起了供作预兆的增高作用。只要这个紧张之增高**觉得好**，每道增进紧张的流就被促进，每道减少它的流就被阻止；在"当时所有的情形"之中，这个也许是使 S^a 到 S^b 的宣导通路暂时很通畅之主要条件。①

我们刚才研究感觉细胞间的新路如何成立；这些新路就是"联想"之路；我们现在悟到何以联想总是向前；例如，为什么我们不能倒背字母，为什么虽然 S^b 发泄到 S^c，S^c 不会发泄到 S^b，至少它发泄到 S^b 的可能并不比到 S^a 的可能更大。② 依照我们所假定的原理，最初成立的路径必是由刚才发泄过的细胞到正在发泄的细胞要使神经流走相反的方向，我们必须重新把字母倒过来念。那么，在感觉细胞间，就有两组联想路，任何一组都可能。我以图 15 表示，为简单起见，略去运动细胞间的路。虚线代表倒向的路。由于耳朵听到照 BCA 的次第念字母而成立的。

无论先后衔接的延长到多大程度，一样的原理可以解释这种新路如何成立；可是，要

---

① 郎格和蒙斯特堡对于"缩短的"，即"肌肉的"反应时（'shortened' or 'muscular' reaction-time）（请看本书第一册第 432 页）证明：在动力上，这种由于整批的可能的宣泄通道之先事预备是具有极强动力的一件事实。

② 正在这些页的校样经过我手之时，我收到《心理学与感官生理学杂志》第二分（*Zeitschrift füt Psychologie u. Physiologie der Sinnesorgane*），内有这个简直压不下去的年轻的蒙斯特堡发表的实验，证明除了居间的动作之外，先后来的观念之间并无联络。因为我的解释是假定先激动的一个**感觉**细胞宣导后激动的一个细胞，所以他的实验和推论，假如不错，要把我的一切假设推翻。因此，我（在这个太晚的时节）只能请读者看蒙斯特堡君的论文，希望将来我自己在别处再讨论这个题目。

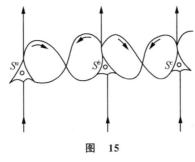

图　15

（原书第91图）

用更繁复的例子做例证，显然是愚蠢的事。因此我只再提小孩与火焰的例子（本书第一册第25页（译者按：即第二章论"脑的功能"中论脑两半球之教练一段内），指明这件事多么容易作为"纯粹大脑皮质的事务"（见本书第一册第80页）来解释。如图16所示，火焰的视觉刺激大脑皮中枢 S^1，这个经由生成的反射径发泄到管把握动作的中枢 M^1。这个动作的结果回到中枢 S^2 之时发生烫灼的感觉；S^2 经由第二条生成的径路发泄到 M^2，即管缩手的中枢。缩手的动作刺激中枢 S^3；就与我们现在有关的而论，这是最后的事。到小孩第二回看见烛光之时，大脑皮质已有第一次经验所遗留的次起路径了。S^2 紧跟 S^1 之后被刺激，它在 M^1 来不及发泄之前，S^1 已发泄到 S^2；换言之，火焰的视觉在发宣导 S^1，并且生它自己的本有的反射结果之前就引起烫灼的观念了。结果 M^1 被抑制，或是它未竣事之前就被 M^2 赶过头了。——一切这些习得的神经路系统之生理的特色在于：新成立的感觉的散布不断**向前方宣导**，因而使否则要发生的"动的环路"打断。可是，就是除开全身僵硬症状态不说，"动的环路"一会一会再现。一个婴孩学习有意做一种简单动作，他会不管再进一步的其他动作而不断重做这个动作，一直到疲乏为止。婴孩多么反复地把每个新学的词语说了又说！并且，我们成人，往往发觉自己，假如偶尔"心不在焉"开始了说出无意义的话，就反复说了又说，那就是说，没想到这个话可能附属的任何以外的篇段。

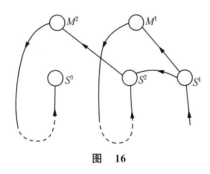

图　16

（原书第92图）

在结束这个已经太长的生理上悬揣之前，再举一件观察。我已经（在本书第一册第二章内论功能的抵补一段末）尝试暗示为什么脑部组织损失后，会成立旁出的神经路，为什么过了一时，内导的刺激会又由它们的旧路出去。现在我可以解释得更明白些。图17中，S^1 代表狗听见"拿出你的爪"这个命令之时的听觉中枢。这个中枢从前惯于发泄到运

动中枢 M^1，S^2 代表 M^1 发泄所生的动觉；可是，现在 M^1 经过手术毁坏了，因此 S^1 能够发泄身体的其他动作，呻吟，举起不对的那只爪，等等。同时，动觉中枢 S^2 被 S^1 的命令激发了，这只可怜的动物心上震荡着对某些感觉的预期与欲望，这些所期望的感觉与实际执行的动作所呈供的感觉完全不对头。这些感觉没有一个会引起"动的环路"，因为这些都逆意的，抑制的。可是，假如偶然碰巧，S^1 和 S^2 **真**向经过 M^2 的路径发泄，因而**那一只爪又举起来**，并且 S^2 最后由内部，又由外部受刺激，那么，就没能抑制，就成了"动的环路"：S^1 重复发泄到 M^2，并且由 S^1 到 M^2 的路弄得很深刻，因而最后这条路被调合成了 S^1 被刺激之时神经流照例要走的道路。没有别条路有机会可以得到同程度的调合。

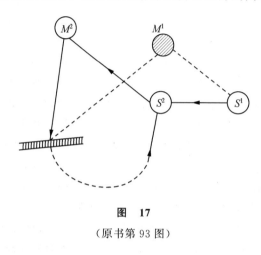

图 17

（原书第 93 图）

附录:威廉·詹姆斯生平和著作年表

威廉·詹姆斯(William James,1842—1910),美国资产阶级哲学家、心理学家,与皮尔斯同是反动的实用主义哲学创始人。

1842 年　1 月 11 日生于纽约市。神学家亨利·詹姆斯(Henry James,1881—1882)的长子。
　　　　幼年入纽约私立学校,后随父辗转法国、英国、瑞士,在父亲指导下学习。

1860 年　18 岁　返国,在波士顿随画家汉特(W. M. Hunt)学画,未成。

1861 年　19 岁　转哈佛大学劳兰斯理学院学习化学、解剖学,三年后改学医。

1865 年　23 岁　随阿加西斯(Agassiz)到巴西亚马孙流域进行动物学学术考察,中途因病折返。

1867 年　25 岁　赴德国,就学于亥姆霍兹等,熟悉了当代哲学、心理学,特别是法国资产阶级唯心主义哲学家雷诺维也(Renouvier)的哲学。

1868 年　26 岁　11 月返国,在德前后一年半。

1869 年　27 岁　6 月获得医学博士学位。因病在家休养至 1872 年。

1871 年　29 岁　1871—1874 年,和自然科学家、哲学家兼心理学家赖特(Chauncey Wright),律师亥姆斯(O. W. Holmes),法官瓦涅尔(J. B. Warner),法学家格林(John Green),历史学家费斯克(John Fiske),新教牧师阿勃特(F. E. Abbot),数学家皮尔斯(C. S. Peirce)等人在《形而上学俱乐部》形式下经常聚会。

1872 年　30 岁　在哈佛大学担任生理学讲师。

1876 年　34 岁　任生理学副教授。

1878 年　36 岁　和艾丽斯·吉宾斯(Alice H. Gibbens)结婚。皮尔斯在《通俗科学月刊》(*Popular Science Monthly*)一月号上提出被称为实用主义的论点。

1880 年　38 岁　任哲学副教授。

1881 年　39 岁　发表演讲,题目是《信仰的意志》。

1884 年　42 岁　发起组织《美国心灵研究协会》(*American Society for Psychical Research*),这方面的兴趣此后一直未减。在《心》(*Mind*)杂志上发表他关于情绪的学说。

1885 年　43 岁　编辑出版他父亲的著作《亨利·詹姆斯遗著》(*Literary Remains of Henry James*)。任哲学教授,至 1889 年。

1887 年　45 岁　丹麦医学教授兰格发表《情绪论》,意见和詹姆斯不谋而合;后来此说得名为“詹姆斯—兰格情绪说”。

1889 年　47 岁　任心理学教授,直至 1897 年。

1890 年　49 岁　《心理学原理》(*Principles of Psychology*)出版。

1892 年　50 岁　《心理学简编》*(*Psychology, Briefer Course*)出版。自此兴趣转到哲学方面。

1897 年　55 岁　重任哲学教授,直到 1907 年退休。担任哈佛大学英格索尔(Ingersoll)讲座主讲。《信仰的意志和通俗哲学论文集》(*The Will to Believe and other Essays in Popular philosophy*)

《人的不朽：对于学说的两种可能诘难》(*Human Immortality：Two Supposed Objections to the Doctrine*)出版。往加利福尼亚大学讲学。

1899 年　57 岁　《与教师们谈心理学和与学生们谈些人生理想》*(*Talks to Teachers on Psychology, and to Students on Some of Life's Ideals*)。本年至 1901 年，在爱丁堡大学基福(Gifford)讲座主讲，内容即后来发表的《宗教经验的种种》。*

1901 年　59 岁　皮尔斯在鲍德温(Baldwin)主编的《哲学和心理学辞典》中首次使用"实用主义，实用化主义"这名称。

1902 年　60 岁　《宗教经验的种种》(*The Varieties of Religious Experience*)出版。

1903 年　61 岁　皮尔斯在哈佛大学做关于实用主义的讲演，不久在波士顿罗威尔(Lowell)学院做关于逻辑的讲演。

1905 年　63 岁　开始陆续发表(大都在美国《哲学杂志》)关于彻底经验主义的论文：《意识存在吗？》《东西和它的关系》《活动的经验》(*The Experience of Activity*)等。皮尔斯在《一元论者》杂志第 15 号发表《什么是实用主义？》。

1906 年　64 岁　往加利福尼亚斯坦福大学讲学。在罗威尔学院讲通俗哲学，内容即后来发表的《实用主义》。

1907 年　65 岁　在哈佛大学最后一次开课。往纽约哥伦比亚大学重讲"实用主义"。《实用主义》*(*Pragmatism：A New Name for old Ways of Thinking*)出版。

1908 年　66 岁　《哲学和心理学论文集》(*Essays Philosophical and Psychological*)出版。

1909 年　67 岁　往英国牛津，在曼彻斯特学院赫伯特讲座讲当代哲学状况，内容即同年出版的《多元论的宇宙观》(*A Pluralistic Universe*)。发表论文《真理的意义》(*The Meaning of Truth*)，回答人们对实用主义提出的批评；发表论文《战争的道德等效物》(*The Moral Equivaleut of War*)于《国际和解》(*International Conciliation*)二月号。

1910 年　68 岁　夫妇同赴欧洲。夏季归。8 月 26 日死。遗三男一女。

1911 年　《回忆与研究》(*Memories and Studies*)《若干哲学问题》(*Some problems of Philosophy*)出版。

1912 年　1905 年以来所写部分，论文被编为《彻底经验主义论文集》(*Essays in Radicall Empiricism*)出版。

1920 年　《W. 詹姆斯书信集》出版。(他的弟弟亨利·詹姆斯〔Henry James〕编)。《W. 詹姆斯的著作》〔培里(R. B. Perry)编的詹姆斯的著作的目录〕出版。

1935 年　《W. 詹姆斯的思想和性格》〔培里(R. B. Perry)撰〕出版。二册。

---

　　* 注：有 * 号者我国有译本。除《实用主义》和《心理学简编》外，皆为本书译者所译。

英汉译名对照表

朗格[1]（A. Lange）

朗格[2]（Carl Georg Lange，1834—1900）

勒布（Jacques Loeb，1859—1924）

雷奥尼（庄纳的患者）（M. Leonie）

李播（Th. Ribot，1839—1916）

李孛斯（Theoder Lipps，1851—1914）

露安西·温南（Lurancy Vennum）

洛克（John Lccke，1632. 8. 29—1704. 10. 28）

刘爱斯（Georg Henry Lewes，1817—1878）

鲁一士（Josiah Royce，1855—1916）

罗曼尼斯（G. J. Romanes，1848—1894）

路易第五（Louis V.）

洛采（Rudolph Hermann Lotze，1817—1881）

浪漫的和古典的（romantic and classic）

力，假定有的对它的感觉（force, suposed sense of）

立意要说（intention to speak）

联想派关于自我的学说（associationist theory of the self）

理解（understanding）

灵附现象（possession, spirit-）

灵魂（soul）

灵魂实体（substance, spiritual）

灵媒、自动书写（mediumship）

M

马可·奥勒留（Marcus Aurelius Antonius，121—180）

马赫（Ernst Mach，1838—1916）

马瑟（Mussey）

马利烈（L. marillier）

玛丽·棱诺咨（Mary Reynolds）

麦舍（C. Mercier；论抑制）

曼奴伏荔（Léonce Pierre Manouvrier，1850—1927）

曼塞尔（Henry Longueville Mansel，1820—1871）

曼特伽札（Paolo Mantegazza，1831—1910）

蒙斯特堡（Hugo Munsterberg，1863—1916）

米勒[1]（George Elias Muller，1850—1934）

米勒[2]（Friedrich Max Müller，1823—1900）

米恰尔（Silas Weir Mitchell，1829—1914）

莫里斯（G. S. Morris）

莫斯黎（Henry Maudsley，1835—1918）

摩素（Senator Angelo Mosso，1846—1910）

某氏（Félida X）

莫扎特（Wolfgang Amadeus Mozart，1756. 1. 27—1791. 12. 5）

穆勒[1]（James Mill，1773—1836）

穆勒[2]（John Stuart Mill，1806. 5. 20—1873. 5. 7）

麻痹（外直肌的）（paresis of external rectus muscle）

命令、同意（意志方面）（fiat, of the will）

谬误（心理学者的）（fallacy, the Psychologist's）

梦游状态（somnambulism）

N

内省（introspection）

拟态（mimicry）

怒（anger）

努力（effort）

P

皮特（Pitres）

菩克（B. M. Bucke，1837—1901?）

托马斯·布朗（Thomas Brown，1778—1820）

Q

契克逊（John Hughlings Jackson，1835—1911）

奇沙伯（Krishaber）

祈祷者（prayer）

情绪（emotion）

趋势之感（tendency）

全身僵硬症（catalepsy）

R

认得（acquaintence）

S

萨立（James Sully，1842—1923）

英格梭尔（R. Ingersoll，1833—1899）

言语（speech）

演员（actors）

意识（consciousness）

意志（will）

意志的自由（freedom，of the will）

疑团（doubt）

一元论（monism）

原因（cause，consciousness a）

宇伯威格（Friedrich Ueberweg，1826—1871）

Z

乩板书写（planchette-writing）

珠里·庄纳（Jules Janet）

躁狂（暂现的）（mania，transitory）

知识（knowledge）

知识（晓得的）（knowledge-about）

自动书写（automatic writing）

自杀（suicide）

自我（经验的）（ego，empirical）

自我的改革（personality，alterations of）

自我间的竞争（selves，their rivalry）

自我情感（self-feeling）

自我意识（self，consciousness of）

自营（self-seeking）

醉狂（drunkenness）

译 后 记

这个译本中的七章,是从威廉·詹姆斯的《心理学原理》一书中选译的。

詹姆斯这部书,出版于 1890 年,对当时和后来的西方心理学界影响很大。这个译本所选译的,属于这部书中特别引人注意的部分。

现在将这个译本的有些处理方法说明如下:

(1) 各章的先后顺序,照《心理学原理》原书的顺序排列。

(2) 原书各章中只有大分段的标题,没有小分段的标题;这些小段的题目,原书列在卷首的目录中。这个译本将这些小标题酌量加入各章的本文中;这大概对于读者会更方便些。

(3) 译文中除心理学名词和重要的人名地名于初见时附注原文外,其他比较重要的词语,也附注原文,供读者参较。这样附注,大概对于读者没有什么不方便,而且可以使读者有机会发现译者的错误,加以指正。(见于索引中的人名地名和心理学名词,附注在索引内,译文中不另注)。

(4) 原书有误印或其他可疑之处,译者酌加说明的译注,用星号标明。

詹姆斯讲心理学,往往像写小说;原文中颇多藻饰的词句。译者在翻译中时时碰着困难;译者自己也知道并不能把这些困难解决得完全满意。因此,译文虽然力求无误,但恐怕其中仍有不妥之处,希望读者指正。

译　者